Herausgeber
WERNER HÖFER

Schlagworte wörtlich
Aktuelle Bürgerkunde

Was sind Medien

Mit Beiträgen
von

Hans Bausch · Eberhard Witte
Dieter Stolte · Manfred Jenke
Alfred Neven Dúmont
Gerhart Rudolf Baum
Christian Schwarz-Schilling
Albrecht Müller · Rudolf Rohlinger
Karl Heinz Wocker

VERLAG R. S. SCHULZ

8136 Percha am Starnberger See, Berger Straße 8 bis 10
8136 Kempfenhausen am Starnberger See, Seehang 4
Telefon 0 81 51/1 30 41 bis 1 30 43, Telex 05 26 427 buch
Bildschirmtext * 717 #

Einbandentwurf: Studio Meier-Freiberg
Grundschrift: Garamond-Linotype-Antiqua
Gesamtherstellung: Mühlberger, Augsburg
ISBN 3-7962-0140-7

INHALTSVERZEICHNIS

Seite

Vorwort *Werner Höfer* – Gedruckt wie gefunkt 7

Hans Bausch: Seit Gutenbergs Zeiten 13

Eberhard Witte: Die Entscheidung zu Neuen Medien . . 37

Dieter Stolte: Die Zukunft der Zuschauer 67

Manfred Jenke: Radio – noch nicht am Ende 89

Alfred Neven Dúmont: Das gedruckte Wort wird leben . 117

Gerhart Rudolf Baum: Herausforderung der Ungewißheit 135

Christian Schwarz-Schilling: Freiheitliche Medienpolitik 155

Albrecht Müller: Vielfalt oder Einfalt? 171

Rudolf Rohlinger: Am Kabel hängt, zum Kabel drängt 193

Karl Heinz Wocker: Viel Programm, mancher Kummer . 213

Henning von Löwis of Menar/Peter R. Weilemann
DOKUMENTATION 227

Seite

Zeittafel 235

A. Presse 257
I. Entwicklung und Selbstverständnis der Presse . . . 257
II. Tabellen 271

B. Elektronische Medien 273
I. Entwicklung und Selbstverständnis des Hörfunks . 273
II. Zur Geschichte des Fernsehens 280
III. Neue Medientechniken 284

C. Aus der Werkstatt 291
I. Über den Arbeitsablauf von Presse und Rundfunk . 291
II. Kosten und Finanzierung 307

D. Massenmedien in Gesellschaft und Wirtschaft 313

E. Probleme der Medienordnung 326
I. Medienpolitik in Deutschland 326
II. Medienpolitik in sozialistischen Staaten 348
III. Medienpolitik in der Dritten Welt 357
IV. Probleme internationaler Medienordnung 361

F. Massenmedien und Macht 371
I. Pressefreiheit und Zensur 371
II. Massenpropaganda 382
III. Propagandakrieg 388

G. Literarische Zeugnisse 403

Vorwort

WERNER HÖFER

Gedruckt wie gefunkt

Mit einem Witz, sei er auch noch so faul, läßt sich leicht erklären, »was Sache ist«: Leute, deren Sache die Medien sind, pflegen Fragern nach der Bedeutung des Wortes »Medium« zuweilen zu erwidern, darunter sei manches, nur kein Steak mittlerer Zubereitungsart zu verstehen.

Dieser Kalauer hilft insofern weiter, als er immerhin eine Spur zum Sinn des Wortes weist. »Medium«, von den alten Römern den Enkeln des technischen Zeitalters hinterlassen, ist seinem Wesen nach doppelsinnig: Es kann »Mitte« heißen, ist aber neuerlich mehr in seiner übertragenen Bedeutung gemeint, als »Mittel« oder »Mittler«.

In dieser Anwendung ist es merkwürdigerweise nicht unmittelbar zu uns gekommen, sondern, wie viele andere Gast-Wörter, die unsere Sprache bevölkern, auf dem Umweg über das Englische, das schon immer mit Anleihen bei den großen alten Mittelmeersprachen, dem Griechischen und dem Lateinischen, im direkten Zugriff eifriger war als wir.

Ein Medium kommt selten allein. Wir nehmen es meist als Mehrzahl in den Mund. Dabei werden aus dem Medium »die Medien«. Andere Sprachen bilden zwar den korrekten lateinischen Plural »media«, garnieren dieses Wort, das wie ein exotischer weiblicher Vorname klingt, jedoch gelegentlich mit einem zusätzlichen »s«, um damit überdeutlich, aber widersinnig anzuzeigen, daß tatsächlich von mehr als einem Medium die Rede ist: Medias. (Wer das kleine Latinum hinter sich hat, wird sich an die populäre Aufforderung erinnern lassen, man solle »medias in res – auf den Kern der Sache« kommen, so lange man »media in vita – mitten im Leben« steht.)

Der uns inzwischen so geläufige Begriff ist vornehmlich in der Überhöhung zum »Massenmedium« in Umlauf, wenn es um Gedrucktes wie Gefunktes geht. Wiederum in Anlehnung an unsere angelsächsischen Partner haben wir uns angewöhnt, alle Drucksachen unter »Printmedien« und die beiden Funkspielarten, Radio und Fernsehen, unter »Elektronische Medien« abzubuchen.

Die Leute, die mir mit einiger Regelmäßigkeit aufs Maul schauen, wissen, alldieweil sie mich entsprechend häufig und heftig tadeln, daß ich keineswegs ein Sprachpurist bin, der die teure Muttersprache um jeden Preis von fremden Einsprengseln freihalten möchte. Gleichwohl meine ich, man könnte sich für den deutschen Hausgebrauch auf Mischwörter wie »Druckmedien« oder »Funkmedien« verständigen. Wem das in seinem Nationalstolz noch nicht genügt, kann sich auch auf »Gutenberg-Medium« einschwören lassen, muß dann aber für den medialen Rest den Italienern das Anrecht auf »Marconi-Medium« gönnen.

Wer aktiv mit den Medien zu tun hat, avanciert flugs zum »Medienexperten«. Deren gibt es derweil viele, einige berufene und manche selbsternannte. Es gibt aber auch – hier ist das Wort schon so bedenklich wie es die Sache manchmal ist – Medienpolitik. Medienexperten, Medienpolitiker von Rang und Namen äußern sich in diesem Buch, konkret und kontrovers.

Das Reizwort des Jahrzehnts heißt »Neue Medien«. Wie unscharf dieses Schlagwort ist, erweist sich, wenn man es wörtlich nimmt, wie es das Konzept dieser Aktuellen Bürgerkunde will. Da zeigt sich nämlich, daß die vermeintlich »neuen« im Grunde die »alten« Medien sind, nur erweitert, ergänzt, verändert: neue Versionen vertrauter Modelle, Variationen über ein altes Thema.

Der Herausgeber dieses dritten Bandes der Reihe »Schlagworte wörtlich« ist seit einem halben Jahrhundert ein Medienmensch, produzierend wie konsumierend. Die Autoren dieses

Bandes sind kompetente Kollegen, konfliktgewohnte Politiker, Analytiker und Prognostiker von unbestrittener Autorität, ausgestattet mit hohem Sachverstand und beträchtlichem Vorstellungsvermögen. Sie sagen, was sie wissen und wollen; sie verschweigen nicht, was sie ahnen und fürchten. Dank dafür!

Wer dieses Buch liest, von vorne bis hinten oder von hinten bis vorne, ziellos oder gezielt, mal diesen, mal jenen Beitrag, wie es bei der Benutzung einer Publikation nach Art einer Anthologie erlaubt ist, der erfährt viel über Zustand und Zukunft der Medien. Der Leser, selber ein Mediennutzer, kann sich, die hier angebotenen Informationen und Spekulationen abwägend, ein besseres Bild machen von dem, was ist und was wird, was zu fördern oder zu bremsen wäre.

Nachdem Medienkunde inzwischen auch auf dem Felde der Wissenschaft Blüten treibt, möchte ich mir einen Adepten der Kommunikationsfakultät vorstellen, wie er, etwa um die Jahrtausendwende, diesen Band für eine intermediale Dissertation zu Rate zieht. Beim Studium dieses Handbuchs mag er dann staunen über die enthusiastische Fortschrittsgläubigkeit seiner Väter und Großväter oder über ihren gesellschaftspolitischen Pessimismus. Dabei war, ist und bleibt die Sache doch so einfach: Das Medium – keine »message«, nur ein Mittel.

HANS BAUSCH

Hans Bausch (Prof. Dr.), Intendant des Süddeutschen Rundfunks Stuttgart; 23. Dezember 1921 geboren in Waldshut a. Hochrhein; 1926–1940 Schulbesuch in Waldshut, Karlsruhe-Durlach und Bruchsal, Abitur; 1940–1945 Kriegsdienst; 1945–

1948 Studium an der Universität Tübingen (Geschichte, Politische und Sozialwissenschaften, Philosophie, Kunstgeschichte), Promotion (1956): »Der Rundfunk im politischen Kräftespiel der Weimarer Republik«; 1947 Herausgeber der größten deutschen Studentenzeitschrift »Studentische Blätter«; 1. Februar 1948 zunächst Lokalredakteur, dann Leiter des politischen Ressorts der »Schwäbischen Post« in Aalen/Württ.; Juli 1950 Stellvertretender Leiter des Landesstudios Tübingen des Südwestfunks und Leiter der Redaktion; März 1952 Stuttgarter Korrespondent des Südwestfunks; März 1956 – August 1958 CDU-Abgeordneter des Landtags von Baden-Württemberg; 1. September 1958 Intendant des Süddeutschen Rundfunks (Wiederwahl 1962, 1966, 1970); 1961 und 1962 Vorsitzender der ARD; 16. Dezember 1971 Ernennung zum Honorarprofessor der Universität Hohenheim; 30. November 1973 Wiederwahl zum Intendanten (Die Wahl wurde aus organisatorischen Gründen von 1974 vorverlegt); 1974 und 1975 Vorsitzender der ARD; 13. März 1978 Wiederwahl zum Intendanten; 15. November 1978 Dr. h. c. rer. pol. der Universität Fribourg/Schweiz. Autor zahlreicher medienpolitischer Veröffentlichungen.

HANS BAUSCH

Seit Gutenbergs Zeiten...

Als mir das Wort »Medium« zum ersten Mal in meinem Leben bewußt wurde, ordnete ich es in die Welt des Spiritismus ein. Ein Medium: das war der »Mittler« zwischen Diesseits und Jenseits im Bereich von Hellsehen, Telepathie oder Tischrükken, also im Bereich der Parapsychologie, wie man heute sagt. In völlig anderer Bedeutung begegnete mir später das Wort in der griechischen Grammatik und im Physikunterricht. Als ich das erste Mal zu einem Bankett in Washington eingeladen war, durfte ich für den Hauptgang zwischen drei kleinen Zettelchen wählen. Ich entschied mich für »medium« und erhielt tatsächlich ein Steak, was weder blutig noch durchgebraten war. So vielfältig läßt sich das lateinische Wort verwenden, das man auch schlicht als »Mitte« übersetzen kann.

Der Ausdruck »Medien« in der Bedeutung, von der im folgenden die Rede sein soll, ist ein Importartikel aus den USA, der sich nach dem letzten Krieg, vor allem in den frühen fünfziger Jahren, bei uns eingeschlichen hat. Damals begann man von »Massenmedien« zu reden, wenn man global auf alle massenweise verbreiteten Informationsträger hinweisen wollte, deren Inhalte ein großes Publikum erreichen. Zeitungen und Zeitschriften, weit verbreitete Bücher, Filme, Radio- und Fernsehprogramme wurden ebenso dazugezählt wie Schallplatten oder später Tonband- und Videokassetten.

Zunächst hatte man den angelsächsischen Ausdruck »mass (communications) media« schlicht mit »Massenmedien« übersetzt. Der Begriff erwies sich als griffiger im Vergleich zu »Massenkommunikationsmittel« oder gar Mittel oder Instrumente der sozialen Kommunikation. Doch der aus der älteren Massenpsychologie stammende Massenbegriff hatte – vor allem bei der elitären Kulturkritik – keinen guten Klang. Selbst ein so seriöses Etikett wie »Massenkommunikationsforschung« scheint sich immer mehr zu verlieren.

So wurden im Verlauf der siebziger Jahre die »Massenmedien« allmählich zu schlichten »Medien«. Alltag, Politik und Wissenschaft sorgten für die entsprechenden Wortkombinationen: Medienlandschaft, Medienpolitik, Medienforschung, Medienexperte, Medienreferat. Jede Organisation, die etwas auf sich hält, leistet sich eine »Abteilung Medien« oder einen »medienpolitischen Sprecher«, zumindest aber eine »Medienkommission«.

Im Zeichen der prophezeiten vollverkabelten Gesellschaft und der Satelliten hören wir seit einem Jahrzehnt von »neuen Medien«. Im Sommer 1980 haben die Versuchssendungen mit Bildschirmtext und Videotext begonnen, wie diese »Teleschriftformen« genannt werden. Ihre Ausbreitung mit neuen Endgeräten sowie der Ausbau eines integrierten Glasfasernetzes, das auch von Satelliten abgestrahlte Sendungen aufnehmen und weiter verbreiten kann, wird wohl Schritt für Schritt in der zweiten Hälfte des Jahrzehnts Realität werden. So verkünden dies uns wenigstens die Propheten der »Medienzukunft«.

Was wir heute »Medien« nennen, hat aber nicht nur eine Zukunft, sondern auch eine Vergangenheit, weshalb ein Exkurs in die »Mediengeschichte« den Horizont des Verständnisses zu erweitern vermag.

Primäre, sekundäre und tertiäre Medien

Dem Berliner Publizistikwissenschaftler Harry Pross verdanken wir die eindrucksvolle historische Bestandsaufnahme und Klassifizierung. In seinem 1970 erschienenen Buch »Medienforschung« versucht er eine Differenzierung der Kommunikationsmittel.

Primäre Medien sind für ihn die Mittel des menschlichen Elementarkontaktes, also Zustand und Abbild, Botschaft, Lachen und Weinen, Laute, Aroma, Fingersprache, Konvention, Demonstration, Zeremoniell, Symbol und Ritual, Stafette und ähnliche Erscheinungen.

Wesensmerkmal der sekundären Medien ist die Tatsache, daß der Kommunikator, der eine Botschaft weitergeben möchte, ein Gerät braucht, etwa die Maske, Feuer und Rauch, weitergegebene optische Zeichen, Bilder, schließlich das Alphabet, Briefe, Plakate, Fotografie, Druckmaschinen bis hin zur Zeitung.

Bei den tertiären Medien braucht nicht nur der Kommunikator, sondern auch der Rezipient als Empfänger einer Botschaft ein Gerät. Telegraph und Telefon, Schallplatte, Tonband und Film, Radio und Fernsehen gehören in diesen Bereich.

Spinnt man den Faden weiter, eröffnet sich ein vierter Bereich für alle jene technisch vermittelten Kommunikationsmöglichkeiten, die mit Hilfe eines integrierten Glasfasernetzes angeboten werden können. Dieses Glasfasernetz wird das jetzige Telefonnetz im Laufe der Jahre ersetzen und nicht nur das Bildtelefon ermöglichen, sondern auch alle Dienste für die geschäftliche Kommunikation wie Fernschreiben, Fernkopieren, Datenübertragung, Fernmessen und Fernwirken besorgen.

Da dieses breitbandige Netz im Gegensatz zum jetzigen schmalbandigen Telefonnetz auch viele Radio- und Fernsehprogramme aufnehmen kann, erledigt sich nach dem heutigen Stand der technischen Planungen die Frage von selbst, ob die Bundesrepublik Deutschland mit Koaxialkabeln aus Kupfer voll verkabelt werden soll. Das wird nicht mehr nötig sein, weil die zusätzliche Übertragung vieler Rundfunkprogramme eine Art »Abfallprodukt« der Glasfaser-Verkabelung sein wird, die wegen der Erneuerung des Telefonnetzes und der geschäftlichen Kommunikation unerläßlich ist.

Das Tempo dieses Prozesses läßt sich gegenwärtig schwer voraussagen. Es wird wesentlich davon bestimmt werden, wie hoch die Kosten für die gewaltigen Investitionen im Netz und bei den Endgeräten, wie teuer die zusätzlich angebotenen Dienste für den einzelnen Teilnehmer sein werden.

Es stellt sich nämlich nicht nur die besorgte Frage, ob alles gemacht werden soll, was technisch machbar ist, sondern auch das Problem, ob wir das alles bezahlen können.

Im Zeichen des integrierten Glasfasernetzes, das selbstverständlich einen oder mehrere Rückkanäle enthält, werden wir nicht nur unseren Kontostand bei der Bank am Heimbildschirm ablesen, sondern auch jegliche Information aus Datenbanken abrufen können. Es gibt Leute, deren Phantasie so weit reicht, daß sie sich eine tiefgreifende Änderung unseres Arbeitslebens vorstellen können. Ganze Berufsgruppen könnten vielleicht ihre Arbeit in der Wohnung am Bildschirm erledigen, indem sie Daten eingeben und Daten abrufen. Die Vorstellung einer Sozialstation, von der aus die Herztätigkeit oder die Körpertemperatur des Patienten aus dessen Wohnung kontrolliert werden kann, ist technisch sicherlich machbar, bringt uns aber auch in bedenkliche Nähe zum »Großen Bruder«, wie ihn George Orwell in seinem Roman »1984« als Schreckensvision an die Wand gemalt hat.

Ob die Medien der Zukunft die Zukunft der Medien sind, welches Wortspiel Hans Abich bei den letzten Hamburger Medientagen gebraucht hat, läßt sich noch nicht beantworten. Doch einige Lehren lassen sich aus der Mediengeschichte und aus einem internationalen Vergleich der Mediensysteme ziehen.

Von Metternich zu Goebbels

Seit in der Mitte des 15. Jahrhunderts Johannes Gutenberg den Buchdruck mit beweglichen Lettern erfand, hat es lange gedauert, bis die Herrschenden in Staat, Kirche und Gesellschaft einsehen mußten, daß die gedruckten Medien als Publikationsmittel Öffentlichkeit herstellen. Ohne diese von den Medien von einst ausgehende Dynamik, die mit den Stichworten Reformation, Humanismus, Aufklärung nur angedeutet sei, wäre der Weg in die Demokratie kaum gelungen. Bedurfte es zunächst eines von der Obrigkeit gewährten Privilegs, um überhaupt drucken zu dürfen, so konnte dieses Privileg selbstverständlich jederzeit wieder entzogen werden, wenn etwas gedruckt oder verbreitet wurde, was der Obrigkeit nicht paßte.

Seit es Zeitungen gab, die diesen Namen verdienten, wurden sie der Zensur des Staates und der in ihm herrschenden Kräfte unterworfen. Die Aufhebung der Zensur in einigen deutschen Ländern in der nachnapoleonischen Zeit war nur ein kurzer Lichtblick. In der restaurativen Ära Metternich wurden die Zensurbestimmungen in den deutschen Staaten wiederum verschärft. Das ganze 19. Jahrhundert spiegelt den Kampf um die Pressefreiheit. Das erste vom Reichstag 1874 beschlossene Pressegesetz, das auch noch in der Weimarer Republik galt, bot vielerlei Handhaben für Verbote von Zeitungen und Zeitschriften, etwa bei schwerer Majestätsbeleidigung. Der Antrag des Zentrums, die Pressefreiheit in der Verfassung zu verankern, war vom Reichstag abgelehnt worden.

Dennoch schossen in der Gründerzeit des Kaiserreichs die Zeitungen aus dem Boden, der durch Schulpflicht und industrielle Entwicklung bereitet worden war. Jetzt zeigte sich aber auch sehr deutlich, daß die Macht, Öffentlichkeit durch Publikationen herzustellen, von den politisch Herrschenden auf die wirtschaftlich Mächtigen übergegangen war; denn Zeitungen herzustellen, war ein Gewerbe geworden, dessen Einnahmen nicht nur aus den Abonnementsgebühren, sondern auch aus dem Anzeigenmarkt flossen. »Im übrigen sind für den Betrieb der Preßgewerbe die Bestimmungen der Gewerbeordnung maßgebend«, hieß es schon im Pressegesetz von 1874. »Also ist die Zeitung ein Erwerbsunternehmen, das Annoncenraum als Ware erzeugt, die nur durch einen redaktionellen Teil verkäuflich wird«, stellte schon der Begründer der Zeitungswissenschaft, Prof. Karl Bücher, nüchtern und klar fest.

Zu Beginn unseres Jahrhunderts gab es immerhin mehr als 3 000 Zeitungen im Kaiserreich, und am Ende der Weimarer Republik waren es gar mehr als 4 000. Es gehört jedoch zu den

Erfahrungen der Weimarer Republik und ihres Zusammenbruchs, daß die Verbindung von wirtschaftlicher Macht bei Presse und Film – also in den Medien – und parteipolitischer Macht eine gefährliche Konstellation darstellt, wie am Beispiel des Hugenberg-Konzerns nachzuweisen wäre.

Zum Vergleich sei angefügt, daß wir heute in der Bundesrepublik Deutschland weniger als 130 selbständige publizistische Einheiten mit Vollredaktionen haben in der privatwirtschaftlich organisierten Tagespresse, deren publizistische Leistungen und Möglichkeiten allerdings zu zwei Dritteln von den Anzeigeneinnahmen und deren Konjunkturverlauf abhängig sind und für die sich deshalb bei jeder wirtschaftlichen Rezession die Existenzfrage stellt.

Den Zeitungen hat es wenig genutzt, daß sie sich bis 1933 privatwirtschaftlicher Freiheit erfreuen konnten, als in Deutschland Hitlers Diktatur ausbrach. Sie wurden »gleichgeschaltet« und für mehr als 12 Jahre im mächtigen Reichsministerium für Volksaufklärung und Propaganda unter der Führung von Dr. Joseph Goebbels als Instrumente der Macht von Partei und Staat mißbraucht. Die Journalisten mußten sich – mehr oder weniger schnell, mehr oder weniger intensiv – den Parolen des totalitären Staates anpassen, was manchem nach 1945 übel angekreidet wurde. Man muß die ehemals geheimen, inzwischen aber veröffentlichten Protokolle der täglichen Goebbels-Konferenzen kennen, um zu begreifen, wie dämonisch ein Volk mit Hilfe der »Medien« in sein Unglück geführt werden kann.

Die Presse war sich ihrer publizistischen Macht so sehr bewußt, daß sie ein wirklich »neues Medium«, den Rundfunk in Form des Hörfunks, nicht ernst nahm, als er als technische Innovation unter dem Schutz und Schirm der Reichspost 1923 auf einem Höhepunkt wirtschaftlicher Not der jungen Weimarer Republik die Welt der Massenkommunikation betrat. Für die meisten war er eine neue technische Spielerei. In den ersten zehn Jahren seiner Existenz gewann er auch nur vier Millionen

Teilnehmer, also 12 oder höchstens 15 Millionen regelmäßige Hörer eines 68-Millionen-Volkes. Aber Hitler und Goebbels hatten begriffen, daß nicht das geschriebene und das gedruckte Wort die Massen erreicht, sondern die Rede und das gesprochene Wort. Deshalb scheuten sie keine Mühe, mit der Hilfe billiger »Volksempfänger«, mit Gemeinschaftsempfang in Schulen und Betrieben den Rundfunk als »Führungsinstrument« ihrer Politik auszubauen. Da die Rundfunkorganisation in enger Anlehnung an den Staat gouvernemental aufgebaut und im Sommer 1932 durch Reichskanzler Franz von Papen so gut wie verstaatlicht worden war, konnte Hitler mit der Macht im Staat auch die Macht im Rundfunk übernehmen. Mehr als 12 Jahre hat der deutsche Rundfunk bis zum bitteren Ende seine totale Herrschaft ausüben können.

1945: Ein neues Kapitel Mediengeschichte

Der 8./9. Mai 1945 markiert nicht nur die Stunde Null in der deutschen Politik der Nachkriegszeit, sondern auch ein totales Trümmerfeld für die publizistischen Medien. Das Kriegsziel der Alliierten »Zerschlagung des Nationalsozialismus« traf sie stärker als die politische Administration, die sich schon 1945/46 in Gemeinden, Kreisen und Ländern und in Parteien organisieren konnte.

Wie eine freie Presse zu organisieren sei, das wußten die Besatzungsmächte aus ihren heimischen Erfahrungen. Sie suchten deshalb nach politisch unbelasteten »Lizenzträgern« und verteilten Lizenzen an solche Persönlichkeiten, die keinen Pfennig Geld zu besitzen brauchten. Wahrscheinlich bedachten sie dabei nicht, daß die Zuteilung von Papier in jener Zeit eine fast frühkapitalistische Chance einschloß, in ein Unternehmertum einzusteigen, das dem einen oder anderen Lizenzträger ein Millionenvermögen verschaffte.

Die Lizenzträger verloren allerdings schon 1949 ihr »Monopol« und mußten sich mit den »Altverlegern« aus der Zeit vor 1945 vermögensrechtlich auseinandersetzen. Auch mußten sie sich der Konkurrenz neu entstehender Zeitungen stellen. Aber die Gründungschance haben nur wenige verfehlt. Wer heute Macht und Einfluß im privatwirtschaftlich organisierten Pressewesen hat, verdankt diese Macht einer »Lizenz« einer der drei westlichen Besatzungsmächte.

Doch nicht nur die privatwirtschaftliche Startbasis hat das Pressewesen in der Bundesrepublik Deutschland geprägt, sondern auch die Abwehr, vor allem der Amerikaner, gegen staatliche Bevormundung. Wäre es nämlich nach den Vorstellungen der führenden Persönlichkeiten des deutschen Widerstandes oder der führenden Politiker nach 1945 gegangen, hätte Metternich aus dem Jenseits Beifall klatschen können. Die Tradition des deutschen Obrigkeitsstaates mit der Möglichkeit des Verbots von Zeitungen und der gouvernementalen Lenkung des Rundfunks war stärker als die britischen und amerikanischen Vorstellungen von publizistischer Freiheit im Gegenüber zu den Herrschenden im Staat, in der Wirtschaft, in der Gesellschaft.

Bei der Presse ließen die Alliierten Hohen Kommissare, die auf dem Petersberg bei Bonn residierten, ehe der Bundesrepublik Deutschland am 5. Mai 1955 die volle Souveränität zurückgegeben wurde, der Entwicklung einen relativ freien Lauf. So konnte sich der Startvorsprung der Lizenzträger voll und ganz auswirken. Hundert Jahre nach dem ersten deutschen Pressegesetz waren sie längst gewerbliche Unternehmungen im marktwirtschaftlichen Konkurrenzkampf, unausweichlichen Konzentrationsprozessen ausgesetzt, dann und wann von den Kartellbehörden gebremst.

Beim Rundfunk verlief die Entwicklung völlig anders. Orientiert an der public corporation der BBC (London) bildeten sich zunächst sechs unterschiedlich große Anstalten des öffentlichen Rechts, wobei die Alliierten sehr sorgsam darauf achteten, daß sie vom Staat möglichst unabhängig blieben.

Die Zeitungsverleger interessierten sich nicht dafür und überließen diesen Anstalten auch widerspruchslos den Aufbau des Fernsehens vom Beginn der 50er Jahre an. Wie schon bei Gründung des Hörfunks gaben sie auch dem Fernsehen so gut wie keine Chancen. Erst als die »neuen Medien« an Boden und Erfolg gewannen, fühlten sie sich plötzlich von einer neuen Konkurrenz bedroht, sogar um die eigene Existenz fürchtend. Als das Fernsehen zwischen 1956 und 1960 Werbung einführte, die schließlich 1963 auf zwanzig Minuten werktäglich vor 20.00 Uhr begrenzt wurde, erhoben die Zeitungsverleger zunächst den Vorwurf einer Wettbewerbsverzerrung, sprachen aber schon bald von einem Verdrängungs- oder gar einem Vernichtungswettbewerb.

Seit nunmehr fast 25 Jahren vollzieht sich die Auseinandersetzung zwischen den »alten« Druck- oder Print-Medien und den »neuen« audiovisuellen Medien wie Hörfunk und Fernsehen in historischen Wellenbewegungen. Dabei geht es nicht nur um publizistische und geschäftliche Konkurrenz, sondern um die Abschaffung jener »publizistischen Gewaltenteilung« zwischen privatwirtschaftlicher Presse und öffentlich-rechtlich organisiertem Rundfunk, die sich nach 1945 herausgebildet hat.

Im Zeichen neuer technischer Möglichkeiten, die Kabelnetze und Satelliten bieten, hat sich der Kampf um die Zulassung privater Veranstalter zum Rundfunk ins Grundsätzliche verschärft. Die Entscheidung über die künftigen Organisationsformen der audiovisuellen Medien liegt bei den deutschen Landesparlamenten. Die parlamentarische Mehrheit jedes einzelnen Bundeslandes kann beschließen, ob und unter welchen Bedingungen private Veranstalter für Radio und Fernsehen zugelassen werden sollen. Solche Beschlüsse müssen freilich mit dem Grundgesetz übereinstimmen, in dessen Art. 5 Presse- und Rundfunkfreiheit verankert sind. Um die Organisationskompetenz der Länder und die Interpretation dessen, was man heutzutage »Rundfunkfreiheit« nennt, war zwischen 1950 und 1960 nach Gründung der Bundesrepublik Deutschland erbittert zwischen Bund und Ländern gestritten worden.

Bundeskanzler Konrad Adenauer wollte das vor Gründung der Bundesrepublik Deutschland gewachsene Rundfunksystem zugunsten des neu geschaffenen Bundes ändern. Als sich nach vergeblichen Anläufen für ein Bundesrundfunkgesetz und nach jahrelangen Verhandlungen mit den Ländern und deren Ministerpräsidenten kein Erfolg abzeichnete, griff Adenauer in die politische Trickkiste und gründete 1960 die Organisation »Deutschland-Fernsehen«, Gesellschaft mit beschränkter Haftung, mit dem Ziel, noch rechtzeitig vor den nächsten Wahlen im Jahre 1961 ein zweites Fernsehprogramm auf die Beine zu stellen.

Doch dieser Geniestreich mißlang. In seinem berühmt gewordenen Fernsehurteil vom 28. Februar 1961 erklärte das Bundesverfassungsgericht Adenauers Plan für verfassungswidrig, wies alle Kompetenzen für den Rundfunk mit Ausnahme der Fernmeldehoheit des Bundes den Ländern zu und erklärte, der Rundfunk sei ein so wichtiges Mittel der öffentlichen Meinungsbildung, daß er nicht einer einzigen gesellschaftlichen Gruppe überlassen werden dürfe; vielmehr müßten alle gesellschaftlich wichtigen Kräfte an der Kontrolle beteiligt sein, weil der Mangel an Frequenzen und der Kapitalaufwand für den Rundfunk eine »Sondersituation« – im Gegensatz zur Presse – schaffe.

Nunmehr gründeten die Ministerpräsidenten der Länder das Zweite Deutsche Fernsehen als nationale (bundesweite) Institution, aber auf ebenso öffentlich-rechtlicher Grundlage wie die bisher existierenden Landesrundfunkanstalten, die gemeinsam als ARD-Gemeinschaftsprogramm das Erste Fernsehprogramm organisiert haben. Damit war die organisatorische Entwicklung des Rundfunks nach der Nachkriegszeit bis heute abgeschlossen, obwohl es nicht an Versuchen fehlte, die deutsche »Rundfunklandschaft« zu ändern. Die Initiatoren solcher Versuche beriefen sich vor allem auf Großbritannien als Vorbild, wo in den 50er Jahren neben die öffentlich-rechtlich organisierte BBC noch 15 durch eine Behörde kontrollierte private Fernsehgesellschaften getreten waren, denen für ihr Gebiet ein Monopol auf die Fernsehwerbung eingeräumt worden war.

Internationaler Medien-Vergleich

Nicht nur in der Gegenwart spiegeln die Zustände und Bedingungen, unter denen die publizistischen Medien arbeiten können, den Charakter von Staat und Gesellschaft eines Landes. Es liegt im Wesen totalitärer Staaten, daß ihre Medien der verlängerte Arm der Macht sind, Instrumente von »Staat, Partei und Wehrmacht« wie die Formel im Dritten Reich lautete. Es überrascht deshalb nicht, daß der sowjetische Medienforscher V. Chelemendik schon vor Jahren das publizistische System seines Landes folgendermaßen schematisierte: Für die *analytische* Funktion der Massenmedien gelte folgende Reihenfolge: Zeitung, Radio, Fernsehen; für die *Informationsfunktion*: Radio, Fernsehen, Zeitung. Für die *Agitationsfunktion*: Fernsehen, Radio, Zeitung.

Nicht so einfach lassen sich die Medienverhältnisse in der westlichen Welt charakterisieren. In den USA sind Radio und Fernsehen ebenso »frei« wie die Presse, aber sie unterliegen den Gesetzen des freien Marktes der Waren und Dienstleistungen und müssen durch Werbung finanziert werden. Erst in den letzten Jahren hat sich ein öffentliches Rundfunksystem auszubreiten begonnen, das aus Geldern großer Stiftungen, Spenden seiner Hörer und Zuschauer und Steuermitteln finanziert wird. In Staaten wie Frankreich, Spanien, Italien kann man das Rundfunksystem als gouvernemental bezeichnen, weil die jeweilige Regierung mehr oder weniger starken Einfluß auszuüben vermag. In Italien ist seit wenigen Jahren ein ausgesprochenes Medienchaos ausgebrochen, seit das höchste Gericht die Ausstrahlung von Rundfunksendungen für jedermann freigegeben hat.

Auf den ersten Blick besticht das britische Modell: zwei Fernsehprogramme der durch Gebühren finanzierten BBC, heute zunächst eines, bald aber auch zwei Fernsehprogramme der ausschließlich durch Werbung finanzierten regionalen kommerziellen Gesellschaften. Aber dieses System läßt sich auf die Bundesrepublik Deutschland nicht übertragen, allein schon weil es undenkbar wäre, daß einer regionalen privaten Fernsehgesellschaft das Monopol für die Werbung in Rheinhessen oder in Nordrhein-Westfalen eingeräumt würde. Aber ein solches Werbemonopol verhindert jedoch, wie der Vergleich mit den USA zeigt, daß Veranstaltung von Programmen lediglich ein Geschäft ist, bei dem mit attraktiven Massenangeboten ein Publikum eingefangen und an die Werbung verkauft wird.

Im Ausland steht das deutsche Rundfunksystem mit seiner Mischfinanzierung aus Gebühren und Werbung in einem guten Ruf, weil einerseits die Gebühren relativ niedrig gehalten werden können und andererseits die Werbungtreibenden keinerlei Einfluß auf das Programm haben. Allerdings hat dieses öffentlich-rechtliche Rundfunksystem auch seine Schwächen. Sie liegen im Einfluß der Parteien bei der Besetzung der Kontrollgremien und in der Abhängigkeit von Parlamentsbeschlüssen über die Höhe der Rundfunkgebühr.

Der internationale Vergleich zeigt sehr deutlich, daß auch in der freien Welt die Medien Radio und Fernsehen, deren Geschichte insgesamt erst 60 Jahre alt ist, anderen Gesetzen zu unterliegen scheinen als im Vergleich die Druckmedien. In der Tat ist es unerläßlich, die spezifischen Unterschiede zwischen den Medien zu beachten und sie nicht über einen Kamm zu scheren.

Die publizistischen Medien

Es ist die schlichte Erfahrung der jüngsten Geschichte, daß Radio und Fernsehen die gedruckten Medien nicht verdrängt oder gar vernichtet haben, wie die Klagen deutscher Zeitungsverleger vor 15 Jahren befürchten ließen. Auflagen und Anzeigenumsätze der Presse sind vielmehr unentwegt gestiegen, und selbstverständlich wird das geschriebene und gedruckte Wort seinen Platz, zumindest im Abendland, bewahren.

Die elektronischen Medien werden das Gutenberg-Zeitalter nicht beenden, obwohl heutzutage zweifellos weniger gelesen, mehr gehört und gesehen wird als zur Zeit unserer Großeltern. Dennoch werden mehr Zeitungen und Zeitschriften und Bücher als je in der Geschichte produziert und verkauft, obwohl sich auch die Programmangebote von Radio und Fernsehen in den letzten dreißig Jahren unentwegt vermehrt haben. Es scheint, daß sich der Leser, Hörer und Zuschauer je nach seiner Persönlichkeitsstruktur und seinem sozialen Umfeld, seinem Alter und seinem Bildungsgrad, seinen Interessen und finanziellen Möglichkeiten aus dem riesigen Medienangebot auswählt, was er für sich gut und richtig hält.

In immer stärkerem Maß erlauben neue technische Geräte dem Bürger, dem die Verfassung Mündigkeit zutraut, nicht nur die Zeitungen und Zeitschriften zu lesen, die er durch Kauf erwerben muß – was den Verleger Axel Springer bekanntlich zum Wort von der »täglichen Volksabstimmung am Kiosk« im Hinblick auf den Absatz der Bild-Zeitung verleitet hat –, sondern es bieten sich auch vielfache Speichermöglichkeiten und eigene Aufnahmeaktivitäten für audiovisuelle Medien an.

Wem es auf ein paar tausend Mark nicht ankommt, der kann sich schon heute seinen eigenen »Medienaltar« in der Wohnung errichten mit Stereoturm, Videorecorder und allen denkbaren Abspielmöglichkeiten für Fotos, Dias, Filme, Videoaufzeichnungen, Schallplatten, Bildplatten und so fort. Wer das Geld hat, kann schon heute sein eigener Programmdirektor sein und ist nicht mehr angewiesen auf die für alle ausgestrahlten Programme von Hörfunk und Fernsehen.

Doch selbst Millionäre können einen entscheidenden Faktor menschlicher Existenz nicht vermehren: die Zeit. Sie begrenzt nicht nur nach Jahr und Tag unsere menschliche Existenz, sie prägt auch den Alltag, und jeder einzelne muß entscheiden, wieviel Minuten oder Stunden er aufwendet, um ein Buch, eine Zeitschrift oder eine Zeitung zu lesen, ausschließlich Radio zu hören (wie der Patient in der Augenklinik) oder das Radioprogramm als Begleitinstrument zu anderen Tätigkeiten zu nutzen oder mehr oder weniger intensiv seine Aufmerksamkeit dem Bildschirm zu widmen.

Diese vielfältigen Möglichkeiten mögen Verwirrung schaffen, und tatsächlich beschweren sich zumindest die Fernsehzuschauer regelmäßig bei den Rundfunkanstalten, daß zur gleichen Zeit zwei Fernsehprogramme angeboten werden, die man eigentlich beide gerne gesehen hätte. Die Programmzeitschriften machen sich dann einen Spaß daraus, mangelnde Koordinierung zu beklagen und die armen Fernsehzuschauer zu bedauern. Die Qual der Wahl bei zusätzlichem Angebot kommerzieller Fernsehprogramme verschweigen sie diskret, obwohl sie doch eigentlich solcher Entwicklung im Hinblick auf eigene Beteiligung zugeneigt sind.

Man muß ganz deutlich sehen: Presse, Hörfunk und Fernsehen arbeiten nicht nur unter völlig verschiedenen Produktionsverhältnissen, sie unterscheiden sich auch in ihrer mutmaßlichen Wirkung grundsätzlich. Presse und Hörfunk bieten »einkanalige«, das Fernsehen (wie der Film) »mehrkanalige« Kommunikation. Die verschiedenen Medien bedienen sich zusätzlich unterschiedlicher Codes (digital oder ikonisch), sie treffen bei Lesern, Hörern und Zuschauern auf unterschiedliche Empfangssituationen, unterschiedliche Erfahrungen und deshalb auf unterschiedliche Annahme (Akzeptanz). Drei medienspezifische Phänomene sind einer Überlegung wert, nämlich die Illusion der Wirklichkeit, die das Fernsehen zu erwecken scheint, Raum und Zeit als publizistische Konditionen, für Presse und audiovisuelle Medien höchst verschieden, und die selektive Wahrnehmung, die sich beim Leser, Hörer und Zuschauer ereignet.

Schon Bertolt Brecht hat geklagt: »Die Lage wird dadurch so kompliziert, daß weniger denn je eine einfache Wiedergabe der Realität etwas über die Realität aussagt.« Das gilt für alle Medien, von der Zeitung über Radio und Fernsehen bis zum Theater. Medien spiegeln Realität mit dem Mittel der Sprache bei Schreibern und Sprechern und erreichen ihr Publikum, da hierzulande jedermann lesen und schreiben gelernt hat.

Diese linearen Mitteilungen sind deshalb begreifbar, und dennoch bleiben wir skeptisch. Der Volksmund sagt: »Papier ist geduldig« oder gar »Er lügt wie gedruckt«. Bilder dagegen, insbesondere bewegte Bilder, durchbrechen die rationale Dimension, sprechen stärker Emotionen an und wirken auf uns eigenartig glaubwürdig, schaffen eine Illusion von Wirklichkeit. Die Sucht, alles – selbst Privates – im Bild oder im Film festzuhalten, beschränkt sich längst nicht mehr auf amerikanische Touristen. Stolz führt der deutsche Urlauber seinen Freunden eine Dia-Serie vor, die selbstverständlich niemals den wahren Ablauf seines Urlaubs vermitteln, sondern nur symbolisch, ikonographisch, scheibchenweise Ausschnitte aus der Wirklichkeit wiedergeben kann. Was der Urlauber als mehr oder weniger gekonntes Hobby betreibt, ist die professionelle Aufgabe der Leute vom Fernsehen.

Wir haben lesen gelernt, aber wir haben niemals »zuschauen« gelernt. Ist zuschauen lehrbar? Lehrbar ist doch wohl nur die Skepsis gegen die Welt der Bilder, die Zerstörung der modernen Illusion, Bilder seien vertrauenswürdiger als Sprache. Ist uns bewußt, daß auch Sprache nur ein Ausschnitt aus der Wirklichkeit ist, der den Gefährdungen von Manipulation und Verfälschung ausgesetzt sein kann? Sprache, feststehende und bewegte Bilder sind in gleicher Weise Manipulationsobjekte. Mit der Sprache haben wir unsere Erfahrungen. Mit den Bildern umzugehen, müssen die meisten erst noch lernen.

Beispiel eines erfahrenen Profis der BBC, der 1978 in der

April-Ausgabe des »Merkur« folgendes geschildert hat: »Vor einiger Zeit entließ die BBC zwei Mitglieder unseres portugiesischen Dienstes, weil beide in hörbarer Weise ihre eigenen politischen Sympathien in ihren Nachrichtendienst einflochten. Vier Gewerkschaftsaktivisten stellten sich in den Türen unseres Hauptgebäudes mit kleinen Handplakaten auf, um die Wiedereinsetzung ihrer Kollegen zu fordern. Vor dieser minimalen Protestversammlung sah ich zwei Kameraleute, zwei Assistenten und zwei Toningenieure stehen, also insgesamt sechs Fernsehleute, die die vier Protestierenden ganz ernst filmten. Ich konnte das Endresultat nicht sehen, bin aber sicher, daß man im Film nur die Plakate gesehen hat. Um die Wahrheit der Situation authentisch zu zeigen, wäre eine dritte Kamera, dreißig Meter hinter der ersten, notwendig gewesen, die einen umfassenden Überblick von der Protestdemonstration gezeigt hätte.«

Die Macht der Medien

Hier liegt die Macht der Medien und derer, die mit dieser Macht veröffentlichte und öffentliche Meinung erzeugen. Hier liegt ihre Verantwortung, die zu definieren immer schwieriger geworden ist, je größer publizistische Macht sich auszudehnen begonnen hat. Daß Fernsehen Wahlen entscheidet, ist fast schon zum Glaubenssatz von Politikern geworden, die insgeheim natürlich wissen, daß sie ihre Wahlschlachten nur um 15% möglicher Wechselwähler führen.

Den Parteien ergeht es nicht anders als jeder Dorf- oder Kirchengemeinde, die im Fernsehen abgebildet wird. Da taucht ein Journalist auf, redet und filmt und verarbeitet das Ganze zu einem Zehn- oder Zwanzigminutenbeitrag im Fernsehen. Er darf sich des Protestes der Betroffenen sicher sein. Man kann die Realität nicht konzentrieren, abbilden und Aussagen von allgemeiner Gültigkeit treffen in der geronnenen Zeit audiovisueller Medien. Man kann exemplarisch auf Beispiele verweisen, Trends aufzeigen; aber die volle Realität läßt sich nun einmal nicht in ein paar Minuten vermitteln.

Man sollte nicht vergessen, daß die audiovisuellen Medien in unruhigen Zeiten weit stärker gefährdet sind als die Druckmedien, weil sie gezwungen werden können, als Instrumente in ein Geschehen einbezogen zu werden. Wenn wir uns der schrecklichen Tage der Entführung von Peter Lorenz erinnern, als die Übertragung des Abflugs der Terroristen gefordert wurde und erfüllt werden mußte, um ein Menschenleben zu retten, sollten wir die Gefährdungen der Instrumente Hörfunk und Fernsehen nicht übersehen. Sie können mit Gewalt oder moralischem Druck um ihre Unabhängigkeit gebracht werden. Vor Gewalt sind sie nicht geschützt.

Was in den Zeitungen des nächsten Tages zu lesen ist, gleicht einer Chronik von Ereignissen, die viele Stunden zurückliegen. Solche Nachrichten beeinflussen das aktuelle Geschehen nicht mehr. Radio und Fernsehen dagegen berichten über die Ereignisse mehr oder weniger zeitsynchron. Deshalb müssen die Verantwortlichen für die Programme sehr wohl bedenken, was aus dem Lautsprecher zu hören und auf dem Bildschirm zu sehen ist. In einer Krisensituation ist der Rundfunk nicht nur publizistisches Medium, das unbeteiligt und rücksichtslos berichtet, was den Redaktionen an Material unter die Finger kommt, sondern auch aktiv Beteiligter am Geschehen im Gefüge der Entscheidungen.

Raum und Zeit als publizistische Konditionen

Es ist das Geschäft des Publizisten, aus der ungeheuren und niemals voll erfaßbaren Komplexität der Zustände und Ereignisse die ihm für das »Zeitgespräch der Gesellschaft« wichtigsten Themen und Vorgänge auszuwählen, um darüber zu berichten und sie zu kommentieren. In einem freiheitlichen Staatswesen verbindet sich damit die Aufgabe, die »Herrschaft«

zu kritisieren, in welcher Form auch immer sie in Staat, Wirtschaft und Gesellschaft ausgeübt werden mag.

Die »Reduktion von Komplexität« vollzieht sich bei den einzelnen Massenmedien in sehr verschiedener Weise und muß immer unzulänglich bleiben, weil nur ein Bruchteil dessen, was geschieht, überhaupt bekannt wird, und weil von den bekannt gewordenen Fakten wiederum nur ein Bruchteil darstellbar ist, wie sich auch beim Blick auf die unterschiedlichen Produktionsbedingungen zeigt.

Die Dimension der gedruckten Medien ist der Raum. Solange das Papier reicht, ist er beliebig ausdehnbar. Flugblätter und Broschüren lassen sich schon mit geringem technischem Aufwand herstellen. Zeitungen und Zeitschriften können ihre Angebote grundsätzlich beliebig bestimmen, um Tausende von Zielgruppen mit den Informationen zu bedienen, die die Angehörigen dieser Zielgruppen erwarten. Ein Straßenverkaufsblatt im Boulevardstil wendet sich an eine andere Gruppe als die lokale oder regionale Abonnementzeitung. Die überregionale Wochenzeitung bedient ein anderes Publikum als die Fachzeitschriften. Alle Druckmedien jedoch bieten ihre Inhalte im Nebeneinander an, wobei der Umfang des angebotenen Stoffes bei den privatwirtschaftlich organisierten Medien nicht zuletzt auch durch den Umfang des Anzeigenaufkommens bestimmt wird.

Sehen wir einmal von Werbedrucksachen und Anzeigenblättern ab, die uns kostenlos in den Briefkasten geworfen werden, so entscheiden wir uns als Konsumenten bewußt, dieses oder jenes Blatt zu abonnieren oder zu kaufen. Selbst mit den Blättern, die wir erwerben, müssen wir verhältnismäßig großzügig umgehen und wählen deshalb aus dem reichhaltigen Lesestoff nur aus, was unserem persönlichen Interesse entspricht.

Wohl niemand pflegt eine Zeitung von der ersten bis zur letzten Seite zu lesen. Wem Wirtschaft oder Sport gleichgültig sind, der überschlägt die diesbezüglichen Zeitungsseiten, ohne sich bemüßigt zu fühlen, dem Verlag in regelmäßigen Abständen mitzuteilen, auf Börsenkurse oder Fußballergebnisse könne man künftig verzichten. Wir können etwas nachlesen, wenn wir es auf Anhieb nicht verstanden haben, einen Artikel ausschneiden und archivieren, ehe Gelesenes und Ungelesenes zum Altpapier wandert. Gedrucktes können wir in die Tasche stecken und uns zu jeder beliebigen Stunde und an jedem beliebigen Ort zu Gemüte führen. Die gedruckte Informationsflut rauscht an jedem einzelnen in verschiedener Weise vorbei, weil niemand Zeit und Lust hat, alles zu lesen, dessen er habhaft wird. Mancher mag bedauern, nicht mehr lesen zu können, aber wohl niemand hat ein schlechtes Gewissen, zuviel gelesen zu haben. Neuerdings will die Demoskopie sogar festgestellt haben, daß Bücherleser fröhlichere Menschen sind.

Ganz anderen Bedingungen sind Radio und Fernsehen unterworfen, und zwar sowohl für die Produzenten des Programms als auch für die Rezipienten, also die Hörer und Zuschauer. Die Dimension der elektronischen Medien ist die Zeit. In diese nicht beliebig vermehrbare Konstante sind die Programme von Radio und Fernsehen eingebunden. Selbst wenn alle Sender rund um die Uhr Programme ausstrahlten, könnte nur die Zahl der Programmquellen erhöht werden, nicht aber der zeitliche »Umfang« jeder einzelnen Programmquelle. Zeitsynchron können Radio und Fernsehen ihr Publikum nur bei Live-Übertragungen bedienen und vielleicht dann und wann den Hauch einer Atmosphäre des »Dabeiseins« vermitteln. Alle übrigen Möglichkeiten publizistischer Darstellung lassen sich bei relativ hohem technischen Aufwand nur in starker zeitlicher »Verdichtung« verwirklichen. Das bekanntgewordene Geschehen eines vollen Tages in vierzehn Minuten einzufangen, wie es die »Tagesschau« allabendlich versucht, muß publizistisches Stückwerk bleiben. Das in der Dimension »Zeit« angesiedelte Medium läßt aber keine andere Wahl. Also eine halbe Stunde, gar eine ganze Stunde allabendliche »Tagesschau« um 20.00 Uhr? Damit wäre nicht viel geholfen, weil auch der Zuschauer sein Leben und seine Freizeit in der Dimension »Zeit« verbringen muß, die er nicht beliebig verändern kann.

Die Programme von Radio und Fernsehen wenden sich jederzeit an alle, die ein Empfangsgerät aufgestellt haben, angefangen von den Kindern, die noch nicht lesen können, bis zu solchen Menschen, die nicht mehr lesen können. Ein öffentlich-rechtliches Rundfunksystem wird zwar immer Programme für Mehrheiten und Minderheiten anbieten; auch Zielgruppen können mit speziellen Programmangeboten ihren Platz finden, der letztlich jedoch im Vergleich zu den möglichen Zielgruppenangeboten der gedruckten Presse bescheiden bleiben muß. Am ehesten kann sich das Radio »Hörergemeinden« zu bestimmten Stunden in den Minderheitenprogrammen erlauben. Daran stören sich die Hörer seltsamerweise nicht. Sie haben sich daran gewöhnt, daß sie in einer bestimmten Zeiteinheit nur eines von mehreren empfangbaren Programmen hören können.

Beim Fernsehen dagegen ist diese Einsicht noch nicht sehr weit verbreitet. Die Zuschauer protestieren nämlich, wenn zur gleichen Zeit zwei oder gar drei Programme angeboten werden, deren Titel ihre Neugierde wecken. Sie ärgern sich über die ihnen auferlegte »Qual der Wahl« und schimpfen über »mangelnden Kontrast« bei der Planung der Programme. Ein Fußball-Länderspiel im ersten Kanal, ein Spielfilm im zweiten Kanal, eine Quiz-Sendung im dritten Kanal: Das ist für die meisten eine schlechte Programmgestaltung. Sie glauben etwas zu versäumen, wenn sie sich auf eines dieser drei Programme festlegen. Dennoch kommt bei manchen der Anflug eines schlechten Gewissens auf, weil sie zuviel fernsehen, und die Demoskopie will neuerdings sogar ermittelt haben, daß Viel-Fernseher eher passiv und depressiv sind.

Die Veränderung der Programmschemata Anfang 1978 löste zunächst einen Proteststurm bei den Zuschauern aus, die früh zu Bett gehen müssen, weil sie anderntags früh aufzustehen haben. Diese Mehrheit mißgönnte der Minderheit, die erst im Laufe des Abends nach Hause kommt, ein Spätprogramm mit Wiederholungen. Die Deutsche Presse-Agentur verbreitete mit Genuß die Nachricht, die Sehbeteiligung bei den Dritten Programmen sei über 5 Prozent kaum hinausgekommen. »Eine Marktlücke für den bloßen Zeitvertreib per Fernsehen gibt es offenbar nicht mehr«, kommentierte mit Recht ein bekannter Fernsehkritiker.

Radio und Fernsehen können ihre Programme nicht zu beliebiger Nutzung und Auswahl anbieten, sondern nur mit dem Zwang, zu einer bestimmten Zeit für die Aufnahme der Botschaft präsent zu sein. Selbst wenn die Videorecorder in die Mehrzahl der Haushalte Einzug nehmen sollten, ist die Zeit nicht beliebig vermehrbar, in der die aufgezeichneten Sendungen angeschaut werden können. Das gilt erst recht für den Traum manches Medienpolitikers, der spätestens in der zweiten Hälfte der 80er Jahre Programmangebote des Kabelfernsehens auf 30 Kanälen sowie in- und ausländische direkt-empfangbare Satellitenprogramme in des Bürgers Wohnstube zaubern möchte. Schall- und Bildplatten, Ton- und Videokassetten, Tele- und Bildschirmtext, »alternatives« und Pay-TV vervollständigen in diesen Träumen das Ziel, jeder werde dereinst sein eigener Programmdirektor sein können. Ob der Bürger das will, ob er dafür zu zahlen bereit ist, ob es wirklich wahr ist, daß eine Gesellschaft im Kommunikationsüberfluß mit 30 Fernsehprogrammen »demokratischer« sei als eine Gesellschaft mit nur drei Fernsehprogrammen – das bleibe, weil verfrüht, vorerst unerörtert.

Selektive Wahrnehmung

Wer jemals vor hundert oder mehr Zuhörern einen Vortrag über ein umstrittenes Thema gehalten hat, dem sich eine Diskussion anschloß, kennt das Phänomen der »selektiven Wahrnehmung«. Dem Redner werden Aussagen unterstellt, die er nicht gemacht hat; andere Aussagen, die den meisten im Gedächtnis haften geblieben waren, sind einigen überhaupt nicht aufgefallen. Die Kommunikationswissenschaftler sagen, es gebe ein elementares Bedürfnis des einzelnen nach Harmonie des individuellen Einstellungsuniversums. Erweisen sich Informationen als unverträglich mit dem vorgeprägten Einstellungshorizont, dann reagiert der Rezipient, indem er nur hört oder liest, was in die Welt seiner inneren Einstellungen paßt, oder indem er gegenteilige Aussagen inhaltlich verzerrt, verdrängt oder irrational ablehnt. Es ist eine alte Erfahrung, daß eine Sendung meist dann als »objektiv« bewertet wird, wenn sie die eigene – also subjektive – Einstellung bestätigt, oft aber als »subjektiv« oder »unausgewogen« verurteilt wird, sobald der Zuschauer den Eindruck gewinnt, seine vorgeprägte Meinung sei attackiert worden.

Die Wirkungen der Medien auf den einzelnen und die Familie, auf die Gesellschaft und den Staat lassen sich nicht mit naturwissenschaftlichen Kausalitätsgesetzen erforschen und erklären. Die seit Jahrzehnten anhaltenden Forschungen der empirischen Sozialwissenschaft haben zwar vereinzelte höchst aufschlußreiche Ergebnisse erbracht; aber sie lassen sich zumeist nicht einmal von einem Land auf das andere, schon gar nicht von einem Gesellschaftssystem auf ein anderes System übertragen.

Medien sind ein Faktor unseres persönlichen und gesellschaftlichen Lebens neben vielen anderen Faktoren. Sie können uns helfen, sie können unsere Lebensgewohnheiten ändern, und selbstverständlich sind wir nie ganz und gar davor gefeit, daß sie nicht auch mißbraucht werden. Darum kann es uns nicht gleichgültig sein, in welcher »Verfassung« sich die Medien befinden. Doch das ist eine Frage der Medienpolitik der Zukunft.

EBERHARD WITTE

Eberhard Witte, geb. 1928. Studium der Betriebswirtschaftslehre an der Freien Universität Berlin (Dipl.-Kfm. 1951, Dr. rer. pol. 1955), Wirtschaftsprüfungspraxis 1955/56, Dozent an der Akademie für Gemeinwirtschaft, Hamburg, Habilitation an der Universität Hamburg 1962, Rufe nach Mannheim und Saarbrücken 1962, Lehrstuhl für Betriebswirtschaftslehre insbesondere Organisation der Wirtschaftshochschule, später Universität Mannheim 1962–1970, Rufe an die Universitäten Bochum, Freiburg und München. Seit 1970 Lehrstuhl für Betriebswirtschaftslehre der Ludwig-Maximilians-Universität München, Vorstand des Instituts für Organisation, Gastprofessur in den USA 1972, Mitglied der Bayerischen Akademie der Wissenschaften seit 1976. Vorsitzender der Kommission für den Ausbau des technischen Kommunikationssystems (KtK) 1973–1976, Vorsitzender des Münchner Kreises – Übernationale Vereinigung für Kommunikationsforschung seit 1976.

EBERHARD WITTE

Die Entscheidung zu Neuen Medien

Im Jahre 1973 berief die Bundesregierung die »Kommission für den Ausbau des technischen Kommunikationssystems« (KtK). Der damalige Bundesminister für Forschung und Technologie, Horst Ehmke, der gleichzeitig Bundesminister für das Post- und Fernmeldewesen war, hatte die Berufung der Kommission im Bundeskabinett vorgeschlagen, weil er in seinen beiden Ministerien mit Innovationsimpulsen konfrontiert war, die noch nicht hinreichend durchschaubar waren, um politisch unmittelbar bewältigt werden zu können:

1. Die fachlich Zuständigen im Forschungsministerium sahen die schnelle Entwicklung der Mikroelektronik, der Glasfaser- und Satellitentechnik sowie die darin liegenden Konsequenzen für billigere, schnellere und mit größerer Kapazität ausgerüstete Systeme der Vermittlung, Übertragung und Speicherung von Nachrichten voraus. Der dadurch möglich werdende »Ausbau des technischen Kommunikationssystems« verlangte eine umfassende, den eigentlichen Innovationsakt vorbereitende Analyse, die von einer möglichst vielseitig zusammengesetzten Kommission bewältigt werden sollte.
2. Das Postministerium war in Verlegenheit, ob es dem Vorhaben von Radio Bremen auf Einführung des Kabelfernsehens im Stadtteil Neue-Vahr von der Netzseite her entsprechen sollte. Es wurde befürchtet, daß sich bei Unterstützung des Begehrens in den über das ganze Bundesgebiet verteilten Inselnetzen von Gemeinschaftsantennenanlagen ein – wie Ehmke es nannte – »Wildwuchs« entwickeln würde. Auch hier konnte eine Kommission helfen, indem sie eine Inventur der technischen, rechtlichen, wirtschaftlichen und politischen Möglichkeiten und Gefahren durchführte.

Der Auftrag an die Kommission enthielt dann die oft zitierte Formulierung, die zu erarbeitenden Vorschläge sollten ein »wirtschaftlich vernünftiges und gesellschaftlich wünschenswertes« technisches Kommunikationssystem der Zukunft zum Ziel haben. Die hier beschworene wirtschaftliche Vernunft war als Optimierungskriterium keineswegs eindeutig. Denn es ging nicht allein darum zu klären, ob der Markt eine kaufkräftige Nachfrage nach neuen technischen Kommunikationssystemen signalisiert. Vielmehr sollten auch der volkswirtschaftliche und staatliche Bedarf, also makroökonomische Größen in die Analyse einbezogen werden.

Noch schwieriger war der Problemgehalt des zweiten Zielkriteriums, des »gesellschaftlich Wünschenswerten«. Es hätte zuerst der Rückfrage bedurft, wer sich im Hinblick auf technische Kommunikationssysteme eigentlich etwas wünschen darf: die einzelnen Bürger, die in der Summe die Gesellschaft bilden? Die gesellschaftlich relevanten Gruppen? Die politischen Parteien, die durch demokratische Wahlen ein Mandat für das Definieren des gesellschaftlich Wünschenswerten besitzen? Die Medien selbst, die an der Formung der öffentlichen Meinung mitwirken? Die Kommission als ausgewählter Personenkreis, der die politischen Parteien, die Länder, die Gemeinden, die Wirtschaft, die Gewerkschaften und die Wissenschaften repräsentiert? Die Instanz, die nicht nur das Wünschenswerte bestimmt, sondern auch mit politischer Kraft durchsetzt, blieb offen.

Dies hatte zur Folge, daß die Kommission zwar die technische Gestaltungsvielfalt, die wirtschaftlichen Berechnungen, die juristischen Grenzen und Möglichkeiten offenlegte, jedoch die gesellschaftspolitische Nutzwertanalyse wegen fehlenden politischen Mandats und fehlender medienpolitischer Macht lediglich vorbereiten konnte. Da ein in Deutschland entwickelter Zielkatalog zu einer gesellschaftspolitisch gestalteten Medienlandschaft fehlte, übernahm die Kommission (genauer: ihr Arbeitskreis 1, der unter der Leitung von Bausch arbeitete) das

»Verzeichnis der von den meisten OECD-Mitgliedsländern anerkannten sozialen Anliegen«. Ganz abgesehen davon, daß dieser übernationale Zielkatalog viele abstrakte Formulierungen, Unklarheiten und sogar Widersprüche enthält, gelang es den angerufenen Politikern aller Parteien nicht, aus den Zielen konkrete Bewertungen oder gar quantifizierte Nutzwerte abzuleiten.

Mich wunderte dies nicht, denn ich hatte in eigenen empirischen Forschungsarbeiten feststellen müssen, daß auch in Großunternehmen der Industrie, deren Zielorientierung und Kalkulationsbezogenheit doch meist unterstellt wird, innovative Entscheidungsprozesse keineswegs an klaren Zielen orientiert werden. Jedenfalls zeigte sich anläßlich der Einführung des Computers in deutschen Unternehmen und Behörden, daß erst mit dem Fortschreiten des Entscheidungs- und Realisierungsprozesses schrittweise Einblicke in die möglichen und alternativen Ziele gewonnen werden. Die schließlich erreichte Zielklarheit diente dann nur noch der Rechtfertigung und Kontrolle des Entschlusses.

Die Kommission konnte also die bestehende Unklarheit über die gesellschaftlichen und politischen Ziele nicht gleichsam als Nebenleistung beseitigen. Sie legte eine Analyse der kommunikationspolitischen Chancen vor, belegte, soweit es möglich war, den wirtschaftlichen Bedarf nach neuen Kommunikationssystemen und wies auf soziale Effekte, die bei der Einführung neuer Kommunikationssysteme zu erwarten sind, hin. Der termingerecht im Januar 1976 vorgelegte Telekommunikationsbericht enthielt für den Gesamtbereich der technischen Fernkommunikation (Telekommunikation) 56 Feststellungen und 17 Empfehlungen. Fünf Jahre danach ist es interessant festzustellen, welche Entscheidungen und praktischen Handlungen zur Realisierung des Vorgeschlagenen stattgefunden haben. Das Augenmerk soll dabei insbesondere auf die Frage gerichtet werden, ob es eine erkennbare Regelmäßigkeit gibt, die es erlaubt festzustellen, welche Gattung von Empfehlungen es leicht hatte, realisiert zu werden, und welche Empfehlungen im Konflikt abgewehrt oder doch in der Realisierung wesentlich verzögert wurden.

Telefon

Den stärksten Impuls zur Veränderung der Kommunikationslandschaft löste die Kommissionsempfehlung aus, »das Fernsprechnetz vorrangig, beschleunigt und kontinuierlich mit dem Ziel der Vollversorgung aller Haushalte auszubauen.« Im Jahre 1975 bestanden in der Bundesrepublik Deutschland 13 Mio. Fernsprechhauptanschlüsse, also 20 Anschlüsse pro 100 Einwohner. Bereits im Jahre 1979 war die Anzahl der Fernsprechhauptanschlüsse auf 19,2 Mio., also auf 31 Anschlüsse pro 100 Einwohner angewachsen. Im ersten Halbjahr 1980 war ein Nettozuwachs von 870 000 Anschlüssen zu verzeichnen. Heute verfügen über 75 % aller Haushalte in der Bundesrepublik Deutschland über einen Fernsprechanschluß. Die Vollversorgung, die bei 90 % der Haushalte angenommen wird, kann bis spätestens 1985 erwartet werden.

Man fragt sich angesichts der Tatsache, daß das Telefon jahrzehntelang ein Kommunikationsmedium der Geschäftsleute und der höheren Bürgerschicht blieb und nun in wenigen Jahren ein Kommunikationsmittel für jedermann wurde, wer sich hier aus welchen Gründen zu einem Durchbruch entschieden hat. Ganz eindeutig ist der Impuls von der Deutschen Bundespost ausgegangen. Sie griff die Empfehlung der Kommission auf und signalisierte der Gesamtbevölkerung durch Veränderung ihres Marktverhaltens, daß sie bereit ist, jedem, der es nur will, ein Telefon einzurichten. Slogans wie »Schenk doch mal ein Telefon« oder »Ruf doch mal an« stehen in einem deutlichen Gegensatz zu dem jahrzehntelangen Hoheitsverhalten, das einen potentiellen Fernsprechteilnehmer nicht als zu umwerbenden Kunden, sondern als Antragsteller empfand. Der Mentalitätswandel hat sich für die Bundespost ausgezahlt: Das werbende Angebot, also die Entscheidung zur unternehmenspolitischen Investition, wurde durch millionenfache Entscheidungen der Nachfrager positiv beantwortet.

Die Entscheidungsstrukturen für den Ausbau des Fernsprechnetzes weisen keine Ähnlichkeit zu dem komplizierten medienpolitischen Konflikt um das Kabelfernsehen auf, sondern gleichen in Risiko und Chance viel eher der Einführung irgendeines industriellen Produktes. Unter technischem Aspekt handelt es sich nicht einmal um die Einführung eines neuen Mediums, denn das Telefon existiert seit über 100 Jahren. Gesellschaftspolitisch liegt jedoch ein Novum vor: Auf dem Boden der Bundesrepublik Deutschland entstand eine Infrastruktur der Individualkommunikation, die praktisch jeden erreicht und die die Möglichkeit bietet, innerhalb des bestehenden Netzes nicht nur miteinander zu sprechen, sondern auch neue Kommunikationsformen zu realisieren.

Elektronische Post

Der kommunikationspolitische Durchbruch liegt also nur vordergründig in der Vollversorgung mit Fernsprechanschlüssen. Der wichtigere Effekt ist darin zu sehen, daß durch das technisch-organisatorisch hochentwickelte Fernmeldenetz auch Textnachrichten und feststehende Bilder übertragen werden können. In begrenztem Umfange wurde diese Infrastruktur bisher schon für die Fernschreib- und Datenkommunikation benutzt. Die Telexanschlüsse sind zwischen 1975 und 1979 von 106 000 auf 131 000 Anschlüsse gewachsen, was eine Steigerung von 23 % in vier Jahren bedeutet. Noch deutlicher ist der Anstieg der Datenkommunikation, die ja ebenfalls bereits traditionelle Briefpostsendungen (Rechnungen, Lieferscheine etc.) durch elektronische Nachrichten ersetzt. Von 1974 bis 1979 ist die Zahl der Datenstationen im Fernmeldenetz der Deutschen Bundespost um 250 % auf 86 000 Stationen angewachsen. Allein im Jahr 1979 betrug der Zuwachs 30 %.

Aber auch neue Formen der Telekommunikation können in diesem Netz realisiert werden. Das von der Kommission vorgeschlagene Fernkopieren (Telefax) ist Anfang 1979 eingeführt worden. Bereits im ersten Jahr haben sich 1 800 Teilnehmer angeschlossen. Ab Mitte 1980 führte die Bundespost in 600 Postämtern den Telebriefverkehr ein. Die kopierfähigen Vorlagen (herkömmliche Briefstücke) werden durch Faksimileübertragung an das Empfängerpostamt weitergeleitet und anschließend wie normale Briefe ausgetragen oder bei Vorhandensein eines Telefaxendanschlusses elektronisch bis zum Empfänger übertragen.

Die letzte von der Kommission vorgeschlagene neue Telekommunikationsform, das Bürofernschreiben (Teletex), ist inzwischen technisch und organisatorisch entwickelt worden. Erstmals nach dem Zweiten Weltkrieg wird durch das CCITT (Comité Consultative International Télégraphique et Téléphonique) auf Betreiben der Deutschen Bundespost die internationale Standardisierung eines neuen Dienstes durchgeführt. Das Bürofernschreiben wird noch im Jahre 1981 eingeführt werden. Bis zum Jahr 1985 werden 40 000 Anschlüsse, bis 1990 130 000 Anschlüsse erwartet.

Damit ist die Grundlage für die elektronische Post gelegt, und dies ist zumindest arbeitsmarktpolitisch eine hochbrisante Angelegenheit. Eine Nachricht wird im elektronischen Briefverkehr nicht mehr mit ihrem körperlichen Datenträger (Papier) übermittelt, sondern als immaterielles Gut mit wesentlich weniger Arbeitseinsatz, geringerem Energieverbrauch und umweltschonend zum Empfänger gebracht. Zwar bedarf es hierzu noch einer Reihe von Entwicklungsschritten; elektronische Briefkästen sind zu installieren, Sammelanlagen oder individuelle Endgeräte müssen sich erst verbreiten. Aber die Entwicklungsrichtung ist bereits deutlich erkennbar.

Naturgemäß eilt die Entwicklung in der Bürokommunikation der Kommunikation im privaten Haushalt voraus. Denn das berufliche Kommunizieren ist als Arbeitszeit zu bezahlen, während die private Kommunikation als Verwendung der Freizeit nicht im ökonomischen Sinne kalkuliert wird. Die Endgeräte für die elektronische Post (Telefax oder Teletex) werden sich also viel schneller in den Kommunikationssystemen von Unternehmungen und Behörden verbreiten. Die Haushaltungen werden folgen, wenn das System weit genug diffundiert ist, um drastische Preisdegressionen auszulösen.

In der medienpolitischen Diskussion wird diese stürmische Entwicklung der Individualkommunikationssysteme stark vernachlässigt. Sicherlich liegt das daran, daß die Rundfunk- und Zeitungsmedien an ihren eigenen Problemen stärker interessiert sind als an der weitgehend unproblematisch empfundenen Kommunikation zwischen einzelnen Bürgern und Büros. Auch ist naturgemäß die Massenkommunikation wegen ihrer meinungsbildenden Kraft von höherem politischen Interesse. Jedoch bedarf es einmal des Zurechtrückens der Gewichte, indem man sich vor Augen führt, daß aus wirtschaftlicher Sicht die Massenkommunikation ein vergleichsweise bescheidenes monetäres Volumen annimmt, während die Individualkommunikation sowohl im Umsatz der Dienstleistungen als auch in den jährlichen Investitionen in der 10-Milliarden-DM-Größenordnung angesiedelt ist.

Ich kann auch nicht finden, daß die Individualkommunikation von geringem gesellschaftspolitischem Interesse ist. Denn die Chance für jedermann, ohne Rücksicht auf Entfernungen zu einem erschwinglichen Preis mit jedem Partner auf dieser Erde zu kommunizieren, die durch die Mobilität zerrissenen Familien, Freundeskreise und andere Bindungen kommunikativ wieder zusammenzufügen, insgesamt also über weite Distanz »Verständigung« zu ermöglichen, muß als Entwicklung von hohem gesellschaftspolitischen Rang eingeschätzt werden. Auf der anderen Seite wird die zwar langsame, aber schrittweise kontinuierliche Entwicklung zur elektronischen Post nicht nur innerhalb der Bundespost selbst, sondern auch in den öffentlichen und privaten Verwaltungen eine erhebliche Umstrukturierung von Arbeitsplätzen auslösen. Die Massenkommunikation ist zwar ein politischer Riese, jedoch wirtschaftlich von wesentlich geringerem Wuchs.

Fragt man sich, welche Merkmale diese Gattung von Kommissionsempfehlungen aufweist, die so offenkundig positiv angepackt und geradezu lückenlos realisiert wurden, so fällt zunächst auf, daß es zur Entscheidung über diese Neuen Medien eine eindeutig zuständige Instanz gab: die Deutsche Bundespost. Sie konnte sich – bei entsprechendem Rückhalt im Bundeskabinett – autonom entscheiden. Gesellschaftspolitische Widerstände, die z. B. durch die Veränderung der Arbeitsplatzsituation ausgelöst werden, sind durch die zwangsläufig langsame Entwicklung der Innovation abfederungsfähig. Soweit man soziale Härten vermeidet, hat auch die deutsche Gewerkschaftsbewegung dem Fortschritt in der Individualkommunikation bisher keinen ernsten Widerstand entgegengesetzt.

Ein weiteres Merkmal dieser Gattung von Kommissionsempfehlungen ist in der Tatsache zu sehen, daß die Frage nach Bedürfnis und Bedarf eindeutig im Sinne eines Marktproblems gesehen wurde. Die Entscheidungsinstanz, ob eine neue Telekommunikationsform realisiert wird oder nicht, unterliegt eindeutig dem einzelnen Benutzer. Nur wenn er bereit ist, den Lohn seiner Arbeit für die neue Kommunikationschance herzugeben, stößt das System, wie man heute sagt, auf »Akzeptanz«.

Gesetzliche Restriktionen bestehen in keinem mit der Massenkommunikation vergleichbaren Umfang. Die Bundespost konnte die neuen Dienste jedenfalls ohne zusätzliche Bemühungen der Gesetzgebung anbieten, jeder Bürger und jede Verwaltung konnten die Dienste benutzen, ohne eine Rechtsgrundlage zu bemühen. Ein gewisser Rechtsstreit hat sich lediglich an der Frage entzündet, ob auch andere Anbieter als die Deutsche Bundespost neue Telekommunikationsformen entwickeln und anbieten dürfen. Die Deutsche Bundespost kann dies nach dem Fernmeldeanlagengesetz von 1928 verhindern. Im Gegensatz dazu ist es insbesondere in den USA, aber auch in anderen westlichen Ländern, nicht nur gestattet, sondern kommunikationspolitisch ausdrücklich erwünscht, daß private Unternehmen in dem bestehenden Netz zusätzliche Dienste (z. B. value added networks für die Datenkommunikation) entwickeln. Damit soll eine Verbreiterung der Innovationsimpulse erreicht werden. Ohne auf diesen Streit hier im einzelnen eingehen zu können, kann angemerkt werden, daß allein diese Diskussion (z. B. im Bereich der Datenkommunikation) zur Wekkung neuer Innovationsimpulse auch innerhalb der Bundespost beigetragen hat. Damit wird deutlich, daß die Eindeutigkeit der Innovationskompetenz auch dann gegeben wäre, wenn neben der Deutschen Bundespost noch andere öffentliche oder private Anbieter zugelassen wären. Wichtig ist nur, daß jeder Innovator für sich, ohne Hilfe (bzw. Widerstand) anderer Institutionen, autonom befugt ist, das Neue zu tun. Eine Konkurrenz zwischen Innovatoren mag nicht zwingende Voraussetzung, aber doch für den Schritt in Neuland förderlich sein.

Textabruf

Der Entscheidungsprozeß zur Einführung eines neuen Mediums wird schwieriger, wenn die Entscheidungskompetenz umstritten ist und zur Realisierung des Systems eine Kooperation von mehreren Partnern – zunächst noch ganz abgesehen vom Benutzer – nötig ist. Dies zeigte sich am Beispiel Bildschirmtext.

Die Innovation drängte sich hier förmlich auf, denn das neue System entsteht unter geringen Kosten, wenn man die vorhandenen Fernsehgeräte mit dem ebenfalls vorhandenen Fernsprechnetz verbindet. Die Empfehlung zur Vollversorgung der Haushalte mit Telefonanschlüssen erweist sich als Voraussetzung für weitere Innovationsschritte. Der gesellschaftspolitische Vorteil liegt auf der Hand: Mit Hilfe des Zugriffs zu einer Bildschirmtextzentrale kann sich jeder private Haushalt, auch derjenige, der nicht über eine anspruchsvolle Bibliothek verfügt, Auskünfte aus den verschiedenen Dateien verschaffen. Alte und gebrechliche Menschen, aber auch die Bevölkerung, die von Ballungszentren mit ihren vielfältigen Informationsmöglichkeiten weit entfernt ist, können ihren Informationsnachteil ausgleichen. Da das System im Vergleich zu anderen Datenbeschaffungsverfahren als kostengünstig gelten kann, ist es auch unter sozialen Gesichtspunkten förderungswürdig.

Es gab jedoch zunächst Streit um die Frage, ob Bildschirmtext Rundfunk ist und damit in die gesetzgeberische Kompetenz der Länder fällt. Die Bundesregierung stellte sich auf den Standpunkt, daß die individuelle Anwahl der Datenzentrale durch jeden einzelnen Teilnehmer eine Bundes- und damit Postzuständigkeit begründet. Obgleich der Rechtsstreit nicht förmlich ausgefochten wurde, hat man doch – zumindest für die Versuchsphase – eine Einigung dahingehend erzielt, daß die Innovationskompetenz bei der Bundespost liegt, daß hierbei das betroffene Land jedoch durch ein Bildschirmtextgesetz die Länderkompetenz beisteuert (Gesetz über die Erprobung von Bildschirmtext in Berlin vom Mai 1980; Gesetz über die Durchführung eines Feldversuchs mit Bildschirmtext des Landes Nordrhein-Westfalen vom 18. 3. 1980). Dabei wurde auch die Rolle der Werbung geregelt.

Die Bundespost hat eindeutig erklärt, daß sie sich als Common carrier, d. h. als Verkehrsunternehmen für den Transport und die Vermittlung von Nachrichten ansieht, die andere eingeben und andere empfangen. Sie kann dabei nur Informationen anbieten, die zum Betrieb des Systems selbst erforderlich sind oder sich auf die Bildschirmtexterprobung als solche oder auf andere Postdienste beziehen. Dies wird auch in den Gesetzen zur Durchführung der Feldversuche in Berlin und Düsseldorf/Neuß so bestimmt. Hierbei wird ein von der Kommission mit Nachdruck vertretener Standpunkt realisiert: die Trennung von Netz und Nutzung. Damit ist vor allem gemeint, daß der Betreiber des Netzes keine Zugangsbarrieren für die Informationsanbieter errichtet, soweit diese sich im Rahmen der allgemeinen gesetzlichen Ordnung halten, also z. B. nicht zu kriminellen Akten auffordern.

Bisher hat die Gewinnung und Einfügung von Informationsanbietern noch zu keinen Schwierigkeiten geführt. Die Diskussion um den sogenannten »Suchbaum«, der von der Bundespost als inneres Ordnungs- und Auffindungsschema für die Datenmengen entwickelt wurde, bestand in großen Teilen aus gegenseitigen Mißverständnissen und war eigentlich nur der Anlaß, um sich in gegenseitigem Verständnis zu üben und gemeinsam Probleme lösen zu lernen. Immerhin zeigte sich an diesem Beispiel, daß eine Innovation, die sowohl vom Netzverantwortlichen als auch von einer Vielzahl von Informationsanbietern vorangetrieben werden muß, größere Probleme aufwirft, als dies bei der reinen Individualkommunikation der Fall ist. Die Versuchsprojekte in Düsseldorf/Neuß und in Berlin verlaufen technisch-organisatorisch zufriedenstellend. Auch das Angebot der Textinhalte ist reichhaltig, konkurrierend und anspruchsvoll. Der eigentliche Akzeptanztest liegt jedoch noch nicht vor. Erst nach hinreichender Versuchsdauer wird sich entscheiden, ob das System auf eine echte und breite Kaufbereitschaft stößt. Bereits heute läßt sich sagen, daß jedenfalls ein umfassendes Marketing nötig sein wird, d. h. eine sorgfältige Bedarfsforschung, ein dem Bedarf in allen seinen Varianten entsprechendes Angebot, eine benutzerfreundliche Handhabung und Werbung, die den Teilnehmer über seine vielfältigen Informationsmöglichkeiten unterrichtet. Zur Innovationsentscheidung genügt es nicht, das Neue zu »genehmigen« im Sinne einer passiven Duldung. Die Entscheidung zu Neuen Medien verlangt Anstrengungen, das Neue überzeugend vorzustellen. Die Bundespost hat dies erkannt und bietet in einem vorher nicht gekannten Umfang Demonstrationsveranstaltungen für praktisch jeden, der überhaupt Interesse zeigt, an.

Das innovative Gegenstück zu Bildschirmtext stellt Videotext dar. Seit 1980 strahlen sowohl die ARD als auch das ZDF in der Austastlücke des Fernsehbildes im Nachmittags- und Abendprogramm ein Textangebot aus, das Nachrichten, aktuelle Informationen über Wetter, Sport, die eigene Programmfolge etc. enthält. Nach langen und schwierigen Verhandlungen zwischen den öffentlich-rechtlichen Rundfunkanstalten und den Zeitungsverlagen wurde vereinbart, einige interessierte überregionale Tageszeitungen in vereinbartem Umfang an diesem Versuch zu beteiligen. Bereits einige Monate vorher war im Nachbarland Österreich unter dem Namen Teletext dieselbe technisch-organisatorische und rechtliche Lösung gefunden worden. Insoweit ist also auch bei Videotext den Empfehlungen der Kommission gefolgt worden. Jedoch bezieht sich der Versuch bisher lediglich auf die technisch-organisatorische Seite, denn das Angebot wird ohne besonderes Entgelt, also im Paket der Rundfunkgebühren mitfinanziert. Der einzige Test, der sich auf die Frage richtet, ob das Neue Medium sein gutes Geld wert ist, bezieht sich auf die Bereitschaft, das für den Empfang notwendige Videotextzusatzgerät zu erwerben bzw. ein Fernsehgerät zu kaufen, in dem dieser Zusatz bereits integriert ist. In dieser Hinsicht ist die Akzeptanz von Videotext bisher recht bescheiden. Von einem Innovationsmarketing kann allerdings nicht die Rede sein.

Kabelfernsehen

Den wirklichen Konfliktfall in der Entscheidung zu Neuen Medien bietet das sogenannte Kabelfernsehen. Bereits die Wahl dieses Wortes signalisiert eine bestimmte Betrachtungsposition, daß nämlich in den Breitbandkabelnetzen vor allem Fernsehen und natürlich auch Hörfunk als die zweite Variante des Rundfunks stattfinden wird. Im Auftrag an die Kommission hatte es noch gelautet: »Welche Möglichkeiten für neue Kommunikationsformen werden durch die sich abzeichnende technische Entwicklung – insbesondere Breitbandtechnik – eröffnet?« Die Verwendung des Rundfunkbegriffes und seiner engeren Variante Fernsehen wurde vermieden, was wohl auch darauf zurückzuführen war, daß der Bund keine gesetzgeberische Kompetenz im Bereich des Rundfunks besitzt, also die Bundesregierung kaum eine Kommission zur Untersuchung neuer Entwicklungen im Bereich des Rundfunks einsetzen konnte. Dennoch war von Anfang an klar, daß diese Frage nicht umgangen werden konnte, denn eine Beschränkung auf den reinen Transport von Rundfunkinhalten, also auf die Rolle des Common carrier, hätte bedeutet, daß man einen Ausbau der Senderkette, der Kabelnetze und anderer Übertragungsvorrichtungen ohne Berücksichtigung von Umfang und Art der Nutzung hätte diskutieren wollen.

Angesichts dieser schwierigen Ausgangssituation ist es doch bemerkenswert, daß die Kommission schließlich unter Einschluß der Ländervertreter zu einer einvernehmlichen Analyse und zu einstimmigen Empfehlungen gelangte.

Die Kommission ist keinesfalls einer Fortschrittseuphorie erlegen, sondern hat aufgrund mehrerer von ihr in Auftrag gegebener Marktstudien und Delphi-Befragungen davon gesprochen, daß das Bedürfnis nach lokalen Hörfunk- und Fernsehprogrammen »wenig ausgeprägt« ist (Feststellung 46), daß »zur Zeit kein drängender Bedarf nach einer größeren Anzahl anzubietender Fernsehprogramme« besteht (Feststellung 47), und daß die Entwicklung des Bedarfs für die Zukunft nicht mit hinreichender Sicherheit prognostiziert werden kann. Andererseits zeigten volkswirtschaftliche Prognosen, daß die Haushaltungen etwa vom Jahr 1980 an ein zusätzliches Geldbudget für weitere Fernsehprogramme zur Verfügung haben könnten, und daß eine steigende Neigung zur individuelleren Versorgung mit Kommunikationsinhalten erwartet werden konnte. Die herangezogenen gesellschaftlichen, sozialen und politischen Argumente boten ebenfalls das Bild eines Einerseits – Andererseits, so daß man mokant von einer ausgewogenen Prognose sprach.

Die Kommission hat sowohl die schlichte Beibehaltung des Status quo als auch den Sprung in ein bundesweites Kabelfernsehen verneint. Insbesondere erschien ihr wichtig, daß die neue Breitbandkommunikation mit einem Rückkanal versehen wird, damit der Teilnehmer aus seiner bisher passiven Haltung gegenüber den dargebotenen Programmen heraustreten kann und im kommunikationspolitischen Sinne wirklich mündig wird. Da hierzu aber noch keinerlei Erfahrungen aus Mitteleuropa vorlagen und die ersten Experimentalaussagen aus Japan und den USA nicht ohne weiteres auf unser Land übernehmbar schienen, wurden Pilotprojekte (Modellversuche) mit Breitbandkabelsystemen empfohlen (Empfehlung 9). Damit sollten vor allem der Bedarf, aber auch die noch unbekannten positiven und negativen Nebenwirkungen getestet werden. Vor allem schien es der Kommission notwendig festzustellen, daß Breitbandkommunikationssysteme bedarfsgerecht sein sollen. Zur Begründung ihrer Empfehlung formuliert sie: »Im Falle eines unsicheren oder gar fehlenden Bedarfs müßte nämlich der Ausbau zu Lasten der Allgemeinheit und damit zu Lasten der öffentlichen Haushalte geschehen. Die Kommission konnte jedoch den Grad des gesellschaftlich Erwünschten nicht so hoch einstufen, daß eine Versorgung der Bevölkerung mit zusätzlichen Breitbandangeboten auch ohne kaufkräftige Nachfrage gerechtfertigt erscheint.«

Mit dieser pragmatischen, gleichzeitig innovationszugewandten, aber doch nicht unkritischen Haltung wurde die Erwartung verbunden, daß die Pilotprojekte sofort in Angriff genommen, in den Jahren 1978 bis 1980 durchgeführt, allenfalls in den Beginn der achtziger Jahre verlängert werden, so daß mit dem Auftreten des prognostizierten zusätzlichen Geldbudgets für Kommunikationsleistungen die entsprechenden medienpolitischen Entscheidungen – nun auf der soliden Grundlage von praktischen Erfahrungen – getroffen werden sollten.

Zunächst haben sowohl die Bundesregierung als auch alle Bundesländer den Empfehlungen der Kommission zugestimmt. Ein Vorbehalt der Bundesregierung richtete sich lediglich auf die Empfehlung 13, in der als Netzträger neben der Deutschen

Bundespost auch Gemeinden und Privatunternehmen genannt waren.

Nach dieser Akklamation folgte jedoch eine lange Periode der Diskussion und Vertagung, der Aufwerfung neuen Konfliktstoffs, der Mobilisierung immer neuer Argumente, die gegen das Kabelfernsehen sprachen, insgesamt also eine Periode der Verzögerung und Unterlassung. Für eine Chronik der verschiedenen Konferenzen, Mißverständnisse, Vorstöße und Gegenvorstöße ist hier nicht der Ort. Es kann auch nicht darum gehen, den Versuch einer Schuldzuweisung zu unternehmen. Vielmehr ist es für den Fortgang des Entscheidungs- und Innovationsprozesses wichtig zu erkennen, welche Interessenstruktur aller Beteiligten dem Konflikt zugrundeliegt. Denn nur wenn man jede einzelne subjektive Absicht ernst nimmt und im Entscheidungsprozeß berücksichtigt, kann ohne Emotionen festgestellt werden, welche realistischen Möglichkeiten für die Zukunft der Massenkommunikation bestehen.

Medienverfassung

Während man den Ausbau der elektronischen Individualkommunikation in allen Bereichen bereitwillig annahm und gewisse einschränkende Diskussionen sich höchstens auf Fragen der optimalen sozialen Anpassung neuer Systeme erstreckten, hat sich gegenüber der elektronischen Massenkommunikation eine bemerkenswerte Koalition der Skeptiker herausgebildet. Angesichts der Vorstellung, daß in Zukunft 30 Breitbandkanäle für Fernseh- und Filminhalte vorhanden sein könnten, daß in einem einzigen Kanal der Inhalt von 100 Tageszeitungen transportiert werden kann, sich also eine völlig neue Medienlandschaft darbietet, erscheint die Erhaltung der bestehenden Medienstruktur als die einfachste aller Möglichkeiten. Eine in diesem spezifischen Sinne konservative Haltung findet sich in breiten Teilen aller politischen Parteien, in der Bundesregierung, in fast allen Länderregierungen, in den Gewerkschaften, vielen Verbänden, in beiden christlichen Kirchen, in den öffentlich-rechtlichen Rundfunkanstalten und in vielen Zeitungs- und Zeitschriftenverlagen. Es besteht ein ziemlich umfassender Konsens dahingehend, daß die »Medienverfassung«, die durch eine privatwirtschaftliche Presse und einen öffentlich-rechtlichen Rundfunk gekennzeichnet ist, sich bewährt habe.

Durch die Wahl des Wortes Verfassung wird signalisiert, daß hier etwas besteht, was gleichsam nur mit überwältigenden Mehrheiten verändert werden kann. Diese Haltung wird durch das sogenannte Fernsehurteil des Bundesverfassungsgerichts von 1961 gestützt, so daß die Postulate der Ausgewogenheit, der Kontrolle durch die gesellschaftlich relevanten Gruppen als verteidigungswürdige Merkmale des Status quo erscheinen. Andererseits ist diese Medienstruktur keineswegs durch einen verfassungsgebenden Akt begründet und damit ein für allemal festgeschrieben worden. Sie ist vielmehr das Ergebnis einer langjährigen Entwicklung, die durch heftige Auseinandersetzungen gekennzeichnet war. Es sei nur an die Durchsetzung der rundfunkpolitischen Vorstellungen der westlichen Besatzungsmächte, an den Kompetenzstreit zwischen Bund und Ländern anläßlich der Gründung des Zweiten Deutschen Fernsehens, an die parteipolitischen Auseinandersetzungen um den Einfluß in öffentlich-rechtlichen Rundfunkanstalten, an die kritische Behandlung der Konzentration in den Printmedien, an den Streit zwischen Presse und Rundfunk um die Fernsehwerbung erinnert, um erkennen zu können, daß die Medienstruktur keinesfalls eine unbestrittene und statisch fortbestehende Sachlage darstellt. Das Bestehende war eigentlich immer umstritten und wurde erst angesichts der erschreckenden Entwicklungssprünge, die mit den Neuen Medien angekündigt wurden, von vielen Seiten anerkannt. Äußerungen, die den Wunsch zur Erhaltung der bestehenden Medienstruktur belegen, sind in großer Fülle zitierbar. Die folgende Auswahl zeigt, wie weit gespannt die Koalition der Bewahrer des Bestehenden ist:

- ». . . daß sie (die Bundesregierung) für die Erhaltung des privatrechtlichen Charakters der Presse ebenso entschieden eintritt wie für den öffentlich-rechtlichen Charakter des Rundfunks. Das Prinzip zweier sich ergänzender unterschiedlicher Organisationsstrukturen hat sich bewährt und sollte insoweit erhalten werden.« (Innenminister Baum: 149. Sitzung des Deutschen Bundestages, 27. 4. 1979)

- »Wir treten ein für den privatrechtlichen Charakter der Presse und für den öffentlich-rechtlichen Charakter von Funk und Fernsehen.« (Medienpolitischer Beschluß des Bundeskabinetts vom 26. 9. 1979)

- »Das öffentlich-rechtliche System der Rundfunk- und Fernsehanstalten hat sich bei uns in hervorragender Weise bewährt . . . Für uns . . . ist nicht vorstellbar, daß dieser wichtige Bereich unter Einfluß der großen privatwirtschaftlichen Pressekonzerne geraten könnte.« (Wilhelm Dröscher, Schatzmeister der SPD: Stellungnahme zum Bericht der KtK, 28. 1. 1976)

- »Deshalb treten wir mit Entschiedenheit für dieses duale System ein: hier privatwirtschaftlich organisierte Presse, dort öffentlich-rechtlich strukturierter Rundfunk.« (Dr. Nöbel, SPD: Deutscher Bundestag – 8. Wahlperiode – 149. Sitzung, Bonn, 27. 4. 1979)

- »Von besonderer Bedeutung ist dabei, daß die bisherigen Programme des öffentlichen Rundfunks nach Inhalt und Umfang nicht beeinträchtigt werden.« (Medienpolitische Beschlüsse der FDP)

- »Das Entscheidende ist nur, daß die Trägerschaft mit Rücksicht auf die Interessen der Gesellschaft öffentlich-rechtlich organisiert ist.« (Friedrich W. Frhr. v. Sell, Intendant des

Westdeutschen Rundfunks, auf den Hamburger Medientagen)

- »Vor allem dürfen bewährte Stützen der ›Freiheit der Kommunikation‹ ... durch diese neue Entwicklung nicht in ihrem Bestand gefährdet werden.« (Pressedienst des Sekretariats der Deutschen Bischofskonferenz vom 18.7.1977)

- »... kann es die Aufgabe neuer Medien, insbesondere des Kabelfernsehens nur sein, die vorhandenen Medienangebote zu ergänzen, ohne die öffentlich-rechtlichen Rundfunkanstalten und die lokalen und regionalen Zeitungen in ihrer Existenz zu gefährden.« (Stellungnahme des Rates der Evangelischen Kirche in Deutschland, EKD, zur künftigen Entwicklung eines Breitbandkommunikationssystems vom 14.1.1977)

- »Der öffentlich-rechtliche Rundfunk hat sich bewährt. ... Sie (Rundfunk- und Fernsehsendungen) müssen ... unter gesellschaftlicher Kontrolle stehen.« (Arbeitsgemeinschaft Publizistik der IG Druck und Papier)

- »Die Länder der Bundesrepublik Deutschland betrachten die einheitliche Grundstruktur des Rundfunkwesens in der Bundesrepublik Deutschland als ein wertvolles Gut.« (Beschluß der Ministerpräsidenten zur Durchführung der vier Kabelpilotprojekte vom 11.5.1978)

Interessenlage

Die Einigkeit in der Aussage darf jedoch nicht mit den Gründen für das Festhalten an der gegenwärtigen Medienstruktur verwechselt werden. Hier sind deutliche Unterschiede erkennbar, die sich aus der jeweils konkreten Interessenlage der Parteien, Verbände und Institutionen ableiten. Es wäre auch unzweckmäßig, die Tatsache zum Gegenstand der Kritik zu machen, daß sich die wohlverstandene und begründbare Interessenlage nicht immer deutlich zu erkennen gibt, sondern mit objektiven oder doch zumindest objektivierbaren Argumenten operiert.

Wer etwa die Überflutung des Bürgers durch Informationen, die Vereinsamung des Menschen, der mit Hilfe der Telekommunikation jeden anderen erreichen kann und deshalb den Weg zur persönlichen Begegnung scheut, oder die Reizüberladung des Kindes, das nicht mehr spielt, sondern nur noch passiv viel zu viele Bilder entgegennimmt, befürchtet, der spricht sicherlich erwägenswerte Argumente gegen Neue Medien aus. Aber es ist zu bezweifeln, daß er seine ablehnende Haltung aufgeben würde, falls die Befürchtungen – etwa in Pilotprojekten – sich als gegenstandslos erweisen würden. Sehr viel verläßlicher ist die Innovationsprognose, wenn man sich auf die vernunftgemäße und politisch zwingende Interessenposition der beteiligten Kräfte besinnt.

Hierzu ist festzustellen, daß im System des öffentlich-rechtlichen Rundfunks sowohl die politischen Parteien als auch andere gesellschaftlich relevante Kräfte, wie z. B. die Kirchen, die Gewerkschaften und die Wirtschaftsverbände einen festen Platz eingenommen haben. In einem System des Wettbewerbs zwischen privaten Unternehmen könnten sie ungleich weniger Einfluß für ihre Gruppe erwarten.

Hinzu kommt, daß die Beteiligten in den vielen Jahren des Zusammenwirkens der gesellschaftlich relevanten Kräfte dieses komplizierte System zu handhaben gelernt haben, sich in seiner Komplexität zurechtfinden, demgegenüber die neue Komplexität einer marktlichen Medienordnung fürchten. In der gesellschaftlichen Steuerung des unmittelbaren Einflusses benennbarer Gruppen liegt eine Unmittelbarkeit des Gestaltbaren, die gegenüber einer pluralistischen Struktur, die als eine »Steuerung durch Geisterhand« (der Marktkräfte) empfunden wird, den Vorteil der besseren Anschaulichkeit hat.

Auch drängen zu wenig innovationsbereite Kräfte von außen auf das bestehende Mediensystem ein. Gerade weil man die relevanten Kräfte weitgehend einbezogen hat, fehlen die machtvollen Außenseiter, die den Status quo verändern wollen. Wie bereits bei dem Vergleich der wirtschaftlichen Bedeutung der Individualkommunikation und der Massenkommunikation gezeigt wurde, ist die private Wirtschaft viel eher an der elektronischen Post als am Kabelfernsehen interessiert, obgleich man sie häufig in dieser Richtung »verdächtigt«. Auch die Zeitungs- und Zeitschriftenverlage, die als natürliche Konkurrenz zu den Rundfunkanstalten auftreten könnten, sind nur zum Teil bereit, das erhebliche Risiko der Neuen Medien auf sich zu nehmen. Sie erkennen in der Kabelkommunikation einen neuen Konkurrenten und beurteilen die politische Durchsetzungsfähigkeit einer Pressebeteiligung an diesen Neuen Medien eher skeptisch.

Im Kräfteverhältnis zwischen Bund und Ländern sowie zwischen den Ländern unterschiedlicher Regierungskoalition hat sich ebenfalls ein gewisses Gleichgewicht eingespielt, das zwar im Streit um den Norddeutschen Rundfunk und in der Diskussion um die Einbindung privater Veranstalter in das Pilotprojekt Rheinland-Pfalz nicht ungetrübt ist, das im ganzen jedoch stabil gehalten werden konnte.

Insbesondere die Rundfunkanstalten selbst sind an diesem Gleichgewicht interessiert und verteidigen naturgemäß den Status quo. Für sie fehlt der unmittelbare Anreiz, neue Systeme der Breitbandkabelkommunikation oder gar der Zweiwegkommunikation (Rückkanal mit empfängerbezogener Programmversorgung) zu entwickeln. Das bestehende Verfahren der Bezahlung von Rundfunkleistungen sieht ja lediglich eine Gesamtgebühr vor, die das Angebot an Kommunikationsinhalten als Ganzes entgilt. Jede Differenzierung des Mehr oder Weniger, des Besser oder Schlechter, des Früher oder Später, des Spezieller oder Allgemeiner ist im System des Alles oder Nichts unerfüllbar. Mit der Bezahlung seiner Rundfunkgebühr erwirbt der Bürger das Recht, mit einer gesetzlich begründeten, öffentlich-rechtlich erstellten, von den gesellschaftlich relevanten Gruppen kontrollierten, interessenpolitisch ausgewogenen Dienstleistung beliefert zu werden. Jede Differenzierung und zusätzliche Bedarfsbefriedigung wird erst möglich, wenn alternativ oder zusätzlich zu den Rundfunkgebühren spezielle Entgelte für einzelne Kanäle (Abonnementfernsehen) oder für spezielle Sendungen (Fernkino) eingeführt werden. Solange dies nicht geschieht, kann man auch in Pilotprojekten nicht testen, auf welche wirtschaftliche Akzeptanz einzelne Kommunikationsinhalte stoßen. Das System der Marktorientierung ist bis dahin durch das System der hoheitlichen Informationsverantwortung ersetzt. Es mag gute Gründe hierfür geben, nur muß deutlich bleiben, daß die Frage nach der Akzeptanz lediglich im System der Marktpreise einen sinnvollen Platz einnimmt. Wenn der Bürger ein zusätzliches Medienangebot, ohne es bezahlen zu müssen, als Geschenk annimmt, wird man kaum von Akzeptanz sprechen können.

Innovationsbarrieren

Im Ergebnis hat sich ein System der Beharrung eingespielt: Die Bundesregierung ist nicht bereit, einem weitflächigen Breitbandkabelsystem zuzustimmen, bevor die Pilotprojekte abgeschlossen sind, und die Pilotprojekte selbst bleiben einstweilen im Stadium der Vorbereitung. Da die treibenden Kräfte zu wenige und zu schwach sind, die Interessen am Bestehenden jedoch stark und weit verbreitet sind, zielt die medienpolitische Resultante auf eine Erhaltung des Status quo ab.

Als Tatsache ist festzuhalten, daß bis zum Frühjahr 1981 noch kein Pilotprojekt begonnen worden ist. Die komplexe Zuständigkeitsstruktur, d. h. die Kompetenz des Bundes für das Netz, der Länder für die Gesetzgebung, der Rundfunkanstalten für die Darbietung von Hörfunk- und Fernsehsendungen, die Schwierigkeit der Einbeziehung privater Anbieter, insbesondere der Zeitungs- und Zeitschriftenverlage, bereiteten geradezu unüberwindbare organisatorische Barrieren für den Innovationsprozeß. Es handelt sich um ein Schulbeispiel für unscharf abgegrenzte, pluralistische Kompetenzen, die sich gegenseitig blockieren und auf diese Weise zu einem Patt der Entwicklungsimpulse führen. Da das System der Rundfunkgebühren keinen marktwirtschaftlichen Anreiz für den Schritt in das Neuland bietet, fehlt auch die sonst so wirksame Innovationsprämie, die die Änderungskräfte wecken könnte. Als drittes Merkmal der Innovationsbarriere ist die weitgehende gesetzliche Festschreibung der Rundfunklandschaft zu nennen. Fragen wir nun nach den möglichen Strategien für die Beibehaltung oder die Veränderung der Medienstruktur.

Die wahrscheinlich unbewußte und ungezielte, jedenfalls tatsächlich praktizierte Strategie zur Vermeidung des Kabelfernsehens in den Jahren 1976 bis 1981 bestand in der Verzögerung der Pilotprojekte. Diese wurden keineswegs abgelehnt, denn dies hätte bedeutet, daß alternative Entwicklungen hätten eingeleitet werden können. Die vermeidende Wirkung lag gerade darin, daß man die Pilotprojekte als unabdingbare Voraussetzung für tiefgreifende Entscheidungen über neue elektronische Medien bezeichnete. Indem der Einigungsvorgang über die Organisationsform und die Finanzierung der Pilotprojekte mehr als fünf Jahre verzögert wurde, konnte gleichzeitig die medienpolitische Entscheidung hingehalten werden. Die Bewahrungsstrategie war also über eine ziemlich lange Periode erfolgreich.

Der Vorstoß für eine Zulassung privater Rundfunkveranstalter in Niedersachsen und Schleswig-Holstein sowie die in Baden-Württemberg entwickelten Alternativpläne für Kabelfernsehpilotprojekte weisen jedoch darauf hin, daß die zeitliche Abfederung der Innovation nicht unbegrenzt fortgesetzt werden kann. Es drängt sich also die Frage auf, ob es alternative und dauerhafte Strategien zur Bewahrung des Status quo gibt, oder ob nicht doch eine bewußte Innovationspolitik unvermeidbar ist.

An erster Stelle zu nennen ist die Bestrebung, eine Nachfrage nach Neuen Medien gar nicht erst entstehen zu lassen, oder eventuell schon latent vorhandene Nachfrageäußerungen abzuschwächen. Der Verzicht auf Neue Medien ist gesichert, wenn eine vitale Nachfrage nach neuen, anderen und vielfältigeren Inhalten ausbleibt. Niemand wird der Bevölkerung Neue Medien aufdrängen können, es sei denn, er ist bereit, sie über die öffentlichen Haushalte zu finanzieren und findet hierfür eine politische Mehrheit. Alle bisherigen Untersuchungen im Marketingbereich haben gezeigt, daß es allenfalls kurzfristig möglich ist, Bedarfsströmungen zu erzeugen oder zu unterdrücken. Aber eben auch die Unterdrückung, etwa durch eine bedarfsabwehrende Aufklärungsarbeit, kann nur mit geringen Erfolgsaussichten rechnen. Die staatlichen Maßnahmen gegenüber Genußmitteln wie Nikotin und Alkohol zeigen, in welch engen Grenzen sich Bedarfsäußerungen steuern lassen.

Auf der anderen Seite ist zur Weckung eines latent bestehenden Bedarfs bei vielen Produkten und Dienstleistungen ein werbendes Marketing notwendig, um eine kaufkräftige Nachfrage zu mobilisieren. Ein Verzicht auf dieses Marketing verzögert zumindest das Auftreten eines drängenden Bedarfs. Wenn die vom Bedarf her motivierte Innovationstendenz schwächer ist als die Wirkungsbreite des Marketing, dann läßt sich der Status quo stabilisieren.

Die Erfolgsaussichten dieser Stabilisierungsbemühungen hängen also von der tatsächlichen Entwicklung des Massenbedarfs ab. Für Ende 1980 wird von der Branche ein Bestand von 800 000 Videogeräten in Deutschland angegeben. Dies entspricht einem jährlichen Zuwachs von 50 % (zum Vergleich: USA 850 000 Videogeräte in Privathaushalten). Für die Mitte der achtziger Jahre wird ein jährlicher Absatz von 1,5 Mio. Geräten erwartet.

In allen Teilen der Bundesrepublik entstehen Videoclubs

zum Tausch von Videobändern. Die Filmproduzenten drängen verstärkt in diesen neuen Markt. Für das Jahr 1980 werden Umsätze in Höhe von 300 Mio. DM für die amerikanischen und in Höhe von 60 Mio. DM für die deutschen Filmproduzenten angegeben. Die Mietfilmunternehmen verleihen in der Bundesrepublik Deutschland bis zu 40 000 Filme pro Monat zum Preis von 10,– DM bis 50,– DM für die Nutzungswoche.

Da die Videocassette und die in ein bis zwei Jahren erwartete Bildplatte mit Marketingunterstützung eingeführt werden, rechtliche Restriktionen nicht existieren und eine Abgrenzung gegenüber dem Ausland angesichts der Außenhandelsabhängigkeit der Bundesrepublik Deutschland undenkbar ist, stellen sich dieser neuen Entwicklung keine Barrieren entgegen. Offensichtlich bestätigen sich die Kaufkrafterwartungen, die die Kommission für das Jahr 1980 formuliert hatte. Nur war die Kommission davon ausgegangen, daß die neue Nachfrage nach Abschluß der Pilotprojekte von den Neuen Medien der Breitbandkommunikation befriedigt werden wird.

Da die Pilotprojekte jedoch – selbst wenn die letzten noch offenen Fragen im Jahre 1981 geklärt werden sollten – erst 1983 beginnen und frühestens 1985 zu ersten Aussagen führen können, erhalten Videocassette und Bildplatte für fünf Jahre die Chance, sich ohne die Konkurrenz des Kabelfernsehens einzuführen. Falls dies gelingt, wird man in Zukunft formulieren müssen, daß die »Medienverfassung« aus drei Teilen besteht: der privatwirtschaftlichen Presse, dem öffentlich-rechtlichen Rundfunk und dem privatwirtschaftlichen Heimkino. Würde dagegen ein Kabelfernsehsystem mit Rückkanal zur Verfügung stehen, das neben dem Gebührenprogramm auch die Abonnementkanäle und den Abruf von Filmen mit Einzelentgelt enthält, dann würde für den Rundfunk, wer immer ihn betreibt, eine wesentlich bessere Zukunftschance bestehen. Er würde dem Heimkino ein Fernkino entgegenstellen, das in den USA als Pay-TV erfolgreich ist.

Dies erklärt auch den Umstand, daß in den USA trotz der

erheblich größeren Bevölkerungszahl sich nur etwa die gleiche Menge von Videogeräten in den privaten Haushaltungen befindet. Es ist also durchaus möglich, daß der Unterhaltungsbedarf der deutschen Bevölkerung weitgehend vom Heimkino gedeckt wird und die Verfechter des öffentlich-rechtlichen Rundfunksystems dies auch als unschädlich betrachten, weil die politisch informative Aufgabe in der Kompetenz der bestehenden Institutionen bleibt. Denn Videocassette und Bildplatte sind nicht in der Lage, die Fernseh- und Hörfunksendungen aktuellen Inhaltes zu ersetzen.

Auf diesem Feld deutet sich mit den Vorbereitungen von Radio Luxemburg und TELSAT für ein Satellitenfernsehen eine weitere Bedrohung des Status quo an. Da die Programme ausschließlich über Werbung finanziert werden sollen, braucht der deutsche Fernsehteilnehmer lediglich eine Parabolantenne zu investieren, die insbesondere bei Gemeinschaftsantennenanlagen nur geringfügige Ausgaben für den einzelnen Haushalt notwendig machen.

Ein Verbot oder auch nur eine Behinderung des Empfanges ausländischer Programme ist verfassungsrechtlich nicht zulässig und kann politisch nicht erwogen werden. Eine Störung der Frequenzen würde politisch bedenkliche Analogien zum Verhalten osteuropäischer Länder auslösen. Es verbleibt der Ausweg, mit Hilfe außenpolitischer und außenwirtschaftlicher Anstrengungen die Veranstaltung deutschsprachiger Satellitenprogramme im Ausland zu verhindern. Allzu groß scheinen die Erfolgsaussichten hierzu nicht zu sein.

Jedenfalls sind die beschriebenen Strategien zur Erhaltung des Status quo angesichts des sich entwickelnden Heimkinos und der Vorbereitungen zum Satellitenfernsehen nicht verläßlich. Falls sich beide Innovationsvorstöße als erfolgreich erweisen, was lediglich durch den Bedarf der Bevölkerung entschieden wird, werden praktisch alle negativen Wirkungen, die von den Gegnern des Kabelfernsehens befürchtet werden, realisiert, ohne daß die für die Rundfunkgesetzgebung kompetenten Länder und die für die Programmgestaltung verantwortlichen Rundfunkanstalten über nennenswerte Korrekturmöglichkeiten verfügen.

Die zweite Strategie besteht nicht mehr aus einer Abwehr der Neuen Medien, sondern aus ihrer Realisierung durch die bestehenden Institutionen. Bei Videotext ist dies bereits der Fall. Auch die Einführung zeitversetzter Rundfunkprogramme weist in dieselbe Richtung. Außerdem ist vorgesehen, einen eigenen Fernsehsatelliten zu installieren, um bestimmte verwandte Programme aus dem Ausland zu übernehmen.

Soweit diese Innovationsstrategie konsequent fortgesetzt wird, also die Pilotprojekte mit einem 30-Kanal-Angebot realisiert werden, der Rückkanal zur Aktivierung des Teilnehmers eingerichtet wird und auch die Varianten der Programmselektion und Programmbezahlung, also Abonnementfernsehen und Fernkino angeboten werden, hat man natürlich alle Wirkungen ausgelöst, die von den Skeptikern befürchtet werden. Lediglich die Organisationsstruktur, also insbesondere das Fernhalten privater Anbieter wird stabilisiert. Da diese jedoch auf dem Heimkinomarkt engagiert sind und sie möglicherweise auch Zugang zum Satellitenfernsehen gewinnen, ist auch diese Stabilisierungsabsicht nicht mit Sicherheit erfüllbar.

Im übrigen ist die Trennungslinie zwischen privatwirtschaftlicher und öffentlich-rechtlicher Telekommunikation genauso wenig scharf gezogen wie die Trennungslinie zwischen Individual- und Massenkommunikation. Wenn in einem öffentlichrechtlichen System des Kabelfernsehens mit Hilfe des Rückkanals Filme und andere einzelne Medieninhalte abgerufen werden, dann entscheidet der Intendant der Rundfunkanstalt nicht mehr über die einzelne »Sendung«. Diese wird zur »Abrufung«. Die Intendantenverantwortung bezieht sich – abgesehen von den nach wie vor veranstalteten Vollprogrammen – nun auf den Inhalt des abrufbaren Speichers. Diese Entscheidung wird viel weitherziger sein können als die Entscheidung über die Ausstrahlung einer einzelnen Sendung. Wenn von den Herstellern der Filme, die ja auch im bestehenden System ihre Produkte an die Rundfunkanstalten liefern, über die Printmedien für einzelne Filme geworben wird, diese Filme möglicherweise auch zeitlich parallel in Filmtheatern angeboten werden, dann wird sich ein Intendant bei einer sich regenden Teilnehmernachfrage ihrer Aufnahme in den Speicher kaum widersetzen wollen. Es wird dann vielleicht nur noch von theoretischem Interesse sein, derartige kooperative Strukturen in den Gegensatz zwischen öffentlich-rechtlich und privat und in den Gegensatz zwischen Individual- und Massenkommunikation einzuordnen.

Fassen wir zusammen: Wenn sich eine Nachfrage nach Neuen Medien nicht entwickelt oder durch Marketing nicht entwickeln läßt, dann wird es keine Neuen Medien geben. Dieses aber ist der einzige Fall, der den Status quo rettet. Bei einem sich regenden kaufkräftigen Bedarf nach neuen Medieninhalten und Medienformen hat keine Vermeidungsstrategie Aussicht auf Erfolg.

Nachdem alle Möglichkeiten durchdekliniert wurden, einen medienpolitischen Konservativismus zu praktizieren, bleibt die Erkenntnis, daß den Bewahrern des Status quo nicht nur alle Maßnahmen mißlingen, sondern daß sie unter dem Aspekt ihrer eigenen Zielsetzungen schlimmeres bewirken als die angebotenen Neuen Medien an Schaden anrichten können. Wer die abgelehnte Kommerzialisierung der elektronischen Medien im Inland verbietet, sieht sich in der Lage, eine »Fremdkommerzialisierung« aus den Nachbarländern verursacht zu haben. Wer eine Orientierung der Fernsehinhalte an dem »schlichten« Geschmack des Durchschnittsbürgers vermeidet, der löst damit eine um so deutlichere Versorgung mit gängigen Videokassetten und Bildplatten aus.

Was bei einer gezielten Realisierung Neuer Medien durch die öffentlichen und privaten Träger unserer Medienstruktur in Grenzen zu halten wäre, also den vielzitierten Wildwuchs zu vermeiden und mit eigenen Gestaltungsabsichten aufzuwarten, würde völlig aus der Hand gegeben. Allerdings wäre dies nicht das erste Mal in der Kulturgeschichte Mitteleuropas, daß die Bewahrer den echten Durchbruch – allerdings ungewollt – auslösen.

Mir scheint, daß gerade unter der Zielsetzung derjenigen, die sich gegen Kabelkommunikation, Rückkanal und Internationalisierung der Medienlandschaft stemmen, eine aktive Innovationsstrategie sinnvoller wäre. Anstatt den Ereignissen hinterherzulaufen, den Gegnern zu gestatten, immer neue Varianten zu entwickeln und sich lediglich auf die zeitliche Abfederung zu beschränken, könnte es aussichtsreich sein, eigene Fortschrittskonzeptionen zu entwickeln.

DIETER STOLTE

Dieter Stolte, Professor, Programmdirektor des ZDF, Mainz. Geboren 1934 in Köln, 1955–1961 Studium der Philosophie, Geschichte und Germanistik an den Universitäten Tübingen und Mainz, 1961 Aufbau der Abteilung Wissenschaft beim

Saarländischen Rundfunk, 1962 persönlicher Referent des ZDF-Intendanten Karl Holzamer, 1967 Leiter der Hauptabteilung Programmplanung des ZDF, 1973 Fernsehdirektor und stellvertretender Intendant des Südwestfunks, seit 1976 Programmdirektor des ZDF.

Veröffentlichungen: Integritas. Geistige Wandlung und menschliche Wirklichkeit (Hrsg. mit R. Wisser, Tübingen 1966); Herausgeber und Mitautor mehrerer Bücher zur Programmkonzeption und Funktion des Fernsehens, u. a.: Das Fernsehen und sein Publikum (1973), Kinder vor dem Bildschirm (1974), Fernsehen – Ein Medium sieht sich selbst (1976), Wirklichkeit und Fiktion im Fernsehspiel (1980); zahlreiche Aufsätze zu kulturphilosophischen und kommunikationswissenschaftlichen Themen.

DIETER STOLTE

Die Zukunft der Zuschauer

Die Bedeutung der Medien für den Leser, Hörer oder Zuschauer und die Gesellschaft kann auf zwei Ebenen erläutert werden:

1. Die Grenzen der Medien sind die Grenzen unserer Welt. Die Mehrzahl der Informationen und Erkenntnisse über die Wirklichkeit verdanken wir und unsere Zeitgenossen den verschiedenen Medien. Im Verhältnis zu früheren Zeiten wissen wir heute viel mehr über die Welt, aber von dem, was wir wissen, haben wir das meiste nicht aus eigener Anschauung oder Erfahrung, sondern durch Medien zur Kenntnis bekommen; und häufig läßt sich nicht einmal unmittelbar überprüfen, ob der berichtete Sachverhalt überhaupt besteht, und erst recht nicht, ob für den einzelnen Kenntnisse über andere Sachverhalte oder über eine andere Perspektive des berichteten Sachverhaltes wichtiger gewesen wären. Die Repräsentation der Wirklichkeit durch die Medien wirft diese Fragen nicht nur bei der Informationsvermittlung über politische und gesellschaftliche Vorkommnisse auf, sondern ebenso bei der Darstellung der kulturellen Umwelt – von religiösen Fragen über philosophische Themen bis zur Entwicklung sozialer Lebensformen.

2. Die Medien vermitteln uns nicht nur Wahrnehmungen über die Welt, sondern sie sind auch selbst ein Teil unserer Welt. Das beginnt bei Determinationen der Kommunikation, die sie offenbar durch ihre bloße Existenz oder Präsenz treffen; wenn das Fernsehen zum Beispiel Programmangebote zu später Stunde macht, scheint sich ein Teil der Zuschauer moralisch oder psychologisch verpflichtet zu fühlen, dieses Angebot auch zu nutzen. Und wenn das Fernsehen Angebote zu früher Stunde macht (beispielsweise als Vormittagspro-

gramm), befürchten Pädagogen und Sozialwissenschaftler, von diesem Angebot werde eine so suggestive Wirkung ausgehen, daß viele Zuschauer andere Tätigkeiten als Fernsehen für diese Zeit kaum mehr aufzugreifen und auszuüben in der Lage seien.

Im Grundsatz gilt aber ein Zweifaches: Wir erfahren die Welt weitgehend aus den Medien, und die Medien machen einen erheblichen Teil unserer Welt, vor allem in unserer Freizeit, aus. Daher ist es verständlich, daß Bürger und Politiker zunehmend der Kommunikationspolitik ihre Aufmerksamkeit zuwenden. Kabelfernsehen, Satellitendirektempfang, Videokassette und Bildplatte sind die Stichworte dafür, daß in den nächsten 10 Jahren auf dem Gebiet der audiovisuellen Massenkommunikation technologisch ausgelöste Veränderungen vor sich gehen, die die publizistische Landschaft umgestalten werden. Fraglich und strittig ist, wie diese Umgestaltung vor sich gehen und wohin sie führen wird und soll.

Wenn auch niemand eine exakte Prognose stellen kann, ist es gleichwohl möglich, ausgehend von den bisherigen Entwicklungen und Erfahrungen im Bereich des Fernsehens, zukunftsbezogene Erwägungen anzustellen. Die heutigen Fernsehprogramme in der Bundesrepublik Deutschland entstehen nicht aus dem publizistischen oder ökonomischen Willen von Privatpersonen (wie etwa die Zeitungen), sondern unterliegen einer gesellschaftlich verbindlich vorgegebenen Zwecksetzung, genannt »Programmauftrag«.

Der Programmauftrag des Fernsehens

Der Programmauftrag der Rundfunkanstalten ergibt sich aus den Landesrundfunkgesetzen und aus dem Staatsvertrag des ZDF und ist darüber hinaus durch die Fernsehurteile des Bundesverfassungsgerichts von 1961 und 1971 definiert und abgesichert. Der Einfachheit halber wird hier auf die für das ZDF gültigen Vorschriften Bezug genommen, die in dieser oder ähnlicher Form auch den Landesrundfunkanstalten der ARD aufgegeben sind. Der ZDF-Staatsvertrag entspricht in seinem § 2 der Informationsfreiheit des Bürgers, indem er eine Informationspflicht des Fernsehens begründet: »In den Sendungen der Anstalt soll den Fernsehteilnehmern in ganz Deutschland ein objektiver Überblick über das Weltgeschehen, insbesondere ein umfassendes Bild der deutschen Wirklichkeit vermittelt werden.« Die Programmrichtlinien führen die Aufgaben des Mediums, auf seine unterschiedlichen Funktionen bezogen, näher aus. Dort heißt es u. a.: »Das Programm soll umfassend *informieren,* anregend *unterhalten* und zur *Bildung* beitragen.« (II, 2, Satz 1; Hervorhebungen vom Verfasser).

Häufig wird der Programmauftrag in der Trias »Information, Unterhaltung, Bildung« zusammengefaßt, was manchmal zu dem Mißverständnis verleitet, es ginge um drei Großgruppen von Programmen. Ohne Zweifel finden sich diese drei Elemente in unterschiedlichen Sendungen in unterschiedlicher Ausprägung. Unzutreffend ist jedoch die Annahme, die hin und wieder kritischen Stimmen zugrundezuliegen scheint, der Unterhaltungswert einer Informationssendung schmälere beispielsweise ihre Seriosität, Unterhaltungsprogramme tendierten umgekehrt zur Desinformation des Publikums oder Bildung müsse trocken (man spricht dann gern von »sachlich«) und vom Zeitgeist unabhängig sein. Zutreffender spräche man von drei Funktionen einer Sendung: der Informationsfunktion, die den Wissensstand erweitert, der Unterhaltungsfunktion, die die Art und Weise meint, wie Sinne, Gefühle und Gemüt durch eine Sendung angesprochen werden, und der Bildungsfunktion, die sich in den vom Zuschauer gezogenen Folgerungen für seine Einstellungen und sein Verhalten zeigt.

In welchem Sinne der Rundfunk diese Funktionen erfüllen soll und kann, wird ansatzweise deutlich, wenn die zitierte Richtlinie anders als üblich betont wird: »Das Programm soll *umfassend* informieren, *anregend* unterhalten und zur Bildung *beitragen.«* Umfassend informiert das Medium nicht schon dann, wenn es die im Einzelfall immer wieder geforderte parteipolitische Ausgewogenheit gewährleistet, sondern nur, wenn es dem Zuschauer *keine* für seine eigene Meinungsbildung bedeutsame Information vorenthält. Anregend unterhalten heißt, nicht nur einen ablenkenden Zeitvertreib, also Zerstreuung bieten, sondern Freude, Kurzweil, Interesse, Mitgehen und Mitfühlen ermöglichen, kurz: nicht zur Passivität, sondern zur Aktivität, zum Miterleben anreizen, den Zuschauer nicht außer sich zu bringen, sondern ihn seine eigene Bewegung spüren zu lassen. Zur Bildung soll das Fernsehen beitragen, es soll nicht folgenlos oder beliebig sein, seine Bemühungen stehen jedoch neben anderen Erfahrungsbereichen der Menschen, die zu verdrängen es nicht befugt und die zu ersetzen es nicht in der Lage ist.

Der ebenso abstrakt wie zeitlos formulierte Programmauftrag muß zeitbezogen interpretiert werden, denn er ist nie eine statische, sondern stets eine dynamische Angelegenheit. Diese Interpretation muß auf einer Analyse der Zeitsituation und der jeweiligen individuellen und gesellschaftlichen Kommunikationsbedürfnisse fußen und kommt selbstverständlich nicht ohne Wertungen aus. Über beides müssen Programmverantwortliche öffentlich-rechtlicher Rundfunkanstalten im öffentlichen Gespräch Auskunft und Rechenschaft geben, denn sie erhalten ihren Auftrag und ihre Kompetenzen treuhänderisch von der Allgemeinheit. Sie sind Diener, nicht Herren des Kommunikationswesens und schon gar nicht sind sie Eigentümer des Fernsehens.

Das öffentliche Gespräch findet in verschiedener Form und auf mehreren Ebenen statt. Die drei wesentlichen Arten von Rechenschaft und Rückkopplung an die Zuschauer sind Briefe und Telefonate, die Presse und (in der rechtlich institutionalisierten Form) die Aufsichtsgremien. Diese Rechenschaft und Rückkopplung steht nicht nur auf dem Papier, auf dem der

Staatsvertrag geschrieben ist, sondern sie ist ein beeinflussendes Element in der praktischen Programmarbeit – selbst wenn der einzelne Zuschauer natürlich nicht schon am nächsten Abend sehen kann, was sein Brief oder sein Anruf bewirkt hat.

Nutzung des Programmangebots

Nach einer Strukturerhebung vom Sommer 1978, die im Auftrag von ARD und ZDF durch »teleskopie« vorgenommen wurde, besitzen 95 Prozent aller Haushalte in der Bundesrepublik Deutschland einschließlich West-Berlin ein Fernsehgerät. Das heißt praktisch: jedermann kann dieses Medium nutzen; die Vollversorgung ist erreicht. Dies gilt im wesentlichen schon seit einigen Jahren, wie auch die Zeit, die die Zuschauer dem Fernsehen pro Tag widmen, seit langem so gut wie konstant ist. Das stellen wir seit 1964 in systematischen Studien fest. 1979 ging die Fernsehnutzung in den meisten Bereichen erstmals leicht zurück, aus dieser Beobachtung läßt sich heute jedoch noch kein genereller Trend folgern.

Daß das Ausmaß der Fernsehnutzung, auf den potentiellen Zuschauer bezogen, seit Jahren im wesentlichen konstant blieb, erscheint umso bemerkenswerter, wenn der Nutzung a) die Angebotsentwicklung und b) die Empfangsmöglichkeiten gegenübergestellt werden. Die tägliche Sendezeit des ZDF nahm beispielsweise in dem Zehnjahreszeitraum 1964 bis 1974 um 3 ½ Stunden zu, bis 1978 nochmals um 1 Stunde. Die Summe der Sendezeit aller fünf Dritten Programme stieg von einer nahezu zu vernachlässigenden Größe von knapp 2 Stunden auf knapp 27 Stunden und weiter auf 35 Stunden im Jahre 1978. Auch die Empfangsmöglichkeiten der Haushalte stiegen in den letzten 15 Jahren. 1964 konnten nur 59 Prozent aller Fernsehhaushalte in der Bundesrepublik zwei Programme empfangen, 1970 waren es 96 Prozent, also praktisch alle. Im gleichen Jahre konnten erst 53 Prozent zusätzlich mindestens ein Drittes Programm gut und störungsfrei sehen, 1978 sind es 92 Prozent, also wiederum fast alle, die mindestens ein Drittes Programm empfangen können. Nicht wenige übrigens haben vier und mehr Programme zur Auswahl, benachbarte Dritte Programme oder auch DDR-Fernsehen (86 Prozent in Berlin (West) und 44 Prozent im NDR-Sendebereich) sowie ausländische Sender (z. B. in Bayern 36 Prozent ORF I und 24 Prozent ORF II).

Daß die Sehdauer von Zahl und Umfang der verfügbaren Fernsehprogramme offenbar unabhängig ist, zeigt auch eine »teleskopie«-Untersuchung des 1. Quartals 1978: Erwachsene, die vier bis sechs, inländische und ausländische Programme empfangen können, sehen nicht mehr fern als solche, deren Empfangslage lediglich die Grundausstattung ARD/ZDF/Regionales Drittes Programm bietet. Die konstante Gesamtnutzung bei vielfach erweitertem Programmangebot bedeutet, daß der Zeitaufwand für Fernsehen begrenzt ist – begrenzt einerseits durch die zur Verfügung stehende freie Zeit und andererseits durch die in der freien Zeit üblichen und notwendigen Tätigkeiten.

Die Gesamtfernsehnutzung stellt also eine relativ grobe Meßgröße dar und gibt keinen Aufschluß darüber, welchen Einfluß Programminhalte und Programmstruktur im einzelnen auf die Wahlentscheidungen der Zuschauer besitzen. So muß beispielsweise beachtet werden, daß die österreichischen und schweizerischen Programme, die für große Gebiete der Bundesrepublik ein zusätzliches Angebot ausmachen, strukturell von den deutschen nicht wesentlich verschieden sind. Ein Vorbehalt ist daher angebracht, und einiges spricht für die Spekulation: Wenn neue Programmveranstalter zu neuen Tageszeiten bisher dort noch nicht vorhandene Angebote machen, könnte sich auch der Zeitaufwand für das Fernsehen ändern, und zwar besonders bei Zuschauergruppen, die (viel) disponible Zeit haben. Kinder sehen beispielsweise etwas mehr fern, wenn sie vier bis sechs Programme zur Auswahl haben.

Aus deutschen Untersuchungen wissen wir, daß über die

Jahre unverändert die aktuelle politische Information (Nachrichtensendungen) und die große Unterhaltung (Spielfilm, Quiz und Show) an der Spitze der Interessenhierarchie der Fernsehzuschauer stehen, am Ende der Skala finden sich Symphonien, Opern und Ballett. Folgenreicher für die Programmwahl ist jedoch das Nebeneinander verschiedener Interessen ein und derselben Person. Um nur ein Beispiel zu geben: 58 Prozent der an Wirtschaftspolitik Interessierten sind auch Freunde von Western und Krimis. Der Zuschauer bevorzug im Zweifel am Feierabend das leichtere, unterhaltendere Programm, dies um so mehr, als die Familienmitglieder sich auf dieses allgemeine Interesse eher werden einigen können als auf eines der Spezialinteressen dieses oder jenes einzelnen. Dies erklärt die Schwierigkeiten von Politik, Kultur und E-Musik, sich gegen Unterhaltung zu behaupten, was um so mehr gilt, je mehr unterschiedliche Unterhaltungsangebote zur betreffenden Sendezeit zur Verfügung stehen. Das steigende Angebot führte also nicht zu steigender Nutzung. Eine konstante tägliche Sehdauer verteilte sich auf ein größeres Angebot. Dabei haben allerdings kulturelle und anspruchsvolle Sendungen relativ mehr Zuschauer verloren als die unterhaltenden.

Mehr Programme – nicht mehr Programm

Von der Verfügbarkeit für den Zuschauer her betrachtet erwächst vor diesem Hintergrund aus einer Hinzufügung konkurrierender und nicht koordinierter Programme nicht notwendigerweise eine größere inhaltliche Wahlfreiheit. Eine belgische Untersuchung illustriert vielmehr die umgekehrte Tendenz: In Belgien ist die Verkabelung weit vorangeschritten, so daß beispielsweise im französischsprachigen Landesteil allein sechs französischsprachige Programme empfangen werden können. Deren Parallelität bewirkt, daß auch bei numerisch steigendem Angebot in den einzelnen Programmsparten die

Wahlmöglichkeit nach Sparten kaum gestiegen ist, d. h. vereinfacht gesagt: In der Zeit, in der früher ein oder zwei Spielfilme ausgestrahlt wurden, sind es heute drei oder vier. Der Zuschauer kann gleichwohl nur einen davon sehen; Informationsprogramme stehen zu diesem Zeitpunkt nicht zur Wahl, sie finden sich entsprechend gleichzeitig zu einer anderen Stunde.

Dieses Beispiel verdeutlicht: Mehr Anbieter erweitern zwar die individuelle Disponibilität des Zuschauers, erbringen aber wegen der zeitlichen Anordnung des Fernsehprogramms nicht notwendigerweise schon ein breiteres Angebot. Wir stoßen hier auf einen wesentlichen medienbedingten Unterschied des Rundfunks gegenüber den Differenzierungsmöglichkeiten des Marktmechanismus bei anderen »Waren«, auch im Vergleich zu den Printmedien.

Daß es nicht nur wegen zeitlicher Überschneidungen bei der Programmplazierung, sondern auch in der Entwicklung der Produktionspolitik zwischen der Zahl der Anbieter und der Vielfalt des Angebots unerwartete reziproke Zusammenhänge geben kann, soll ein zweites Beispiel verdeutlichen. Es betrifft die USA, wo bekanntlich die kommerziellen Veranstalter dominieren. Untersucht wurde das Programm der drei großen Networks ABC, CBS und NBC über einen Zeitraum von 20 Jahren. Diese 1976 veröffentlichte Studie bestätigt die Ergebnisse früherer Erhebungen: Die kommerziellen Sender bringen immer mehr von immer weniger, also mehr vom selben: »Realitätsbezogene Programme wie Nachrichten, politische Informationssendungen, Interviews, Gespräche haben allgemein abgenommen. Ihren Platz haben Unterhaltungsprogramme insbesondere Action-/Adventure-Programme wie Krimi-, Western-, Abenteuer-, Science-fiction-Serien übernommen. Im Laufe der Jahre wurde das Bemühen um Programmalternativen zunehmend zugunsten von Serien aufgegeben, wobei hier fiktive Inhalte, insbesondere actionorientierte fiktive Inhalte, vorherrschend wurden. Um es mit anderen Worten zu sagen: Das Programmangebot wurde nach Inhalt und Struktur mehr und mehr redundant, das Publikum hat weniger und weniger Alternativen.« Die totale Abhängigkeit dieser Systeme von Werbeeinnahmen ist einer der Faktoren, die eine solche Tendenz zur Programmverarmung hervorrufen; denn diese Networks sind selbstverständlich nicht an speziellen Zielgruppenangeboten, an vielfältigen Einzelthemen, sondern überwiegend an breitenwirksamen Programmen orientiert.

Wer einen sinnlichen Eindruck von dem programmwirtschaftlichen Regelwerk erhalten möchte, das die Vervielfältigung des Vorhandenen im Fernsehen bewirkt, kann ihn zum Beispiel in Italien gewinnen, das die kommerzielle Programmvermehrung im eigenen Lande betreibt. Der Italiener kann auf den lokalen, privaten Wellen an einem einzigen Abend »Star Trek« wiedersehen und »Emma Peel«, die »Watergate«-Serie und »Charlie's Angels«, noch eine Krimi- und noch eine Agentenserie. Dies war beispielsweise das private Mailänder Zusatzangebot am 6. Oktober 1980. Hinzu kommen einige Spielfilme, die von Station zu Station wandern und das prime-time-Angebot abrunden, das im übrigen selbstverständlich von Werbung unterbrochen wird. Ein Blick ins Programmheft zeigt, daß die genannten Serienbekannten dem Zuschauer täglich begegnen, oft sogar zweimal. So gute oder schlechte Serien gibt es auch im deutschen öffentlich-rechtlichen Fernsehen, aber doch eben nur als Programmbestandteil ein- oder zweimal in der Woche und nicht als Programmkennung zweimal an jedem Tag.

Gleichwohl könnte man fragen: Ist es nicht denkbar, daß in Deutschland manches anders und besser gemacht wird bzw. werden könnte als in Belgien, in den Vereinigten Staaten und in Italien? Das mag sein – wenn sich kommunikationspolitisch die nötigen Voraussetzungen schaffen lassen. Die ganz neuen, noch nie dagewesenen Themen, Programminhalte und Darstellungsweisen sind aber auch in diesem Falle von neuen Programmveranstaltern nicht zu erwarten. Schon jetzt suchen die Fernsehanstalten aus dem kreativen Potential unseres Landes wie auf dem Weltmarkt das aus, was den Qualitätsvorstellungen und Erwartungen der Zuschauer am meisten entspricht. Vieles vermeintlich Neue ist in der einen oder anderen Form im übrigen schon dagewesen. Bernward Frank, der Leiter der ZDF-Medienforschung, schildert dies anschaulich am Beispiel der Krimi-Dramaturgie: »Wer Krimis sieht, hat doch alle Variationen von Mord und Aufklärung gesehen: in Unter- und Oberschichten, bei jung und alt, Eifersuchts- und Rauschgiftdelikte, Mafia, Profis und Amateure – realistische, flapsige Dialoge, Rückblenden, bedächtige Kommissare und Draufgänger, Denker und Schießwütige, aalglatte, eiskalte Gangster und ängstliche Verbrecher – was fehlt noch?«

Auch neue Veranstalter müssen auf das vorhandene Kreativitätspotential zurückgreifen. Gewiß, in Grenzen läßt sich Kreativität auch anregen, fördern und wecken. Welche enormen Produktionsleistungen hierzulande aber schon erbracht werden, zeigt ein zahlenmäßiger Vergleich mit der als besonders produktiv geltenden Zeit des alten deutschen Spielfilms. In den Grenzen des deutschen Reiches von 1937 und im nämlichen Jahr wurden im gesamten Reichsgebiet insgesamt 122 Spielfilme gedreht. Allein das ZDF hat im Jahre 1979 124 neue Spielproduktionen in Spielfilmlänge hergestellt, als Eigen-, Auftrags- oder Gemeinschaftsproduktion (wobei die Spielserien von 30 und 45 Minuten Länge nicht mitgerechnet sind). Heute wie früher finden sich darunter selbstverständlich Werke von unterschiedlicher Qualität, worüber der Zahlenvergleich nichts aussagen kann. Immerhin wird aber deutlich, daß heute in der Bundesrepublik allein von einem der beiden Fernsehsysteme so viele Spielproduktionen hergestellt werden wie früher, in der legendären Ufa-Zeit, im gesamten Reichsgebiet.

Zu den möglichen Programminhalten noch ein Blick ins Ausland: Der amerikanische Programmarkt, immer noch der bedeutendste und ergiebigste, ist gerade im Serienbereich in den letzten Jahren für unsere Ansprüche karger geworden. Western und Krimis beispielsweise stehen nicht mehr in dem Umfang und in der Qualität zur Verfügung wie früher. Der Geschmack läßt sich nicht ohne weiteres nach Europa exportieren; dies gilt für die Fülle belangloser und flacher Quizsendungen, aber auch für die neue Programmfarbe der situation comedy. Lange wurde im ZDF überlegt, ob wir einen Versuch mit einer situation comedy machen sollten. Wie auch bei den oft zu recht kritisierten Krimis haben wir die nach unserer Meinung beste und sozusagen europäischste ausgewählt und gekauft und vor 1 ½ Jahren am Samstagnachmittag ausgestrahlt. »Welcome back, Kotter« rief bei den Zuschauern stark polarisierte positive und negative Reaktionen hervor, bis hin zu dem Verdikt: »eine schlicht primitive Serie«.

Wie weit die künstlerische Weltproduktion im Fernsehen ausgewertet wird, zeigt eine weitere Zahl: Pro Jahr sendet das ZDF rund 40 Deutsche Erstaufführungen ausländischer Spielfilme, also Kinofilme, die offensichtlich mangels Aussicht auf befriedigende Einspielergebnisse bislang nicht durch Synchronisation und Verleih dem deutschen Kinopublikum zugänglich waren. Darunter befinden sich viele Filme mit hohem künstlerischem Niveau. Aber wenn wir den jetzt schon gegebenen Filmbedarf der ARD und der Dritten Programme hinzunehmen, ist ersichtlich, daß die für das Fernsehen verwertbare künstlerische Weltproduktion schon zu einem großen Teil ausgeschöpft wird.

Was kann das Fernsehkabel bringen?

Bei Abschluß der redaktionellen Vorbereitung dieses Buches hatten die Ministerpräsidenten der deutschen Länder gerade beschlossen, die Rundfunkgebühr ab Januar 1983 jedenfalls um einen »Innovationsbeitrag« von monatlich 20 Pfennig aufzustocken. Mit diesem Aufgeld sollen die in Berlin, Dortmund, München und Ludwigshafen geplanten Kabelpilotprojekte finanziert werden. Man wird schon in 2–3 Jahren sehen, was aus dieser Absicht geworden ist.

Wenig sinnvoll wäre es, wollte man in Pilotprojekten oder im Kabelfernsehen lediglich dem jetzigen Programm gleiche Programme hinzufügen. Eine Analyse der strukturellen Nachteile der herkömmlichen Verbreitung des Programms über terrestrische Sender bietet allerdings plausible Ansatzpunkte für die Gestaltung eines Zusatzangebots über Kabel. Für die Erprobung in einem Kabelpilotprojekt bieten sich u. a. die folgenden Programmkonzepte an.

Verbesserung der individuellen Verfügbarkeit des Angebots

Neue Kanäle könnten den Bürger teilweise von dem Zwang befreien, sich nach einer einzigen, vorgegebenen Sendezeit zu richten. Wenn er eine bestimmte Sendung sehen will, muß er sich heute einer nicht von ihm gewählten Zeiteinteilung unterwerfen. Er empfindet dies, wie Zuschriften immer wieder belegen, als Verdruß, selbst wenn ihm bewußt ist, daß die Rundfunkanstalten diesem Verdruß nicht abhelfen können. Es wäre daher der Versuch reizvoll, die täglichen bundesweiten Programme von ARD und ZDF jeweils auf einem zweiten Kanal in einer anderen zeitlichen Sendefolge anzubieten, so daß die Sendungen des betreffenden Tages zu zwei verschiedenen Zeiten beginnen. Durch die zeitverschobene Plazierung am gleichen Tag bliebe die publizistische Einheit der Zeit dennoch erhalten, einschließlich der aktuellen Bezüge, der Gesprächsmöglichkeiten am nächsten Tag und der Spiegelung in der Fernsehkritik der Presse. Die individuelle Disponibilität über das Programm würde aber verbessert, wenigstens wäre der Zuschauer nicht mehr auf eine einzige Sendezeit angewiesen, sondern er könnte unter zweien wählen. Die Überschneidungen mit ebenfalls interessierenden Parallelprogrammen wären weniger erheblich, die Gestaltungsfreiheit des Tagesablaufs nähme zu, und der einzelne könnte entscheiden, ob er ein Programm lieber im Rezeptionsfeld des frühen oder des späten Abends sehen möchte.

Zielgruppenorientierte Genrekanäle

Zur Verbesserung der individuellen Disponibilität könnten außerdem neue Kanäle zielgruppen- bzw. themenorientiert bestimmten Programmgenres vorbehalten werden. Nach dem Vorschlag einer ZDF-Arbeitsgruppe könnten beispielsweise in drei verschiedenen Genrekanälen neben Teilen des ZDF-Programmvermögens auch Programmteile der ARD, der regionalen und Dritten Programme sowie ausländischer Fernsehsender eingesetzt werden. Auf jedem Genrekanal wird ein Programmablauf täglich mehrmals, etwa viermal wiederholt. Kanal 1 bringt Informationssendungen aus den Bereichen Politik und Sport, Kanal 2 Ratgeber-, Bildungs- und Erziehungssendungen, Kanal 3 gehobene und anspruchsvolle Unterhaltung von Fernsehspielen mit Gegenwartsproblemen über Kleinkunstdarbietungen bis hin zu Oper und klassischer Musik. Innerhalb dieser zielgruppenorientierten Genrekanäle wechselt der thematische Schwerpunkt von Tag zu Tag. Bei sechs Schwerpunkten erhält der einzelne Wochentag (Montag, Dienstag, usw.) von Woche zu Woche einen anderen Akzent.

Als Schwerpunkte des Tages kommen für den Informationskanal in Betracht: Tag 1 Innenpolitik; Sendungen wie Bonner Perspektiven, die Abendschau der ARD-Regionalprogramme, Informationssendungen der Dritten Programme. Tag 2 Gesellschaftspolitik; Sendungen aus dem deutschen und internationalen Angebot zu bestimmten gesellschaftspolitischen Themenkomplexen. Tag 3 Sport; hier können ausführlichere Übertragungen angeboten werden, als sie im bisherigen Programm möglich sind, beispielsweise ein ungekürztes, mehrstündiges Tennisspiel, Minderheiten-Sportarten wie Volleyball, Moto-Cross, Billard usw. Tag 4 Wirtschafts- und Sozialpolitik; insbesondere Wirtschaftsmagazine, aber auch Dokumentationen deutscher und ausländischer Fernsehsender werden unter bestimmten Gesichtspunkten zusammengefaßt. Tag 5 Europapolitik; Informationssendungen über unsere Nachbarn, die durch

Informationen zum Verständnis beitragen. Tag 6 Sport; ein zweiter Tag für den Sport könnte insbesondere Hintergrundberichte bringen, auf herausragende Ereignisse der Vergangenheit Bezug nehmen sowie Sportdokumentationen, beispielsweise den Sport-Spiegel, und andere Sendungen wiederholen, die sich mit Sportproblemen befassen.

Entsprechend erhielte auch der 2. Kanal, Ratgeber, Bildung und Erziehung, eine täglich wechselnde Akzentuierung: Tag 1 Naturwissenschaft, Technik, Verkehr; Tag 2 Ökologie und Gesundheit; Tag 3 Verbraucher-Ratgeber; Tag 4 Kinder, Jugend und Erziehung; Tag 5 Kunst, Kultur, Geschichte; Tag 6 Bildungs- und Studienprogramm.

Auf dem dritten, dem anspruchsvoll unterhaltenden Kanal, wechseln von Tag zu Tag klassische Musik, Literatur, Fernsehspiel, die Berücksichtigung aktueller Gedenktage, Musik der Völker, Kabarett und Kleinkunst einander ab.

Da der tägliche Wechsel der Schwerpunkte unterschiedliche Wettbewerbssituationen zu anderen Programmen bewirkt, wäre eine solche Anordnung insbesondere für ein Pilotprojekt interessant, da auf diese Weise das Interesse an zusätzlichen und gezielten Spezialangeboten ermittelt werden könnte.

Spezialisierung und verfeinerte Zielgruppenansprache

Eine weitere Spezialisierung der Themen und eine verfeinerte Zielgruppenorientierung besonderer Kabelkanäle ist ebenfalls denkbar. Schulfernseh- und Studienprogramme, die in einem lokalen Netz eng mit den Bildungseinrichtungen abgestimmt werden könnten; Informations- und Ratgebersendungen für Haushalt und Freizeit; Bildungsprogramme und sonstige spezielle Sendungen für vielerlei Zielgruppen.

Es fragt sich jedoch, wann ein Programm und die Sehbeteiligung gegen die technische Verfassung des Mediums zu verstoßen beginnen. Um es einmal pointiert zu formulieren: es gibt eine publizistische und ökonomische Schwelle, von der an es sinnvoller ist, eine bestimmte Botschaft mit der Briefpost individuell zu versenden. Daher ist vor allzu großen Hoffnungen auf eine noch weitergehende thematische Spezialisierung des Fernsehangebots, auch bei einer größeren Anzahl von Kanälen, zu warnen. Auch in der Presse, der eine Spezialisierung wegen der auflagenabhängigen Kostenkomponenten leichter fällt, gibt es nicht für alle Themen und Zielgruppen bunte, illustrierte Blätter. Vieles läßt sich dort nur schwarz-weiß, ohne Bilder oder gar im Umdruckverfahren finanzieren. Nicht alle Dienstleistungen, die gesellschaftlich wünschenswert sind, lassen sich im Fernsehen realisieren.

Lokalsendungen im Wettbewerb

Ein technischer Nachteil des derzeitigen Ausstrahlungsverfahrens und ein technischer Vorzug der Kabelübertragung ergibt sich für die regionale und lokale Spezialisierung des Programms. Wie die Vergrößerung der individuellen Disponibilität kann auch die regionale und lokale Eingrenzung des Verbreitungsgebietes als eine durch Verkabelung erreichbare qualitative Neuerung gelten. Ein lokaler Kanal könnte Nachrichten über das örtliche, politische und gesellschaftliche Leben bringen, aber auch orientierende und direkt anwendbare Informationen wie Freizeittips und Veranstaltungshinweise sowie Übertragungen von lokalen Ereignissen. Diese qualitative Neuerung wird allerdings vermutlich weniger ins Gewicht fallen, als der eine oder andere Kommunalpolitiker oder Ortsverein glaubt. Die Lokalsendungen müßten sich gegen andere, vergleichsweise attraktive Programme behaupten. Die Lokalzeitungen bieten gerade die Service-Informationen in gespeicherter und zum beliebigen Zeitpunkt abrufbarer Form. Der Selbstdarstellungsdrang der potentiellen Akteure wird sehr viel nachhaltiger sein als das Interesse des Publikums, von dem sie wollen, daß es ihnen zusieht. Auch hier wird letztlich zu erproben sein, wer wieviel Geld für ein vergleichsweise kleines Publikum aufzubringen bereit ist.

Weit gravierendere Auswirkungen hätte es sicherlich, wenn Werbezeiten nicht nur in Großregionen, sondern auch auf lokaler Ebene verkauft würden, was technisch auch innerhalb eines überregionalen, über Kabel verbreiteten Unterhaltungsprogramms durch lokale Aufschaltungen möglich ist. Entscheidende Beeinträchtigungen der Lokalzeitungen wären in diesem Falle zu befürchten.

Mehr Bürgernähe?

Zwei weitere mögliche Kanäle eines Fernsehkabels werden oft diskutiert, wenn die Innovationschancen des Kabelfernsehens herausgestellt werden sollen, der offene Kanal und der Rückkanal. Von diesen beiden technisch und publizistisch unterschiedlichen Kanälen wird erwartet, daß sie innerhalb des Massenmediums Fernsehens bürgernahe Akzente setzen können. Im offenen Kanal soll jedermann, auch ohne ein Unternehmen zur Veranstaltung von Rundfunksendungen gründen zu müssen, nach festzulegenden Regeln Zugang zu Sendezeiten erhalten. Über den Rückkanal soll der Zuschauer selbst zum Kommunikator werden und sich mit Bild und Ton der Sendestelle des Kabelnetzes gegenüber bzw. ins Kabelnetz hinein äußern können.

Beide Neuerungen werden nur insoweit erfolgreich sein, als eine die persönliche Begegnung von einzelnen und Gruppen fördernde Gemeinwesenarbeit entwickelt wird, in deren Rahmen dann unter anderem auch diese beiden Kanäle genutzt werden. Auch das Kabelfernsehen wird von seiner Verfassung her grundsätzlich ein Massenmedium sein, das durch die klare und nicht umkehrbare Rollendifferenzierung von Kommunikator bzw. »Sender« einerseits und rezeptivem Publikum andererseits gekennzeichnet ist.

Europäisches Programm über Satellit

In der zweiten Hälfte der achtziger Jahre soll nach einem vorangegangenen Versuchsbetrieb die »operationelle Phase« eines deutschen Fernsehsatelliten beginnen, dessen Signale mit einer besonderen Parabolantenne von 90 cm Durchmesser von jedem Haushalt direkt empfangen werden können. Fragt man nach neuen Programmideen für einen solchen Direktsatelliten, so bietet sich schon aufgrund seiner technischen Verfassung ein überregionales und möglicherweise auch übernationales Konzept an. Die seit Ende der siebziger Jahre von den Landesrundfunkanstalten der ARD vorgetragenen und verstärkt Interesse findenden Regionalisierungsüberlegungen für Hörfunk und Fernsehen können für den Satelliten nicht zum Tragen kommen; dazu eignen sich die vorhandenen terrestrischen Sender und – noch besser – die bereits erwähnte Verteilung über Kabelnetze. Es liegt daher nahe, an ein europäisches Programm über Satelliten zu denken, und Vorschläge dazu sind aus einer ganzen Reihe von Fernsehanstalten schon gemacht worden.

Wenn von einem europäischen Programm gesprochen wird, schwingen die unterschiedlichsten Begriffsauslegungen mit. Thematisch ist klar, daß europabezogene Inhalte in einem solchen Programm einen besonderen Schwerpunkt bilden müßten. Für den Kreis der Veranstalter und das Sendegebiet eines »Europa-Programms« sind jedoch verschiedene Definitionen denkbar, von der engsten – ein im Inland für die inländischen Zuschauer gestaltetes Programm – bis zur weitesten – ein von Fernsehanstalten aller europäischen Länder für alle diese Länder gemeinschaftlich gestaltetes und ausgestrahltes Programm.

Vom Inhalt und der Vielfalt des Gesamtangebotes her betrachtet, ist die europäische Profilierung eines neu hinzukommenden Satellitenprogramms eine publizistisch sinnvolle Konzeption, die gute Akzeptanzchancen beim Zuschauer besitzt. Ein Europa-Programm kann weitgehend als ein Vollprogramm im herkömmlichen Sinne verstanden werden, in dem alle oder doch fast alle Programmsparten vertreten sind und das sich zwar an wechselnde Zielgruppen wendet, in seiner Gesamtheit jedoch alle oder fast alle Zuschauergruppen anzusprechen vermag. Gleichwohl kann der Europa-Akzent diesem Programm eine Prägung verleihen, die für den Zuschauer die Senderidentifikation auch innerhalb eines wachsenden Angebots ermöglicht.

Für ein solches Programm gibt es nicht nur politische Optionen, sondern auch einen kulturellen Hintergrund, und wir verfügen inhaltlich und formal über so viele Innovationsmöglichkeiten, daß dieses Europa-Programm eine eigene Charakteristik erhalten kann. Es könnte nachgerade ein Prinzip sein, in der Präsentation wie in den Sendungen selbst deutlicher als in den bisherigen Programmen den Ort der Veranstaltung, das Temperament der Akteure und ihre Sprache oder wenigstens deren Klang hervortreten zu lassen. So oft wie möglich sollte nicht nur der Ort, sondern auch die Zeit identifizierbar und möglichst live nachvollziehbar sein, und in den Orten und den Temperamenten sollte auch deren Geschichte aufgespürt werden. Dies gilt nicht nur für das sachlich Dargestellte, sondern auch für die Präsentatoren. Konkret: Musikalische und dramatische Darbietungen aus anderen Ländern würden vorzugsweise eben gerade dann in dieses Programm aufgenommen, wenn sie spezifische Traditionen und Temperamente des Ursprungslandes erkennen lassen. Dies wäre ein Gestaltungskriterium für ein zusätzliches Vollprogramm, während solche sehr länderspezifischen Darbietungen weitgehend unberücksichtigt bleiben müssen, solange beispielsweise das ZDF nur ein Programm auszufüllen hat. In der politischen Berichterstattung könnte ein Akzent des Europa-Programms unter anderem darin liegen, das Geschehen im In- und Ausland nicht überwiegend mit deutschem Auge zu sehen, sondern schwerpunktmäßig Journalisten aus anderen europäischen Ländern für die Berichterstattung und Kommentierung zu gewinnen.

Ein von allen oder sehr vielen oder mehreren europäischen Ländern für diese Länder gemeinsam gestaltetes und ausgestrahltes Programm ist technisch durch die Zusammenschaltung von Satelliten im Prinzip organisierbar. Programmlich und politisch scheint es jedoch erfolgversprechender und effektiver zu sein, zunächst in möglichst vielen Ländern mit eigenen Ansätzen zu einem inhaltlich europäisch akzentuierten Programm zu beginnen und die gemeinsame Zusammenstellung und Sendung eines europäischen Fernsehprogramms als zeitlich spätere Stufe in Erwägung zu ziehen. Das Rundfunkrecht und die medienpolitischen Vorstellungen in den Staaten sind recht unterschiedlich, und eine gemeinsame europäische Programmveranstaltung würde eine Teilharmonisierung dieser Vorschriften und Vorstellungen voraussetzen. Außerdem haben die nationalen Fernsehsysteme unterschiedliche Traditionen, Strukturen und Programmschwerpunkte. Diese europäische Vielfalt sollte zu einem regen Austausch führen; für die gemeinsame Planung eines einzelnen Programms dürfte sie eher retardierend wirken. Konkret könnte man sich eine Intensivierung der europäischen Koproduktionen, vor allem aber die des Programmaustausches und der Programmübernahmen vorstellen; dies insbesondere für den Fall, daß mehrere Länder ein europäisches Fernsehprogramm beginnen.

Ob und welche neuen Fernsehprogramme aus der Einführung neuer Techniken hervorgehen, ist noch weitgehend ungewiß. Die Antworten auf diese Frage sind zumeist eine Mischung von Postulat und Prognose, von Wunsch und Wahrscheinlichkeit. Die Zukunft der Zuschauer hängt eben nicht nur vom technisch Möglichen ab, sondern auch von medienpolitischen Entscheidungen, programmwirtschaftlichen Bedingungen und kreativen Impulsen und – nicht zuletzt – vom Verhalten der Zuschauer selbst, an deren Meinung die Medienpolitiker letztlich nicht vorbeigehen können und deren Programmauswahl die Programmanbieter ihren Entscheidungen zugrundelegen werden. Insofern ist es nicht auszuschließen, daß viele der Protagonisten des medientechnologischen und medienpolitischen Fortschritts die Rechnung nicht nur ohne den Wirt, sondern auch ohne den Gast machen.

MANFRED JENKE

Manfred Jenke, 1931 geboren in Istanbul (Türkei); 1937–1950 Schulbesuch in Berlin, Badenweiler, Müllheim (Baden), Neustadt (Schwarzwald), Templin, Hannover; 1950–1951 journalistische Ausbildung bei der »Hannoverschen Presse«; ab 1951

Freie Mitarbeit beim NWDR Hannover; 1952/1953 15monatige Reportagereise durch Afrika; 1953–1956 Redakteur in der Landesredaktion Hannover der »Welt der Arbeit«; 1956–1964 sozialpolitischer Redakteur des Norddeutschen Rundfunks; daneben Autor von Hörfunk- und Fernsehfeatures; 1961/1962 Mitwirkung an den Schulfernsehversuchen des NDR, ab 1962 zusätzlich Übernahme des Auslandsdienstes; 1964–1973 Leiter der Hauptabteilung Information des NDR; 1969 Mitgründer, später Vorstands- bzw. Kuratoriumsmitglied der »Akademie für Publizistik« in Hamburg; 1970 Mitherausgeber der »Kommunikationswissenschaftlichen Bibliothek« in Mainz; 1973–1975 stellvertr. Vorsitzender des Arbeitskreises Finanzierung der von der Bundesregierung eingesetzten Kommission für den Ausbau des technischen Kommunikationssystems; ab 1.4.1974 Hörfunkdirektor des Westdeutschen Rundfunks; ab 1.4.1976 Vertreter der ARD in der Radioprogramm-Kommission der Union der Europäischen Rundfunkorganisationen.

MANFRED JENKE

Radio – noch nicht am Ende

Ob die angestrengt Lauschenden, deren primitive Detektorgeräte am 22. Dezember 1920 das erste drahtlos übertragene »Instrumentalkonzert« aus der Hauptfunkstelle der Deutschen Reichspost in Königswusterhausen bei Berlin eher undeutlich ahnen als eindeutig hören ließen, wohl vermuteten, welche weitreichenden publizistischen und künstlerischen Entwicklungen an diesem Winterabend vor sechzig Jahren eingeleitet wurden? Es war die Zeit eines selbst für abgebrühte Zeitgenossen vergleichsweise stürmischen technischen Aufbruchs: Aus der Funkentelegraphie hatte sich das Telefon als Kommunikationsmittel für jedermann entwickelt; Schallplatte und Tonfilm ermöglichten die zeitlich und örtlich nicht mehr gebundene Darbietung von Ton und bewegtem Bild; Auto und Flugzeug überbrückten weite Entfernungen in vorher nicht gekannter Geschwindigkeit.

Unter solchen dramatischen Begleitumständen hat die Geburt des neuen Mediums Radio eher beiläufig und wenig sensationell stattgefunden. Jedenfalls waren es in den Zwanzigerjahren zunächst nur wenige, von denen sich aus heutiger Sicht bestätigen läßt, daß sie die weitreichenden Entwicklungsmöglichkeiten des Radios erkannt und zielstrebig genutzt hätten. Schon damals nämlich zeigte sich, was bis heute gilt: Erst war die Technik da, dann das Programm. Den eher rührend-naiv anmutenden Musik- und Wortübertragungen der ersten Monate folgten wenige Jahre der Erprobung spezifisch »radiophoner« Sendeformen – erste Hörspiele, Hörbilder, Hörfolgen – und dann ab 1933 der mittels billiger Empfangsgeräte (»Volksempfänger«) planmäßig betriebene Ausbau des Hörfunks zum Lenkungsmittel der nationalsozialistischen Partei- und Staatsführung.

Nach dem Zweiten Weltkrieg, als es darum ging, den Verlust an Mittel- und Langwellen durch die Entwicklung des UKW-Rundfunks wettzumachen und gleichzeitig der westdeutschen Geräteindustrie neue Absatzmärkte zu erschließen, wurden zusätzliche Hörfunkprogramme auf UKW eingeführt: erst »leichte« Programme wie etwa die NDR-UKW-»Welle der Freude«, später – nach BBC-Vorbild – »Dritte« Programme bei NDR und WDR als anspruchsvolle Alternative, schließlich die »Servicewellen« für Autofahrer (BR 3, HR 3). Das Programm folgte der Technik auch, als anfangs der Sechzigerjahre die Stereophonie – bisher der Schallplatte vorbehalten – den Hörfunk eroberte.

Wiedergeburt nach 1945

Zu keinem Zeitpunkt seiner bisherigen Geschichte stand der Hörfunk allerdings so sehr (und so konkurrenzlos) im Mittelpunkt der öffentlichen Aufmerksamkeit wie zwischen dem Kriegsende im Frühjahr 1945 und der Währungsreform im Sommer 1948. Drei Jahre, in denen Zeitungen und Zeitschriften wegen Papiermangels nur in begrenzten Auflagen und schmalem Umfang erscheinen konnten, in denen Schallplatten als »Mangelware« und Theater- wie Konzertkarten nicht selten zu Schwarzmarktpreisen gehandelt wurden, brachten dem Radio ein so breites und erwartungsvolles, ein so aufmerksames und dankbares Publikum ein wie zu keiner Zeit davor oder danach. Radio – das war für viele die einzige wirklich zuverlässige Informationsquelle. Es war der Ort, wo freimütig diskutiert und offen kritisiert wurde. Es war der große Nachholkursus an bisher vorenthaltener Musik und Literatur.

Nahezu jeder, der heute im Rundfunk der Bundesrepublik Deutschland an leitender Stelle verantwortlich ist, wurde in seiner Einschätzung des Radios und in seiner Vorstellung von dessen Möglichkeiten während dieses Zeitabschnittes geprägt. Die Erinnerung daran ist nicht frei von Stolz, doch sie verbindet sich mit der wehmütigen Erkenntnis, daß kein Weg zurückführt in die politisch-gesellschaftliche und kulturell-publizistische Situation der ersten Nachkriegsjahre.

Viele Programmformen und -sendetitel, die damals gefunden oder entwickelt wurden, finden sich bis heute in den verschiedenen Hörfunkprogrammen. Nicht wenige von ihnen haben sich gewandelt und werden sich – den Intentionen der Redakteure wie den Bedürfnissen der Hörer folgend – weiterentwikkeln. Doch zwangsläufig ist die von 1945 bis 1948 unverkennbare Wirkungsmacht des *einen* Radioprogramms, das *alle* hören konnten (und tatsächlich in großer Zahl hörten), inzwischen dahin. Ein Verlust an Integrationskraft, gewiß, aber zugleich ein Gewinn an Vielfalt. In den fünfziger und sechziger Jahren wurde diese Wandlung, für viele überraschend und für manche beängstigend, vollends deutlich: Die Zeitungs- und Zeitschriftenpublizistik erlebte einen (nicht nur, was Auflagen und Umsatzziffern betraf) gewaltigen Aufschwung. Es durfte wieder geschrieben, gedruckt, verkauft und gelesen werden.

Das Fernsehen übernahm die Funktion des »Leitmediums« im Rundfunkbereich. Neu hinzutretende individuelle Freizeitinteressen drängten das Radio für längere Zeit in den Hintergrund. Dort allerdings fand sich die Marktlücke, aus der heraus mit Hilfe von Mittags- und Morgenmagazinen, Autofahrerprogrammen, Hörerkontaktsendungen und durch gezielte Profilierung von Musikangeboten ein neues Publikum, vor allem unter den Jüngeren, erreicht und gefestigt werden konnte.

Bürgernähe durch Gespräch

Es geschah weithin im Windschatten der von Publikum und Fachöffentlichkeit mit starker Anteilnahme begleiteten Entwicklung des Fernsehens in den Sechzigerjahren, daß der Hörfunk sich auf seine spezifischen und originären Wirkungsmöglichkeiten besann. Hervorzuheben ist die Rückkehr zum spontan, oft improvisiert gesprochenen Wort, vom Manuskript-Vorlesefunk zum Frage-und-Antwort-Funk, mit der Rückkehr zu den Urformen Reportage, Interview und Gespräch.

Ein weiterer charakteristischer Zug für den Hörfunk der achtziger Jahre ist seine Abkehr von den offiziellen Stellungnahmen und offiziösen Verlautbarungen. Im selben Maße wie das Fernsehen als Selbstdarstellungsmedium der maßgeblichen und mächtigen Kräfte von Staat und Parteien, Wirtschaft und Gesellschaft in Anspruch genommen wird, fällt dem Hörfunk die kompensatorische Chance zu, dem einzelnen Menschen, dem Mann oder der Frau »von der Straße«, dem Betroffenen, das Wort zu geben. Hörfunksendungen, in denen freiweg geredet werden darf (wie etwa die allwöchentliche »Hallo Ü-Wagen«-Sendung des WDR mit Carmen Thomas) erfreuen sich gerade deswegen so großer Beliebtheit beim Publikum, weil diese Live-Sendung eine Dialog- bzw. Diskussionssituation schafft, bei der nicht nur die Mächtigen miteinander oder die Fachleute unter sich einen Sachverhalt erörtern dürfen, sondern alle Interessierten die Chance haben, das Wort zu ergreifen. Die oft beschworene Bürgernähe wird hier allwöchentlich einmal, an wechselnden Sendeorten mit wechselnden Fragestellungen, in die Medienpraxis umgesetzt. Meinungsbildung wird auf diese Weise nicht mit dem erhobenen Zeigefinger des Katheder-journalismus, sondern auf einem offenen Gesprächsforum betrieben.

Wenn Demokratie, britischer Definition folgend, auf »government by discussion« beruht, dann handelt es sich bei solchen Hörfunksendungen um eminent demokratische Kommunikationsformen. Das trifft auch – und gerade dann – zu, wenn über das Radio einmal derb umgangssprachliche Vokabeln verbreitet werden. Zwar zeigen sich in solchen Fällen diejenigen am schmerzlichsten betroffen, die sonst am lautesten gegen das Radio als Erziehungsmittel polemisieren – wohl, weil sie vermuten, daß dabei nicht ihre eigenen Erziehungsziele verfolgt würden –, und sie werfen den für bürgernahe Sendungen wie »Hallo Ü-Wagen« Verantwortlichen vor, sie ließen »Gossenjargon« und »Vulgärvokabeln« unbeanstandet über den Sender gehen. Daß es sich dabei um eine Sprache handelt, die bis weit in die früher bürgerliche Mittel- und Oberschicht hinein zum Alltagsjargon gehört, will man dabei nicht wahrhaben. Das Radio kann aber einen wichtigen Beitrag zur Auseinandersetzung mit den in dieser Sprache auch zum Ausdruck kommenden Einstellungs- und Verhaltensweisen leisten, indem es aussprechen läßt, was ist und kein geschöntes (auf Harmonie manipuliertes) Hör-Bild unserer Wirklichkeit vermittelt.

An diesem Beispiel wird eine weitere, über die formalen Eigenarten der Hörfunksendungen erheblich hinausgehende Wandlung des Radios erkennbar: Es hat einen weiten Weg zurückgelegt vom Darbietungsmedium der Frühzeit über das Verlautbarungsmedium der NS-Jahre bis zum Vermittlungsmedium der demokratischen Gesellschaft unserer Tage.

Noch mehr Aktualität

Noch andere Beispiele wären zu erwähnen, die den Wandel der Hörfunkprogramme von den späten Vierzigerjahren zu den frühen Achtzigerjahren deutlich machen: Stündliche Nachrichtensendungen folgen heute den Ereignissen mit einer damals für kaum vorstellbar gehaltenen Aktualität; die knapp und präzise formulierten Meldungen werden in wachsendem Umfange durch nachfolgende Kommentare, Berichte, Reportagen und Interviews ergänzt. Hinzugekommen sind Verkehrshinweise, die der noch immer steigenden Zahl von Autoradiobesitzern nützliche Informationen zur Verkehrslage übermitteln.

Andererseits hat die Weiterentwicklung der Stereophonie, in Verbindung mit der Einrichtung eines Dauerleitungsnetzes zwischen den Rundfunkanstalten, dazu beigetragen, den großen musikalischen Ereignissen an deutschen wie internationalen Festspielorten in den Musikprogrammen zu ungewohnter Aktualität zu verhelfen. Weitaus häufiger und wesentlich internationaler als in den Fünfzigerjahren nimmt der musikinteressierte Hörer inzwischen live oder mit geringem Zeitabstand an sommerlichen Musikfestspielen in ganz Europa teil.

Oft wird übersehen, daß die alljährlichen Übertragungen z. B. aus Salzburg, Bayreuth, Edinburgh und Aix-en-Provence in Sendereihen wie »Internationale Musikfestspiele« in den Dritten Programmen von WDR, NDR und SFB für das Bewußtsein des »einen« Europa nicht minder wichtig sind als politische Berichte, Kommentare und Diskussionen. Das Radioprogramm ist ja nicht nur ein journalistisches Medium, das sich mit Zeitung, Zeitschrift und Buch vergleichen läßt, sondern es ist – jedenfalls für die Mehrzahl seiner Hörer – ein vielseitiger Kommunikationspartner, der in ganz bestimmten, allerdings noch kaum gründlicher erforschten Bedürfnissituationen in Anspruch genommen wird.

Musikinteresse im Wachsen

Diese Erkenntnis ist bis heute nicht allzuweit verbreitet. Man kommt ihr näher, wenn man sich den Wandel vergegenwärtigt, der sich in der Häufigkeit bestimmter Freizeitbeschäftigungen während des relativ kurzen Zeitraumes von 1967 bis 1978 zeigt, in dem das Institut für Demoskopie Allensbach diesen Wandel im Auftrag der Bundesregierung erforscht hat:

Häufige Freizeitbeschäftigungen:	1967	1978
Fernsehen	64 %	61 %
Musik hören	47 %	56 %
Lesen	50 %	53 %
Mit anderen unterhalten, diskutieren	40 %	53 %
Gesellschaftsspiele, Kartenspiele	16 %	24 %

Zum Vergnügen kochen	11%	18%
Mich um meine Haustiere kümmern	13%	18%
Briefe schreiben	22%	14%
Vorträge, Hörspiele im Radio hören	15%	13%
Zum Fenster rausschauen	16%	12%
Selbst musizieren	5%	7%

An diesen Daten überrascht zunächst, daß trotz gestiegener Zahl der »Fernsehhaushalte« und trotz gewachsenem Anteil derjenigen Haushalte, die über zwei und mehr TV-Empfangsgeräte verfügen, die Bedeutung des Fernsehens als Freizeitbeschäftigung im Bewußtsein der Menschen offenbar zurückgegangen ist. Mag auch – wie andere Daten erweisen – die Dauer der Nutzung des Fernsehprogramms durch den einzelnen Zuschauer konstant geblieben sein; in der Einschätzung seiner Wichtigkeit hat das Fernsehen gegenüber anderen Freizeitbeschäftigungen abgenommen.

Veränderte Erwartungen

Das werden nicht nur seine Kritiker und prinzipiellen Gegner, sondern auch seine Freunde und nicht zuletzt die Fernsehmacher selbst begrüßen, weil die in den Sechzigerjahren stark verbreitete Überschätzung der Wirkungen des Fernsehens, die zuweilen an eine Dämonisierung dieses Mediums grenzte, damit auf ein wünschenswertes Maß zurückgeführt wird. Die Fernsehgewohnheiten normalisieren sich; übermäßige Erwartungen und Befürchtungen pendeln sich auf ein vernünftiges Maß ein.

Was das Radio betrifft, so hat dieser Normalisierungsprozeß – wie einleitend dargestellt – schon in den fünfziger und sechziger Jahren stattgefunden: Wenn heute 13 % der Befragten angeben, sie würden – neben anderen Freizeitbeschäftigungen – »Vorträge, Hörspiele im Radio hören«, so entspricht das weitgehend einer auch aus anderen Untersuchungen bekannten Erwartungshaltung, und zwar selbst dann, wenn für das Publikum einer einzelnen Sendung nur Bruchteile dieses Prozentsatzes ausgemacht werden können.

Sicherlich wäre es wünschenswert, das Angebot an Hörspielen, Features, Vorträgen und längeren Wortsendungen insgesamt so sortieren und strukturieren zu können, daß im Rahmen eines Viel-Kanal-Systems den interessierten Hörern praktisch zu jeder Tageszeit ein entsprechendes Angebot gemacht werden würde. Es wird darauf ankommen, derartige Programmvorstellungen für den Zeitpunkt der Einführung von Viel-Kanal-Systemen – sei es über Kabel, sei es über Satelliten – ausgereift verfügbar zu halten.

Wohl am interessantesten sind indessen die von Allensbach ermittelten Zahlen über das kommunikative Verhalten (»mit anderen unterhalten, diskutieren«) und über das Musikhören und das Lesen. Sie bestätigen Beobachtungen, die jeder von uns selbst machen kann, wenn er mit offenen Augen durch städtische wie ländliche Siedlungen geht, wenn er mit jungen Menschen spricht, wenn er eine Buch- oder Musikalienhandlung besucht. Die Menschen sind während der letzten Jahrzehnte insgesamt aktiver, selbstbewußter, anspruchsvoller geworden, und zwar nicht nur als Konsumenten industrieller oder massenmedialer Produkte, sondern auch im Umgang mit- und untereinander.

Nicht auszuschließen ist dabei, daß dem Fernsehen als »Augenöffner« ein hohes Verdienst daran zukommt, die Älteren wie – in wachsendem Maße – auch die Jüngeren auf die großen Fragen dieser Welt, aber auch ihrer unmittelbaren Umgebung hingewiesen zu haben. Jedenfalls ist die Hinwendung zu einem von individuellen Bedürfnissen und von persönlicher Betroffenheit stärker geprägten Kommunikationsverhalten unverkennbar und an vielen Beispielen aus dem Alltag nachzuprüfen.

Dieses Verhalten macht sich auch in der gegenüber früher erheblich angewachsenen Zahl der Hörer- und Zuschauerbriefe bemerkbar, die bei den Rundfunkanstalten heutzutage eingehen. Für das Radio ergibt sich aus den veränderten Informations- und Kommunikationsgewohnheiten zunächst einmal die Möglichkeit, sehr viel öfter und intensiver als früher das Publikum selber zu Wort kommen zu lassen. Mikrofonangst, früher nicht nur bei älteren Menschen weit verbreitet und Hemmungen beim freien Sprechen auslösend, ist mit wachsender Gewöhnung an die Technik, aber auch mit steigendem individuellem Selbstbewußtsein und besserem Ausdrucksvermögen fast völlig verschwunden. Alte wie junge Menschen reden heute freiweg ins Mikrofon, und immer seltener wird der Typ des vorsichtig-befangenen Mitbürgers, der sich bemüht, möglichst nur druckreife Sätze zu sprechen. Das ermutigt die Rundfunkredakteure, Sendeformen weiterzuentwickeln, in denen die freie Rede dominiert. Daß parallel dazu der Anteil des Lesens als Freizeitbeschäftigung gestiegen ist und weiter steigt, sollte als Indiz für eine weitere sinnvolle Ergänzung und Aufgabenteilung zwischen Druck- und Lesemedien einerseits, Sende- und Hörmedien andererseits genommen werden.

Schließlich ist bemerkenswert, wie stark das Interesse an der Musik zugenommen hat, und dies nicht nur, was das Hören, sondern auch, was das – verständlicherweise weniger verbreitete – Selbstmusizieren betrifft. Natürlich verweisen diese Daten in erster Linie auf den enormen Zuwachs an Plattenspielern, Tonbandgeräten und Kassettenrecordern, der das letzte Jahrzehnt charakterisiert. Doch ist darin auch eine Erwartung an das Radio erkennbar, die sich in den hohen Einschaltzahlen sowohl der (sogenannten) E-Musik wie der unterhaltenden Musik aller Zeiten und Stile, von der Operette über die Tanz- und Schlagermusik zwischen 1920 und 1980 bis hin zu Pop, Rock und Punk zeigt. Das Radio erweist sich in diesem Zusammenhang als ein Musikmedium besonderer Art: Weder kann es die nach persönlichem Geschmack zusammengesetzte Schallplattensammlung ersetzen, noch darf es die entpersönlichte, rein funktionale Hintergrundmusik von Einkaufszentren, Flughäfen, Hotels und Gaststätten anbieten.

Hörgewohnheiten im Tageslauf

Wie schwierig es ist, die verschiedenen Sendeformen und -inhalte, sei es Wort, sei es Musik, in den Programmstrukturen »richtig«, d. h. für die Hörer anhand ihrer Erwartungen auffindbar zu plazieren, wird deutlich, wenn man sich die von der Demoskopie ermittelten Grundtypen der Radiohörer vorstellt. Der »Durchschnittshörer« im Sendegebiet beispielsweise des Westdeutschen Rundfunks hört – so sagt die Statistik – 188 Minuten, das sind 3 Stunden und 9 Minuten, Radio pro Tag. In Wirklichkeit sieht das Bild wesentlich differenzierter aus:

11,6 % hören durchschnittlich eine Stunde täglich
18,7 % hören zwischen ein und zwei Stunden
26,8 % hören zwischen zwei und drei Stunden
21,8 % hören zwischen drei und vier Stunden
11 % hören zwischen vier und fünf Stunden
10 % hören mehr als fünf Stunden täglich.

Innerhalb dieser Hörerschichten und -typen zeichnen sich nun wiederum deutliche Präferenzen für bestimmte Programmangebote ab. Stark vereinfacht sind bei den Hörern folgende Nutzungsgewohnheiten erkennbar:

- Der Hörertyp A läßt sich über eine lange Strecke seines Tages durch den Hörfunk begleiten. Das Radio weckt ihn, vermittelt ihm erste Umweltinformationen (Zeit, Wetter, Nachrichten), muntert ihn mit Musik auf, regt ihn durch locker gefügte Wortsendungen zum Nachdenken und zur Teilnahme am Tagesgeschehen an, begleitet ihn auf dem Arbeitsweg im Auto, am Arbeitsplatz und auf der Heimfahrt. Spätestens gegen 19 Uhr wechselt dieser Hörer zum Fernsehen; jedoch kann sich eine Rückkehr zum Radio im Laufe des Abends durchaus noch – früher oder später – ergeben.

- Der Hörertyp B nutzt den Hörfunk am Anfang seines Tages in ähnlicher Weise, dann jedoch nur noch sporadisch oder punktuell, um sich bestimmte, ihm wichtig erscheinende Informationen zu verschaffen. Dieser Hörer schaltet das Radio aufgrund seiner Kenntnis fester Sendezeiten für bestimmte Sendungen ein; um seinetwillen ist eine Programmstruktur wichtig, die bestimmte Inhalte zu regelmäßig wiederkehrenden Zeiten, d.h. leicht auffindbar, präsentiert.

- Der Hörertyp C nutzt das Programmangebot noch stärker selektiv, er beschränkt sich weniger als die beiden erstgenannten Hörertypen auf ein Programm seiner Wahl, sondern wechselt von Kanal zu Kanal jeweils dorthin, wo eine seinen Erwartungen entsprechende Musik- oder Wortsendung gegeben wird. Da sich unter diesen Hörern besonders viele junge Hörer befinden und da die Geräteindustrie dem Hörverhalten dieses Typs durch Geräte mit vorprogrammierbarer Kanalwahl entgegenkommt, ist zu erwarten, daß dieser durchaus anspruchsvolle Hörertyp in Zukunft einen wachsenden Anteil der Gesamthörerschaft stellt.

- Der Hörertyp D, der vorwiegend ältere Menschen umfaßt, erscheint dagegen stärker auf einen Kanal und auf ganz bestimmte Sendezeiten fixiert. Er ist am Vormittag für den Hörfunk zu erreichen, während der Nachmittag und der Abend fast ganz dem Fernsehen gehören.

Empfangsgeräte entwickeln sich weiter

Auswirkungen auf das Radioprogramm und seinen Empfang ergeben sich selbstverständlich auch aus der Geräteentwicklung: Das Autoradio gehört inzwischen zur Standardausrüstung des Kraftfahrzeuges. Man hat sich daran gewöhnt, regelmäßig zur vollen und zur halben Stunde, bei akuten Störungen auch zwischendurch, Verkehrshinweise zu bekommen, und die Ansprüche steigen weiter. Die zunehmende Verkehrsdichte führt zu wachsender Störanfälligkeit des Straßenverkehrs, das bedeutet: Die Meldewege müssen verbessert, neue Leit- und Lenkungssysteme müssen erprobt werden. Die Rundfunkanstalten (und zwar auch solche, die keine sog. »Autofahrwellen« betreiben) sind an diesen Weiterentwicklungen, die ja bis zum Kleincomputer im Auto reichen, sehr interessiert, denn die Serviceprogramme, in denen sie Verkehrshinweise übermitteln, sind jetzt schon oft an der Grenze ihrer Informations-Übermittlungs-Kapazität.

Es müssen also andere Wege gefunden werden, um die in Ballungsgebieten unvermeidlichen regionalen Leit- und Lenkungsfunktionen des Straßenverkehrs zu übernehmen. Der Großversuch mit einem derartigen System im Ruhrgebiet ist ein solcher Weg, ein anderer könnte die stärkere Regionalisierung innerhalb der Sendegebiete der Landesrundfunkanstalten sein, d. h. bestimmte regionale Verkehrshinweise werden nicht mehr über das gesamte Sendernetz, sondern nur über regionale Sender oder Ketten gegeben. Eine weitere Verbesserung könnte auch darin liegen, Verkehrsdurchsagen im Gerät kurzzeitig zu speichern, um den Autofahrer in die Lage zu versetzen, die oft recht umfangreichen Durchsagen ein- oder zweimal zu hören, damit er sich über eventuelle Routenänderungen klarwerden kann. Schließlich erscheint es wünschenswert, solche Geräte zu propagieren, mit denen der Autofahrer ein Programm seiner Wahl hören kann, unterbrochen lediglich durch die in dem für ihn »zuständigen« Serviceprogramm gesendeten Verkehrsdurchsagen.

Der verbesserte Bedienungskomfort zeigt sich in erster Linie in neuen Ideen für die Senderwahl. Radiogeräte mit bis zu acht Stationstasten sind keine Seltenheit mehr; auch einfache Geräte (als Weckradio fürs Schlafzimmer, als Zweit- oder Drittgerät für die Küche) haben jetzt schon Wähltasten, wodurch natürlich die Mobilität des Hörers bei seinen Auswahlentscheidungen wesentlich erhöht wird. Man darf hier in den nächsten fünf bis zehn Jahren mit ganz entscheidenden Veränderungen im Auswahl- und Hörverhalten rechnen.

Bis vor einigen Jahren galt ja noch, daß die Mehrzahl der Hörer sich auf ein einziges Programm festgelegt hatte und dieses ausschließlich hörte. Inzwischen setzt sich ein vor allem durch die jüngeren Hörer geprägtes flexibles Auswahlverhalten durch: man wechselt von Sender zu Sender auf der Suche nach dem Programm seiner Wahl. Wenn in absehbarer Zeit mehr und mehr Hörer an Großgemeinschaftsanlagen angeschlossen sein werden, dürfte es ohne Schwierigkeit möglich sein, zehn bis fünfzehn Hörfunkprogramme, zum Teil von weither, in solche Anlagen einzuspeisen, und zwar allein aufgrund besonders leistungsfähiger Gemeinschaftsantennen. Eine vom WDR bei den Benutzern einer solchen Anlage in Düsseldorf vorgenommene Untersuchung hat interessanterweise ergeben, daß sich zwar die Zahl der Sender erhöht, die man normalerweise einschaltet, nicht aber die Dauer der für das Radio insgesamt aufgewendeten Zeit. Hier wird eine durch die Lebensgewohnheiten und Tagesabläufe vorgegebene Konstante erkennbar, die sich auch durch weitere Arbeitszeitverkürzung kaum zugunsten des Hörfunks (möglicherweise jedoch zugunsten anderer Medien) verändern wird.

Die höhere Wiedergabequalität, wie sie sich insbesondere bei den Lautsprechern, aber auch bei Tunern und Verstärkern bemerkbar macht, bedeutet für den Hörfunk eine nicht zu unterschätzende Herausforderung. Hatte man jahrelang geglaubt, man brauche es mit der Aufnahmequalität innerhalb und außerhalb der Studios nicht mehr allzu genau zu nehmen, es genüge Reportagequalität, und auch Aufnahmen mit Amateurkassettenrecordern seien durchaus sendefähig, so ist inzwischen deutlich geworden, daß – gerade bei den Jüngeren – die Zahl akustisch besonders sensibilisierter Hörer im Wachsen ist.

Stärker noch als auf der Berliner Funkausstellung wird auf der Düsseldorfer Hifi, einer allein auf Radio und »Audio« bezogenen Ausstellung, deutlich, daß die Hörgewohnheiten und Hörerwartungen des Publikums sich allmählich weiter ausdifferenzieren: Vom Radio erwartet man die Information und den

Service, vom »Audio«-Medium, also der Schallplatte und dem Tonband, die hochqualifizierte Musikdarbietung je nach individueller Neigung und Stimmung. Die wachsende Verbreitung von Schallplatte und Tonband bedeutet aber auch, daß der Hörfunk sich in seinem Musikangebot stärker auf die Aktualität, auf die Information über musikalische Neuerscheinungen und Neuproduktionen und deren Präsentation konzentrieren kann und soll, wobei nach wie vor natürlich der Eigenproduktion des Rundfunks eine besondere Bedeutung verbleibt. Er muß und will auch auf musikalischem Gebiet publizistische Verantwortung zeigen, das heißt: durch Auswahl und Ankündigung des Gebotenen dazu beitragen, künstlerische Richtungen zu berücksichtigen und dabei Maßstäbe setzen zu helfen.

Dies ist leichter gefordert als geleistet. Denn die gesellschaftlichen und kulturellen Differenzierungsprozesse der Siebzigerjahre, verbunden mit vielfältigen gruppen- und individualspezifischen Emanzipationsbestrebungen, haben es dem Rundfunk keineswegs leichter gemacht, die von ihm erwartete Integrationsfunktion »für das Staatsganze«, und das heißt auch: für Gesellschaft und Kultur, mit einiger Aussicht auf Wirksamkeit und Erfolg zu erbringen.

Wie haben die Ansprüche an das Radio sich dadurch verändert? Sind sie insgesamt gewachsen? Haben sie sich möglicherweise auf Teilgebiete verengt? Worauf beziehen sie sich? Welche Menschen, welche Gruppen sind in besonderem Maße auf das Radio angewiesen? Wenig genug weiß man darüber, weil die Medienforschung sich dieser Frageansätze noch nicht lange genug bewußt ist, um der Praxis brauchbare Ergebnisse vermitteln zu können. Aber vieles läßt darauf schließen, daß der in den Sechzigerjahren eingeleitete Differenzierungsprozeß an Interessen, Erwartungen und Ansprüchen noch keineswegs beendet ist. Es sind also nicht nur die technischen und die publizistischen Bedingungen der Rundfunkarbeit, welche sich in den Achtziger- und Neunzigerjahren verändern, sondern auch die soziodemographischen Gegebenheiten, und zwar sowohl auf seiten des Publikums – der Hörer und Zuschauer – als auch auf seiten der den Rundfunk maßgeblich bestimmenden und kontrollierenden politisch-gesellschaftlichen Kräfte und Gruppen.

Mehr Programme durch neue Verteilsysteme

In wenigen Stichworten läßt sich das Kräftefeld, in dem die Hörfunkprogramme sich bereits heute befinden, wie folgt beschreiben:

Die Weiterentwicklung der Empfangsantennen sowie der Satelliten- und Kabelverteilsysteme wird die Zahl der Programme vergrößern, die an einem Ort empfangen werden und dort zueinander in Konkurrenz treten.

Entgegen den – je nach Standort und Interesse – teils unbekümmert optimistischen, teils übertrieben pessimistischen Vorhersagen über die Entwicklung neuer Sende- und Verteilsysteme für Fernsehen und Hörfunk, die bereits seit Mitte der Sechzigerjahre eine totale Veränderung der bestehenden Medienlandschaft als unmittelbar bevorstehend annahmen, läßt sich heute sagen, daß die technisch bedingten Veränderungen eher zögernd, in kleinen Schritten und in eng begrenzten Räumen, vonstatten gehen. Eine wichtige Rolle spielen dabei die in zahlreichen städtischen Wohnvierteln, aber auch schon in Landgemeinden, installierten Großgemeinschafts-Antennenanlagen.

An den Einschalt- und Auswahlgewohnheiten ihrer Benutzer läßt sich ablesen, daß auch ein erweitertes Angebot an Fernseh- und Hörfunkprogrammen (bis zu zehn Fernsehprogramme und zwanzig Hörfunkprogramme in- und ausländischer Herkunft) den Einzelnen nicht zu größerem *Zeit*aufwand für Fernsehen und Hörfunk, wohl aber zu individuell stärker profiliertem *Wahl*verhalten veranlaßt. Untersuchungen in den bereits längere Zeit »verkabelten« Nachbarländern Belgien und

Schweiz haben ergeben, daß vor allem Unterhaltungssendungen davon profitieren; die Nutzung anspruchsvoller journalistischer literarischer Angebote geht angesichts des Konkurrenzdrucks attraktiv aufgemachter Unterhaltungssendungen zurück. Ähnliche Beobachtungen lassen sich innerhalb der Bundesrepublik Deutschland dort machen, wo konventionell gemachte Hörfunkprogramme gegenüber der Konkurrenz flotter Pop-Programme an Boden verlieren.

Es sind solche, an Beispielen des In- und Auslandes bereits heute erkennbare Beobachtungen, die 1976 der »Kommission für den Ausbau des technischen Kommunikationssystems« den Anlaß gaben, *Pilotprojekte* zu empfehlen, um die unterschiedlichen Nutzungsmöglichkeiten und gegenseitigen Auswirkungen der verschiedenen technischen Entwicklungen besser abschätzen zu können. Ursprüngliches Ziel dieser Empfehlung war es, möglichst viele der neuen Dienste miteinander zu einem Paket zu verknüpfen, was einerseits zu erhöhter Schubkraft (»technology push«) und andererseits zu gesteigerter Nachfrage (»demand pull«) hätte führen können. Inzwischen hat sich ergeben, daß wesentliche Bestandteile des *KtK*-»Versuchspaketes« teils getrennt erprobt (Videotext, Bildschirmtext), teils unmittelbar in Betrieb genommen (Bürofernschreiben, Fernkopieren) und teils durch technisch-organisatorische Schwierigkeiten verzögert werden (Direktsende-Satelliten). So bleibt als vordringlich zu erprobendes Feld die drahtgebundene Verteilung von Hörfunk- und Fernsehprogrammen, die es erlaubt, dem einzelnen Teilnehmer in seiner Wohnung eine theoretisch unbegrenzte Zahl von Programmen anzubieten; praktisch sind diesem Angebot allerdings durch die Aufnahmefähigkeit des Teilnehmers und die Finanzierbarkeit der Herstellung und Verbreitung der Programme durch Gebühren oder aus Werbeeinnahmen engere Grenzen gezogen als allgemein angenommen wird.

Modell oder Test?

Die bisherige Diskussion über Sinn und Nutzen, Chance und Risiko des Kabelrundfunks läßt deutliche Zeichen von Ernüchterung erkennen, seitdem die anfangs unkritische Bewunderung amerikanischer und japanischer Experimente der genaueren Kenntnis und Bewertung dessen gewichen ist, was die im wesentlichen unter PR- und Marketing-Aspekten gestarteten Projekte in Columbus (Ohio) und Tama Town (Japan) an publizistischer und künstlerischer Innovation wirklich eingebracht haben. Im Wesentlichen handelte es sich dabei um die verbreiterte Abspielbasis für multimedial vermarktete Massenkonfektion à la Hollywood oder Hongkong; die teils ernsthaft erhoffte, teils als Alibi für ganz andere Interessen stimulierte »Bürgernähe« erwies sich sowohl unter den US-amerikanischen wie unter den japanischen Bedingungen als wenig attraktiv.

Um so wichtiger wird es daher sein, für die in Berlin, Dortmund, Ludwigshafen und München geplanten Pilotprojekte solche Bedingungen zu schaffen, die das gegenwärtig auf der lokalen bzw. subregionalen Ebene tatsächlich vorhandene Defizit an Fernseh- und Hörfunkpublizistik wirksam abbauen helfen. Eine wichtige Voraussetzung dafür könnte darin bestehen, durch die Zulassungskriterien, denen sich die künftigen »Veranstalter« unterwerfen müssen, von vornherein sicherzustellen, daß in die zusätzlichen Kanäle nur solche Programmangebote aufgenommen werden, die wirklich Neues bieten und das vorhandene Programmangebot sinnvoll ergänzen, statt es durch konkurrierende gleichartige Programmangebote zu nivellieren. »Neues«: das kann sich auf Darbietungsweisen, also auf Didaktik und Dramaturgie der Sendungen, aber auch auf Inhalte und Themen beziehen. Vieles, was geboten werden sollte, wird allein durch den starken Lokal- oder Regionalbezug der mitwirkenden Personen und der abgehandelten Themen auf Beachtung und positive Bewertung (gegenüber dem heutigen, zwangsläufig eher überregional akzentuierten Programmangebot) rechnen können.

Es wird nicht leicht sein, die Pilotprojekte auf diese medienpolitisch wie medienpraktisch sinnvolle Aufgabenstellung hinzulenken: denn noch ist keineswegs ausdiskutiert, ob sie als Modell künftiger Medienentwicklung dienen, d. h. im wesentlichen positiv zu bewertende Weiterentwicklungen fördern sollen oder ob beabsichtigt ist, sie als Testfall auch für nicht wünschenswert erscheinende Entwicklungen anzusehen. In der KtK gab es schon 1975/76 Skepsis hinsichtlich der Möglichkeit, durch ein »nicht schonendes Versuchsdesign« alle denkbaren Negativwirkungen bewußt herbeizuführen, um diese für die später notwendige medienrechtliche Normierung besser einschätzen zu können. Diese Skepsis hat seither zugenommen, denn wir wissen aus zahlreichen anderen Erfahrungen (Energie-, Städtebau-, Verkehrs- und Umweltschutzpolitik), daß bestimmte schädliche Entwicklungen sich keineswegs schon innerhalb kurzer Versuchs- und Erprobungsperioden, sondern oft nur langfristig erkennen lassen. Deshalb erscheint es geraten, auch in den Pilotprojekten nicht »alles, was technisch machbar« ist, auszuprobieren, sondern sich von vornherein im Rahmen des aus öffentlichen Mitteln Finanzierbaren und des gesellschaftspolitisch Vertretbaren zu halten. Man wird dann zwar nicht den Schaden, wohl aber genauer abschätzen können, welcher zusätzliche kommunikative Nutzen sich ergibt.

Spezifische Möglichkeiten entwickeln

Was bedeutet das in der Praxis? Zunächst sollte erkannt und auch akzeptiert werden, daß die traditionell vorgegebenen Funktionsinhalte eines Hörfunkprogramms – Information, Unterhaltung und Bildung – in der sich verstärkenden Konkurrenz der Medien untereinander (also gegenüber Fernsehen, Schallplatte, Ton- und Bild-Kassette, Taschenbuch, Zielgruppenzeitschrift, Fachpublikationen und -informationssysteme,

Videotext, Bildschirmtext) und angesichts gestiegener Bereitschaft zur Individualkommunikation einen Bedeutungswandel erfahren, dem durch kontinuierliche Veränderungen von Programmstrukturen, Programmformen, Programminhalten und auch der Programmpräsentation entsprochen werden muß.

Dringlichstes Ziel derartiger Veränderungen ist die Verbesserung der Akzeptanz des Hörfunkprogrammangebotes beim Publikum, und zwar zunächst im Hinblick auf die Bedeutung des Hörfunks als permanent (d. h. rund um die Uhr) nutzbares Umwelt-Informationssystem (Uhrzeit, Nachrichten, Wetter, Verkehrsinformationen, Warnungen und Hinweise, weiterführende/vertiefende Informationen). Ein weiteres Ziel ist die genauere Erforschung und Berücksichtigung der unabhängig davon, aber zugleich damit von vielen Hörern erwartete Begleit- und Entspannungsfunktion. Sie besteht nicht nur in der Darbietung unterhaltender Musik, sondern auch in der Begegnung mit Menschen und im Kennenlernen von Sachverhalten, die für die Meinungsbildung des Hörers und sein Verhalten im privaten wie im öffentlich-gesellschaftlichen Bereich von Bedeutung sind.

Eine Rundfunksendung über eine Person besteht ja nicht aus der Vermittlung lexikalischer Daten und erschöpft sich auch nicht in wertenden Glossierungen. Mit Recht darf der Hörer erwarten, einen Menschen, der im Hörfunk auftritt, kennenzulernen, ihm zu begegnen, nicht aber ihn als Objekt, das nur der Illustration einer Sache dient, zu erfahren.

Mit Recht erwartet die Öffentlichkeit, bestehend aus den für die Gesellschaft relevanten und in ihr agierenden Gruppierungen – Parteien, Kirchen, Verbände, Institutionen – daß ihre Ideen, Entwürfe, Konzeptionen, Probleme und Handlungen an das Publikum vermittelt werden. Große Teile des aktuellen Programms, denen deswegen nicht selten der Vorwurf des »Terminkalender-« oder »Verlautbarungs-Journalismus« gemacht wird, sind dieser Aufgabe gewidmet.

Daneben hat die Öffentlichkeit aber auch das Recht zu erfahren, was in Bereichen geschieht, die dem Scheinwerferlicht der öffentlichen Aufmerksamkeit weiterhin entzogen bleiben: den Laboratorien der Wissenschaft, den Studierzimmern der Autoren. Es sind die Ansprüche der kreativen Köpfe an den Rundfunk, die über der Tagesaktualität nicht vernachlässigt werden dürfen, weil oftmals gerade bei ihnen die für die Bewältigung der Zukunft entscheidenden Überlegungen im Entstehen begriffen oder bereits ausformuliert sind, ohne daß die Gesellschaft in ihrer Breite davon Notiz genommen hat.

Je mehr sich die informierenden Programme des Hörfunks nämlich an den Erwartungen und Bedürfnissen der Hörer orientieren, desto deutlicher stellt sich allerdings die Frage nach dem verbleibenden Freiraum der künstlerischen Produktion und der durch sie ermöglichten Innovation. Im Gegensatz zu manchen ausländischen Rundfunkorganisationen, die allmählich dazu übergehen, im künstlerischen Bereich nur noch vermittelnd tätig zu sein, – d. h. sie reproduzieren nur noch, was anderswo kreativ produziert worden ist –, besteht in der Bundesrepublik Deutschland nach wie vor die Auffassung, daß öffentlich-rechtliche Rundfunkanstalten sich nicht von der Verpflichtung dispensieren können, ihrerseits auf vielfältige Weise initiativ und kreativ am künstlerischen Leben ihrer Sendegebiete tätig zu werden.

Diese kreative Arbeit geschieht in besonderem Maße im Bereich des Hörspiels. Mit dieser Kunstform, die aus dem Rundfunk heraus entstanden und auf das engste mit ihm verknüpft ist, leistet der Rundfunk (seit fünfzig Jahren) einen originären Beitrag im Spektrum des künstlerischen Lebens unserer Zeit.

Kulturpolitische Verantwortung

Autorenförderung ist nach wie vor eine Funktion des Hörfunks, deren Aufgabe oder Einschränkung unübersehbare, nicht wiedergutzumachende Schäden für das publizistische und literarische Leben unseres Landes mit sich brächte. Diese Förderung geschieht durch vielfache Weise: durch Lesungen und Rezensionen, Selbstdarstellungen und Interviews, aber auch durch die einem Autor gegebene Chance, sich mit Hörfunkhonoraren über eine begrenzte Zeit hinweg die Möglichkeit zu verschaffen, einen Text zu verfassen, der kommerziell nicht verwertbar ist. Dabei handelt es sich keineswegs um hörfunkfremde Subventionen, denn da der Hörfunk seinerseits auf ein lebendiges publizistisches und literarisches Leben angewiesen ist, ist die Existenz freischaffender Autoren auch für seine eigene Existenz wichtig. Autorenförderung ist vielmehr eine Investition in die Zukunft der Literatur und damit auch des Hörfunks. Unter diesem Gesichtspunkt hat sie nicht nur ihre Berechtigung, sondern ist unverzichtbarer Bestandteil des Programmauftrages, die künstlerischen Richtungen zu berücksichtigen.

Entsprechendes gilt für die Förderung von Komponisten, Solisten, Dirigenten, Orchestern und Chören, denn auch deren materielle Existenz steht in unmittelbarem Zusammenhang mit der Fülle und Vielfalt künstlerischer Hervorbringungen, aus denen das Hörfunkprogramm lebt. Hier darf nicht vordergründig nach Konkurrenzgesichtspunkten geurteilt werden (wie: der Hörfunk zahle besser als öffentliche oder private Konzertveranstalter), sondern es muß berücksichtigt werden, daß es darauf ankommt, das Musikleben insgesamt attraktiv für geeignete Nachwuchskräfte zu halten.

Die Entscheidung, einen musisch-künstlerischen Beruf zu ergreifen, fällt gerade bei besonders befähigten Nachwuchspersönlichkeiten auch unter den Aspekt späterer Erwerbs- und Verdienstchancen. Gelingt es nicht, die Einkommensmöglichkeiten aus einer künstlerischen Tätigkeit zumindest denen vergleichbar anspruchsvoller Angestelltentätigkeiten angenähert zu halten, ist eine Abwanderung qualifizierter Kräfte schon zum Zeitpunkt der Berufsentscheidung unvermeidlich. Das würde für die Bundesrepublik und ihr musikalisches Leben ernste Folgen haben. Es kommt also darauf an, daß die Rundfunkanstalten dazu beitragen, die Musikausübung, die häusliche Musikpflege wie das Interesse an Musik so breit wie möglich zu halten.

In der Öffentlichkeit wird nicht selten die Frage nach der Existenzberechtigung der Rundfunkorchester gestellt, da man doch sehr attraktive Musikprogramme allein aus dem Repertoire der Schallplatte zusammenstellen könne. Darauf kann die Antwort nur lauten: Vieles, was heute auf dem Schallplattenmarkt erfolgreich verkauft wird, mußte sich diesen Platz mühsam erkämpfen gegen angebliche Marktgesetzlichkeiten, gegen die Vorurteile angeblicher Kenner eines angeblichen Publikumsgeschmacks. Wenn das Musikleben offenbleiben soll – nicht zuletzt auch durch Wiederentdeckung von Vergessengeglaubtem –, dann bedarf es der marktunabhängigen Produktionsmöglichkeiten des Rundfunks.

Die Zukunft: Lokal oder international?

War bisher im wesentlichen von den in der bisher sechzigjährigen Entwicklung des Hörfunks im Mittelpunkt stehenden nationalen und regionalen Rundfunkanstalten und deren Programmen die Rede, so soll abschließend darauf eingegangen werden, welche Entwicklungslinien sich für die kommenden Jahrzehnte auf der Ebene des lokalen und auf der Ebene des internationalen Rundfunks abzeichnen. Beide Arten von Rundfunk – das auf eine Stadt (oder sogar allein auf einen Stadtteil) bezogene ebenso wie das weltweit ausgestrahlte Radioprogramm – sind keineswegs neu oder unerprobt. Die Vereinigten Staaten von Amerika stützen ihr Rundfunksystem seit seinem Beginn auf einen Dualismus von lokalen Stationen mit begrenzten Eigenproduktionsanteilen und überregionaler Programmzulieferung durch mehrere landesweit tätige Gesellschaften – die sogenannten »Networks« ABC, CBS und NBC – zu denen in letzter Zeit einige aus der Lokalebene in den überregionalen

Bereich hinein expandierende Gesellschaften in Konkurrenz treten. Bereits seit über zehn Jahren betreiben die britischen Rundfunkorganisationen BBC und IBA neben ihren landesweiten und regionalen Programmen auch weitgehend selbständig operierende Lokalstationen. Schweden und die Niederlande zeigen erste Ansätze von erfolgreichen Lokalsendern. Italien erfreute sich vor mehreren Jahren eines wahren Booms an unabhängig von der staatlichen RAI operierenden, teils professionell, teils amateurhaft betriebenen Privatstationen, doch sind diese Sender inzwischen teils von wenigen Verlagskonzernen aufgekauft, teils von politischen Gruppen als Parteigänger vereinnahmt worden, so daß von der einst hochgelobten Unabhängigkeit dieser Stationen keine Rede mehr sein kann.

Für die Bundesrepublik Deutschland steht zu erwarten, daß erste Versuche mit Lokalrundfunk, wie sie jetzt vom Süddeutschen Rundfunk mit seinem »Radio Kurpfalz« für das Gebiet um Heidelberg und Mannheim betrieben werden, sich im nächsten Jahrzehnt teils im Rahmen der Kabel-Pilotprojekte, teils unabhängig davon verwirklichen lassen werden. Sendeformen, wie sie jetzt innerhalb bestehender regionaler Programme der Rundfunkanstalten entwickelt wurden, werden dann ihre Bewährungsprobe auch im Nahbereich der Hörer zu bestehen haben. Zweifellos gewinnen dabei Service- und Umwelt-Informationen ebenso an Bedeutung wie das Bürgerforum und die Originalübertragung eines Ereignisses »vor Ort«. Zu warnen ist jedoch vor einer Überschätzung des Interesses der Hörer und deren Aufnahmebereitschaft; neben den Lokalprogrammen wird es vermutlich weiterhin erhebliches Interesse an den »überlokalen« Themen, Inhalten und Formen geben. Ein Rundfunksystem ganz von der lokalen Ebene her aufbauen (oder erneuern) zu wollen, dürfte sich als Irrweg und Sackgasse erweisen. Lokaler Rundfunk wird sich allenfalls neben der lokalen Zeitung und dem überlokalen Rundfunk seine Marktlükke suchen und dort mit einiger Aussicht auf begrenzte Beachtung etablieren können.

Wesentlich schwieriger zu beurteilen ist die Zukunft des internationalen, weltweit verbreiteten Rundfunks. Schon jetzt ist das Kurzwellenspektrum, in dem die Auslandsdienste der einzelnen Staaten ihre Sendungen mit Richtstrahlern in alle Weltteile verbreiten, so überfüllt, daß ein störungsfreier Empfang nahezu unmöglich wird. Dabei sind noch keineswegs alle Wünsche, und zwar sowohl der hochentwickelten Rundfunkländer (USA, UdSSR, Großbritannien, Bundesrepublik Deutschland, Frankreich, Kanada, VR China, Tschechoslowakei, Schweiz) als auch der Entwicklungsländer, vor allem in Afrika und Asien, erfüllt.

Immer stärkere Kurzwellensendeanlagen und immer umfangreichere Programme in immer mehr Richtungen – allein die Deutsche Welle sendet in 34 Sprachen – beeinträchtigen die Qualität des Kurzwellenempfanges in solchem Maße, daß die Gerätehersteller zu immer kostspieligeren Empfangsgeräten übergehen müssen, um die erforderliche Trennschärfe zu sichern. Unter diesem Vorzeichen gewinnt die Frage an Bedeutung, ob der internationale Empfang von Hörfunksendungen über Satelliten zur Verbesserung beitragen kann, namentlich dann, wenn die bisherige Frequenzmodulation durch digitale Signalgebung ersetzt wird, was unter bestimmten Umständen zu geringerer Störanfälligkeit führen kann.

Doch anders als Kurzwellen mit und ohne Richtcharakteristik lassen sich Satellitensendungen nur in begrenzten Teilen eines Kontinents empfangen, so daß z. B. in Europa zwar eine die Grenzen mehrerer Staaten übergreifende Versorgung, nicht aber ein wirklich internationaler Empfang möglich wird. Hier kommt es darauf an, auch im Hörfunk (neben dem dafür besser geeigneten Fernsehen) Programmformen zu entwickeln, die für Menschen in mehreren europäischen Staaten interessante Sachverhalte in einer auch für weniger Sprachkundige interessanten Form anbieten, also in erster Linie musikalische und unterhaltende Inhalte. Die überregionale, europa- oder weltweite Information findet – über das gemeinsame Bild – im Fernsehen eher

Interesse; der Hörfunk bleibt demgegenüber in seinen sprachgebundenen Sendungen auf die nach wie vor geringe Zahl von Menschen beschränkt, die neben ihrer Muttersprache noch eine Fremdsprache beherrschen. Der technisch-organisatorischen Weiterentwicklung sind damit – das mag enttäuschen, aber hoffentlich auch nachdenklich stimmen – Grenzen der menschlichen Natur gesetzt, die sich ohne weiteres nicht überschreiten lassen.

ALFRED NEVEN DUMONT

Alfred Neven DuMont, Präsident des Bundesverbandes Deutscher Zeitungsverleger, Verleger und Herausgeber des »Kölner Stadt-Anzeiger« und des »Expreß«, Verleger der Münchner »Abendzeitung«. Am 29. März 1927 in Köln als Sproß einer alten Zeitungsverlegerfamilie und Sohn des Zeitungsverlegers Dr. Kurt Neven DuMont und seiner Frau Gabriele, Tochter des Münchner Malers Franz von Lenbach, geboren. Nach Kriegsende Studium der Philosophie, Geschichte und Literatur in München, anschließend praktische Vorbereitung auf die Tätigkeit im Zeitungsverlag beim Axel Springer Verlag und im Verlag der »Süddeutschen Zeitung«. Ab 1952 Studium an der Medill School of Journalism an der Northwestern University Chicago/Illinois, USA; Einblick in die amerikanische Zeitungsarbeit; 1955: publizistischer Leiter des liberalen »Kölner Stadt-Anzeiger«, seit 1960 Herausgeber des »Kölner Stadt-Anzeiger«; 1964 Gründer und Herausgeber des Boulevardblattes »Expreß«; 1967: Vorsitzender der Geschäftsführung des Verlages M. DuMont Schauberg in Köln; 1970: Wahl in das Präsidium des Bundesverbandes Deutscher Zeitungsverleger; 1971 bis 1979: Vorsitzender des Deutschen Nationalkomitees des Internationalen Presseinstituts (IPI) und Mitglied des Executive Board des IPI. Zahlreiche Publikationen, vor allem über medienpolitische Fragen.

ALFRED NEVEN DUMONT

Das gedruckte Wort wird leben

Noch zu Beginn unseres Jahrhunderts waren Darstellung und Verbreitung von Informationen neben der mündlichen Weitergabe ausschließlich an die Druckmedien gebunden. Ihr Besitz und ihre Nutzung vermittelten nicht nur Wissen, sondern auch besonderes Ansehen. Mit der umwälzenden technologischen Entwicklung und der daraus herrührenden Konkurrenz, die dem gedruckten Wort durch die Verbreitung von Nachrichten und Denkinhalten mittels elektromagnetischer Wellen über Telefon, Rundfunk und Fernsehen entstand, wurde ein beträchtlicher Teil des Kommunikationsablaufes in neue Bahnen gelenkt. Die Kombination von Wort und Bild, die sogenannte visuelle Sprache, hat zunehmend die Aufnahmebereitschaft der Allgemeinheit in hohem Maße in Anspruch genommen. Das Fernsehen erfreut sich gegenüber allen anderen Medien sogar einer Vorrangstellung; das läßt sich auch an der mitunter recht robusten Selbstdarstellung der Politiker ablesen. Sind im Gegensatz dazu also Schrift und gedrucktes Wort nur noch Zwischenstükke einer kulturhistorischen Entwicklung? Sind sie als Übergangslösung auf Zeit anzusehen, ersetzbar und entbehrlich, sofern neue Techniken die Ablösung erlauben?

Ich bin trotz allem der Meinung: das gedruckte Wort wird nicht untergehen, weil die Funktion des Geschriebenen und Gedruckten für Zivilisation und Kultur eines Landes, für Wissensbildung und Wissensvermittlung und für das geistige Leben in der Gemeinschaft unentbehrlich ist. Aber der Stellenwert des gedruckten Wortes hat sich geändert und wird auf vielfältige Weise in Frage gestellt.

So läßt sich die Position der Print-Medien im Zusammenhang mit der politischen, gesellschaftlichen, ökonomischen und technologischen Entwicklung nicht isoliert sehen und beschreiben. Sie ist eingebunden in die gesamte gesellschaftliche und politische Entwicklung.

Denn die Politik versucht sich der Medien in dem Maße zu bemächtigen, wie diese die öffentliche Meinung beeinflussen und Kontrollfunktionen gegenüber den Trägern politischer Verantwortung übernehmen. Medienpolitik bedeutet, wenn man es einmal ungeschminkt ausdrückt, auch Machtpolitik. Ausländische Politiker sprechen darüber viel ungenierter. So stellte zum Beispiel der brasilianische Informationsminister bei einem Besuch in der Bundesrepublik fest, daß in seinem Land Wahlvorgänge selbstverständlich durch das Fernsehen beeinflußt, wenn nicht gar entschieden werden.

Auch die Herausforderungen der elektronischen Zukunft gelten nicht nur für Zeitungen, Zeitschriften oder das Buch; sie gelten gleichermaßen für Rundfunk und Fernsehen. Die damit verbundenen Probleme konzentrieren sich nicht allein auf die Bundesrepublik Deutschland. Die neuen Technologien überspringen politische Grenzen. Strukturen herkömmlicher Medien werden sich ändern, weil die neuen Medien auch die Lebensweise der Menschen ändern werden. Wissenschaftler sprechen angesichts der schier unbegrenzten Möglichkeiten interaktiver Kommunikation von einer Dezentralisierung der Lebensumstände mit Auswirkungen bis hinein in berufliche Abläufe vieler Menschen.

Wie stellt sich nun die derzeitige und die sich wandelnde Medienlandschaft aus der Sicht der gedruckten Medien, insbesondere der Tagespresse dar?

1980 betrug die Gesamtauflage der Zeitungen in der Bundesrepublik einschließlich der Wochen- und Sonntagszeitungen 25,3 Millionen Exemplare. Die 395 Tageszeitungen erschienen mit einer täglichen Auflage von 20,3 Mio. Exemplaren. Auf die Abonnement-Zeitungen entfielen davon 13,8 Mio., auf die Straßenverkaufszeitungen 6,5 Mio. Exemplare. Betrachtet man die Auflagenentwicklung der Tageszeitungen in den vergangenen 30 Jahren (1950: insgesamt 11,5 Mio.), so fand das Wachstum schwergewichtig im Bereich der Straßenverkaufszeitungen statt. Mit 0,4 Mio. Exemplaren betrug ihr Anteil an der Gesamtauflage im Jahre 1950 lediglich 2,7%. Im Jahre 1980 war dieser Anteil mit 6,5 Mio. Exemplaren auf 30% der Zeitungsauflage angewachsen.

Es gibt in der Bundesrepublik Deutschland noch eine Pressevielfalt, um die uns viele andere Länder beneiden. Diese Pressevielfalt drückt sich nicht nur in den oft zitierten 122 »publizistischen Einheiten« aus, also den politischen Mantelausgaben. Sie wird vor allem und gerade von den mehr als 1200 Lokal-Ausgaben der regionalen und lokalen Zeitungen getragen. Diese stehen nicht nur oft untereinander im Wettbewerb, sondern wetteifern auch mit den Kaufzeitungen und mit den überregionalen Blättern.

Presse- und Meinungsvielfalt ist aber nicht nur an der Zahl der Zeitungstitel zu messen. Neben die Quantität rückt in der Bundesrepublik eine Qualität, die im Vergleich zu anderen Ländern als erfreulich, mitunter als beispielgebend bezeichnet werden kann. Niemand, der die Presselandschaft in der freien Welt kennt, wird dem widersprechen können.

Wenn trotzdem seit Jahr und Tag von gewisser Seite immer wieder das Klischee vom Zeitungssterben und von Pressekonzentration in der Bundesrepublik geprägt wird, ignoriert man damit Wahrheit und Realität. Aber dies ist ja wohl auch gewollt, denn die immer unverblümter und rigoroser vorgetragene Propaganda hat wohl mehr zum Ziel, eine Änderung unserer Gesellschaftsordnung herbeizuführen.

Doch kommen wir auf die Auflagenzahlen zurück: Den 20,3 Mio. täglichen Tageszeitungsexemplaren stehen rund 20 Mio. Fernsehteilnehmer und rund 21,7 Mio. Rundfunkhörer gegenüber. Die Zahlen können sich bei einem Vergleich durchaus messen. Und unter Hinweis auf die Anzeigenumfänge bei den Zeitungen geht man in der Öffentlichkeit allgemein davon aus, daß es den Zeitungen gut geht. Doch Schein überdeckt hier oft nüchterne Einsicht. Und es liefe auf eine Illusion hinaus, wenn man diese vordergründige Einschätzung der Gegenwart auf den Horizont der vor uns liegenden Jahrzehnte projizieren wollte.

Bei einer Bestandsaufnahme der tatsächlichen Verhältnisse kommt man an folgenden Feststellungen nicht vorbei:

- Die Zeitungen sind mit einem Nettoumsatz von über 7 Milliarden hier und heute bereits an die wirtschaftlichen Grenzen ihres Wachstums und ihres Marktes gestoßen.
- Auch die befriedigenden Ergebnisse der letzten beiden Jahre dürfen nicht darüber hinwegtäuschen, daß steigende Kosten durch adäquate Anhebung der Preise nicht mehr voll aufgefangen werden konnten. Lediglich die mengenmäßige Ausweitung des Anzeigenaufkommens hat – bedingt durch eine gute Konjunktur – einen Teil der Kostensteigerungen kompensiert. Es dürfte aber allgemein bekannt sein, in welchem Maße gerade Zeitungen von konjunkturellen Schwankungen betroffen sind.
- Hinzu kommt eine weitere Entwicklung, die sich in den letzten Jahren verstärkt hat. Anzeigenblätter sind regelrecht aus dem Boden geschossen. Ein dichtes Netz solcher Druckerzeugnisse hat sich unter den Zeitungen ausgebreitet. Es gibt derzeit 600 verschiedene Anzeigenblatt-Titel mit einer Auflage von 30 Mio. Exemplaren. Der Umsatz betrug im vergangenen Jahr bereits mehr als 1 Mrd. DM.

Damit wird jetzt schon jede wirtschaftlich noch so notwendige Preiserhöhung für die Tageszeitungen zu einem problematischen Unterfangen. Wird der Bezugspreis zu hoch, besteht die Gefahr, daß Leser abwandern, wird der Anzeigenpreis zu hoch, besteht die Gefahr, daß Inserenten abspringen. Es ist überdies zu beobachten, daß sich das Bedürfnis nach Unterhaltung bis hin zur Sensation zugunsten der elektronischen Medien, der Magazine und der Boulevardzeitungen (wie sich hier auch an dargelegten Auflagensteigerungen ablesen läßt) ständig weiter entwickelt.

Die qualifizierte Tageszeitung als solche ist damit angesprochen, die aus dem Willen zu Leistung und Qualität von den Verantwortlichen in den einzelnen Zeitungshäusern gestaltet wird. Es geht also nicht um den Erhalt der Zeitungen schlechthin, wohl aber um ihre journalistische Ausstattung, also um die Bewahrung des Ist-Zustandes. Die Auffassung, daß die Konzeption einer Zeitung, wie wir sie alle verstehen und wünschen, in sich und für dauernd garantiert ist, muß also vor dem Hintergrund der aufgezeigten wirtschaftlichen Zwänge mit einem Fragezeichen versehen werden.

Vergegenwärtigen wir uns noch einmal, in welchem Verhältnis die Medien insgesamt zueinander stehen. Die Druckmedien sind privatwirtschaftlich, Rundfunk und Fernsehen öffentlich-rechtlich organisiert. Die Rundfunkanstalten sind über ihre öffentlich-rechtliche Organisationsform hinaus aber auch zu einem kommerziellen Werbeträger geworden. Die ARD finanziert sich neben Gebühren nämlich bereits zu 31 %, das ZDF zu über 40 % aus Werbung. Insgesamt wurden dem Werbemarkt im vergangenen Jahr von den öffentlich-rechtlichen Anstalten 1,6 Mrd. DM entnommen. Rundfunk und Fernsehen sind damit sowohl publizistisch wie wirtschaftlich zu einem Wettbewerber für die privatwirtschaftlichen Print-Medien geworden.

Um in diesem Wettbewerb bestehen zu können, haben die Tageszeitungen ihre lokale Basis ausgebaut. Die lokale und regionale Berichterstattung wurde verstärkt. Rund 80 % ihrer Anzeigen kommen heute aus dem lokalen Markt. Die Zeitungen fürchten den Wettbewerb nicht. Aber sie müssen die Möglichkeit haben, in diesem Wettbewerb mit gleichen Chancen anzutreten. Mit herkömmlichen Mitteln können sie auf die neuen Herausforderungen nicht mehr reagieren.

Doch während im Bereich der privatwirtschaftlichen Presse das Wettbewerbsrecht mit immer neuen Novellierungen verschärft wurde, schließt die Politik für die öffentlich-rechtlichen Rundfunkanstalten den Wettbewerb nach wie vor aus und will das Oligopol auch künftig absichern. Was die Werbung anbetrifft, sind die öffentlich-rechtlichen Medien sogar durch ein faktisches Monopol gegenüber den anderen Mitbewerbern abgeschottet.

Das ist die Ausgangslage, in der sich die Zeitungen an der Schwelle zum neuen Medien-Zeitalter befinden. Wie sehen angesichts der technologischen Entwicklung die publizistischen und wirtschaftlichen Rahmenbedingungen aus?

Zunächst die publizistischen:

Die Elektronik ermöglicht eine immer schnellere Verbreitung von Nachrichten; sie läßt ferner eine immer feinere Verästelung der Informationen nach speziellen Interessen zu. Wirtschaftsnachrichten, Sportmeldungen, lokale Servicedienste z. B. gelangen elektronisch in weitaus kürzerer Zeit als gedruckt und zudem zielgruppenorientiert an die jeweiligen Interessenten. Von diesen Chancen dürfen sich die Zeitungen nicht abschneiden lassen, wenn sie nicht Gefahr laufen wollen, eines Tages als museal abgetan zu werden. Im Vergleich mit Rundfunk und Fernsehen hat sich die Aktualität sowieso schon zu Lasten der Zeitungen verschoben.

Nun die wirtschaftlichen:

Der elektronische Transport von Information wird immer billiger, der materielle immer teurer. Es ist heute schon preiswerter, eine Information telefonisch von Köln nach Bonn oder Düsseldorf zu geben, als per Brief. Es ist die Frage zu stellen, wie lange all das, was sich heute noch in den Zeitungen an Information findet, zu einem für alle Bürger erschwinglichen Preis auf Papier verbreitet werden kann. Papier ist seit 1972 um 100 % teurer geworden. Die Rohstoffquellen werden – wie alle natürlichen Resourcen – immer kostspieliger. Wie lange werden wir uns angesichts ständig steigender Rohstoff- und Energiepreise die 1,3 Millionen Tonnen Papier noch leisten können, die jährlich von den deutschen Zeitungen verbraucht werden?

Es wird also zu prüfen sein, welche Inhalte von Zeitungen

sich weiterhin für die Verbreitung auf dem teuren Träger Papier eignen und welche in die immer billigeren elektronischen Vertriebswege verlagert werden können.

Presseunternehmen sind aber von der aufgezeigten technologischen Entwicklung nicht nur indirekt, sondern auch direkt betroffen. Anders als bisher kann künftig durch Lokalisierung und Spezialisierung von Hörfunk und Fernsehen und durch die unterschiedlichsten Vermittlungsmöglichkeiten in den sogenannten Teletext-Diensten fast das gesamte inhaltliche Spektrum der Zeitungen und Zeitschriften elektronisch abgedeckt werden. Diese Angebote werden zudem zu jeder beliebigen Zeit nutzbar.

Wo und wie die neuen Mediensysteme jeweils wirksam werden, mag unterschiedlich sein. Da ihre Einführung aber zeitlich fast zusammentrifft, summieren sich die Auswirkungen. Das wird durch eine skizzenhafte Bestandsaufnahme des technischen Rahmens deutlich.

Beginnen wir zunächst mit den bildschirmgebundenen Textdiensten, die sich bereits in der Testphase befinden:

Videotext ist eine Schriftinformation, die über die Austastlücke des Fernsehbildes transportiert wird. Diese Form des Transportes haben die Rundfunkanstalten zum Anlaß genommen, Videotext für sich selbst und unter ihrer ausschließlichen Verantwortung zu reklamieren. Die Zeitungen sehen darin ein Lese-Medium und sprechen darum von Bildschirmzeitung. Unbestritten lebt dieses Medium publizistisch aus seiner Aktualität. Videotext kennt praktisch keinen Redaktionsschluß, kann also – im Gegensatz zur Zeitung, die nur einmal am Tag gedruckt wird – ständig auf den aktuellsten Stand gebracht werden.

Bildschirmtext der Bundespost ist eine Verbindung von Telefon, Computer und Fernsehen. Hier hat sich die Einsicht durchgesetzt, daß der gezielte telefonische Abruf von Information keine »für die Allgemeinheit bestimmte Veranstaltung« – also rechtlich nicht Rundfunk –, sondern Individualkommunikation ist. Die Politiker räumten darum jedermann einen Zugang zu dieser neuen Technik ein. Das heißt also, jeder kann informierend und werbend bei Bildschirmtext tätig werden. Schon in der Versuchsphase haben geschäftstüchtige Leute spezielle Agenturen gegründet, die zum Ziel haben, Anzeigen z. B. aus dem Immobilien- oder Kfz-Bereich zu aquirieren, um diese unter Umgehung der Zeitungen direkt per Bildschirmtext zu veröffentlichen. Daran zeigt sich, daß Teletextdienste auch unter wirtschaftlichen Gesichtspunkten geeignet sind, in den Bereich der Zeitungen einzubrechen.

Beide Textsysteme unterliegen noch gewissen technischen Einschränkungen. Benutzerfreundliche und anschauliche Medien werden aber daraus, wenn über den Ausbau des Breitbandkabelnetzes sogenannter »Kabeltext« möglich wird. Dann sind noch feinere grafische Darstellungen und Foto-Illustrationen technisch möglich. Und dann, so hat es der von der Bundesregierung berufene Vorsitzende der Kommission für den Ausbau der technischen Kommunikationssysteme (KtK), Professor Witte, einmal formuliert, könnte er sich z. B. auch unter Videotext etwas Zeitungsähnliches vorstellen, und zwar zum Vorteil der Zeitung, weil sie damit über die »Schlagzeilenausrufe« des herkömmlichen Fernsehens hinausgehen könne.

Nun zum Bereich der Kabelkommunikation: Die medienpolitische Debatte konzentriert sich hier vor allem auf Kabelhörfunk und Kabelfernsehen. In beiden Fällen ist vor allem die lokale Auswirkung gemeint. Kabelhörfunk und Kabelfernsehen werden in unmittelbare Konkurrenz mit den Lokalteilen der Tageszeitungen treten. Sie treffen sie damit in ihren Lebenskern. Mit der natürlichen Attraktivität, die das Fernsehen für viele Menschen besitzt, wird sich publizistisches Interesse verschieben. Die Folge wird zwangsläufig sein, daß sich lokale Werbung ebenfalls in den elektronischen Bereich verlagert. Schon bei einem Werbeverlust von 10% dürften die Zweit-Zeitungen am Markt entscheidend in ihrer wirtschaftlichen Substanz betroffen werden.

Spätestens Mitte der 80er Jahre wird das Zeitalter der Satelliten-Kommunikation auch in der Bundesrepublik beginnen. Die Nachbarstaaten treffen ihre Vorbereitungen zum Teil sogar schon unter dem Zieldatum 1983. Erinnert sei hier an die Aktivitäten in Luxemburg oder in der Schweiz. Die Bundesrepublik wird also in der Satelliten-Kommunikation keine medienpolitische Insel bleiben. Die Ausstrahlungselypsen vieler anderer Staaten werden sich über dem Bundesgebiet überlappen.

Damit wird befürchtet, daß ein erheblicher Teil des Werbevolumens in deutschsprachige Programme des Auslands abwandert. Die Bundesregierung sprach in diesem Zusammenhang von einer »Fremd-Kommerzialisierung« unserer derzeitigen Medienstruktur. Neben den öffentlich-rechtlichen Rundfunkanstalten werden von einer solchen Entwicklung auch die Zeitschriften betroffen. Bei den Zeitungen besteht die Gefahr, daß ihre Markenartikelwerbung, die ohnehin nur noch 5 % des Anzeigenaufkommens beträgt, weiter schrumpfen wird.

Noch stärker aber werden die Zeitungen von den nationalen Auswirkungen der Satelliten-Kommunikation tangiert. Satellitensender sind wesentlich billiger als terrestrische Sender und haben erhebliche frequenz-ökonomische Vorteile. Damit wird sich auch die technische Rundfunkstruktur in der Bundesrepublik verändern. Die bundesweiten Programme von ARD und ZDF sollen künftig über Satellit abgestrahlt werden. Bei einer Vollversorgung über Satellitenkanäle werden damit zumindest rechnerisch 5000 terrestrische Sender frei. Nach den Plänen der Bundespost und der Rundfunkanstalten sollen diese terrestrischen Sender für regionale und lokale Programme genutzt werden. Dazu kämen lokale Programme über Kabelnetze, die wiederum über Satelliten miteinander verbunden werden können.

Satelliten verbessern also nicht nur die großflächige Programmversorgung, sie fördern auch die Entstehung neuer Programme, die, speziell nach Interessengruppen, gezielt im lokalen und regionalen Raum und damit im Bereich der Zeitungen wirksam werden. Alle Überlegungen der öffentlich-rechtlichen

Anstalten gehen bisher davon aus, daß die neuen Satellitenprogramme auch Werbung enthalten sollen. Zur Abwehr »kommerzieller Konkurrenz« wird auch schon darüber nachgedacht, die Werbung über die Zeit von 20.00 Uhr hinaus auszudehnen.

Auf dem Gebiet der sogenannten audiovisuellen Speichermedien bahnt sich ein entscheidender Durchbruch an. Nach Schätzungen des Bundesforschungsministeriums wird bei Videorecordern und Bildplattengeräten bis zum Ende dieses Jahrzehnts eine Haushaltsausdeckung von 56 % erreicht sein. Auch damit kommt es zu erheblichen Veränderungen in der herkömmlichen Medienstruktur. Auf einer Bildplatte kann man z. B. ein 20bändiges Universallexikon einschließlich bildlicher Darstellungen konservieren, abrufbar über Bildschirm innerhalb von Sekunden. Die Besitzer solcher Videospeichergeräte können sich aber auch vom Programmschema der Rundfunkanstalten lösen. Sie können selbst zu jeder vorprogrammierten Zeit Sendungen aufzeichnen, sich bespielte Kassetten oder Bildplatten kaufen oder leihen. Schon 1979 wurden in den unterschiedlichsten Verleihsystemen über 2000 Titel angeboten. Diese Leihsysteme sind 1980 bereits bis in die Warenhäuser vorgedrungen.

Es ist zu fragen, ob diese neue Entwicklung nicht auch die zum Beispiel hierzulande oft mit Leidenschaft geführte Diskussion um das sogenannte Pay-TV ad absurdum führt. Wo liegt beispielsweise der Unterschied, wenn ein Konsument einen Film seiner Wahl sehen will, ob er dafür nun die Gebühr an den ausstrahlenden Fernsehsender oder an eine Videothek entrichtet.

Auch die derzeitigen Fernsehanstalten werden sich dieser Entwicklung anpassen müssen. So hat denn auch der Programmdirektor des ZDF, Professor Stolte, bereits von neuen Programm-Strategien gesprochen und damit u. a. die deutliche Rückkehr zu Live-Sendungen gemeint. Denn das, was nicht live erlebt werden könne, biete z. B. die Bildplatte dem Konsumenten ebenso gut und dazu noch jederzeit reproduzierbar.

Man muß die Entwicklung auch unter gesamtwirtschaftlichen Gesichtspunkten sehen. Eine leistungsfähige, moderne Infra-Struktur im Kommunikationswesen ist für unsere Wirtschaft und auch für den Dienstleistungs- und Verwaltungsbereich unverzichtbar. Überdies steht die internationale Konkurrenz- und Exportfähigkeit der kommunikationstechnischen Industrie auf dem Spiel. In diesem Wirtschaftszweig arbeiten mehr als 300 000 Menschen, die Exportquote beträgt 40 %. Die Bundespost hat ebenfalls keinen Hehl daraus gemacht, daß in ihrem Bereich 50 000 Arbeitsplätze gefährdet sind, wenn nicht durch Verkabelung neue Investitionsbereiche erschlossen werden. Sie allein investiert pro Jahr 7–9 Mrd. DM. Daran hängen jährliche Folgeumsätze von 10–15 Mrd. DM. Auch die Geräte, die dazu hergestellt und verkauft werden, bewegen Milliarden-Beträge.

Die neuen Medien sind auch keineswegs allein ein Markt für das »Big Business«, wie Ideologen immer wieder glauben machen wollen. Vor allem im Bereich der Verkabelung sind mittelständische Unternehmen der Zusatzindustrie und viele Handwerksbetriebe gefragt.

Darüber hinaus gilt es auch Zahlen zu relativieren, deren Größenordnung immer wieder als abschreckend dargestellt werden. Professor Witte, dessen KtK-Kommission für die Verkabelung der Bundesrepublik einen Betrag von 25 Mrd. DM errechnete, hat darauf hingewiesen, daß dies allein aus dem Investitionsetat der Bundespost zu finanzieren ist, weil sich der Ausbau eines solchen Kabelnetzes über Jahre erstreckt.

Unabhängig davon hat das renommierte Institut PROGNOS ermittelt, daß die Privathaushalte in der Bundesrepublik in der Zeit von 1980–1990 ein kumuliertes Kaufkraftpotential von rund 90 Mrd. DM für den Bereich der neuen Medien haben werden. Die für die Mediennutzung vorhandene Freizeit wird allerdings bis 1990 nur unwesentlich anwachsen. Im Medienverhalten stehen also tiefgreifende Umschichtungen bevor.

Minister Hauff, Mitglied der Bundesregierung, hat im Juni 1980 festgestellt:

»Wer glaubt, daß im Bereich der neuen Medien komplizierte Entscheidungen über umfangreiche und kostspielige Investitionen uns zumindest auf längere Zeit gleichsam wie ein Damm vor der technischen Realisierbarkeit des Fernsehens im Überfluß schützen, der irrt.«

Der Minister hat gleichzeitig angekündigt, daß im Zuge der Modernisierung der herkömmlichen Telefonnetze durch den Einsatz von Glasfaserkabeln – gleichsam als Abfallprodukt – die technischen Voraussetzungen für eine Vielzahl von Rundfunk- und Fernsehprogrammen geschaffen werden. Diese Entwicklung wird Mitte der 80er Jahre voll zum Tragen kommen. Zur Debatte stehen dann nicht mehr 15 oder 30 Fernsehkanäle, sondern weit höhere Übertragungskapazitäten.

Dazu sind andere Entwicklungen bereits vorprogrammiert:

- Beim NDR fällt zum 1. Januar 1983 die Monopolklausel weg. Niedersachsen und Schleswig-Holstein haben entsprechende Konsequenzen bereits angekündigt.
- Baden-Württemberg strebt bis zum Zeitpunkt 1982/83 eigene medienpolitische Regelungen auf Landesebene an.
- Die technischen und gesetzgeberischen Maßnahmen für die Vorbereitung oder Einführung von Kabelfernsehen laufen bereits. Ab 1983 sollen 4 Pilotprojekte durchgeführt werden. Dazu gehört auch der Großversuch Ludwigshafen, an dem sich u. a. die Zeitungen beteiligen werden.
- Bildschirmtext der Bundespost soll nach Ablauf der derzeitigen Feldversuche voraussichtlich 1982/83 in den allgemeinen Fernmeldedienst eingeführt werden. Mit der Umrüstung der derzeitigen Fernsehgeräte und dem Kauf von Geräten der neuen Generation dürfte auch eine entsprechende Entscheidung im Bereich Videotext heranreifen.

Minister Hauff hat angesichts dieser Entwicklungen denn auch das folgende Resümee gezogen: »Die Medienzukunft hat in Wirklichkeit schon begonnen, und es wird höchste Zeit, Chancen und Risiken neuer Medientechniken in einem breiten Dialog zu erörtern«.

Entspricht diese Feststellung aber der politischen Wirklichkeit in diesem Lande? Von einem Dialog über die Ausfüllung der technologischen Horizonte, die sich vor uns auftun, sind wir noch weit entfernt. Die Diskussion ist beherrscht von reinem Besitzstanddenken, beschwert durch zum Teil bewußte Verdächtigungen.

Da wird von den Politikern und gesellschaftlichen Gruppen vor den Gefahren der Reizüberflutung gewarnt und gleichzeitig stimmen eben dieselben Leute zu, daß die Fernsehanstalten ihr Programm auf den Vormittag ausdehnen. Weil das öffentlich-rechtlich geschieht, werden dann zusätzliche Reize als »sozialer Dienst« deklariert.

Der privatwirtschaftlichen Presse wird zwar bescheinigt, daß sie eine staatstragende Funktion erfüllt, wenn es aber um die Beteiligung eben derselben Presse an den neuen Medien geht, wird ihr nur noch nackter Kommerz vorgeworfen und Gewinne, ohne die ein privates Unternehmen nicht investieren kann, werden mit dem Ruch der Gemeingefährlichkeit versehen.

Auch die Rundfunkanstalten selbst, die ja ohne ihre Werbeeinnahmen in große finanzielle Schwierigkeiten kämen, unterstellen möglichen Mitbewerbern im Bereich der neuen Medien von vornherein, daß sie die ethischen Prinzipien des journalistischen Berufsstandes preisgeben werden, wenn sie ebenfalls auf Werbeeinnahmen zurückgreifen.

Dabei ist es geradezu abwegig, erwarten zu wollen, daß Werbung aus dem lokalen Kabelfernsehen oder aus den anderen neuen Medien herauszuhalten ist. Namhafte Rechtsexperten sind der Meinung, daß dies schon aus verfassungsrechtlichen Gründen nicht geht. Im übrigen gibt es gewisse Eigengesetzmäßigkeiten. Die Einführung regionaler Programme im Bereich des Norddeutschen Rundfunks zum Beispiel hatte prompt die Einführung von Rundfunkwerbung zur Folge, gegen die sich bisher die zuständigen Gremien immer wieder gesperrt hatten.

Medienpolitik in diesem Lande läuft derzeit noch auf eine Bewahrung des Status quo und damit auf eine Blockadeschlacht hinaus. Wie irreal aber das Festhalten an überkommenen Machtstrukturen ist, zeigt sich am deutlichsten bei der Satellitenkommunikation. Wie bereits dargelegt, wird der Rundfunkbegriff Dutzende neuer Programme mit allen Folgewirkungen nicht verhindern können. Hier droht aber eine Entwicklung von außen her unüberschaubar zu werden, wenn verabsäumt wird, im eigenen Hause eine umfassende, auf die Zukunft gerichtete medienpolitische Grundordnung zu etablieren. Es wird allerdings noch viel Mühe kosten, Steine und Geröll beiseite zu räumen, die den Weg zum sachlichen Gespräch und zum Kompromiß in diesem Lande immer noch blockieren.

Die Zeitungen treten seit langem dafür ein, Lösungen im Rahmen der in Artikel 5 des Grundgesetzes festgelegten Kommunikationsfreiheit zu finden. Es geht darum, daß auch bei der Fortschreibung dieses Grundrechts in den Bereich der neuen Technologien eine Struktur erhalten wird, in der beide – die öffentlich-rechtlichen Anstalten wie die privatwirtschaftliche Presse – ihre Existenz gesichert sehen können. Das heißt nicht, den öffentlich-rechtlichen Anstalten etwas wegnehmen, das heißt jedoch, den Zeitungen etwas geben, was sie für die Zukunft brauchen, wenn sie voll lebensfähig bleiben sollen.

Ihre tragenden Säulen, nämlich die regionale und lokale Berichterstattung und die regionale und lokale Werbung, müssen ihre Domäne bleiben, auch wenn neben dem bedruckten Papier die Elektronik mehr und mehr zum Transportmittel von Nachrichten und Anzeigen wird. Diese Frage ist zu einem neuen Selbstverständnis der Zeitungen in der Bundesrepublik geworden. Der Konsens, der sie alle, vom größten bis zum kleinsten Zeitungshaus, verbindet, bezieht sich auf die regionale und lokale Betroffenheit im Bereich der neuen Medien.

Dieser Konsens drückt sich auch in dem Beschluß der Delegiertenversammlung des Bundesverbandes Deutscher Zeitungsverleger aus, sich gemeinsam am Pilotprojekt in Ludwigshafen zu beteiligen. Die Zeitungen werden sich dabei selbst treu bleiben. Ihr Programmbeitrag wird von der Verantwortung und Verpflichtung bestimmt sein, die sich auf die engen Wechselbeziehungen zwischen Bürgern und Zeitungen gründet. Das heißt: auch die elektronische Ausgabe einer Zeitung als Ergänzung zur gedruckten wird getragen sein von der Nähe zum Bürger und vom Streben nach einem ständigen Dialog.

Ich möchte zusammenfassen:

Die technologische Entwicklung – und das habe ich versucht deutlich zu machen – verändert vehement und rapide die Grundlagen des Kommunikationswesens. Die Mediensituation in diesem Lande ist also für Entscheidungen reif. Die Politiker sind bisher den Problemen ausgewichen, statt ihre Lösungen in Angriff zu nehmen. Sie sollten ihre Verantwortung nicht mehr länger vor sich herschieben, weil andernfalls die Eigendynamik der Technik sich durchsetzen und ordnungspolitische Maßnahmen erschweren könnte. Es geht dabei allerdings nicht um Fragen unter parteipolitischen und machtegoistischen Gesichtspunkten, sondern um das in der Verfassung verbriefte Recht auf Freiheit der Information. Auch in einem künftigen Mediengefüge der Bundesrepublik müssen Zeitungen einen festen und unverzichtbaren Platz einnehmen. Für den Bürger verbindet sich damit die Frage nach Inhalt, Qualität und Funktionsfähigkeit unserer Demokratie.

GERHART RUDOLF BAUM

Gerhart Rudolf Baum, Bundesminister des Innern, ev.-luth., verheiratet, zwei Töchter, einen Sohn. Geb. 28. Oktober 1932 in Dresden als Sohn eines Rechtsanwalts. Vater fiel im Zweiten Weltkrieg, Großvater, ebenfalls Jurist, im Ersten Weltkrieg.

Nach dem Zweiten Weltkrieg flüchtete die Mutter mit ihren Kindern nach Tegernsee und ließ sich dann in Köln nieder. Baum besuchte zunächst das Vitzthum'sche Gymnasium in Dresden, nach der Flucht das Gymnasium in Tegernsee. 1954 bestand er das Abitur – als Klassenbester – am Neusprachlichen Gymnasium in Köln-Nippes. Dann studierte er Rechtswissenschaften an der Universität Köln. Baum ließ sich 1961 für kurze Zeit als Rechtsanwalt in Köln nieder. Von 1962 bis Ende 1972 war er Mitglied der Geschäftsführung der Bundesvereinigung der Deutschen Arbeitgeberverbände und stellvertretender Leiter der Abteilung für internationale Sozialpolitik in Köln. 1972 wurde er für die F.D.P. in den Deutschen Bundestag gewählt. Im Zuge der Regierungsumbildung im Anschluß an die Bundestagswahl wurde er zum Parlamentarischen Staatssekretär beim Bundesminister des Innern bestellt. Seit dem 8. Juni 1978 ist er Bundesminister des Innern. Baum gehört der F.D.P. seit 1955 an. Er ist Mitglied des Bundesvorstandes seit 1966, Mitglied des Landesvorstandes der F.D.P. Nordrhein-Westfalen seit 1966, Vorsitzender des Kreisverbandes Köln der F.D.P. seit 1968. Vorsitzender der Medienkommission der F.D.P. seit 1977, Stellvertretender Vorsitzender der neuen Programmkommission der F.D.P. seit 1978.

GERHART RUDOLF BAUM

Herausforderung der Ungewißheit

Die Mediendiskussion in der Bundesrepublik Deutschland kreist seit einigen Jahren immer mehr um die medienpolitischen Aufgaben, die sich aus der Einführung neuer Kommunikationstechnik ergeben. Das heißt nun nicht, daß damit alle politischen Probleme vom Tisch wären, die in der Vergangenheit zentrale Anliegen der Medienpolitik waren. So verdient die Pressekonzentration, insbesondere auf dem lokalen Zeitungsmarkt, oder die Frage nach dem Parteieneinfluß im Rundfunk, um nur zwei Beispiele zu nennen, weiterhin besondere Aufmerksamkeit. Neue nachrichtentechnische Entwicklungen setzen jedoch immer mehr Akzente im Bewußtsein der politisch informierten Öffentlichkeit.

Erste technische Neuerungen, die einen grundlegenden Wandel in den Kommunikationsbeziehungen ankündigen, sind bereits eingeführt, in der Erprobung oder werden in wenigen Jahren zur Verfügung stehen. Zu nennen sind hier Bildschirmtext und Videotext, Telespiele, Videorecorder und Bildplatte, Fernkopierer und Kommunikationsschreibmaschine. Die Erprobung und Einführung anderer Innovationen wie Kabelfernsehen und Satellitenrundfunk sind politisch noch umstritten.

Die Veränderungen in der Nachrichtentechnik werden sich – wie überall in den entwickelten Industrieländern – nachhaltig auf das Mediensystem auswirken. Die neuen Nachrichtentechniken sind kostengünstig und leistungsfähig. Unaufhaltsam durchdringen sie sehr rasch den Bereich der technisch vermittelten Massen- und Individualkommunikation. Mikroelektronik, Halbleitertechnik, Mikroprozessoren und digitale Nachrichtenübertragung sind hier einige der technischen Schlagworte, mit denen der Laie meistens nicht viel anzufangen weiß, deren Innovationskraft er aber immer intensiver bei neuen elektronischen Produkten am Arbeitsplatz, im Haushalt oder in der Freizeit begegnet, und die seine Umwelt verändern werden.

Die neuen Nachrichtentechniken begannen sichtbar zu werden mit der Einführung des elektronischen Taschenrechners, der heute zum fast unentbehrlichen und selbstverständlichen Rechenhilfsmittel bei vielen Gelegenheiten geworden ist, und dessen Auswirkungen hinsichtlich unseres Verhältnisses zur Zahl niemand abschätzen kann.

Die schnelle Entwicklung der Elektronik zu immer höher integrierten Schaltkreisen ist gleichzeitig mit eindrucksvollen Preisrückgängen für die einzelnen elektronischen Funktionseinheiten gekoppelt. So wird für 1985 erwartet, daß eine elektronische Funktionseinheit gegenüber 1965 nur noch den 1000. bis 10 000. Teil des damaligen Preises beträgt. Durch die Verbilligung und Miniaturisierung der Bauelemente der Halbleitertechnik entwickelt sich die Nachrichten- und Informationstechnik sprunghaft, infiltriert alle Bereiche der Wirtschaft und des gesellschaftlichen Lebens und wird so zum Impuls für tiefgreifende strukturelle Veränderungen.

Großcomputer können inzwischen bis zu 100 Millionen Rechenschritte in einer Sekunde ausführen. Mit Hilfe von Breitbandkabeln können Nachrichtenströme über mehrere Dutzend Fernsehkanäle geleitet und bis in jedes Haus gebracht werden. Über einen Fernsehkanal ist es möglich, 600 bis 1000 Bildschirmtextseiten in einer Sekunde zu transportieren. Das reicht für die Übertragung des Textes einer ganzen Tageszeitung in wenigen Sekunden. Auf einer einzigen Bildplatte kann man 40 000 Einzelbilder speichern, d. h. Abbildungen aller Exponate großer Museen oder den Text vielbändiger Lexika.

Durch die Verkoppelung des Heimfernsehers mit Informationsspeichern wird dieser zum intelligenten Heimterminal und öffnet den Weg zu interaktiven Diensten. Die Informationstechnik scheint alle Grenzen für den Nachrichtenverkehr gesprengt zu haben. Zudem ist die Entwicklung der optischen Nachrichtentechnologie inzwischen soweit fortgeschritten, daß die Nachrichtenübertragung mit Hilfe von Lichtleitfasern der Zukunft gehören und die Kupferkabeltechnik zurückdrängen wird. Es zeichnet sich jetzt die Möglichkeit ab, die unterschiedlichsten Dienste wie Text-, Standbild- und Bewegtbildübertragung in einem einzigen integrierten Fernmeldenetz anzubieten. Es kann sich hierbei ebenso um Fernsehprogramme wie um Bildfernsprechen, Bildfernkonferieren, Bürofernschreiben, Fernkopieren oder einfach um schnelle Text- und Datenübertragung handeln. Dadurch erübrigt sich die Anlage eines eigenen Kabelfernsehnetzes zur Übertragung von Fernsehprogrammen. Kabelfernsehen wird zum Abfall- oder Begleitprodukt der geschäftlichen Telekommunikation, auf deren Ausbau nicht verzichtet werden kann.

Dies alles ist von großer wirtschaftlicher Bedeutung und wegen der möglichen Konzentrationsbewegungen von wettbewerbspolitischem Interesse. Fachleute rechnen hinsichtlich der Nachfrage nach Informationssystemen mit jährlichen Wachstumsraten von 15 bis 30 % in naher Zukunft. Es geht um Märkte von vielen Milliarden Mark mit großen Exportchancen. Solche Marktaussichten wecken mächtige wirtschaftliche Energien und lösen Interessenkämpfe aus.

Die neue Technologie wird aber auch zu qualitativen und funktionalen Veränderungen der Arbeitsplätze führen und sich insgesamt auf den Arbeitsmarkt auswirken. Dies ist vor allem deshalb von großer Bedeutung, weil der Anteil der arbeitenden Bevölkerung, der an informations- und kommunikationsintensiven Arbeitsplätzen beschäftigt ist, ständig wächst. In den USA sind hiervon schon etwa die Hälfte aller Arbeitsplätze betroffen.

Die Jugend, die sich heute in zunehmendem Maße mit elektronischen Spielen beschäftigt, wird im Berufsleben auf vielfältigste Weise mit modernen Computern und Bildschirmtechnologien in Berührung kommen. Computer und Datensichtgerät werden für diese Menschen ebenso selbstverständliches Arbeitsmittel sein, wie heute für uns Schreibmaschine und Telefon. Die Ausrichtung der Information auf ganz individuelle Befürfnisse, die wir bereits heute im Bereich der Druckmedien registrieren können, wird sich dank der technischen Eigenschaften der neuen Elektronik noch mehr ausprägen.

Die langfristigen Folgen für Wirtschaft und Gesellschaft, für die Lebensgewohnheiten jedes einzelnen und das kulturelle und soziale Normengefüge können in ihrem Ausmaß überhaupt nicht überschätzt werden. Es handelt sich hierbei um einen technischen und wirtschaftlichen Prozeß, der Veranlassung gibt zu der besorgten Frage nach den Grenzen der politischen Demokratie. Dieser Prozeß mag Jahrzehnte beanspruchen, aber er wird die Gesellschaft noch stärker prägen als dies durch Dampfmaschine, Elektrizität und Verbrennungsmotor in der Vergangenheit geschehen ist. Dabei beruht der revolutionäre Charakter der neuen Informationstechnik auf dem gewaltigen Informationspotential, das sich aus einer wachsenden Verbindung von elektronischen Datenspeichern und Rechenanlagen über Fernmeldekabel und Nachrichtensatelliten sowie der Verflechtung von Nachrichtentechnik, Computertechnik und Unterhaltungselektronik ergibt. Raum und Zeit schrumpfen dank der modernen Nachrichtentechnik auf ein Minimum zusammen. Ereignisse und Informationen werden in wenigen Sekunden bildhaft aus aller Welt verfügbar.

Der Politik stellt sich die Aufgabe, diese Entwicklung zum Nutzen der Bürger zu gestalten. Es kann nicht darum gehen, diese technische Entwicklung zu verhindern, ganz abgesehen von der Frage, ob dies hinsichtlich der zunehmenden Eigendynamik dieses weltweiten Prozesses überhaupt möglich wäre.

Gerade in einer liberalen und damit weithin offenen Gesellschaftsform, die zudem noch international verflochten ist, wäre eine völlige Kontrolle technologischer Innovation nur schwer vorstellbar. Andererseits besteht die begründete Aussicht, daß eine liberale Gesellschaft mit ihrer größeren Anpassungsfähigkeit an veränderte technische und wirtschaftliche Gegebenheiten letztlich mit dieser technischen Entwicklung besser zu Rande kommt als zentralgelenkte Systeme.

Erst allmählich beginnt die politisch interessierte Öffentlichkeit bei uns die ganze Tragweite der neuen Informationstechniken zu begreifen und Stellung zu nehmen. Dabei verlagert sich die politische Diskussion von der Problemstellung, ob die neuen Informationstechnologien überhaupt eingeführt werden sollen – eine Frage, die noch vor einem Jahr den Schwerpunkt der Diskussion bildete –, bei realistischer Betrachtungsweise darauf, in welcher Weise sie auch massenmedial genutzt werden sollen. Damit werden Entscheidungen über die ordnungspolitische Ausgestaltung des künftigen Mediensystems immer dringlicher, da mit dem Zeitablauf der politische Gestaltungsraum ständig schrumpft und die autonomen gesellschaftlichen und wirtschaftlichen Kräfte die Oberhand gewinnen.

Im Hinblick auf die rasche technische Entwicklung wäre es ein fataler Irrtum, davon auszugehen, daß zur Entwicklung der erforderlichen politischen Rahmenbedingungen zur Eingliederung der neuen Kommunikationsangebote in das Kommunikationssystem der Bundesrepublik Deutschland noch viel Zeit wäre. Vergegenwärtigen wir uns, daß seit Vorlage des Telekommunikationsberichtes durch die Kommission für den Ausbau des technischen Kommunikationssystems im Dezember 1975 inzwischen ein halbes Jahrzehnt vergangen ist und mit den darin vorgeschlagenen Kabelpilotprojekten frühestens 1983 begonnen werden soll, so kann einen Beobachter, der die technische und wirtschaftliche Entwicklung im In- und Ausland auf dem Gebiet des Nachrichtenwesens und der neuen Medien aufmerksam verfolgt, im Hinblick auf die von Bund und Ländern noch zu leistenden gesetzgeberischen Aufgaben Unbehagen ergreifen. Es muß das politische Ziel sein, die technischen Entwicklungen noch in ihrer evolutionären Phase in den Griff zu bekommen und in geeignete politische Rahmenbedingungen einzubetten.

Bei der Nutzung der technischen Kommunikationsmöglichkeiten müssen Chancen und Risiken für den Bürger sehr sorgfältig gegeneinander abgewogen werden. Dort, wo die technischen Möglichkeiten bestehen, die Freiheitsräume des Bürgers zu erhöhen, sollten diese Möglichkeiten auch genutzt werden.

Es gilt vor allem die fernmeldetechnische Infrastruktur durch Anwendung neuer Technologien und den Einsatz einer neuen Generation von kommunikationstechnischen Diensten weiterzuentwickeln. Die Verkürzung der Diskussion auf mehr oder weniger Fernsehen ist einseitig und gefährlich und führt in eine Sackgasse. Die Entscheidung über die Nutzung des Fernsehens liegt letztlich bei jedem Bürger selbst. Es besteht kein Grund dafür, warum nicht beispielsweise die Programme der öffentlich-rechtlichen Rundfunkanstalten in Kabelnetze eingespeist werden sollten, womit die Dritten Programme eine bundesweite Verbreitung erhalten könnten.

Die Entscheidungen zum Ausbau des technischen Kommunikationssystems müssen vom Bürger mitgetragen werden. Das erfordert einen breiten Dialog zwischen den politisch Verantwortlichen, den Bürgern und den gesellschaftlichen Gruppen. Hierfür sollten baldmöglichst die organisatorischen Voraussetzungen geschaffen werden, z. B. durch die Errichtung eines repräsentativen Forums, bei dem sich Bürger und Politiker begegnen, sich gegenseitig informieren und ihre Meinungen austauschen können. Eine zu spät in Gang kommende öffentliche Diskussion wie bei der Kernenergie darf sich bei den neuen Medien nicht wiederholen.

Die neuen Medien stoßen zum Teil auf ein abwartendes, skeptisches und kritisches, ja ablehnendes gesellschaftliches Potential und geben vielen Menschen Anlaß zu Bedenken und Unsicherheit. Die Möglichkeiten der technischen Kommunikation erwecken aber andererseits bei manchen auch große Hoffnungen.

Ein großer Unsicherheitsfaktor für eine realistische Beurteilung der Chancen und Risiken der neuen Medien ist dabei die Tatsache, daß beim gegenwärtigen Stand der kommunikationswissenschaftlichen Forschung, insbesondere der Medienwirkungsforschung, die politischen Entscheidungsträger nur auf unzureichendes Datenmaterial zurückgreifen können. Diese Ungewißheit belastet weitgehend die Diskussion und läßt übermäßig Raum für die unterschiedlichste Akzentuierung der verschiedensten Interessenstandpunkte.

Es kommt aber noch hinzu, daß Prognosen über die tatsächliche Anwendung der neuen Kommunikationstechnologie als Nachrichtenmedien bisher immer wieder zu großen Fehleinschätzungen – Über- oder Unterschätzungen – und falschen Zielvorstellungen geführt haben. So ist z. B. die Entwicklung des Videorecordermarktes von der amerikanischen und europäischen Industrie in der Vergangenheit völlig falsch eingeschätzt worden, mit der Folge, daß sich dieser Markt heute fast ganz in japanischer Hand befindet. Unterschätzt wurde – selbst von großen Filmproduzenten – anfangs auch der Markt für bespielte Videobänder. Die neue Herausforderung ist die der Ungewißheit. Es gibt keine sichere Vorhersage, sondern nur richtige Fragen hinsichtlich der Mittel und Wege, die zum erhofften Ziel führen können.

Es wird viel von den grundsätzlichen politischen Entscheidungen zur Organisation der neuen Medien abhängen, ob die Erweiterung der technischen Kommunikationsmöglichkeiten sich zum Segen des Bürgers, zu mehr Selbstverwirklichung und Freiheit oder zu größeren psychischen Belastungen und mehr Schematisierung von Lebensumständen führt.

Neue Kommunikationsformen führen aber von sich aus noch nicht zur Ausfüllung mit neuen Gedanken und Inhalten. Technik allein ist noch keine Gewähr für Kreativität.

Die technischen Möglichkeiten, die uns schon heute oder in naher Zukunft zur Verfügung stehen, müssen – sollen sie wirksam werden – wirtschaftlich umgesetzt werden. Das erfordert Investitionen – also finanzielle Vorleistungen und Nachfrage. Der Einsatz dieser neuen Technologien erfolgt aber nicht in einem gesellschaftspolitischen Niemandsland, in dem es nur eines Laisser faire bedarf, um die neuen Technologien auch ökologisch zur Entfaltung zu bringen. Die neuen Medien stoßen nicht auf eine Gesellschaft mit Informationsmangel, sondern auf bereits vielfältige und differenzierte Medienangebote.

Die Probleme, die durch die Einführung neuer Nachrichtentechnologien als Programmträger für neue Medien entstehen, sind vielfältiger Natur:

1. Die Erweiterung des Rundfunkprogrammangebots kann Rückwirkungen auf die personelle Kommunikation und den Zusammenhalt der Familie zeigen. Der Bürger ist gerade dabei, seine Abhängigkeit gegenüber dem Fernsehen in seiner heutigen Gestalt zu überwinden, d. h. sein Kommunikationsverhalten gegenüber diesen Medien zu normalisieren, da muß er sich bereits mit neuen noch einschneidenderen technischen Entwicklungen auseinandersetzen.
   Neue und zusätzliche Fernsehprogramme können Kinder und Jugendliche gefährden, vor allem durch Programme, die dem Gedanken des Jugendschutzes widersprechen, aber auch durch die Faszination, die das Fernsehen ausüben kann, was vor allem dann gefährlich wird, wenn es sich um Kinder aus nicht intakten Familien handelt, wo der Fernseher die familiäre Geborgenheit und Kommunikation zwischen Kindern und Eltern ersetzt. Dieses Problem des vielsehenden Kindes beschäftigt uns im Grunde schon lange; es ist allerdings erst im Zuge der Diskussion um die neuen Medien in das öffentliche Bewußtsein gerückt.
2. Durch die Partizipations- und Mitwirkungsansprüche unterschiedlicher gesellschaftlicher Gruppen wird es zu vielfältigen Interessenkonflikten kommen. So besteht bei Bürgerinitiativen, Natur- und Umweltschutzbewegungen oder politischen und gesellschaftlichen Alternativgruppen ein deutliches Interesse an der Selbstdarstellung im Rundfunk z. B. in einem offenen Kanal.
3. Der Einsatz der persönlichen Kommunikation durch den Computer und die auf den persönlichen Bedarf zugeschnitte-

ne Information kann dazu führen, daß der Bürger sich von der Gesellschaft isoliert, die Gesellschaft in immer kleinere Gruppen aufgespalten wird und durch diese Atomisierung ihre Integrationskraft verliert. Außerdem kann die unterschiedliche Bereitschaft und Fähigkeit der Nutzer, von den neuen Medien einen intelligenten Gebrauch zu machen, das Bildungsgefälle verstärken.

4. Die Möglichkeit des massenhaften Zugangs zur Kabel- und Computerkommunikation (Compunication) macht es zudem schwierig, den Persönlichkeitsschutz zu gewährleisten, eine Aufgabe, die nicht nur in den Bereich des Datenschutzes fällt. Große Sorgen bereitet nämlich die Tatsache, daß mit Hilfe der modernen Mikroprozessor- und Computertechnik und immer geringerem technischen und finanziellen Aufwand, mit Hilfe von Videokameras, Sensoren aller Art und Herstellung von Persönlichkeitsprofilen aus gespeichertem Datenmaterial in die persönliche Sphäre des Bürgers eingedrungen werden kann. Dabei muß die Gefahr noch nicht einmal so sehr vom Staat und seiner Bürokratie ausgehen, sondern kann real auch bei nichtstaatlichen, politisch, wirtschaftlich und gesellschaftlich interessierten Kräften liegen. Welche Möglichkeiten der Anschluß Hunderttausender von Computern der verschiedensten Art und Größe allein an inländische Netze und der Dialog zwischen Maschinen und zwischen Menschen und Maschinen der Computerkriminalität bietet, kann erschrecken lassen.
5. Der Mensch wird durch die neuen technischen Möglichkeiten der Mikroelektronik seine Intelligenz vervielfachen und immer schwierigere Probleme lösen können. Aber diese Entwicklung ist zweischneidig, weil sie auch den Kräften der Zerstörung und des zügellosen Machtstrebens hilft, *ihre* Probleme zu lösen, und sie ist deshalb so kompliziert, weil nicht alle Menschen im gleichen Maße ihre Intelligenz vervielfachen werden, sondern nur relativ wenige, vornehmlich die an den Schaltstellen der Macht, während der Mann auf der Stra-

ße seinen persönlichen Neigungen nachgeht und nur beschränkt Anteil an der Steigerung der technischen Intelligenz haben wird.

Die Computerkommunikation führt zu einer massenhaften Kumulation gespeicherten und international schnell verfügbaren Wissens. Neue staatliche und nichtstaatliche Machtpotentiale können dadurch entstehen. Gefährlich wird eine solche Entwicklung dann, wenn ein solches Wissen nur kleinen Managementgruppen zur Verfügung steht und keine Gegenkräfte existieren. Eine derartige Gefahr kann die Parlamente und politischen Führungen zum Nachdenken veranlassen. Diese Erkenntnis wächst auch in internationalen Gremien. So ist zu begrüßen, daß der Europarat als erste internationale Organisation für seine 21 Mitgliedsstaaten ein Abkommen zum Schutz vor Mißbrauch gespeicherter Daten ausgearbeitet hat. Sensible Daten wie Angaben über Herkunft, politische Ansichten, religiöse Bekenntnisse, Sexualleben, Vorstrafen, sollen besonders schutzwürdig sein und nicht über Landesgrenzen abgegeben werden dürfen.

Der Bürger hat ein Recht auf Anonymität.

Mit der Konvention soll verhindert werden, daß sich analog zu den Steuerparadiesen Informationsparadiese heranbilden, wo Daten unkontrolliert gehandelt werden. Auch die OECD strebt Richtlinien für eine einheitliche Datenschutzgesetzgebung für ihre 24 Mitgliedstaaten an.

6. Der Schutz des geistigen Eigentums an künstlerischen und schriftstellerischen Werken ist ein weiteres Problem. Die neue Technik erleichtert leider auch die Herstellung von Raubdrucken, den Musikdiebstahl, Tonträger-, Film- und Videopiraterie, illegale Rundfunksendung überhaupt, Diebstahl und Fälschung urheberrechtlich geschützter Werke und Leistungen. Auf der Europaratkonferenz Ende April 1980 ist das Problem der Piraterie auf einer Tagung zur »Rolle des Staates gegenüber der Kulturindustrie« eingehend behandelt

worden. Es stellt sich die Frage, wie der Schutz des geistigen Eigentums auch in Zukunft gesichert werden kann.

7. Eine nicht unbeträchtliche Rolle spielt die Sorge um den Bestand der herkömmlichen Printmedien und die Erhaltung des öffentlich-rechtlichen Rundfunks. Es ist zwar kaum anzunehmen, daß die elektronische Kommunikation in absehbarer Zukunft Zeitungen, Zeitschriften und Bücher ersetzen kann – sie werden noch lange die beherrschenden Informationsmedien bleiben –, aber Umschichtungen auf dem Werbemarkt, die den Printmedien Einkommen entziehen und den elektronischen Medien zuführen würden, könnten sich existenzgefährdend gerade für kleinere und mittlere Presseunternehmen auswirken. Eine Werbebegrenzung in den elektronischen Medien erscheint unter dem Aspekt der Erhaltung der Funktionsfähigkeit der Druckmedien und wegen ihrer Bedeutung für die gesamte gesellschaftliche Kommunikation unverzichtbar.
Die Existenz- und Funktionsfähigkeit der Presse sind ungeschmälert zu bewahren; der Fortbestand und die organisatorischen, programmlichen und finanziellen Grundlagen der öffentlich-rechtlichen Rundfunkanstalten sind zu sichern.
Eine Kommerzialisierung des Rundfunks durch Ausuferung der Rundfunkwerbung muß verhindert werden. Extreme Erscheinungsformen wie etwa im amerikanischen und italienischen Fernsehen dürfen sich in unserem Rundfunk nicht entwickeln. Es wird eine der wichtigsten medienpolitischen Aufgaben der Zukunft sein, die Entwicklung der Medienstruktur so zu beeinflussen, daß auch unter den technisch-ökonomischen Bedingungen der neuen Medienangebote ein ausgewogenes publizistisches Gleichgewicht zwischen dem privatwirtschaftlichen Pressesektor und dem öffentlich-rechtlichen Rundfunk erhalten und die publizistische »Gewaltenteilung« gewahrt bleibt. Die Vorgaben des Rechts, insbesondere des Verfassungsrechts, müssen dabei beachtet werden. Weitere publizistische Angebote müssen Monopol-

situationen – vor allem im Lokalbereich – auflockern. Vorhandene Medienmonopole dürfen durch die neuen Medien nicht verstärkt werden.

8. Ein ausländisches – auf Werbung beruhendes – kommerzielles Satellitenfernsehen könnte die öffentlich-rechtlichen Rundfunkanstalten und die großen Publikumszeitschriften in wirtschaftliche Schwierigkeiten bringen.

Eine europäische Rundfunkkonvention müßte hier einen modus vivendi schaffen für alle westeuropäischen Partnerstaaten, durch den unbeschadet des Prinzips der Freiheit der Information und Kommunikation, an dem unbedingt festgehalten werden muß, die Frage der grenzüberschreitenden Rundfunkwerbung angemessen geregelt wird und allgemeine Rundfunkprogrammgrundsätze vereinbart werden. Dabei muß gesehen werden, daß die Bundesrepublik Deutschland als hochentwickelter Industriestaat eingebettet ist in vielfältige rechtliche, kulturelle und ökonomische Beziehungen im internationalen Bereich, insbesondere in Westeuropa. Die Bundesregierung tritt als Mitglied der Vereinten Nationen für einen freien grenzüberschreitenden Informationsfluß ein. Daraus erwachsen Verpflichtungen, die auch in verschiedenen internationalen Verträgen und Konventionen ihren Ausdruck gefunden haben.

Damit sich die kommunikationspolitische Entwicklung nicht verselbständigt, ist sicherzustellen, daß die Entwicklung und Anwendung neuer Kommunikationstechniken nicht zur Präjudizierung medienpolitischer Grundsatzentscheidungen führt. Andererseits dürfen notwendige Regelungen für bereits abgrenzbare Problemfelder nicht hinausgeschoben werden.

Wie sich die neuen Kommunikationstechniken schließlich auswirken werden, wird von den ordnungspolitischen Rahmenbedingungen abhängen, die noch entwickelt werden müssen. Dabei kann das bisher einheitliche Mediensystem in der Bundesrepublik Deutschland nur durch die politische

Kooperation aller verantwortlichen Institutionen erhalten werden.

Die Diskussion um die politischen Rahmenbedingungen muß sehr schnell versachlicht werden. Das gilt in erster Linie für die Kontroverse um die Rundfunkorganisation, die Frage der medienrechtlichen Einordnung der neuen Textkommunikationsformen und die gegensätzlichen Vorstellungen über die Ausbauschritte bei der Anlage neuer Kabelnetze und deren Trägerschaft.

Bund und Länder müssen endlich in einen konstruktiven Dialog über die grundlegenden Innovationsschritte in der Individual- und Massenkommunikation, der Vermittlungs- und Wiedergabetechnik eintreten, damit die neuen Medien zielstrebig erprobt und die erforderlichen Rahmenbedingungen geschaltet werden können.

Die Gespräche zwischen Bund und Ländern müssen das Ziel verfolgen, aufeinander abgestimmte Grundstrukturen der Medienlandschaft in der Bundesrepublik Deutschland zu gewährleisten. Dabei könnte sich die Zusammenarbeit in verschiedenen Formen und Ebenen vollziehen wie Minister/Staatssekretärrunde, Bund/Länder-Forum oder Bund/Länder-Enquete-Kommission. Hier könnte das gesamte einschlägige Potential an Fachwissen eingebracht werden, das bei Wissenschaft, Verwaltung, Wirtschaft und sozialen Gruppen vorhanden ist. Es besteht kein triftiger Grund, eine ungewöhnliche Aufgabe nicht mit ungewöhnlichen, aber sinnvollen Mitteln zu lösen.

Das Kompetenzgefüge des Grundgesetzes ist ein in sich geschlossenes System der Kompetenzabgrenzungen zwischen Bund und Ländern. Die Kompetenzen beider Seiten sind voll ausgeschöpft. Es besteht also kein kompetenzfreier Raum. Bei der Lösung eines Sachproblems – und das gilt insbesondere hinsichtlich der durch den Einsatz neuer Nachrichtentechnologien notwendigen Weiterentwicklung der Kommunikationsordnung – können aber viele unterschiedliche Kompetenzen zur Anwendung kommen, auch ergeben sich Überschneidungen. So wird es z. B. schwierig werden, die Kommunikationsordnung weiter zu entwickeln, ohne aufeinander abgestimmte Regelungen zu finden. Die Rundfunkversorgung innerhalb der Bundesrepublik Deutschland ist zweifelsfrei Ländersache. Der Bund hat zum Teil sehr starke Kompetenzen im Bereich des Post- und Fernmelderechts, des Urheber-, Gesellschafts- und Strafrechts sowie des Persönlichkeits- und Datenschutzes, der öffentlichen Fürsorge, des Rechts der Wirtschaft und der Verhütung des Mißbrauchs wirtschaftlicher Machtstellung. Hinzu kommt die Rahmengesetzgebungsbefugnis des Bundes für die allgemeinen Rechtsverhältnisse der Presse und des Films. Der Bund strebt dabei keine Erweiterung seiner Kompetenzen an, es geht auch bei einer Kooperation zwischen Bund und Ländern vordringlich nicht um Gesetzgebungskompetenzen, sondern darum, daß sich die politisch verantwortlichen Gesprächspartner über die Probleme klar denken und Lösungsalternativen entwickeln, die in einen gemeinsamen Rahmen passen.

In der Vergangenheit standen sich hinsichtlich der medienpolitischen Zukunft besorgte Stimmen und euphorische Begeisterung, zähe Verteidigung des Status quo und rundfunkpolitisches Laisser faire ziemlich unversöhnlich gegenüber. In jüngster Zeit wird die Beurteilung zunehmend differenzierter und es gibt Versuche des Brückenschlags zwischen den gegensätzlichen Lagern. Die liberalen Leitlinien »Neue Medien« der F.D.P., das Dreiphasenmodell der Expertenkommission neue Medien in Baden-Württemberg, die Kronberger Beschlüsse der Ministerpräsidenten zur Durchführung der Pilotprojekte, sind erste Hoffnungsschimmer am medienpolitischen Horizont für ein Auftauen der erstarrten politischen Fronten und für ein beginnendes Nachdenken über die ersten Schritte in eine weitgehend unsichere Kabelzukunft.

Zweifel seien jedoch angemeldet hinsichtlich des tatsächlichen Nutzens der vier von den Ländern als technische Großversuche geplanten Kabelpilotprojekte. Nur wenige Politiker und kaum einer der Fachleute glauben heute noch ernsthaft daran, daß diese Vorhaben entscheidende Erkenntnisse zur Einschätzung der medienpolitischen Situation liefern werden, wie sie sich am Ende der 90er Jahre stellen wird. Wer hat wohl bei Einführung des ARD-Gemeinschaftsprogramms »Deutsches Fernsehen« vor gut 25 Jahren (am 1. November 1954) die Bedeutung und Wirkung dieses Massenmediums und seine heutigen vielfältigen Probleme auch nur annähernd richtig gesehen? Es ist sogar sehr fraglich, ob wir bereits heute das Fernsehen richtig in unser Weltbild eingeordnet haben und wissen, was Ursache und Wirkung in dem vielfältigen Beziehungsgeflecht zwischen Fernsehen, Publikum und gesellschaftlichen Akteuren ist. Zur Akzeptanzuntersuchung geben die Pilotprojekte wenig her, da es die Programmangebote, die nach Vollausbau des Kabelsystems und ca. 20 Millionen angeschlossenen Fernsehhaushalten zu erwarten sind, heute noch nicht gibt.

Die ordnungspolitische Eingliederung der neuen Medien in das bestehende Mediensystem und die Konzeption der Rahmenbedingungen, unter denen die neuen Medien sich entfalten sollen, kann aber nicht getestet werden, sondern ist ein Akt des politischen Willens und Ergebnis demokratischer Entscheidungsmechanismen. Der Politiker wird auch nach Ende der Pilotprojekte vor der gleichen – oder noch größeren – Entscheidungsunsicherheit stehen wie heute schon. Es darf auch die Gefahr nicht unterschätzt werden, daß mit der Entscheidung der Regierungschefs der Länder am 13. November 1980 die in der Bundesrepublik Deutschland bisher nach einheitlichen Grundprinzipien gestaltete Telekommunikation in einen Flekkenteppich aufgelöst wird, bei dem die Kommunikationsstrukturen den jeweiligen politischen Machtverhältnissen in den einzelnen Bundesländern entsprechen.

Es bleibt zu hoffen, daß nicht nur Prestigedenken, die einmal beschlossenen Pilotprojekte um jeden Preis durchzuführen, die Ministerpräsidenten zu ihren Kronberger Beschlüssen veranlaßt hat, und daß die Einsicht auch bei den Ländern wächst, daß die Ausgestaltung der politischen Rahmenbedingungen für die neuen Telekommunikationsmedien eine gemeinsame Angelegenheit aller politischen Entscheidungsträger, insbesondere von Bund und Ländern ist und mit der politischen Willensbildung nicht bis zum Abschluß der Pilotprojekte in der zweiten Hälfte der 80er Jahre gewertet werden kann. Bis dahin ist als Folge fehlender politischer Entscheidungen durch die faktische, technische und wirtschaftliche Entwicklung und durch autonome Interessen möglicherweise eine Ausgangssituation geschaffen worden, die nur noch wenig Handlungsraum für angemessene politische Rahmenbedingungen übrigläßt.

Eine solche Situation mag im Sinne derjenigen liegen, die sich vom Druck autonomer Machtgruppen bei einem Absentismus staatlicher Ordnungsgewalt für ihre Position die meisten Erfolgschancen versprechen und denen es gleichgültig ist, ob sie letztlich das Geschäft mit Informationen oder mit supermarktgängigen Konsumgütern betreiben. Eine solche Entwicklung liegt aber zweifellos nicht im Sinne derjenigen, für die Meinungsvielfalt und Artikulationsfähigkeit einer großen Anzahl gesellschaftlicher Gruppen und des einzelnen, d. h. gesellschaftliche und kulturelle Partizipation des Bürgers, das medienpolitische Ziel ist.

Wer dieses Ziel bejaht und die neuen Telekommunikationstechnologien als Chance für eine freie Gesellschaft und ihre kulturelle und soziale Entfaltung begreift, der muß einsehen, daß der entfesselte kommunikationstechnische Fortschritt neue Formen der politischen Kooperation und neue politische Lösungsansätze verlangt.

Finden sich die unsere Gesellschaft tragenden politischen Kräfte nicht zu einem gemeinsamen Konzept zusammen, so werden sie am Ende des Jahrzehnts einer Flut von Problemen und brechenden Dämmen in der Gesetzgebung gegenüberstehen.

Bei der Expertenanhörung im Ausschuß für Forschung und Technologie des Deutschen Bundestages am 10. Oktober 1979 ist von einem namhaften Informationswissenschaftler (Prof.

Dr. Krüger, Institut für Informatik, Karlsruhe) der Satz geprägt worden: »Wir stehen hier vor einer Beschleunigung des Innovationstempos und möglicherweise vor qualitativen Veränderungen, so daß sich die Diskussion dieses Ausschusses in zehn Jahren wie ein Geschichtsbuch aus dem 19. Jahrhundert lesen wird.« Ich finde diese im Hinblick auf die Entwicklung der Informationstechnik abgegebene Aussage bemerkenswert und möchte sie auch auf die angezeigten gesellschaftspolitischen Technologiefolgen übertragen. Wir können diese technische Entwicklung nicht verhindern, es sei denn um den Preis der Freiheit und des Wohlstandes.

Die Bundesrepublik kann sich einer weltweiten technischen Entwicklung nicht entziehen, zumal sie in ein gesellschaftspolitisch offenes System eingebettet ist und vielfältige Verflechtungen mit den hochentwickelten Industriestaaten bestehen. Wir haben nur eine Chance, die technische Herausforderung anzunehmen und politisch zu beantworten. Der technische Fortschritt hält sich nicht an das Tempo der Politik, die Politik muß sich an das Tempo des technischen Fortschritts halten. Es gibt bereits einen erheblichen Bedarf an politischen Entscheidungen. Jede Verzögerung geht auf Kosten des Wohlstandes und von Arbeitsplätzen.

CHRISTIAN SCHWARZ-SCHILLING

Christian Schwarz-Schilling, 50 Jahre, verheiratet, zwei Kinder, Mitglied des Deutschen Bundestages, Stellvertretender Landesvorsitzender der hessischen CDU, Medienpolitischer Sprecher der CDU, Stellvertretender Bundesvorsitzender der Mittel-

standsvereinigung der CDU/CSU, Präsident des Exekutiv-Komitees der »Europäischen Mittelstands Union« (EMSU). – 1950 Abitur an der Ernst-Moritz-Arndt Schule in Berlin, 1956 Abschluß (Dr. phil.) des Studiums der Geschichte und Ostasiatischen Kultur- und Sprachwissenschaften an der Ludwig-Maximilian-Universität in München, 1957 Übernahme der Geschäftsführung der Accumulatorenfabrik Sonnenschein GmbH, Büdingen und Berlin, 1966–1976 Mitglied des Hessischen Landtages, 1967–1980 Generalsekretär der Hessischen CDU, seit 1969 Bildungspolitischer Sprecher und Stellvertretender Vorsitzender der CDU-Landtagsfraktion, seit 1975 Vorsitzender des Koordinierungsausschusses für Medienpolitik der CDU/CSU, seit 1977 Mitglied des Ausschusses für Wirtschaft des Deutschen Bundestages, seit 1979 Mitglied des politischen Büros der Europäischen Volkspartei (EVP), seit 1980 Obmann der CDU/CSU-Bundestagsfraktion im Wirtschaftsausschuß des Deutschen Bundestages.

CHRISTIAN SCHWARZ-SCHILLING
Freiheitliche Medienpolitik

Fragen der Informationsfreiheit und Meinungsvielfalt, der Medien und der Medienpolitik haben in der Bundesrepublik Deutschland seit längerem Hochkonjunktur. Der Bundeskanzler verglich die zukünftige Bedeutung solcher Fragen mit dem Stellenwert, den die Atomenergiediskussion heute schon einnimmt. Richtig ist: es stehen uns Umwälzungen bevor, die für die politisch Verantwortlichen und die Verantwortlichen in den Medien sowie für den Bürger in gleicher Weise Herausforderungen darstellen. Weiter ist richtig, daß die Behandlung der Fragen der Medienordnung der Zukunft und damit der Fragen von Informationsfreiheit und Meinungsvielfalt der Zukunft zu einem Gradmesser für das Verständnis von Freiheit in dieser Republik werden wird.

Die Auseinandersetzung um die Medien war, historisch gesehen, immer eine der großen Schicksalsfragen der Gesellschaft. Freie Gesellschaften haben immer nur dort existiert, wo es Freiheit für die Medien gab. Die Verfassungsväter haben darum im Grundgesetz die Massenmedien bewußt einem Ordnungsrahmen unterworfen, der Informations- und Meinungsfreiheit zum Bürgerrecht und die Unabhängigkeit, Pluralität und Staatsferne zum Gestaltungsprinzip der Medien macht. Sie konstituierten damit faktisch die vierte Gewalt im Staate und entzogen sie gleichzeitig dem Poker um die Macht im Staate. Die Akzeptanz dieser so verstandenen Grundordnung prägte über Jahre hinweg den medienpolitischen Grundkonsens der großen demokratischen Parteien in unserem Lande. Das ist allerdings mittlerweile eine historische Reminiszenz. Denn in dem Maße, in dem der Konsens über die politischen und moralischen Grundwerte unseres Gemeinwesens zwischen den Parteien in Frage gestellt wurde, gerieten auch die Medien und die Medienpolitik in das Räderwerk der Polarisierung.

Diese Konfrontation im Medienbereich kam zu einem Zeitpunkt, da die Medienpolitik sich mit technologischen Herausforderungen konfrontiert sieht, deren Bewältigung und Kanalisierung größte politische und wirtschaftliche Anstrengungen verlangt. Wenn die politisch Verantwortlichen sich gegenseitig blockieren, werden wir von der weltweiten Entwicklung überrollt, und wird die Technik die Struktur unserer zukünftigen Medienordnung bestimmen. Die rasante Entwicklung im Bereich der Kommunikationstechnologie ist unaufhaltsam, solange jedenfalls Wissenschaft und Forschung frei sind. Und ihre Anwendung in einer freien Gesellschaft ist nicht blockierbar, solange jedenfalls diese Gesellschaft wirklich frei ist. Deshalb kann es ausschließlich um die Frage gehen, wie durch die Neuordnung der Medienordnung ein Höchstmaß an Informations- und Meinungsfreiheit erzielt werden kann.

Charakteristisches Kennzeichen der gegenwärtigen Medienentwicklung ist die Hinwendung von reinen Massenkommunikationsformen zu individuelleren Kommunikationsformen. Radio und Fernsehen waren bisher typisch kollektive Kommunikationsträger zwischen institutionalisierten Kommunikationsvermittlern und relativ passiven Rezipienten. Radio und Fernsehen hatten solange institutionellen Charakter – sozusagen eine Ex-Cathedrafunktion im Informations- und Meinungsbildungsprozeß, gestützt durch das Sendemonopol – als individuellere Kommunikationsformen, die dem Zuhörer und Zuschauer eine aktivere Rolle und damit mehr persönliche Freiheit durch Auswahlentscheidungen ermöglichen, nicht existierten oder nutzbar gemacht werden konnte. Die Entwicklung der Medientechnologie verläuft heute aber unverkennbar in Richtung einer verstärkten Individualisierung des Kommunikationsverhaltens. Im Bereich der Kommunikation werden wir zu einer Vielfalt verschiedener Formen von Massen- und Individualkommunikation und damit gleichzeitig zu einer Koexistenz der Systeme öffentlich-rechtlicher und privat-rechtlicher Organisationen kommen. Dieser Weg ist auf lange Sicht nicht blokkierbar.

Damit zeichnet sich eine starke Vermehrung des Kommunikationsangebots ab und wirft die Frage auf: Ist mehr Kommunikation eine Chance für Informationsfreiheit und Meinungsvielfalt oder bedeutet sie im Gegenteil eine Gefahr für beides?

Die Meinungen hierzu gehen auseinander. Skeptiker des technischen Fortschritts und Kulturpessimisten zeichnen apokalyptische Horrorvisionen als Konsequenz einer »totalen« Kommunikation mit der Gefahr zunehmender Isolierung des Individuums, einer Informations- und Reizüberflutung an der Grenze des Zumutbaren sowie gesteigerter Möglichkeiten vielfältiger Manipulation des Bürgers.

Die Gegenposition hierzu: Die zunehmende qualitative und quantitative Kommunikationskapazität bietet die Chance zur Verwirklichung einer neuen Qualität für Informationsfreiheit und Meinungsvielfalt für das einzelne Glied der Gesellschaft: die Auswahlmöglichkeit aus einer Vielfalt von Kommunikationsangeboten und die technische Weiterentwicklung zu individuellen und dialogischen Formen der Kommunikation in den elektronischen Medien erhöht die Chancen des Abbaus passiven Konsums und führt zu einer Aktivierung des Individuums. Diese Ausgestaltungsmöglichkeiten entsprechen im übrigen dem pluralistischen Charakter unserer Gesellschaft und korrespondieren mit unserer auf Freiheit und Demokratie angelegten Verfassung des Staates.

Die Scheidelinie zwischen diesen beiden Gegenpositionen läßt sich ohne weiteres in die medienpolitische Diskussion in der Bundesrepublik Deutschland übertragen.

Wie Informationsfreiheit und Meinungsvielfalt sich in unserer Gesellschaft entwickeln werden, ist zunächst eine Frage der politischen Gestaltung der Medienordnung und dann eine Frage, ob und wie die Medien ihre Funktion wahrnehmen und ihren Auftrag erfüllen. Das gilt für die bestehenden öffentlich-rechtlichen Medien genauso wie für zukünftige andere Medieninstitutionen. Das Ziel der Union ist es, die Grundstruktur der Medien so zu ordnen, daß diese ihre verfassungsmäßige Funktion wirksam wahrnehmen und so dem Rechtsanspruch der Bürger voll entsprechen können. Das setzt sowohl eine Gestaltung der neuen Medien nach ordnungspolitischen Grundsätzen voraus, als auch die Reform des bestehenden Rundfunksystems.

Zwei Devisen liegen dem Konzept der Union für eine neue Medienordnung zugrunde:

1. So viel Freiheit wie möglich
2. So viel Regulative wie nötig, denn Freiheit heißt nicht Schrankenlosigkeit, und unser Staat ist kein Nachtwächterstaat.

Darum gehe ich davon aus, daß der Staat – in der Bundesrepublik Deutschland vor allem die Bundesländer – die politische Verantwortung hat, den Artikel 5 des Grundgesetzes, der die Informations- und Meinungsfreiheit umreißt, zu schützen und zu verwirklichen. Das heißt, der Staat besitzt die Kompetenz, den Ordnungsrahmen der Medien zu definieren, sozusagen die Spielregeln festzusetzen. Die Entscheidungen bezüglich der Medienordnung können nicht einer sich verselbständigenden Technik überlassen werden. Diese klare Bejahung der Rolle des Staates, wenn es um Informationsfreiheit und Meinungsvielfalt in der Gesellschaft der Zukunft geht, bedarf jedoch der Präzisierung.

Der Staat setzt mit dem Ordnungsrahmen Spielregeln, mehr nicht. Er hat weder einen Anspruch noch ein Recht, in das mediale Kräftespiel direkt einzugreifen oder sich gar als aktiver Mitspieler beteiligen zu wollen. Der Staat spielt nicht mit! Dies ist ja auch die Quintessenz des Urteils des Bundesverfassungsgerichtes von 1961.

Nun ist auch das Recht des Staates, den medialen Ordnungsrahmen zu definieren, kein Freibrief für Willkür, Beschränkung und Blockade oder für die Durchsetzung parteiegoistischer Standpunkte und Vorstellungen über das, was eine solche Medienordnung ausmachen sollte.

Historisch gesehen haben sich immer jene Kräfte Wandlungsprozessen aufs heftigste widersetzt, die ihre Besitzstände gegen eben diesen Wandel verteidigen wollten. So etwa der absolutistische Staat, der sich der Garantierung von Individualrechten und damit der Entwicklung zum liberalen Rechtsstaat widersetzte. In der heutigen Auseinandersetzung um eine neue Medienordnung werden in ähnlicher Form von mächtigen Gruppen der Gesellschaft Begriffe wie »Gesellschaft« oder »Allgemeinwohl« dazu benutzt, zu verhindern, die Individualrechte dem fortschreitenden technologischen Wandel entsprechend auszubauen und zu verwirklichen.

Für den Staat dürfen solche Begriffe bei der Definierung der Medienordnung nicht zentraler Punkt der Überlegungen sein. Artikel 5 des Grundgesetzes beinhaltet ein Individualrecht des Bürgers und kein Kollektivrecht gesellschaftlicher Gruppen oder gar »der« Gesellschaft.

Der Versuch, über die Blockade des technisch Möglichen die Quantität und Qualität von Information, Meinung und Unterhaltung reglementieren und bestehende institutionelle Strukturen im Medienbereich für sakrosankt erklären zu wollen, ist mit dem Geist von Artikel 5 des Grundgesetzes nicht in Übereinstimmung zu bringen. Der Staat hat die Pflicht, der Individualisierung der Kommunikation soweit Rechnung zu tragen, wie die Menschen dies wünschen und soweit die technischen Möglichkeiten dies zulassen. Die bestehende Medienordnung mit einem System öffentlich-rechtlich organisierter Rundfunkanstalten und privatwirtschaftlich strukturierter Presse rechtfertigt sich ja auch gemäß dem Urteil des Bundesverfassungsgerichtes von 1961 nur aufgrund einer Mangelsituation im Bereich der elektronischen Kommunikation.

Das Ziel der Perpetuierung dieser Mangelsituation durch

Blockade der technischen Möglichkeiten ist ein manipulativer Eingriff in die Rechte der Bürger und somit verfassungswidrig.

Eine solche Politik ist sowohl rechtlich wie politisch kurzsichtig. Rechtlich, weil die Gerichte – so die Auffassung namhafter Verfassungsrechtler – solchem Taktieren über kurz oder lang einen Riegel vorschieben und einer freiheitlicheren Regelung Bahn brechen werden; politisch, weil die Chance vertan wird, rechtzeitig die politischen Weichen für eine neue Medienordnung zu stellen, die für den Rest dieses Jahrhunderts gilt. Der Effekt der heutigen Blockadepolitik führt fast zwangsläufig zu einem medienpolitischen Dammbruch, den im Interesse von Informationsfreiheit und Meinungsvielfalt niemand wünschen kann.

Die Bundesländer haben sich der Aufgabe zu stellen, eine neue Medienordnung zu schaffen. Ich meine, daß diese Aufgabe nach der Devise, soviel Vielfalt wie möglich und soviel regulative Beschränkungen wie nötig, gelöst werden müßte. Im Zentrum der neuen Medienordnung steht das Individuum und sein verbrieftes Recht auf Freiheit der Information und Meinung.

Diese grundsätzlichen Bemerkungen zur Neuordnung der Medien machen deutlich, daß nach Auffassung der Union das bestehende Monopol der öffentlich-rechtlichen Rundfunkanstalten in einer Situation, wo die Medientechnologie Wettbewerb möglich macht, marktwirtschaftlichen Lösungen weichen muß. Diese Forderung der Union wurde immer wieder demagogisch zu einer Forderung nach Abschaffung des öffentlichrechtlichen Rundfunks umfunktioniert.

Genau das Gegenteil ist jedoch der Fall. Der umfassende gesetzliche Programmauftrag der öffentlich-rechtlichen Rundfunkanstalten muß auch in einer Konkurrenzsituation mit privaten Rundveranstaltern und anderen Kommunikationsinstitutionen bestehen bleiben. Die Union war immer bereit, den bestehenden Anstalten auch für die Zukunft die finanzielle und publizistische Existenzgrundlage zu garantieren.

Weiter gehört es zu unseren Grundsätzen, Privatrundfunk in der Bundesrepublik nicht als elektronischen Manchesterkapitalismus, sondern im Rahmen eines vernünftigen Lizensierungssystems – analog dem britischen Beispiel – zu veranstalten und an Programmregulative zu binden.

Mit der Ausweitung der Kommunikationskapazitäten und der damit gebotenen Chance verstärkter individueller Auswahlentscheidungen verändern sich natürlich auch Funktion und Auftrag der Medien tiefgreifend. Massenkommunikation ist auf die Masse hin konzipiert und in ihrem Programm auf die Masse hin festgelegt.

Das ist kein Qualitätsurteil, sondern eine Zustandsbeschreibung. Sichtbar wird dies schon daran, daß Erfolg oder Mißerfolg einer Sendung, eines Programms auch im deutschen öffentlich-rechtlichen System an Einschaltquoten gemessen wird. Dies wird sich auch in Zukunft im Bereich der Massenkommunikation nur beschränkt ändern. Dennoch aber führt die Ausweitung der Kommunikationskapazität, mit einer Vielfalt von Programmformen und Programminhalten in einem System der Konkurrenz unweigerlich – weil Marktmechanismen viel stärker am Konsumenten orientiert sind – zu einer stärkeren Berücksichtigung individueller Wünsche und darüber hinaus von Minderheitengruppen und Schichten. Die Spezialisierung im Zeitungs- und Zeitschriftenwesen mag ein Hinweis sein, was sich auch im elektronischen Sektor entwickeln kann und wird.

Die unbewiesene These, Konkurrenz im Bereich der elektronischen Medien führe automatisch zu einer Nivellierung der Programmqualität auf dem kleinstmöglichen Geschmacksnenner, vermag ich nicht zu teilen. Ein Mehr an Kommunikation bedeutet vielmehr die Chance auf Zugewinn an Information, Meinung, Bildung und Unterhaltung. Viele haben bis heute nicht begriffen, welche Dimensionen, welche Chancen in der mit moderner Datenverarbeitung kombinierten Kommunikation für Bildung, individuell abrufbare Lehrprogramme usw. liegen. Leider zeichnen sich hierzulande Entscheidungen im

Bereich des Kommunikationssystems mehr durch Nichtwissen, Ignoranz und Inkompetenz als durch Vorurteilslosigkeit und Lernbereitschaft aus.

Solche Vielfalt beinhaltet nach meinem Verständnis auch nicht, daß im Gegensatz zu dem, was die Rundfunkgesetze in der Bundesrepublik ausnahmslos vorsehen, heutige und zusätzliche zukünftige Programmveranstalter von der Verpflichtung entbunden werden, sich an dem von der Verfassung und allgemeinen sittlichen Empfinden vorgegebenen Wertkodex zu orientieren. Das Postulat der Bindung der Medien an die Allgemeinwohlverpflichtung und die vom Grundgesetz geschützten Rechtsgüter ist unteilbar und ist nicht abhängig von der Zahl angebotener Programme oder der Organisationsform der Medien. In diesem Punkt wird für die Union sicher auch die Zukunft keine veränderte Betrachtungsweise bringen.

Da die Union, unabhängig von der Entwicklung der Kommunikationstechnologie und den sich damit eröffnenden Möglichkeiten, die öffentlich-rechtlichen Anstalten als Teil einer zukünftigen Medienordnung erhalten will, sind einige grundsätzliche Bemerkungen zu Funktion und Auftrag der öffentlich-rechtlichen Medien unabdingbar.

Der öffentlich-rechtliche Rundfunk wird auch in Zukunft nicht darum herumkommen, die Verpflichtung des Pluralitätsgebots ohne Wenn und Aber zu akzeptieren. Die pluralistische Legitimation ist der Preis, den die öffentlich-rechtlichen Anstalten für die Autonomie und den Gebührenzwang der Bürger zu zahlen hat. Die pluralistisch zusammengesetzten Kontrollgremien sind für die Anstalten das demokratisch legitimierte Element. Es kann daher in keinem Fall darum gehen, etwa die Aufsichtsgremien abzuschaffen. Denn dadurch würde die Nabelschnur zwischen den Rundfunkteilnehmern und den Anstalten gekappt. Vielmehr gilt es, die Aufsichtsgremien in die Lage zu versetzen, ihre Kontrollfunktion im Programmbereich wirkungsvoll wahrnehmen zu können und sie als Vertretung der Zuschauerinteressen stärker als bisher in den Meinungsaustausch zwischen den Rundfunkteilnehmern und den Anstalten mit einzubeziehen.

Aus gleichem Grund wird der öffentlich-rechtliche Rundfunk nicht darum herumkommen, dem Anspruch der Rundfunkgesetze auf umfassende Information und Ausgewogenheit des Meinungsspektrums voll zu entsprechen. Das Programm muß in allen Bereichen die Vielgestaltigkeit an gesellschaftlichen Gruppierungen, Meinungen und Interessen angemessen berücksichtigen. Das gilt sowohl für den politischen wie für den Unterhaltungsbereich.

Wenn dem öffentlich-rechtlichen Rundfunk in einem zukünftigen Mediensystem ein besonderer Freiraum zugewiesen wird, dann allein deshalb, um den Bürger so umfassend und vielfältig, so frei von subjektiven Einflüssen, so objektiv und neutral wie nur irgend möglich zu informieren. Informationsvermittlung ist die vornehmste Aufgabe öffentlich-rechtlicher Anstalten. Diese Aufgabe beinhaltet eine absichtslose Treuhänderfunktion der Journalisten gegenüber ihren Zuschauern und Zuhörern. Das vieldiskutierte Problem der Ausgewogenheit in den öffentlich-rechtlichen Sendern ist und bleibt letztlich eine Frage berufsethischer Verantwortung der Programmitarbeiter.

Bei der Diskussion um eine neue Medienordnung, um die Nutzung dessen, was technisch möglich ist, treten bei jenen, die sich einer solchen Entwicklung widersetzen, immer stärker moralische, kulturkritische und gesellschaftspolitische Argumente in den Vordergrund. Argumente, wie etwa mehr und zusätzliche Medienformen, Programmangebote, hätten verheerende Einflüsse auf das Kommunikationsverhalten der Menschen, auf das Zusammenleben der Menschen in der Familie, auf die Erziehung der Kinder usw. Dies sind Argumente, die der Prüfung bedürfen. Nur wirkt eine solche Argumentation dann natürlich wenig glaubwürdig, wenn sie je nach politischer Zielsetzung etwa in der Bildungspolitik so und in der Medienpolitik konträr vorgetragen wird. Deutlicher: man ist notgedrungen unglaubwürdig, wenn man über Jahre hinweg die Emanzipationstheorie zur Grundlage der Bildungspolitik macht und nun mit Blick auf eine Neuordnung der Medien an der Mündigkeit und Kritikfähigkeit der so erzogenen Menschen zweifelt. Doch dies ist nicht nur ein Bruch der ansonsten eintönigen linken Ideologie, vielmehr hat sich hier eine originelle Koalition von Interessen gebildet: eine originelle Koalition von Privilegierten in den öffentlich-rechtlichen Rundfunkanstalten – inklusive der Intendanten (selbst einigen der Union nahestehenden) –, von Machtgruppen der Gesellschaft (z. B. DGB), die die Mitbestimmung der Funktionäre in öffentlich-rechtlichen Anstalten für besser durchsetzbar halten, von Journalistenverbandsfunktionären, die weniger Mitgliederinteressen wahrnehmen als einseitige politisch ideologische Standpunkte vertreten, selbst gegen Mitgliederinteressen, und schließlich von der SPD, die um ihre publizistischen Pfründe fürchtet, bis hin zum telegenen Kanzler, der seine Attraktivität offensichtlich doch nicht so hoch einschätzt, daß sie auch bei anderen als öffentlich-rechtlichen Anstalten stark genug durchschlägt.

Es ist bedauerlich, daß durch solch vordergründiges Verhalten die ernsthafte Diskussion um die berechtigten Anliegen der Kirchen, der Lehrer, der Psychologen diskreditiert werden.

Das Menschenbild des Grundgesetzes setzt den mündigen und kritikfähigen Bürger voraus. Ohne ihn wären sowohl Grundrechte als auch Demokratie Makulatur, denn Rechte – auch jenes der Freiheit von Information und Meinung – können nur dann zum Tragen kommen, wenn sie von den Bürgern aktiv in Anspruch genommen werden können und persönlich verantwortet werden. Diese Mündigkeit ist unteilbar und darf daher auf keinem wichtigen Gebiet, also auch nicht auf dem Gebiet der Kommunikation, beschränkt werden.

Natürlich muß das Nachdenken über die kulturelle, psychische und gesellschaftliche Wirkung speziell des Fernsehens in die Überlegungen zur Neuordnung der Medienlandschaft unbedingt mit einbezogen werden. Ich wende mich aber entschieden dagegen, eine solche Diskussion nur in bezug auf die

Medienzukunft, auf neue Kommunikationsformen und Programmangebote – unter Mißachtung der Wirkung des in unserem Lande seit 25 Jahren existierenden Fernsehens – weltanschaulich-akademisch und ohne Faktengrundlage zu führen. Medienpolitische Symposien – mit quasi-wissenschaftlichem Anstrich – gehören heute überall zum guten Ton und führen zu einer Art telesophischer Selbstbefriedigung der immer wieder gleichen Leute mit gleichen Themen und gleichen Glaubensbekenntnissen. Armes Publikum! Einmal mutet man ihm zu, sich durch den Kauderwelsch telesophischer Fachsimpelei hindurchzufinden – zum anderen hält man es peinlichst von jeder normalen Berührung mit »neuen Medien« ab, da es zu unmündig ist, seine eigene Wahl zu treffen. Haben die Politiker eigentlich das Recht dazu, ihre eigenen Vorurteile durch Bevormundung des Bürgers auszuleben?

Ein weiterer Aspekt kommt hinzu: die einseitige Diskussion um die Medienwirkung zäumt das Pferd von hinten auf. Viel wichtiger ist der Aspekt der Medienpädagogik, denn Wirkungen relativieren sich nicht zuletzt dann, wenn das Medienverhalten der Menschen vernünftig und kritisch ist. Solcherlei Mündigkeit ist jedoch ein Ergebnis von Erziehung und Bildung. Hier zeigt sich, daß sich diese Diskussion nicht auf die Medien beschränken läßt, sondern das Wertbewußtsein unserer öffentlichen und staatlichen Erziehungs- und Bildungsinstitutionen zutiefst berührt. Letztere gäben mindestens so viel Anlaß, in Kulturpessimismus auszubrechen, doch wollen wir es uns hier versagen, uns mit Lehrinhalten und Organisationsergebnissen in Schulen und Universitäten zu beschäftigen. Interessant ist nur, daß die gleichen Leute, die sich nicht genugtun können, vor den Gefahren »neuer Medien« zu warnen, bei unseren Erziehungs- und Bildungsinstitutionen kein Wort über die fortschreitende Zerstörung der Werte von »Ehe und Familie« oder die »Gefährdung der Kinder« verlieren. Obwohl dies der tägliche Erfahrungshorizont von Hunderttausenden besorgter Eltern ist, schweigt sich hier selbst der Kanzler eisern aus: Also auch hier nur noch partielle Moral und Teilbarkeit von Prinzipien?

Die neuen Medientechnologien und ihre Anwendung im Bereich der Satellitenkommunikation, der Breitbandkommunikation sowie im Bereich der audiovisuellen Medien haben last not least eine ungeheure wirtschaftspolitische Dimension. Gerade in einer Zeit, wo wir uns auf die Gefahr von Nullwachstum und weltweite Rezession einzustellen haben, kann dies gar nicht hoch genug veranschlagt werden. Die europäische Statistik zur Informationstechnologie beweist, daß die Kommunikationsindustrie zu dem Wachstumsbereich der Industrienationen herangewachsen ist. Wurden etwa im Jahre 1978 in Westeuropa für integrierte Schaltungen 1,2 Mrd. Dollar ausgegeben, werden es 1981 rund 3 Mrd. Dollar sein. Im Weltverbrauch rechnet man 1981 mit einer Ausgabe von 14 Mrd. Dollar für solche integrierte Schaltungen, die eine der Grundlagen für computergesteuerte Information darstellen.

Die boomhafte Entwicklung im deutschen Videomarkt im letzten Jahr ist durchaus ein Indiz dafür, welche Impulse die Kommunikationstechnologie unserer Wirtschaft und unserem Arbeitsmarkt zu geben vermöchte, wenn nicht wesentliche Bereiche – wie etwa der Bereich der Breitbandverkabelung – von Bundesregierung und Bundespost künstlich zurückgebunden würde. Der Videomarkt ist darüber hinaus ein Indiz dafür, daß eine Nachfrage nach neuen Medientechnologien, aus welchen Gründen auch immer, im Gegensatz zu anderslautenden Behauptungen von Gegnern der Medienentwicklung, zu mehr Vielfalt, durchaus vorhanden ist.

Allein für eine Verkabelung der Bundesrepublik ließe sich ein Investitionsschub von wenigstens fünfzig Milliarden realisieren. Ein Vielfaches, wenn der gesamte Endgerätemarkt mit in die Berechnung einbezogen wird.

Über das Fernmeldeanlagegesetz wurde der Deutschen Bundespost ein Übermittlungsmonopol für Rundfunk und Fernsehen zugesprochen. Dies war zu einem Zeitpunkt, in welchem die Dimensionen der Entwicklung von Fernsehtechnik und Datentechnik im elektronischen Zeitalter noch nicht vorausgeahnt werden konnten. Durch die extensive Handhabung dieses Monopols ist die Bundespost zu einem gewichtigen kommunikationspolitischen Faktor geworden. Sie hat damit aber auch die technischen Zugriffs- und Entscheidungsmöglichkeiten, die kommunikationspolitische Innovationen zu fördern oder zu hemmen. Die geübte Praxis spricht eher für die zweite Version.

Die Post fällte in den letzten Jahren Entscheidungen, über deren Komplexität und Tragweite in die Zukunft hinein im Postverwaltungsrat wohl kaum genug nachgedacht wurde.

Das Postmonopol hat für einen großen Teil dessen, was ihre Zulieferer aus der Industrie produzieren, zu einer geradezu grotesken Situation geführt. Der Markt funktioniert in einem Bereich hochqualifizierter technischer Produkte kaum mehr, weil die Bundespost den Markt beinahe monopolistisch steuert. Das trifft auf die Kabelindustrie zu, aber auch auf die Industriezweige, die aufgrund der Tatsache, daß die Bundesrepublik immer noch eine Verkabelungsoase ist, einen bedeutenden Markt für elektronische Endgeräte gar nicht erst erschließen können. Erneut kann der Videorecordermarkt Hinweise geben, wohin solche Politik führt. Der deutsche Markt wird zu 75 Prozent von japanischen Produkten beherrscht.

Es ist jedenfalls ein einmaliger Vorgang, daß eine Regierung durch Verzögerungstaktik, Hinhaltestrategien, die im wesentlichen ideologisch motiviert sind, die Bundesrepublik ins kommunikationstechnologische Abseits abdrängt und das Feld der Innovationen im Bereich der Informationstechnologien anderen Kontinenten überläßt. Erneut ein Beispiel aus dem Bereich der integrierten Schaltungen: Westeuropa verbrauchte im Jahre 1980 bis 2,2 Mrd. Dollar integrierte Schaltungen, baute aber im gleichen Zeitraum nur für 680 Mill. Dollar solche Produkte, die USA liegt beim 10fachen dieses Wertes. Hier wird leichtfertig ein für uns prädestiniertes, hochtechnologisches Potential der amerikanischen und japanischen Industrie überlassen. Welche

Regierung kann dies eigentlich anläßlich steigender Arbeitslosenzahlen verantworten?

Aus politischen, gesellschaftlichen und wirtschaftlichen Gründen glaubt die Union, daß nur mit einer offensiven Strategie, mit einer offensiven Antwort die Herausforderungen, die eine komplexe Kommunikationszukunft der Bundesrepublik stellt, bewältigt werden können. Gefordert ist ein freiheitlicher Lösungsansatz, wie er unserem Menschenbild entspricht. Eine Strategie der Bevormundungen im Kommunikationsbereich geht schon heute zu Lasten existentieller Entwicklungschancen unserer Gesellschaft. Sie geht darüber auch – und dies ist mindestens so gefährlich – zu Lasten geistiger Werte, wie Innovationsfähigkeit, wie Kreativität. Diese Entwicklung geht schließlich aber und vor allem zu Lasten einer heute möglichen umfassenden Informationsfreiheit und Meinungsvielfalt.

ALBRECHT MÜLLER

Albrecht Müller, geb. 16. Mai 1938 in Heidelberg. Abitur 1957. Danach kaufmännische Lehre. 1958 bis 1963 Studium der Volkswirtschaft und Soziologie. Diplomvolkswirt in München 1963. Danach bis 1968 wissenschaftlicher Assistent am Institut für Internationale Wirtschaftsbeziehungen der Universität München. 1968 bis 1969 Ghostwriter des Bundesministers für Wirtschaft, Karl Schiller. 1970 bis 1972 Leiter der Abteilung Öffentlichkeitsarbeit beim Parteivorstand der SPD, zuständig für die Planung des Bundestagswahlkampfes 1972. Seit 1973 Leiter der Planungsabteilung im Bundeskanzleramt. Der in diesem Band veröffentlichte Beitrag stellt die persönliche Auffassung des Autors dar.

ALBRECHT MÜLLER

Vielfalt oder Einfalt?

Eigentlich müßten sich in einem Land, dessen Verfassung sagt: »Alle Staatsgewalt geht vom Volke aus«, heute die Leute beim Thema Fernsehen die Köpfe heißreden. Denn es stehen Entscheidungen an, die das Gesicht unseres Landes völlig verändern können. Es geht hier nicht um ferne »große Politik«; die Wohnstuben unserer Mitbürger und ihr Alltagsleben sind betroffen; sie können in 10 Jahren wesentlich anders aussehen als heute.

Eigentlich müßte heftig – und nicht nur zwischen den Medienfachleuten – gestritten werden. Aber: nicht einmal die Basis der politischen Parteien ist bisher von der Diskussion gepackt, obwohl die Weichenstellungen in der Medienpolitik unsere demokratische Verfassung, unsere politische Kultur und die Formen des Miteinander wesentlich betreffen werden.

Mächtige Interessen und die ihnen nahestehenden politischen Gruppen drängen auf die Verkabelung der Bundesrepublik und damit auf die Möglichkeit von Kabelfernsehen mit etwa 30 Programmen. Parallel dazu sollen deutsche und ausländische direkt zum Empfänger sendende Fernsehsatelliten im Weltall plaziert werden. Für beide Anliegen, die medienpolitisch die gleichen Fragen aufwerfen, wurden und werden öffentliche Gelder eingesetzt; die Interessenten drängen darauf, daß die abwartende bis skeptische Haltung mancher Politiker aufgegeben wird. Damit besteht die Gefahr, daß viel öffentliches Geld schnell investiert wird, bevor die Bürger überhaupt erfassen, was sie erwartet.

Es steht außer Zweifel, daß viele Bürger unseres Landes auch beim Fernsehen mehr Programme wollen, als sie heute haben. Für viele ist es unvorstellbar, daß unser Land eine Entwicklung, die technisch möglich ist, nicht vollzieht, sich dagegen entscheidet.

Die Mehrheit unserer Bevölkerung aber – das ist mein Eindruck – neigt gerade beim Thema Fernsehen dazu, nicht alles machen und haben zu wollen, was technisch möglich ist. Viele ahnen, was es für unser Land und für sie persönlich bedeutet, wenn hier amerikanische oder japanische Fernsehverhältnisse eingeführt werden. Wenn Kabel- und Satellitenfernsehen kommen, dann wird unser Land in 10 bis 20 Jahren so aussehen, wie die Mehrheit es eigentlich nicht gewollt hat.

Es ist dann eine Entwicklung vollzogen worden, die die breite Mehrheit unseres Volkes zum Zeitpunkt der Entscheidung überhaupt nicht überblicken konnte. Es sind Entscheidungen getroffen worden, deren Konsequenzen mit dem Wahlbürger nicht genügend diskutiert wurden; ja deren Konsequenzen von interessierten Gruppen – soweit überhaupt eine Diskussion stattfand – mit vorzüglich gemachten Kampagnen auf das schönste eingefärbt worden sind.

Die Diskussion darüber, wie unser Land aussieht, wenn man heute A sagt, oder wie es aussieht, wenn man B sagt, muß *heute* geführt werden, nicht erst in 15 Jahren. Deshalb wird hier der Versuch gemacht, vorherzusagen, was aus Entscheidungen folgt, und die Folgen zu beschreiben. Der Autor prognostiziert nach bestem Wissen und Gewissen; dem Gegenstand entsprechend fließen eigene Bewertungen ein.

Kabelfernsehen/Breitbandverkabelung

Heute kommen die Fernsehprogramme in der Mehrzahl der Haushalte durch die sogenannte terrestrische (erdgebundene) Strahlung von einer Funkantenne zu der Empfangsantenne ins Haus. Eine gewisse Anzahl von Haushalten ist an sogenannte Gemeinschaftsantennen angeschlossen. Sie erhalten also ihre Fernsehprogramme über Antenne und über ein im örtlichen Bereich eines Hauses oder einer Siedlung verlegtes Kabel.

Der terrestrische Rundfunk ist deswegen, weil Ätherfrequenzen nur begrenzt zur Verfügung stehen, beschränkt auf eine kleine Anzahl von Kanälen.

Wegen dieser Beschränkung und aus anderen Gründen erwägt man die Verkabelung der Bundesrepublik mit Breitbandkabeln. Die fortgeschrittene Technik in diesem Bereich – die sogenannte Glasfasertechnik – würde sowohl die Übertragung von vielen Fernseh- und Rundfunkprogrammen als auch die schnelle Übermittlung sonstiger Dienste möglich machen. Telefon, Bildtelefon, Datenübertragung, Textübertragung, Fernkopieren – dies alles wäre mit solchen Kabeln schnell und wohl auch preiswert möglich. Darauf bezieht sich die hier geäußerte Kritik nicht.

Im Fernseh- und Hörfunkbereich brächte das Breitbandkabel den störungsfreien Empfang, die Möglichkeit zur Vermehrung der Programme und sogenannte Rückkanäle, von denen manche sehr großes, andere sehr wenig erwarten.

Das Modell eines solchen Kabelfernsehens können wir heute z.B. in Columbus/Ohio studieren. Dorthin wurden in letzter Zeit regelrechte Wallfahrten von deutschen Medienfachleuten, Interessenten und zu Interessierenden gestartet (sehr ermunternd müssen die Eindrücke allerdings nicht gewesen sein).

In Columbus gibt es 30 Kanäle mit allem, was das Herz begehrt. Irgendwo läuft immer ein Fußballspiel, woanders immer ein Konzert, ein Western oder eine Kindersendung. Es gibt Lokalprogramme, es gibt sogenannte Pay-TV-Programme (Münz-Fernsehen), auch solche, die nur den Erwachsenen offenstehen.

Übrigens lassen sich auch in Belgien Ansätze der Wirkung einer verkabelten Gesellschaft studieren: Auf der Positiv-Seite ein reichhaltiges Angebot, gerade für die vielen Ausländer in Brüssel, auf der anderen Seite ein verflachendes Programmangebot und Ansätze zur Zerstörung der bisherigen belgischen Medienstruktur.

Der deutsche Satellit

Parallel und in gegenseitiger Abhängigkeit von Kabelprojekten ist das Projekt des direktsendenden Fernsehsatelliten zu sehen. Auf der Welt-Radio-Konferenz (WARC) 1977 wurde jedem europäischen Land eine bestimmte Weltraumposition für einen Satelliten mit 5 Kanälen zugewiesen. Unser Satellit wird auf der Position 19° West stehen, zusammen mit dem Satelliten von Frankreich, den Niederlanden, Belgien, Luxemburg, der Schweiz und Österreich.

In Klammern sei angemerkt: Der Satellit der DDR steht auf einer anderen Position (1° West). Das bedeutet, daß im Satellitenzeitalter der viel beschworene free flow of information (freie Fluß der Information) mitten in Deutschland größtenteils gekappt sein wird, weil zum gegenseitigen Empfang eine zweite Antenne und zusätzlicher technischer Aufwand erforderlich wären.

Wer die Ausstrahlung des direktsendenden Rundfunk- und Fernsehsatelliten empfangen will, muß sich eine sogenannte Parabolantenne installieren oder die Möglichkeit haben, sich über Kabel an eine Parabol-Gemeinschaftsantenne anschließen zu lassen. Zu den Kosten des Satellitenfernsehens zählen also nicht nur die Kosten für Rakete, Satellit, Ersatzsatellit und Sendestation auf der Erde; man muß auch die Kosten für die Parabolantennen und für Kabelaufbereitungsanlagen bei den einzelnen Bürgern mit hinzurechnen.

Bisher wird mit öffentlichen Geldern ein Versuchsprogramm Fernsehsatellit finanziert; dafür gibt es einen Kooperationsvertrag mit den Franzosen, deren Rakete Ariane den ersten Versuchssatelliten 1983 in den Weltraum transportieren soll.

Zunächst ist nur über einen sogenannten präoperationellen Satelliten, also über einen Versuchssatelliten, beschlossen. Die bisherige Planung läuft darauf hinaus, daß dieser Satellit im

Versuchsstadium die bestehenden Fernsehprogramme ausstrahlen soll. Außerdem sollen Stereo-Hörfunkprogramme gesendet werden.

Ob dann später der eigentliche operationelle Satellit folgt, und welche Programme er dann transportiert, ist noch offen. Gewiß ist nur, daß Verfechter einer Vermehrung und Kommerzialisierung der Fernsehprogramme auf den Dauereinsatz von direktsendenden Fernsehsatelliten drängen und den Fernsehanstalten die alleinige Nutzung des Fernsehsatelliten mit den bisherigen oder neuen Programmen streitig machen werden.

Das Versuchsprogramm dient vor allem der Exportförderung. Mit ihm soll demonstriert werden, was die deutsche Industrie zu leisten und zu exportieren fähig ist. Für die Versorgung der eigenen Bevölkerung ist der Sinn des Satellitenfernsehens nur schwer einzusehen, da die Versorgung mit Fernsehprogrammen bei uns schon zwischen 96 und 98 % liegt. Das kann man gut und gerne Vollversorgung nennen. Interessant ist der TV-Satellit dagegen z. B. für Länder, die keine hinreichende terrestrische Versorgung haben.

Ausländische Satelliten

Ein *Spezialproblem des Satellitenfernsehens* ist die geplante Abstrahlung ausländischer Sender auf das Gebiet der Bundesrepublik Deutschland.

Während heute mit den herkömmlichen terrestrischen Sendern im wesentlichen nur Randgebiete der Bundesrepublik von ausländischen Sendern bestrahlt werden und keines unserer Nachbarländer bisher ein auf die Bundesrepublik speziell zugeschnittenes *Fernseh*programm einsetzt, können mit Fernseh*satelliten* anderer Länder große Teile der Bundesrepublik erfaßt werden; allerdings nur dann, wenn man Gemeinschaftsantennenanlagen mit Parabolspiegeln von 2,5 m und größerem Durchmesser benutzt.

Das gilt z. B. für Radio-Tele-Luxemburg (RTL) oder für das sogenannte Tel-Sat Projekt einer privaten Gesellschaft in der Schweiz. RTL würde mit großen Parabolspiegeln in einem Gebiet empfangbar sein, das von Hamburg über Fulda bis nach Freiburg reicht. Der Sender würde technisch etwa $^2/_3$ bis $^3/_4$ des Publikums der Bundesrepublik und obendrein den kaufkräftigeren Teil erreichen *können*. Die Betonung liegt auf »können«; davon später mehr.

Während – wie erwähnt – für unseren eigenen präoperationellen Satelliten kein neues Programm vorgesehen ist, hätte man von RTL ein auf Deutschland speziell ausgerichtetes Programm zu erwarten. Es wird sich im wesentlichen aus Werbegeldern der deutschen Konsumenten finanzieren. RTL könnte wahrscheinlich bis zu 1 Mrd. DM aus der deutschen Volkswirtschaft abziehen.

Da man unterstellen kann, daß neue Werbemittel in großem Umfang nicht lockergemacht werden, bedeutet das zugleich: Der »Kuchen« der Werbeeinnahmen würde neu verteilt. Die deutschen Rundfunkanstalten und noch mehr Zeitschriften und Zeitungen würden Einnahmen verlieren, z. T. in existenzbedrohendem Ausmaß.

Wie die Absicht von Radio-Tele-Luxemburg oder von Tel-Sat oder von vergleichbaren Liechtensteiner Projekten rechtlich, politisch und international-rechtlich zu würdigen ist, darüber gibt es in der Bundesrepublik eine sehr von Interessen eingefärbte Diskussion. Es ist der Eindruck vermittelt worden, wir seien wegen unseres Eintretens für Freizügigkeit von Informationen und Meinungen moralisch, politisch und rechtlich verpflichtet, solche Projekte wie jenes von RTL oder Tel-Sat widerspruchslos hinzunehmen.

Das ist nicht richtig. Es stimmt vom weltanschaulichen Ansatz her auch nicht. Unser Eintreten für den sogenannten free flow of information, für den freien Fluß von Information und Meinungen, galt der Information *über* andere Länder und *aus* anderen Ländern. Ein Programm, das in Sprache, Inhalt *und*

Werbung jedoch voll auf ein anderes Land zielt, war bei dieser Diskussion nicht im Visier. Ein solches Programm dient nicht dem gegenseitigen Kennenlernen und dem kulturellen Austausch. Es würde uns nicht das Leben anderer Völker, auch nicht die Bedenken und Kritik unserer Nachbarn vermitteln, sondern nur eine weitere Variante von Unterhaltungsshows anbieten, von denen wir schon recht viele haben.

Zum Schutz des freien Austauschs von Werbung (!) haben sich jedenfalls die Verhandlungspartner bei der KSZE in Helsinki nun wirklich nicht zusammengerauft. Damals ging es um die Gewährleistung und den Ausbau des Austauschs unterschiedlicher Meinungen über die Grenzen hinweg. Es ging um den Wettstreit der Meinungen und nicht um den Wettbewerb der Waschmittelindustrie.

Im übrigen sind die von interessierter Seite lancierten Angaben über die technisch mögliche Reichweite irreführend. Auf der schon erwähnten Welt-Radio-Konferenz wurde nämlich festgelegt, daß die Sende- und Empfangsrechte für die nationalen Satelliten auf das eigene Territorium beschränkt sind. Außerhalb des heimischen Versorgungsgebietes dürfen die Satellitenfrequenzen von Fernmeldeverwaltungen wie schon vor dieser internationalen Absprache für andere Funkdienste benutzt werden.

Diese mehrfache Benutzung von Funkfrequenzen ist nichts Ungewöhnliches. Wenn im norddeutschen Raum eine bestimmte UKW-Hörfunkfrequenz auf einer Wellenlänge strahlt, die gleichzeitig auch in Süddeutschland zur Programmabstrahlung benutzt wird, würde niemand von einer Verletzung des freien Informationsflusses sprechen, auch wenn ein Radiobastler in Hannover mit einer besonders aufwendigen Antenne den süddeutschen Sender noch empfangen könnte, gäbe es den stärkeren Sender in seinem eigenen Bereich nicht.

Wenn also RTL oder ein anderer ausländischer Sender den Empfang seines Satelliten in unserem Land freigehalten haben möchte, so verlangt er eine Ausdehnung seiner Rechte, die entsprechende Maßnahmen durch die Bundespost erforderlich machen. In der öffentlich gemachten Meinung wird dies geradezu umgekehrt dargestellt. Es wird suggeriert, als würde die Bundesrepublik Luxemburg oder anderen interessierten Ländern Rechte streitig machen, wenn sie den Empfang ihrer Sender bei uns nicht gewährleisten würde.

Der Vorwurf, daß die Bundespost ausländische Satellitenprogramme »stören« würde, wenn sie sich angesichts der bestehenden Frequenzknappheit genötigt sieht, wie bisher auf solchen Kanälen Funkdienste zu betreiben, ist reine Polemik. »Störer« ist viel eher derjenige, der unter Umgehung des internationalen Fernmelderechts unsere leidlich intakte Medienordnung zu untergraben versucht.

Es muß hier noch etwas klargestellt werden: Die kritischen Einwände betreffen keinesfalls die Ausstrahlung und den Empfang der üblichen Programme unserer Nachbarländer. Es ist sicher von Vorteil und voll zu begrüßen, wenn die britischen, die dänischen, die schwedischen, die französischen, die niederländischen, die italienischen nationalen Programme hier zu empfangen sind. Das fördert das Kennenlernen, den Austausch von Kenntnissen über das andere Land, das Verstehen der Sprache. Das sind nämlich die Ziele, die durch den Grundsatz des freien Informationsflusses gefördert werden sollen.

Folgen für Medienordnung

Die Einführung des Kabelfernsehens via Breitbandkommunikation und des Satellitenfernsehens hätte eine Reihe von gravierenden Folgen. Zum Teil war davon beim Versuch der Prognose der technischen Entwicklung schon die Rede. Die absehbaren Konsequenzen sollen jetzt an drei Problembereichen konkretisiert werden:

(1) die Folgen für die Medienstruktur und die Bildung der öffentlichen Meinung,

(2) die Folgen für Demokratie, politische Kultur und die Interessen der schwächeren Gruppen unserer Gesellschaft,

(3) die Folgen für die Familien, insbesondere für Kinder, und die zwischenmenschliche Kommunikation.

Medienstruktur und öffentliche Meinung

a) Wenn RTL oder ein anderer kommerzieller Sender im Ausland ein in Inhalt, Sprache und Werbung speziell auf Deutschland ausgerichtetes Fernsehprogramm ausstrahlt, dann ist damit ein kommerzielles Programm auf dem deutschen Markt. Es werden dann wahrscheinlich die Dämme gegen eine Kommerzialisierung des Rundfunks im Land selbst nicht mehr halten. (Auf diese Hebelfunktion ausländischer Satelliten setzen die an Privatisierung Interessierten.)

b) Auch wenn das Kabelfernsehen breit eingeführt wird, ist die Kommerzialisierung des Rundfunkwesens kaum zu verhindern. Wahrscheinlich wird dann von Interessierten mit dem Hinweis auf die vielen Übertragungsmöglichkeiten soviel politischer Druck für kommerzielle Programme erzeugt, daß die vom Bundesverfassungsgericht entwickelte Begründung für einen binnenpluralistisch organisierten öffentlich-rechtlichen Rundfunk an Durchschlagekraft verliert. Um nicht mißverstanden zu werden: Die Begründung wird weiter stichhaltig sein. Aber sie wird in der von interessierter Seite gemachten öffentlichen Meinung mit dem Hinweis auf die vielen Möglichkeiten des Kabel- und Satellitenfernsehens »weggedrückt«.

c) Mit kommerziellen Programmen wird auf dem Markt ein Verdrängungswettbewerb auch gegenüber den öffentlich-rechtlichen Rundfunkanstalten beginnen. Der Kampf um die Einschaltquoten wird zu Programmanpassungen zwingen. Es wird letztlich weniger Vielfalt geben: mehr Serien und Ratespiele, weniger Dokumentationen und Sozialkritisches. Das belegen – trotz vieler und zum Teil manipulierter anderer Meldungen – die Erfahrungen in anderen Ländern, so in den USA.

Von 1953–1974, also in einer Zeit der Vermehrung der Kanäle ist dort die Programmvielfalt beträchtlich geschrumpft. Wie vermutet, führt das Schielen auf die Einschaltquoten dazu, daß immer mehr Sendezeit auf immer weniger Programmtypen konzentriert wird.

d) Das publizistische Gleichgewicht zwischen öffentlich-rechtlichen Medien einerseits und privatwirtschaftlich organisierter Presse andererseits wird empfindlich gestört sein; in vielerlei Hinsicht, worauf gleich noch eingegangen wird.

e) Die Werbung in den elektronischen Medien wird zunehmen. Es wird auf Dauer auch nicht möglich sein, die Werbung aus den einzelnen Sendungen selbst herauszuhalten. Die Werbetreibenden werden Einfluß auf das redaktionelle Umfeld bekommen. Schon heute gibt es ja bei kommerziellen Sendern sogenannte »gesponserte« Sendungen.

f) Im Endeffekt werden dann auch die elektronischen Medien (und nicht nur große Teile der Presse) durch Privatinteressen gesteuert sein; wahrscheinlich nicht nur von Verlegern, sondern auch von der Industrie und den Banken. Ich verweise wieder auf das Beispiel RTL, an dem neben einigen luxemburgischen Aktionären vornehmlich belgische Banken und französischer Geldadel beteiligt sind.

g) Insgesamt werden die Verlage, also Zeitungen und Zeitschriften, massiv von der Entwicklung berührt werden. Die elektronischen Medien werden Werbeeinnahmen von den Zeitungen und Zeitschriften abziehen.

Das führt tendenziell zu Zusammenbrüchen, inhaltlichen Anpassungen und zur Konzentration im Pressewesen bzw. zwischen Printmedien und elektronischen Medien. Jene, die davon träumen, mit mehr Programmen komme mehr Wettbewerb, sollten sich einmal die Entwicklung in Japan anschauen: In Japan z. B. werden – regional leicht gestreut – zwischen 50 und 80 % des Zeitungs- und kommerziellen Fernsehprogrammangebots von nur drei Unternehmen kontrolliert. Ähnliches gilt für Italien.

h) Die Abhängigkeit kleiner Lokalzeitungen, aber auch größerer Regionalzeitungen von Großverlegern wird wachsen. Die Verlage werden sich an Kabellokalprogrammen beteiligen wollen, allein aber kein Vollprogramm zustande bringen. Deshalb werden sie sich an Medienkonzerne, die Serien, Allgemeinprogramme und Spielfilme liefern, anlehnen.

Auch zu diesem Punkt sollten wir uns die Situation in den USA vor Augen halten. Die vielen Lokalstationen sind nicht so unabhängig, wie manch einer glauben machen will, um diese neue Welt gefällig erscheinen zu lassen. Sie sind abhängig von Medienkonzernen, wie der Warner Corporation oder von den bundesweit tätigen Fernsehanstalten.

Ich zitiere aus einem Bericht von Marie-Luise Kiefer in den Media Perspektiven 10/79:

»In den USA gibt es zwar mit 998 Fernsehstationen eine numerische Vielfalt der Stimmen im Rundfunkbereich; 90 Prozent dessen, was über den Bildschirm flimmert, kontrollieren aber drei Networks, die besser als irgend jemand sonst das breite Publikum zu unterhalten verstehen. Nach Phil Jacklin beruht darin die Macht der Networks, daß sie die Unterhaltung und damit auch weitgehend die Aufmerksamkeit des Publikums haben monopolisieren können.«

i) Nebenbei: Diese »Vielfalt«, die letztlich »Einfalt« ist, vergrößert die Chancen für Arbeitskräfte im Kommunikationssektor nicht. Eine Radiostation wie RTL kommt mit wenigen Mitarbeitern aus. Sie unterhält fast keine Korrespondenten in anderen Ländern. Das Programm nährt sich (z. B. in Belgien) wesentlich aus Serien oder Spielfilmen, die importiert sind. Es werden also nicht neue Leute beschäftigt, sondern alte Produkte besser, rentabler und mit größerem Gewinn genutzt.

Das war eine Skizze des Bildes einer möglichen »Medienordnung«. Etwa so, wie – zugegeben – kursorisch skizziert, wird es hierzulande aussehen, wenn unser Land sinnigerweise durch Einsatz von Steuergeldern dem Kabel- und Satellitenfernsehen geöffnet wird. Wir werden dann ein wertvolles Gut aus der

Nachkriegszeit vollends aufgegeben haben: den öffentlich-rechtlichen Charakter des Rundfunks in Deutschland; eines Rundfunks, in dem sich trotz aller Schwächen die große Vielfalt unserer Gesellschaft wenigstens annähernd wiederfinden konnte. Mit dem Griff der privaten Interessen nach dem Rundfunk wird eine Epoche einer vergleichsweise kreativen politischen Kultur zu Ende gehen. Das wird Folgen haben für die demokratische Substanz und die Glaubwürdigkeit unserer freiheitlichen Verfassung. Davon soll nun die Rede sein.

Folgen für die Demokratie und Gesellschaft

Wenn die Programme vermehrt werden, wenn kommerzielle Programme um Einschaltquoten kämpfen und öffentlich-rechtliche Veranstalter sich dagegen wehren müssen, dann sinken Anteil und Einschaltquoten von Programmen mit politischem oder zeitkritischem Inhalt. Diese Folge kann man heute gerade in Belgien in der Praxis studieren. Davon berichtet Holde Lhoest in einem Beitrag des »Journalist« 9/79. Ich zitiere:

»Dagegen kommen in allen Programmen andere, wichtige Sendungen immer schlechter weg: die großen, einst beliebten Nachrichtenmagazine, politische, soziale, wirtschaftliche Analysen sind fortan schwer unters Publikum zu bringen. Deshalb werden sie auch meist nur noch gegen Ende des Fernsehabends gebracht, nach halb zehn oder zehn Uhr. Das ist vor allem in Frankreich die Regel: die Hauptsendezeit gehört ausschließlich dem Film und der Unterhaltung; Informationen kommen, wenn die Mehrzahl der Zuschauer sich anschickt, zu Bett zu gehen.«

Nicht von ungefähr hat Ministerpräsident Ernst Albrecht sich in einem Bild-Interview (12.11.1979) sarkastisch über die angeblich zu vielen gesellschaftspolitischen Programme unseres öffentlich-rechtlichen Rundfunksystems ausgelassen. Er will mehr Harmonie und weniger Sozialkritisches.

Am Ende – darüber sollte man sich keine Illusionen machen – wird auch über solche unpolitischen »harmonischen« Sendungen viel Politik transportiert. Das ist aber dann ein »politischer« Inhalt, der die Position all jener, die nicht in diese vorgespiegelte Harmonie passen, die unterprivilegiert sind oder die in dieser Gesellschaft noch etwas verbessern wollen, in Frage stellt.

Überhaupt: Man wird sehr schnell merken, wer dann das Sagen in den Rundfunkanstalten hat. Schauen wir uns doch die Presse in der Bundesrepublik an. Nur wer mit Blindheit geschlagen ist, kann übersehen, in welchem Ausmaß die Verleger in der Bundesrepublik – manchmal bis in die Einzelheiten – den Zeitungen ihren weltanschaulichen Stempel aufprägen. Personalpolitik, Festlegung von Grundsätzen, Einzelinterventionen und die »Schere im Kopf« bringen jedenfalls »zufriedenstellende« Resultate. Wo das alles nicht hilft, greift zunehmend der Verleger selbst zur Feder.

Man wird dem entgegenhalten, in den Rundfunkanstalten intervenierten laufend die Politiker, die Kirchen und andere Gruppen. Das ist nicht zu bestreiten und ist auch höchst bedauerlich. Aber es besteht ein kleiner Unterschied: Bei den Rundfunkanstalten gibt es wenigstens die Vielfalt der Druckausübung. Also Druck und Gegendruck. Manch ein Journalist kann sich in diesem Gemisch seine redaktionelle Freiheit erhalten. Das ist jedenfalls noch besser als die reale Pressefreiheit unseres Pressewesens.

Wenn das publizistische Gleichgewicht gestört ist, wenn die »checks and balances« des öffentlich-rechtlichen Systems gegenüber der Presse wegfällt, dann wird es in Zukunft politische Programminhalte nur noch von Gnaden der Medienkonzerne geben. Manipulationen und Meinungskampagnen werden weiter zunehmen.

Dies wird sich letztlich auch auf Struktur und Charakter unserer Parteien auswirken. Noch sind unsere Parteien trotz aller Abschleifungen inhaltlich orientiert und engagiert. Die

Ausweitung der Telekommunikation und damit die Kommerzialisierung werden den Parteien das inhaltliche Engagement für eine »gerechte Sache« zunehmend erschweren. Unsere Parteien werden sich mehr und mehr zum Typus der Parteien der USA verändern. Wahlen werden dann letztlich zu einem Machtkampf von Eliten, bei dem es auf politische Programmatik nicht mehr viel ankommt.

Hinzuzufügen wäre hier der Hinweis auf eine Eigenart des Mediums Fernsehen. Es gibt mehr als das geschriebene Wort Raum für nur noch gefühlsmäßig vermittelte Botschaften und Personen. Die »Fernsehdemokratie« ist die große Chance der telegenen Verführer ohne politische Substanz – so auch die Sorge von Bundeskanzler Helmut Schmidt.

Die politischen Verführer werden leichtes Spiel haben. Die Flut der zusätzlichen Programme wird die Mehrheit der Menschen absorbieren, von anderen Aktivitäten, von politischer und gesellschaftlicher Arbeit und damit auch von anderen als elektronisch vermittelten Erfahrungen abhalten. Der Durchschnittstyp wird dem Wunschbild der konservativen politischen Eliten entsprechen: betreut, unkritisch, leicht lenkbar.

Eine Besonderheit im Kapitel der politischen Folgen stellt der sogenannte Rückkanal dar. Von ihm meinte einmal ein in diesem Medium tätiger Beamter voller Stolz, er mache »den Volksentscheid in Permanenz« möglich.

Hält man es wirklich für demokratischen Fortschritt, wenn Zufallsmehrheiten zufälliger Fernsehteilnehmer, obendrein möglicherweise nach einer entsprechenden Vorbereitung durch die Zeitungen des zum Kanal gehörenden Medienkonzerns, über einen Autobahnbau, über einen Vertrag mit der DDR, über ein Programm zur Integration von Gastarbeiterkindern oder über die Todesstrafe zu entscheiden hätten?

Fazit: Mehr Fernsehprogramme und ihre Kommerzialisierung bedrohen nach meiner Einschätzung die Substanz unserer demokratischen Verfassung.

Das Plädoyer des Bundeskanzlers für einen fernsehfreien Tag war wohl auch der Versuch, die Diskussion auf die sozialen und psychischen Folgen der Massenmedien für die Gesellschaft, für Familien und Kinder zu lenken. Die Reaktion ließ erkennen, wie stark ausgeprägt die Einsicht ist, daß nicht alles, was technisch machbar ist, auch sozial sinnvoll sein muß.

Wir müssen uns an der Schwelle zu einer Ausweitung der elektronischen Medien in der Tat mit einer Reihe von sozialen und psychischen Wirkungen der Fernsehgesellschaft auseinandersetzen.

Das Medium Fernsehen ist so beherrschend und attraktiv, daß andere Freizeitbeschäftigungen in den Hintergrund treten. Rund 40% der Freizeit jedes einzelnen wird heute von Fernsehen und Rundfunk belegt. Zu den Folgen eine typische Äußerung eines Teilnehmers einer Tiefenuntersuchung zur Wirkung des Fernsehens:

»Man sitzt vor dem Fernsehapparat; die Frau kommt oder das Kind kommt und will zum Papa; hör mal zu. Psst, da ist gerade etwas Interessantes, nachher. – Und nachher ist es dann vorbei, und man spricht nicht mehr darüber, dann ist die Chance verpaßt.«

Die Chance zum Austausch untereinander ist heute schon gering. Sie wird geringer, wenn die Zuschauer durch immer mehr Programme noch mehr in Bann gezogen werden.

Kinder können sich dem attraktiven, ja suggestiven Medium noch weniger entziehen als Erwachsene. »Kinder sind« – so im erwähnten Plädoyer des Bundeskanzlers – »gegen die Intensität, Sprunghaftigkeit und Oberflächlichkeit des Fernsehens noch weitgehend ungeschützt. Dem Fernsehen wird eine wesentliche Verstärkerrolle bei der auch von anderen Einflüssen her geförderten Entwicklung zur Zappeligkeit und Konzentrationsschwäche zugewiesen. Auch negative Folgen für die Entwicklung des kindlichen Sprachvermögens sind belegt.«

Wer die Wirkung hohen Fernsehkonsums so beschreibt, setzt sich dem Vorwurf der gefühlsduseligen Maschinenstürmerei aus.

Wenigstens das Fragen nach breiteren Zusammenhängen sollte jedoch erlaubt sein:

- Wenn Drogenberater der Caritas Berlin meinen feststellen zu können, es gäbe einen Zusammenhang zwischen »Ewigem Fernsehmißbrauch in den Familien« und »Flucht in die Drogen bei Jugendlichen«,
- wenn 3- bis 13jährige Kinder bei einem erweiterten Programmangebot täglich um 15 bis 20 % mehr fernsehen,
- wenn in einem Weißbuch des japanischen Erziehungsministeriums Zusammenhänge zwischen einem in den letzten Jahren zunehmenden Phänomen unerklärbarer Kinderselbstmorde und der Dauernutzung des Fernsehens durch japanische Kinder vermutet werden,

dann sind das zumindest Anlässe, den technologischen Fortschrittsbegriff zu überprüfen und die Folgen neuer Technologien in die Bewertung mit einzubeziehen.

Der wahre Feind moderner Technologien ist die Gleichgültigkeit gegenüber den sozialen, menschlichen und seelischen Folgen mancher technischer Entwicklung.

Jedenfalls kann man gutgläubig nicht zugleich

- »den Wert der Zuwendung der Familie für das Kind und die Gefahren zunehmender Anonymität und Einsamkeit beschwören«
- und die »Ausstrahlung weiterer Programme« und die »Vermehrung des Angebots« fordern,

wie dies, ohne diesen Widerspruch zu sehen, im CDU-Grundsatzprogramm vom Oktober 1978 geschieht.

An den Bedürfnissen vorbei?

Ich möchte nicht falsch verstanden werden: Fernsehen ist als solches ein gutes, ein zum Teil sehr segensreiches Medium. Informationen kommen ins entlegenste Wohnzimmer. Das Fernsehen hat viel dazu beigetragen, abgelegene Regionen am gesellschaftlichen und kulturellen Leben in der Bundesrepublik teilnehmen zu lassen. Es hat in Bereichen lokaler Zeitungsmonopole konkurrierende Informationen gebracht. Aber das Medium Fernsehen ist zugleich so attraktiv, daß es drogenhafte Züge trägt, vor allem, wenn es im Übermaß verabreicht wird.

Folgerichtig hat sich der Bundeskanzler in seinem Plädoyer für einen fernsehfreien Tag ja nicht gegen das Fernsehen insgesamt, sondern nur für eine bewußte Abstinenz ausgesprochen.

Zu dieser bewußten Abstinenz sind die Bürger mehrheitlich gegenwärtig noch durchaus bereit. Dazu möchte ich ein paar Ergebnisse über den wahrscheinlichen Bedarf an weiteren Möglichkeiten der technischen Kommunikation anführen.

In Untersuchungen ist festgestellt worden:

a) die Bürger wissen wenig über die neuen Medien,

b) Fragt man – gewissermaßen ohne näher zu informieren – nach dem Interesse an mehr Fernsehprogrammen, schon dann gibt eine Mehrheit zu erkennen: sie will die neuen Fernsehangebote gar nicht. Bei einer repräsentativen Infratestumfrage meinten $^{2}/_{3}$ der Befragten, sie hätten überhaupt kein oder wenig Interesse an mehr Fernsehprogrammen.

c) Wenn die Befragten genauer erfassen, wie die Welt der zukünftigen Telekommunikation aussehen wird, wachsen Ablehnung und Angst.

- Dabei fürchten die Befragten vor allem eine zunehmende Isolierung und auch Streit in den Familien.
- Sie befürchten auch, daß sie sich, wenn die neue sogenannte Vielfalt da ist, der Versuchung nicht entziehen können.
- Sie haben große Abneigung gegen eine technische Kommunikation mit Ämtern und anderen Einrichtungen.
- Sie fürchten die neuen hohen Kosten.
- Sie haben Angst vor dem neuen Wettlauf um die Statussymbole; Angst vor der neuerlichen sozialen Deklassierung.

Nach den bisherigen Forschungen zum »Bedarf« ist es sehr fraglich, ob sich die neuen Investitionen in Satelliten oder in das Kabelfernsehen wirklich wirtschaftlich tragen, ohne daß nach vollzogener Investition massiv und künstlich »Bedarf« geweckt wird. Wir könnten uns durch euphorische Bedarfsvorstellungen zu gigantischen Fehlinvestitionen verleiten lassen. Am Ende wären also vielleicht mehr als 100 Mrd. DM in eine Technik investiert, die die Mehrheit unseres Volkes gar nicht gewollt hat.

Bei den skeptischen Überlegungen zur Einführung neuer Übertragungstechniken und zusätzlicher Programme geht es darum, daß wir die Herrschaft über die Medien bewahren, bevor sie uns beherrschen. Nicht Maschinenstürmerei steht dahinter, sondern der Versuch, rational abzuwägen, wie die Gesellschaft in Zukunft aussehen soll.

Die Verfechter einer Einführung des Kabel- und des Satellitenfernsehens wollen dem Bürger diese neuen Medien einfach vorsetzen. Sie wissen um die Suggestivität des Fernsehens. Darauf spekulieren sie mit ihren Investitionen. Skeptikern wird vorgeworfen, sie würden die freie Entscheidung des mündigen Bürgers mißachten. Dieser könne am Druckknopf selbst entscheiden, welchen und wie vielen Programmen er sich aussetzen will.

Dem ist entgegenzuhalten: Auch die Skeptiker gegenüber einer Programmüberflutung sind mündige Bürger unseres Landes. Sie trauen ihren Mitbürgern durchaus einen verantwortungsbewußten Umgang mit den Medien zu. Nur sollte die Verantwortung auch die Grundsatzentscheidung mitumfassen, ob durch öffentliche Mittel eine Programmvermehrung ermöglicht werden soll oder nicht; ob 100 Milliarden DM für eine Vollverkabelung der Bundesrepublik ausgegeben und Hunderte von Millionen Mark in ein Satellitenfernsehen investiert werden sollten.

Das ist keine Entscheidung, die die interessierte Industrie und die Medienkonzerne allein zu treffen haben. Die Beteiligung des Bürgers muß jetzt erfolgen und nicht erst dann, wenn sich die »schöne neue Fernsehwelt« in die Köpfe und Herzen unserer Kinder eingeschlichen hat. Und ein am »Erfolg« interessiertes Mediensystem jeden Widerstand bricht.

Es geht um eine sehr nüchterne Abwägung. Nach meiner Überzeugung muß unsere Gesellschaft insgesamt bitter bezahlen, wenn sie sich die »totale Fernsehwelt« einhandelt:

- Eine Gesellschaft, die der direkten Kommunikation das Wasser abgräbt, zahlt mit Kosten für die psychiatrische Versorgung.
- Eine Gesellschaft, die ihre Kinder »mit der Glotze stillstellt« und die familiäre Kommunikation stört, zahlt mit wachsenden Schulproblemen und der Abwendung von Teilen der Jugend von der älteren Generation, wenn nicht gar mit ihrem Ausstieg aus unserer politischen Kultur überhaupt.
- Eine Gesellschaft, die die Information allein den Medien in den Händen von einigen wirtschaftlich starken Machtgruppen überläßt, zahlt mit politischen Kosten, mit einem Verlust von »checks and balances«, mit dem Schwinden demokratischer Substanz.

Für mich ist deshalb der Versuch, die Medien- und Kommunikationswelt der Zukunft vorauszudenken, keine Spinnerei, sondern eine sehr vernunftbezogene Angelegenheit der Abwägung von Chancen und Risiken. Jedenfalls wäre es absolut irrational, in den beschriebenen Zustand hineinzutaumeln, ohne sich darüber Gedanken gemacht zu haben und ohne den öffentlichen Dialog darüber geführt zu haben.

In einem demokratischen Land sollte es selbstverständlich sein, vor zukunftsweisenden Entscheidungen die Bürger mit der zu erwartenden Zukunft bekannt zu machen. Das ist bisher viel zuwenig geschehen.

RUDOLF ROHLINGER

Rudolf Rohlinger, 1926 geboren in Lingen/Ems; Gymnasium Georgianum in Lingen; 1945 nach Verwundung in Österreich Entlassung aus amerikanischer Kriegsgefangenschaft; 1946 Abitur in Lingen; 1946–1948 Studium in Münster/Westfalen:

Soziologie und Anglistik; 1949 Stipendium der Universität Glasgow/Schottland. 1950 Neue Ruhr-Zeitung Essen: Politischer Redakteur; 1955 Kölner Stadt-Anzeiger: Chefreporter, später Redaktionsleiter; 1963 Westdeutscher Rundfunk: Chefreporter Fernsehen. Neben Live-Reportagen und politischen Features auch Kommentare, seit 1965 auch Kreuzfeuer-Interviews in »Monitor« und Wahlanalysen; 1972 Leiter der Redaktionsgruppe TM-Tagesmagazin (wdr/Westdeutsches Fernsehen), Leiter der Programmgruppe »Feature und Dokumentation« und stellv. Leiter des Programmbereichs Politik im WDR-Fernsehen, 1977 ARD-Korrespondent in New York mit dem Berichterstattungsgebiet New York, Vereinigte Nationen und Kanada.

RUDOLF ROHLINGER
(New York)

Am Kabel hängt, zum Kabel drängt...

USA – immer noch ein Schreckbild?

Eben hat er mich wieder angebettelt, mein Lieblings-Millionär. Er macht das nett und adrett. Wenig Schmuß, keine Tränen. Fünf Dollar möchte er von mir haben, und er wird mir die milde Gabe ganz leicht machen. Ich kann ihn gebührenfrei anrufen, brauche nur eine meiner Kreditkarten-Nummern durchzusagen, dann hat er, was er zum Weiterleben braucht, und schickt mir obendrein auch hübsche Quittungen. Fünf an der Zahl, für jeden Dollar eine, auf der Rückseite gummiert, so daß ich sie an die Stoßstange oder sonstwohin kleben kann. Die Stoßstange drängt sich auf, weil diese Art von Aufkleber im Amerikanischen vorsichtshalber »bumper sticker« genannt wird.

Ein hübsches Wort: bumper sticker. Beide Teile sind jeweils doppeldeutig. Ein sticker ist nicht nur der Klebezettel selbst, sondern auch derjenige, der die Parole oder den Werbespruch oder irgendeine Botschaft, auch »bill« genannt, an den Mann bringt, indem er sie an die Wand klebt. Wo immer jemand sein Eigentum unbeschriftet erhalten möchte, beschriftet er es deshalb mit der Verheißung BILL STICKERS WILL BE PROSECUTED. Zugegeben, es ist eine sehr alte Scherzfrage, wer der meistverfolgte Mann in den USA sei. Nämlich der arme Bill Stickers. Das ist sogar ein uralter Witz, auch wenn er nach wie vor gilt. Ganz neu aber ist, daß ich für Ted Turner aus Atlanta zum BILL STICKER werden und dafür auch noch bezahlen soll. Das ist wahrlich ein bumper in des Wortes zweiter Bedeutung: Das ist ein dickes Ding.

Von mir bekommt Mr. Ted Turner keine fünf Dollar, jedenfalls nicht auf direktem Wege. Und ich werde für sein Fernsehunternehmen CNN, das ich sehr hoch einschätze, dennoch keine Reklame kleben, nicht einmal, wenn er es sich in den nächsten Wochen anders überlegt und mir für das Hausieren Bezahlung anbietet, statt mich anzubetteln.

Das Werbebeispiel des Ted Turner ist vorerst noch ohnegleichen, soweit ich weiß. Diese Art Bluff scheint noch niemandem vorher eingefallen zu sein. Verbürgen kann ich mich dafür nicht, denn Bluff ist Trumpf im amerikanischen Informations-Geschäft. Und allgemeine Unkenntnis ist häufig Voraussetzung für Erfolge der Funk- und Fernseh-»Industrie«, wie sie sich selbst nennt. Riesenbeträge, nicht nur ein paar, sondern viele Millionen Dollar stehen auf dem Spiel. Nachweislich bestellen und bezahlen arglose Kunden Fernsehsendungen, ohne zu wissen, was sie tun. Nachweislich werben Programmverkäufer unter wiederum sehr hohen Kosten und in harten Gefechten untereinander für Unterhaltungspakete mit bunt unterschiedenen Titeln und haben dann doch nur dieselben Spielfilme in anderer Reihenfolge anzubieten. Betteln und Bluff und natürlich Werbung, immer wieder Werbung! Diese drei Faktoren sind die Geldmacher unserer Tage in Amerikas Mediendschungel. Mit ihnen muß man sich abfinden, sie muß man einkalkulieren und möglichst weitgehend zu durchschauen trachten, wenn man einigermaßen unbeschadet und ungeschröpft die zweifellos manchmal vorzüglichen Angebote genießen will.

Ungeschröpft? Man weiß aber doch, daß es keine Fernsehgebühr und keine Rundfunkgebühr gibt in den USA? Das stimmt. Jeder darf das Gerät seiner Wahl kaufen, den Stecker in die 110-Volt-Buchse drücken und frohen Herzens genießen, wenn er kann. Ob er kann, hängt im wesentlichen von seiner Widerstandsfähigkeit gegen den Dauerbeschuß durch Werbung ab und von seinem Standort, beziehungsweise dem seines Geräts.

In einigen der fünfzig nordamerikanischen Staaten wird dem kostenlosen Hörer und Seher nur spärliche Auswahl angeliefert. Es gibt oder, um vorsichtig zu sein, es gab bis gestern noch rückständige Flecken auf der USA-Karte, die sich mit weniger als einem Dutzend hörbarer, d.h. einwandfrei empfangbarer Radiostationen und sogar mit weniger als einem halben Dutzend Fernsehprogramme begnügen mußten. Aber da handelt es sich um Ausnahmen. Ihre Zahl und Größe schwinden rasch.

Eine Ausnahme nach der anderen Seite ist die Musterstadt Columbus, Ohio. Columbus hat eine Sozial- und Altersstruktur à la Amerika. Mit anderen Worten: Columbus als eine verkleinerte Ausgabe der USA eignet sich vorzüglich für sparsame Volksbefragung und darf deshalb als Übungsplatz für elektronische Pioniere herhalten. Da wird das Fernsehen von übermorgen ausprobiert, das sich manchmal als das Fernsehen von vorgestern entpuppt. Aber das gehört ja wohl zum großen Experiment. In Columbus jedenfalls kostet es wenig oder sogar nichts, zwischen mehr als dreißig Fernsehkanälen wählen zu dürfen. Armes Columbus. Sein Probeleiden soll Rest-Amerika ungeheuere Neuerungen bescheren und erspart ihm beiläufig auch manches, das selbst die Berufsoptimisten nicht länger als gelungen bezeichnen.

Lassen wir die Ausnahmen. Dies ist New York. Gehobener Durchschnitt. Ich »verfüge« als Konsument in Manhatten über genau einunddreißig Hörfunkprogramme und sechsundzwanzig Fernsehkanäle. Das ist hier normal, aber auch wieder nicht. Ich muß einiges beichten. Also, die Hörfunkstation habe ich auch in den drei Jahren noch nicht alle ausgekostet. Einige brauche ich, einige liebe ich, einige widern mich an. Den Rest will ich später erkunden, wenn mal gerade die Zahl der Fernsehangebote nicht wächst. Ich brauche und benütze unter den acht Radiostationen, die sich fast ausschließlich oder sogar ganz aufs gesprochene Wort beschränken, am häufigsten daheim und vor allem unterwegs WYNS.

Da gibt es nur Nachrichten. Rund um die Uhr. Wenn ich die muntere Ankündigung höre: »Geben sie uns 22 Minuten ihrer Zeit, und wir geben Ihnen die Welt«, dann weiß ich, woran ich bin. In den nächsten 20 Netto-Minuten, die Selbstverkündigungen abgezogen, gibt es drei Wetter-Kurzberichte, rund 15 nationale Nachrichten und Berichte, auch zwei oder drei aus dem Rest der Welt, ein halbes Dutzend lokale Nachrichten und ebenso viele Werbespots. Sechseinhalb Minuten reine Werbung, immer mitten drin. Nach meiner Rechnung sind das 32 Prozent. Nun, der Station geht es gut, und ich habe gelernt, damit zu leben. Gebührenfrei.

Um es gleich zu sagen: In der halbstündigen repräsentativen Abendnachrichtensendung des großen Fernsehnetzes CBS sind es an guten Tagen auch nur neun Werbefilme, die in fünf Schüben die Meldungen unterbrechen. So betrug die reine Kommerz-Zeit beim letzten Mitstoppen exakt fünf Minuten (acht halbe, eine ganze). Lassen wir die Tatsache mal außer Betracht, daß es diesmal, sicher eine Computer-Fehlleistung, nur für insgesamt 28 Minuten reichte, in denen siebzehn amerikanische und immerhin fünf internationale Themen behandelt wurden! Auf volle 30 Minuten sogenannte »Welt-Nachrichten« gerechnet, betrugen die Reklamen für Autos (3), Wein, Kreditkarten, Eiltransport, Kabel, elektrische Besen und Schnupfenbekämpfungsmittel doch immerhin siebzehn Prozent. Man lebt damit, weil man muß. Weil man keine Wahl hat. Auf anderen gebührenfreien Kanälen ist es nicht anders. Es wirbt mitten in Spielfilmen, in Sportübertragungen (davon gibt's viele), in Ratespielen (davon auch) und in den soap-operas, das sind Klamotten-Serien (viel zu viele).

Es wirbt immerzu. Sechs meiner Fernsehprogramme beginnen um sechs Uhr früh und laufen und werben durch die Bank bis sechs Uhr früh. Bisweilen hört der allerletzte alte Spielfilm schon früher auf, dann gibt's sogar auch mal Schwarzblende oder Stationszeichen. Ansonsten wirbt es.

Wo die anderen Kanäle geblieben sind? Die anderen zwanzig? Ich wollte zu gern zum Hörfunk zurück. Moment nur. Ich mache es kurz und höflich. Ich liebe zwei Stationen besonders. Eine, die nichts anderes bringt als guten alten Jazz, und eine mit ausschließlich klassischer Musik. Und ich hasse vor allem die Welle mit Country-Musik ohne Ende. Aber werben müssen auch diese drei, geliebt oder ungeliebt. Wie alle anderen siebenundzwanzig, von denen ich – aus versprochener Höflichkeit oder weil ich sie noch nicht nahe genug kenne – nun nicht mehr berichte. Außer daß sie werben müssen. Es gibt ja keine Gebühren.

Also Fernsehen: Wer nicht verkabelt ist, hat in New York nur elfmal die Wahl. Unter elf Knöpfen tut sich was.

Zwei davon erschließen allerdings nur weiter entfernt gelegene Stationen des öffentlichen Fernsehens PBS (Public Broadcasting System). Da ist der Empfang noch schlecht. Außerdem bekommt man, was dort schwächer sichtbar wird, zu einer anderen Zeit auf »unserem eigenen« PBS-Kanal. Und das ist meistens vorzüglich. Leider hat das PBS noch immer keine überregionale Nachrichtensendung. Schade, sie wäre ein nationaler Erfolg. Denn im PBS wird nicht geworben. Nicht so richtig und ständig, sondern nur vornehm und sparsam. Große Unternehmen lassen vor und nach einer Sendung sagen und zeigen, daß sie diesen Beitrag durch ihre Spenden ermöglicht oder doch mitfinanziert haben. Handelt es sich um eine längere Sendung, dann wird man auch schon ein paar mal mittendrin an den Mäzen erinnert. Immerhin, Zukunftsvision. Schon haben ein paar finanzstarke Firmen eingeführt, daß sie auf anderen Kanälen von ihnen getragene Sendungen von besonderem Gewicht nur ein paar mal mit Eigenwerbung unterbrechen, dafür etwas länger. Das wird dann rühmend vorher verkündet. Leider darf man aber nicht hoffen, daß diese Mäßigung bald Schule macht. Im Gegenteil. In dieser Zeit der wirtschaftlichen Misere ist ein Etat nicht nur nicht geschrumpft, sondern wächst: Für die Fernsehwerbung steht mehr Geld zur Verfügung als je zuvor. Es wird weiterhin mitten hinein geworben werden, bunt und laut und ohne jegliche Abstimmung auf das Programm-Umfeld. Im Falle der »Holocaust«-Serie hat man in Europa von solcher Rücksichtslosigkeit vernommen und sich sagen lassen oder sogar ausgemalt, das sei doch wohl schlimm gewesen. Es war noch schlimmer. Aber es war auch »normal«! Und es wird so bleiben.

Das PBS, die eher »europäische« Ausnahme, die denn auch gern und flüssig aus Europa importiert bis hin zum »Fußball nach deutscher Art« – das PBS wirbt nicht, beziehungsweise sehr maßvoll. Dafür muß es betteln. Nicht dauernd, obgleich es ihm dauernd an Mitteln fehlt. Aber dann – zu genehmigten Zeiten – wird der Zuschauer bestürmt, zu helfen. Spendenaktionen mit Prominenz und Armeen von Telefonisten. Natürlich auch im Bild. Und mit kleinen und größeren Gegengaben, je nach Höhe der eintelefonierten Beihilfe.

Wer einen solchen flehentlichen Abend, eine solche herzerweichende Woche nie gesehen hat, kennt ein verkleinertes Modell aus den Spendenaktionen, zu denen sich europäische Stationen bisweilen und nach reiflicher Überlegung bereit finden. Da wie dort Planzahlen, an denen man sich orientiert, Eindringlichkeit, gemischt mit Spaß. Eine Lotterie gibt es im PBS noch nicht. Dafür eine Auktion von Antiquitäten. Was da versteigert wird, hat man allerdings vorher erbettelt. Vom Publikum, von der Zuschauergemeinde. Es ist etwas verflixt Verschiedenes, ob man für andere bittet und sammelt mit den Mitteln des Fernsehens, oder für sich selbst, für das Programm. Nur im letzteren Falle ist das Wort betteln angebracht. Das PBS, eine vorzügliche Fernsehinstitution der USA, muß betteln. Es gibt keine Gebühren. Allerdings legt die öffentliche Hand, legen vor allem große Stiftungen, die ja im amerikanischen Leben eine viel größere Rolle spielen (und eine so viel größere, nicht selten gefährliche Macht haben), Dollars dazu. Auf Anfrage. Gegen Nachweis, also auch gewissermaßen erbettelt.

Dieses PBS kommt – von verschiedenen Stationen und in differenzierter Mischung – über drei meiner New Yorker Kanäle ins Haus. Unter zwei anderen Knöpfen gibt es spanisches Programm. Das ist nicht einmal viel. Die USA werden mehr und mehr ein zweisprachiges Land.

Bleiben für den drahtlosen New Yorker sechs allgemein englischsprachige Programme. Drei der Riesen CBS, NBC und

ABC, die im ganzen Land ihre angeschlossenen Stationen haben. Die Ausstrahlungen dieser Networks, dieser Fernsehnetze, erreichen praktisch alle 76 Millionen amerikanischer Haushalte mit Fernsehgerät. Ich sollte sagen: mit Geräten, denn die Hälfte der Familien – nach groben Schätzungen – hat mehr als eines, sogar mehr als zwei. Genauer kann es niemand sagen, es gibt ja keine Meldepflicht. Nicht mal für Staatsbürger. Geschweige denn für Geräte, die keine Gebühren kosten. Drei weitere New Yorker Fernsehanstalten, die kostenlos anbieten – durchweg 24 Stunden lang –, haben nur örtliche Reichweite und sind Privatbesitz. Und alle sechs werben.

Ein ärgerliches Kuriosum kann man wohl nur mit dem amerikanischen Nationalstolz auf Beharrlichkeit erklären, Beharrlichkeit, auch wenn oder sogar gerade wenn man etwas als falsch erkannt hat. Es gibt allabendlich eine, nur eine Sendung jedes der drei Networks, die mit einem gewissen Recht als umfassende Nachrichtensendung bezeichnet werden darf. (Mein gestopptes, ausgewähltes Beispiel von CBS kann durchaus als typisch auch für die anderen beiden gelten.) Und diese drei »weltweiten« halben Stunden beginnen alle zur gleichen Zeit. Seit Jahren schon: Um 19.00 Uhr abends. Seit Jahren klagen wohlwollende Kritiker darüber. Die Beharrlichkeit siegt. Der Zuschauer hat keine Zeitwahl.

Seit Juni 1980 allerdings wird ihm eine andere Möglichkeit des Nachrichtenkonsums über Fernsehen gegeben. Sofern er ans Kabel angeschlossen ist. Eine Fernseh-Nachrichtensendung rund um die Uhr kommt aus Atlanta im Carter-Staate Georgia. (Das muß dazugesagt werden, da Amerika sieben Städte namens Atlanta hat.) Ted Turner, ein sehr reicher Unternehmer, der Welt bis dahin eher als eifriger und auch erfolgreicher Hochsee-Segler bekannt, hat das Kabel-Nachrichten-Netz CNN geschaffen. Dafür verdient er Sympathien. Mag seine persönliche politische Einstellung auch vermuten lassen, daß ihm Ronald Reagan zu weit links steht, Turners CNN ist eine der besten und wichtigsten Neuerungen in der US-Fernseh-

»Industrie«. Am Programm des CNN, das live in raschem Wechsel aus Atlanta selbst, aus Los Angeles, Chikago, Washington und New York über Satelliten zusammengeschaltet wird, spürt man Turners Ansichten nur, wenn als regelmäßiger Kommentator Senator Barry Goldwater zu Wort kommt. Nachrichten haben Vorrang. Man ist schnell und beweglich, riskiert manches. Wahrhaft ein Verdienst. Der Chef-Korrespondent des CNN arbeitet exzellent, er hat einen zweiten, wenn nicht gar dritten oder vierten Frühling. Das sei nur angemerkt, weil nicht wenige Fernsehzuschauer in Europa diesen Mann schon seit Jahren kennen, auch aus seiner Bonner Zeit. Er heißt Daniel Schorr.

Schorrs Erfahrungen schimmern angenehm durch. Zwar läßt er sich jagen wie ein Jüngling. Er raste nach Wiesbaden, nach Westpoint, nach Washington, um möglichst immer nahe und im Bilde zu sein, wenn man die freigelassenen amerikanischen Geiseln auch nur von ferne vielleicht einen Augenblick sehen konnte. Der »Senior Correspondent« Schorr machte halt mit in der maßlos übertriebenen Hatz auf Bilder und Stimmungen. Er ließ sich infizieren von der Krankheit amerikanischer Nachrichtenleute, *einer* Meldung, *einem* Ereignis absoluten Vorrang zu geben, und andere Weltnachrichten, sogar die allgemein höher geschätzten nationalen dahinter verblassen zu lassen, zu ignorieren. Aber es war Daniel Schorr, der zuerst merkte, welche falsche Gewichtung sich da vollzog, und der es auch sagte oder zumindest fein deutlich spüren ließ. Ein Hoch für Tapferkeit auf CNN.

Aber Geld macht dieser Nachrichtenkanal noch nicht. Im Gegenteil. Die Gerüchte wachsen, daß Ted Turner, der Boß, wohl werde verkaufen müssen. Oder einpacken. 40 Millionen Dollar – das ist der Mittelwert der Schätzungen – habe allein der Aufbau des Apparates gekostet. Und die Verluste betrügen monatlich zwei Millionen. Mit rund 4,7 Millionen Beziehern hat der kostspielige Neuling in den ersten neun Monaten nicht erreicht, was er erreichen wollte. In weiteren neun Monaten muß man sieben Millionen erreichen, sonst bleiben die Zahlen rot. Deshalb ist Mr. Turner auf die Idee verfallen, zu betteln und Werber zu werben, die dafür auch noch bezahlen.

Es handelt sich dabei um Doppelwerbung. Einmal sollen mehr private Verkabler im Lande aufmerksam gemacht werden, damit sie CNN auch über ihr Netz verbreiten. Zum zweiten sollen potentielle Anzeigenkunden mobilisiert werden. Dann natürlich wirbt CNN. Nur noch nicht gar so dick und so dicht wie die älteren Netze. Das ist Ted Turners Kummer und Verdruß und der Zuschauer Freude und Gewinn. Genuß auf Zeit.

Indirekt unterstütze ich Ted Turner und sein CNN schon seit Monaten. Ich bin Kabelteilnehmer, und das Unternehmen, das mich zum Drahtbezieher macht, strahlt mir auf einem der 15 zusätzlichen Kanäle 24 Stunden lang die Turner-Telenachrichten ins Haus. Ich hatte und habe darauf keinen Einfluß. Es ist die alleinige Entscheidung der Firma »Manhattan Cable TV«, die für das südliche Manhattan die alleinige Konzession für Kabelversorgung hat, also ein Monopol.

In Manhattan braucht man das Kabel. Drahtloser Fernsehempfang ist in den sprichwörtlichen Straßenschluchten oft, sogar meistens so kümmerlich wie in manchen Hochgebirgen. Am Kabel hängt, zum Kabel drängt man hier, um überhaupt fernsehen zu können. Und das kostet Geld. Nicht die einmalige Installation drückt auf die Kasse, sie ist billig. Die monatliche Gebühr ist es. Sie beträgt Anfang 1981 schon elf Dollar und fünfundsiebzig Cents. Vor zwei Jahren waren es noch zehn Dollar, eine Verteuerung um 17,5 Prozent.

11,75 Dollar monatlich, um auf den gebührenfreien, allgemein zugänglichen Kanälen überhaupt etwas sehen zu können und mich von meinem Monopolverkabler auf 14 weiteren, die nur dem zahlenden Kunden offenstehen, überraschen zu lassen. Und die Überraschungen sind zahlreich und keineswegs immer erfreulich. Mein Kabelgeber hat – wie die meisten der Parzellenverdrahter im Lande – die einträgliche Konzession nur erhalten, weil er sich verpflichtete, ein paar Kanäle für die Nutzung zum allgemeinen Wohl, also durch die Stadtverwaltung und Schulen und Universitäten freizugeben, und noch ein paar für »Public Access«, den freien Zugriff der Öffentlichkeit. »Ein paar« in beiden Fällen: die genaue Anzahl schwankt von Ort zu Ort, und schon lange beharren die Konzessionsgeber nicht mehr eisern auf einer bestimmten Mindestquote. Aber das Programmrecht der Behörden muß gesichert sein. In New York City geschieht das auf drei Kanälen, bislang wenig genutzt und langweilig. Man kann sie vorerst vergessen. Sie sind ruhendes Kapital für eine bewegtere Zukunft. Es kann noch werden. Schließlich wird ja jedermann eines Tages wissen, wie man ein Programm macht.

Auf den Kanälen des öffentlichen Zutritts lernt man schon. Auch das sind drei an der Zahl im Süden Manhattans, und wenn man sie gelegentlich einschaltet und sogar auf längere Zeit eingeschaltet läßt, dann platzen Träume. Es ist zum Heulen.

Mit welcher wonnevollen Hoffnung hat man doch jahrelang in Europa geschwärmt, vor allem, wenn man sich gerade über einen »publikumsfeindlichen« Sender geärgert hatte, wieviel lebendiger, hautnäher, offener Programme sein könnten, wenn sie erst einmal vom Publikum selbst beschickt würden. Angeblich meinen das auch heute noch einige. Sie müssen nicht gleich soweit gehen, alle professionellen Fernsehmacher für ipso facto dämlich und arrogant zu halten und Wundersames zu erwarten vom Fernsehen für das Volk durch das Volk. Aber es gab und gibt doch noch das Argument, richtiges, natürliches Fernsehen durch Laien und solche, die es nicht bleiben möchten, werde als Korrektiv wirken auf den Übermut der überverwalteten Programm-Beamten in den etablierten finanzierten »Häusern«. Zumindest Minderheiten kämen häufiger und freier zu Wort, erst einmal auf den Kanälen des öffentlichen Zugangs und dann schließlich auch – durch angleichenden Druck – in den »Anstalten«.

Das klingt ironisch. Vor allem wenn es einer sagt, der selbst festangestellter Fernsehjournalist ist. Mit Pensionsberechtigung. Aber die Träume waren zum Teil auch meine Träume. Ich vermochte nicht, natürlich nicht, anzunehmen, aller Jammer komme vom Professionalismus. Lassen wir den überflüssigen Vergleich des Journalisten mit dem Arzt oder dem Rechtsanwalt, dem Ingenieur, dem Chemiker oder dem Mechaniker. Näher läge dann schon der Vergleich zum Künstler oder Politiker. Das kann ja doch auch jeder sein oder werden – oder? Aber da erkläre ich mich für befangen. Da bin ich es. Auf Anstöße, Anregungen habe ich dennoch gehofft, wenn man erst einmal Unbefangenen Kamera und Mikrofon in die Hand gäbe. Und deswegen kommen mir Kraftworte oder Tränen oder beides.

Hier in New York hat man das Je-Ka-Mi-Fernsehen seit Jahren. Zwar muß man selbst produzieren, also auch die Produktionsmittel leihen. Das ist nicht gar so teuer, aber immerhin eine Einschränkung des »Jeder-Kann-Mitmachen«. Die Freiheiten dagegen sind unglaublich. Was immer einer gefilmt oder elektronisch aufgenommen hat, muß auch gesendet werden. Kostenlos. Was immer einer im Studio sagen oder fragen möchte, geht übers Kabel raus. Die Gesellschaft übernimmt keine Verantwortung, natürlich nicht, aber sie zensiert auch nicht. Sicher gibt es allgemeingültige Gesetze, die gelten sogar auch für Fernsehamateure. Aber wo bleibt der Richter ohne Kläger! Wo bliebe der Kläger ohne Zeugen! Das Public-Access-Recht gibt es seit Jahren, es wird auch genützt. Zuschauer? Fehlanzeige! Nur der unheilbar Neugierige schaltet immer wieder mal ein und schrickt zurück. Nur der professionelle Reporter tut sich das ein wenig länger an. Und fände es dann am fairsten, darüber zu schweigen. Über die Handleser und Fernheiler und Talk-Schauerlichkeiten. Schade, schade.

Bisweilen munkelt's der eine dem anderen oder die eine der anderen zu: Da ist mal wieder Porno auf Kanal J, schon davon gehört? Und dann gibt es für ein paar Tage oder sogar Wochen gegen Mitternacht mehr oder weniger heimliche Zuschaltungen. Man will doch wissen, worüber man nicht spricht.

J hat eine Sonderstellung unter den drei Kabelkanälen für jedermann. Im Gegensatz zu C und D, deren Nutzung durch Amateure nichts kostet, wird J gelegentlich vermietet. Dafür dürfen die Mieter dann auch werben. Also erblickt, wer die richtige Zeit erfahren hat – die Programm-Zeitschriften vermelden solche Köstlichkeiten schon lange nicht mehr –, menschliche Anatomie in der Totalen, der Gesamtansicht oder in Großaufnahme einzelner Partien. Sie sind nackt, aber nicht blank. Insbesondere jene Körperteile, die nur paarweise reizen, präsentieren sich mit lippenstiftbunten Einladungen. Etwa: »Hier sollten Sie Ihre Reklame unterbringen, dies ist der Platz für Sie!« Bis auf ein Broadway-Kino, das ohnehin nur Nuditäten bietet, hat meines Wissens noch kein zahlender Kunde von dieser Rundwerbung Gebrauch gemacht. Ich wage die Prophezeihung, daß es dabei auch bleibt. Allenfalls dürften sich Popos und Busen noch mit sinnigen Parolen einiger weniger Nachtlokale der derbsten Art schmücken, vielleicht auch noch mit ein paar Telefonnummern, die dann nur geringer oder keiner Erläuterung bedürfen. Ansonsten möchte es bei sanftschwingender Eigenwerbung bleiben. Meine ich. Erfahren werde ich es wohl kaum. Ich mag J nicht mehr recherchieren.

Da es aber zum guten Ton gehört, sich zu zieren, wenn es um diese Thematik geht, vielsagend zu schweigen oder zu erklären, so was sei doch eben auf die Dauer langweilig und öde, habe ich nach einer anderen Methode und nach Worten gesucht, nach anderen, genauer treffenden. Ich habe keine gefunden. Es ist öde, wenn schon nicht leer.

Erwähnenswert sind Hervorbringungen dieser Gattung nur unter dem Aspekt, daß Freiheit oder Freizügigkeit eben auch im amerikanischen Fernsehen nach sehr verschiedenen Ellen bemessen wird, vom Geschmack gar nicht erst zu reden. In einigen Serien der sog. Situationskomik (sitcom), auch solchen, die zu Zeiten ausgestrahlt werden, da mit Sicherheit noch Jugendliche und sogar Kinder vor den Apparaten sitzen, darf weitaus mehr enthüllt gezeigt, darf viel drastischer geredet und angedeutet werden als etwa in Werbespots, die nur am späten Abend laufen. Dieser Unterschied ist schon gewaltig. Und dann kommt nächtens auf J der »Häßliche Georg«, wie er sich selbst nennt: Ugly George, und er enthält sich nicht nur jeglicher Restspuren amerikanischer Prüderie, für ihn gelten auch andere Gesetze nicht. Nur deshalb noch ein Absatz über Ugly George. Ein Viktorianer möchte an dieser Stelle den Satz unterbringen: Der folgende Passus ist nicht für jeden Leser geeignet; machen Sie doch bitte gegebenenfalls die Augen zu! Das tun nämlich auch die Vermieter besagten Kanals.

Also: Der freie Unternehmer mit dem hübschen Namen war in Manhattan schon lange straßenbekannt, ehe man ihn auf den Schirm ließ. Er zog und zieht durch gewisse Teile der Stadt, keineswegs nur die verrufenen, und sucht sich Passantinnen aus. Der Solist George ist unübersehbar, weil mit elektronischem Gerät überladen und je nach Jahreszeit betont schußlich an- oder ausgezogen. Es wäre also ein leichtes, um ihn einen Bogen zu machen. Aber er findet Opfer. Mag im jeweiligen Hinterköpfchen die Idee geistern, daß auch andere erst »erkannt« wurden, als sie sich für eins der Hochglanzmagazine der Kleider entledigt hatten, mag also verdeckter Ehrgeiz oder auch nur Einsamkeit den Ausschlag geben, George findet »Modelle«. Sie schlucken die dicksten und dümmlichsten Komplimente schon am Straßenrand und stellen sich oder Teile von sich bereits an Ort und Stelle deutlicher vor. Dann folgen sie dem Nicht-Herrn in irgendeinen Winkel. Er selbst wird in seiner Freude am Vulgären später immer wieder von einem »sparsam beleuchteten Hausflur« reden. Wo auch immer: George zieht die junge Weibsperson aus. Er hebt und dreht und knetet. Und er verspricht in Wort und Schrift Violence, also Gewalt. Da bleibt es zwar bei der Ankündigung, bislang. Aber wenn er sein Objekt für längere Zeit filmen darf, suchen die beiden sein »Studio« auf. Und bei der Beschreibung dieses Drehorts und während all seiner sogenannten Kommentare bemüht sich George, eine ethnische Minderheit, eine Volksgruppe ständig zu beleidigen, nämlich alle Polen und alles Polnische. Das ist alles. Alles das läuft auf J. Ohne Widerspruch vorerst jeden Dienstag, Mittwoch und Donnerstag abends um halb zwölf. Wenn Ugly George endlich der Vergangenheit angehört, werden Nachfolger ebenso unbehindert vorweisen dürfen, was sie in Hausfluren oder Kellern entdeckten. Miserabel gefilmt und geschnitten, es wird gezeigt. Offenbar sieht es niemand, der den Mund aufmacht außer zum Gähnen.

Themawechsel. Wir schalten zum Kanal H und kommen zum großen Geschäft. Das ist Tele-Kino. In meinem Falle nennt es sich »Home Box Office«, »Theater Kasse daheim«. Und auf die Kasse kommt es an. Die Amerikaner reden von Pay-TV, von Fernsehen gegen Bezahlung, vom Münzfernsehen. Mit diesem Wort wird nun allerhand Unsinn getrieben. Und mit der Sache, die es meint oder meinen sollte, erst recht.

Der Ausdruck Pay-TV wird – sogar von Leuten aus der Branche – häufig falsch oder zumindest leichtfertig angewendet, weil ja schon der Kabelanschluß monatliche Gebühren kostet. Das müßte denn doch wohl als bezahltes Fernsehen, als Gebühren-TV bezeichnet werden. Das Etikett »Pay-TV«, das sich wegen seiner Kürze und wegen der Vorliebe in größeren Teilen Europas für smarte Amerikanismen sicher auch drüben durchsetzen wird, meint, daß man sich ein ganz bestimmtes Programm bestellt und dafür gezielt zahlt. Ein Entstörer wird in der Wohnung oder im Büro so eingestellt, daß nun auf einem Kanal oder auch auf mehreren, die sonst nur die berüchtigten Schneeflocken zeigen würden, gegen Extrakasse Heimkino geboten wird.

Meines kostet im Monat zehn Dollar, zusätzlich zu den 11,75 Dollar für Kabelanschluß. Es beginnt werktags um fünf oder halb sechs nachmittags, am Wochenende schon gegen drei, und zeigt bis in den Morgen vornehmlich Spielfilme. Aber nicht nur. Das Programmheft, das mit der Rechnung kommt, verzeichnet neben den Kino-Spielfilmen, die man hier theatrefilms nennt, auch Sonderschauen und Übertragungen besonderer Art und Kostspieligkeit.

Das macht der Wettbewerb. Denn da sind andere auf dem Markt, die unter anderem Namen andere Programmpakete anbieten. Daß darin dann häufig dieselben Spielfilme in anderer Reihenfolge geboten werden, hat – wie eine jüngere Untersuchung beweist – mancher Neuling gar nicht bemerkt. Er zahlt noch mehr als ich, weil man ihn in dem Glauben gelassen hat, auch das zweite Pay-TV gehöre zum Festpreis des Kabelangebots. Dämlich, aber wahr. Und verständlich in einem Land, in dem der Fernsehzuschauer Helmut Schmidt, von Beruf Bundeskanzler der Bundesrepublik Deutschland, gewiß schon sehr viel früher und lauter nach einem fernsehfreien Tag gerufen hätte. (Und sicher genauso vergeblich, da man dieses Wort nicht steigern kann.)

Zum Pay-TV drängen die Spielfilm-Produktionsgesellschaften. Anfangs haben sie an die Pay-TV-Grossisten gern verkauft, was nicht mehr so recht laufen wollte in den Kinos. Sie haben auch mal einen mittleren Renner mit eingepackt, denn die Pioniere des Pay-TV waren liebe Kunden. Jetzt aber möchten die ganz Großen, die Hollywood-Giganten, diesen Markt selbst nutzen, möchten selbst zu eigenen Konditionen und ohne Zwischenhändler an die Kabelgärtner verkaufen.

Das hat zwei Folgen: Erstens schaltet sich Amerikas Monopol-Kontrolle ein. Zweitens versuchen die bisherigen Pay-TV-Anbieter sich immer mehr selbst als Produzenten. Weil es ja so viele Spielfilme auch nicht gibt, weil man mit viel Geld und Geschick und Beharrlichkeit, nämlich mit Armeen von Rechtsanwälten, die Großhandelsquellen eines Tages doch verschütten könnte, machen die bisherigen Inhaber von Pay-TV-Geschäften sicherheitshalber schon jetzt Eigenes. Das ist dann meistens noch dürftig und teuer. Oder schlüpfrig und nicht ganz so teuer. Pay-TV ist ein Markt der Zukunft. Die Herren der riesigen (gebührenfreien) Netze beginnen, das Wachstum der Rivalen zur Kenntnis zu nehmen. Was sie sagen, ist nicht druckreif.

Was sie überlegen, muß erst noch auf legal gedrechselt werden. Der Kampf ist entbrannt. Man riskiert Millionen, viele Millionen, denn die Dummen (Zuschauer) werden ja nicht alle.

Wirklich nicht? Vielleicht sind der Optimismus der Investoren wie mein Pessimismus unberechtigt. Ich bekenne, daß es sich bei mir um gespielten, um Zweckpessimismus handelt. Ich möchte glauben und glaube, daß in den USA zur Zeit Milliarden fehlinvestiert werden. In neue Pay-TV-Firmen und vor allem in Gesellschaften, die Bildplatten oder TV-Kassetten herstellen und verkaufen wollen. Diesen Konserven, so schreit man am Rande des Marktplatzes, gehören die eigentliche Zukunft. Arme Zukunft, sie wird immer »eigentlicher«.

Ein Rückschlag scheint mir unvermeidlich. Für meine zehn Dollar werden mir auf meinem Pay-TV über das Kabelnetz hübsche Filme gezeigt. Jugendfreie und später am Abend – das heißt: nach acht – auch andere. Alles, was da kommt, kommt auch mehrfach. Die Kinostücke von einigem Rang wiederholen sich sieben, achtmal im Monat. Und wenn sie höheren Rang haben, laufen sie auch im nächsten und übernächsten Monat noch. Dagegen habe ich nichts. Aber mir noch so ein Heimkino entstören zu lassen, käme mir nicht in den Sinn. Und, falls ich und meinesgleichen typisch sein sollten, was gäbe uns denn ein TV-Plattenspieler?

»Casablanca« habe ich schon fünfmal gesehen. Demnächst kann ich Bergmann und Bogart morgens um drei ein sechstes Mal begegnen. Auf einem Network-Kanal, natürlich mit Einschüben von Klopapier, amerikanischen, japanischen und deutschen Autos, Damenhygiene (einem Neuling in der TV Werbung) und Kuchen. Und natürlich Hamburger.

Nein, auch wenn sie mir geschenkt würden, ich kann mir nicht sehr viele Konserven denken, die ich gerne im Schrank hätte für stille Stunden, wenn es die gibt, oder für Besucher. Und Aufzeichnungen von älteren Bundestagswahlnächten, die ich nie live sehen konnte, wären vermutlich zu teuer. Zu kleine Kundschaft.

Anderes dagegen, das sich in Amerika breit und breiter macht, braucht das arme Europa sicher auch oder muß es mal kosten. Da ist das Rechnungs-Pay-TV. Man ist Kabelnehmer und hängt überdies am Computer. Wie beim Telefon verzeichnet der, wie lange man wohin verbunden war, und stellt die Kosten zusammen. Beteiligungs-Fernsehen: Derselbe Computer verzeichnet Ja- und Nein-Stimmen oder noch kompliziertere Knopfdruck-Entscheidungen der Zuschauer mit Spezialgerät.

In Columbus, Ohio, probiert man beides schon und gibt nur ungern zu, was alles schief läuft. Etwa: Es waren die Kinder, die einen teueren Film für Erwachsene einschalteten. Oder: Für die Todesstrafe hat angeblich ein Hund mit dem Schwanz plädiert. Wahr ist, daß beim »Dialog-Fernsehen« zwar blitzschnell exakte Prozentsätze des Pro und des Contra aus dem Computer kommen, nur sagt man nicht gern, wie viele Haushalte denn abgestimmt haben. Und man weiß nicht, noch nicht, wer das Wort in der jeweiligen Familie führen durfte. Solche und andere Mängel lassen sich ausbügeln, gewiß, aber das verlangt Geld, Ingenieurfleiß und Zuschauergeduld. Möge Europa sich Zeit lassen. Wahrscheinlich wird alles billiger und besser, oder noch besser: entbehrlich.

Tele-Geschäfte florieren sicher bald auch bei uns, wenn wir erst richtig drauflos werben im Fernsehen. Tele-Geschäfte sind die neuere Form des Versandhandels. »Was Sie hier sehen, verehrte Zuschauer, können Sie in keinem Geschäft kaufen, nur über das Telefon, gebührenfrei! Bitte, notieren Sie die Nummer!« Die nächste Stufe kommt schon morgen. Da ist dann kein Telefon mehr nötig. Knopfdruck genügt.

Das ständig wachsende Angebot neuer Techniken der Kommunikation mußte natürlich von einer neuen Gebrauchs-Philosophie begleitet werden. Dieses Lebensbildnis beschreibt einen Bürger, der nicht mehr aus dem Hause zu gehen braucht. Vom Lehnstuhl aus erledigt er seine Geschäfte. Über Tastaturen arbeitet er, kauft er, zahlt er, vergnügt er sich. Sicher lassen sich auch Knöpfe denken für weitere Lebensbereiche, die hier nicht aufgeführt werden müssen.

Ganz so herrlich, ganz so schrecklich wird es nicht werden. Wo blieben da auch die hierzulande höchstgeschätzten und entsprechend bezahlten Stars der umfangreichen, munter verkauften Regionalnachrichten, die Wetterverkäufer?!

Zu den wichtigsten Leistungen des Fernsehens gehört heute schon in den dichtbesiedelten Teilen mit hoher Kriminalitätsrate, daß man es nicht abschaltet, sondern im Gegenteil den Ton höher dreht, wenn man sein Heim verläßt. Es gibt noch Spaziergänger. So hat ein Satz an Gewicht verloren, mit dem man sonst gern schließt: Der Aus-Knopf ist nicht mehr der uneingeschränkt wichtigste. Aber man kann nach wie vor und muß heute mehr denn je sagen: Nein, danke!

KARL HEINZ WOCKER

Karl Heinz Wocker wurde 1928 in Düsseldorf geboren. Nach einer Lehre als Laborant studierte er an den Universitäten Köln und Marburg Germanistik, Anglistik, Geschichte und Politik und promovierte mit einer Arbeit über Grillparzer. Er volon-

tierte beim Südwestfunk, arbeitete von 1957 bis 1960 als Redakteur bei der »Stuttgarter Zeitung« und dann beim Sender Freies Berlin, zunächst in der Zentrale, dann als Korrespondent in Bonn. Nach einem halben Jahr als Redakteur der NDR-Sendung »Panorama« ging er 1963 als Hörfunk-Korrespondent des NDR und des WDR nach London, von wo er auch für die »Zeit« schreibt. 1971 erschien sein Englandbuch »Jenseits von Eton«, 1978 eine Biographie der Königin Viktoria.

KARL HEINZ WOCKER
(London)

Viel Programm, mancher Kummer

Großbritannien – immer noch ein Vorbild?

Deutsche, die nach Großbritannien reisen, um dort Funk und Fernsehen zu besichtigen, konzentrieren ihr Interesse meist auf das Nebeneinander von BBC und IBA, von öffentlich-rechtlichem und kommerziellem System, also das, was es in Deutschland nicht gibt, aber nach Ansicht mancher geben soll. Die darin steckende Grundsatzfrage haben die Briten vor mehr als 25 Jahren diskutiert. Sich heute bei ihnen Rat holen zu wollen, ist, als frage man ein Ehepaar, das gerade seine Silberhochzeit feiert, was es alles bei der Vorbereitung einer Hochzeit zu bedenken gelte. Jede Antwort kann nur die gegenwärtige Verfassung des Paares wiedergeben, und nach ihr allein sollte man sich denn auch erkundigen. Alles andere ist im Licht der Erfahrung getrübt oder verschönt.

Nun kann von Silberhochzeit natürlich keine Rede sein. Das Paar lebt getrennt, man sieht sich nur, wenn es unbedingt sein muß, etwa bei Absprachen über eine Olympiade oder das Silberjubiläum der Queen. Man hat getrennte Konten; die BBC bezieht eine vom Staat festgesetzte Gebühr, der kommerzielle Kanal betreibt ein kleines Geschäft, von dem wiederum die BBC behauptet, da flössen riesige Gewinne. Beide reden in jüngster Zeit auffallend oft vom Geld; also sollte bei der Besichtigung des Paares auch damit begonnen werden.

Das Jahrbuch 1981 der Independent Broadcasting Authority (IBA) widmet dem leidigen Kapitel ganze 3 von 224 Seiten, die BBC dagegen räumt den Bilanzen 16 von 210 Seiten ein. Beide klagen. Bei der BBC gehört das Beutelschwenken zum Gewerbe; die Politiker sollen spendierfreudiger gestimmt werden. Bei der IBA bedauert man den schlechten Zustand der Wirtschaft, der sich auf die Werbeeinnahmen auswirke. BBC jammert über das Parlament, das zuwenig Gebühren gebe, IBA über den Finanzminister, der zu viele Steuern nehme. Vier Milliarden Mark (umgerechnet) hat das kommerzielle Fernsehen inzwischen dem Fiskus zugeschustert, seit es im September 1955 zu senden begann. IBA schlüsselt die Einnahmen auf, Beispiel: 1980, geschätzt um die Jahresmitte. Danach erhält der Finanzminister 11 Prozent »Abgabe« und 4 Prozent Körperschaftssteuer. Die »Abgabe«, die seit 1964 die Anzeigen-Umsatzsteuer ersetzt, ist die vom Staat sich selbst verschriebene Gewinnbeteiligung. Wenn man bedenkt, daß für Neuanschaffungen, Reserven und Dividenden zusammen nur weitere 4 Prozent angesetzt sind, so könnte man das britische kommerzielle Medium, was seine Gewinne angeht, eher als ein Regierungs- denn als ein Privatfernsehen bezeichnen.

Das freilich übersähe den eigentlich Profitierenden: die werbende Wirtschaft. Inwieweit deren Umsätze durch Bildschirm-Verlockungen steigen, darüber gibt es keine exakten Messungen. Aber an solchen zweifellos vorhandenen Konsum-Zunahmen verdient ja der Finanzminister wiederum mit. Er wird es in steigendem Maße tun, wenn der vierte Fernsehkanal (kommerziell) im November 1982 hinzukommt und das System der örtlichen, durch Werbung finanzierten Hörfunksender den vorgesehenen Ausbau auf insgesamt 60 Stationen abschließt. Diese Sender nehmen inzwischen (laut Bilanz für 1979/80) bereits ein Fünftel dessen ein, was das Werbefernsehen erwirtschaftet.

Die BBC zahlt Steuern nur für diejenigen Sünden wider den öffentlich-rechtlichen Geist, die sich seit längerem verschämt zuschulden kommen läßt. Sie verkauft Sendungen, und der englischsprachige Markt ist groß und aufsaugbereit. Aber sie betreibt auch einen schwunghaften Handel mit Büchern und Bildbänden, die auf populären Sendungen beruhen (oder diese auf jenen) und mit Schallplatten, namentlich Sprachkursen. Sie verscherbelt komplette Programme der Open University an Erwachsenenbildungsinstanzen in aller Welt, und sie ist mit 33

Prozent an den Aktien der Firma Visnews beteiligt, die Nachrichten-Bildmaterial verkauft.

Daß sich die BBC von Anfang an entschloß, eine eigene Programmzeitschrift herauszugeben, macht sich heute bezahlt. Die »Radio Times« bringt durch Auflage und Anzeigen 14 Millionen Mark pro Jahr ein, beträchtlich mehr als die 8,5 Millionen Mark, die im gleichen Zeitraum (1979/80) durch die hauseigene Verkaufsorganisation »BBC-Enterprises« erzielt wurden. Deren Gewinne schwanken freilich von Jahr zu Jahr.

Das Defizit der Anstalt ist zwischen März 1979 und März 1980 von 56 Millionen DM auf 160 Millionen DM gestiegen (zum Umrechnungskurs von Anfang 1981). In die Jahresausgaben von 2,4 Milliarden Mark sind die des Auslandsdienstes der BBC nicht mit einbezogen. Rund 220 Millionen Mark gibt der britische Steuerzahler dafür aus, daß die einstige Weltmacht noch immer in mehr als drei Dutzend Sprachen die etwa 1,3 Milliarden Rundfunkgeräte anpeilt, die derzeit auf dem Globus in Betrieb sein sollen. Den sporadisch auf die BBC eindringenden Ansinnen der Politiker, zu sparen und zu kappen, entrinnen die Polyglotten von Bush House ebenso häufig dadurch, daß sie Extrawünsche des Foreign Office erfüllen müssen, zum Beispiel durch vermehrte Sendungen in russischer Sprache nach der Invasion in Afghanistan.

Während der Rundfunkempfang in Großbritannien gebührenfrei ist, steigt der Preis des Fernsehens entsprechend der Inflation. Im April 1975 kostete die Lizenz für den Farbempfang noch 18 Pfund, 1979 wurde sie – nach zwei zwischenzeitlichen Erhöhungen – auf 34 Pfund festgesetzt (170 Mark). Diese Jahressumme kann nicht abgestottert werden, was der BBC Kummer bereitet. George Howard, ihr neuer Chairman – vergleichbar etwa dem Vorsitzenden des Verwaltungsrates einer deutschen Funkanstalt, nicht dem Intendanten – hat dem Publikum zugesagt, beim Innenministerium eine bequemere Zahlungsweise zu erwirken.

Howard sieht seine Hauptaufgabe darin, die Anstalt finanziell zu sanieren. Mehrfach haben die Verwaltungsräte gedroht, die BBC sei nicht mehr in der Lage, ihre Rolle adäquat auszuüben. Auch in Großbritannien ist die Fernsehgebühr ein politischer Preis; da sparen die Minister am liebsten und am leichtesten. In 13 der letzten 20 Jahre hat die Anstalt mit einem Defizit abgeschlossen, inmitten wachsender Anforderungen an das Programm und amoklaufender Teuerungsraten, die jede längerfristige Finanzplanung unmöglich machen.

Die Konkurrenz des kommerziellen Kanals beschränkt sich zudem keineswegs auf das, *was* gesendet wird. Sie macht sich für den ökonomisch schwächeren der beiden Rivalen vor allem bemerkbar bei der Frage, *wer* sendet. Jede Programmausweitung bei IBA, jeder Gehaltsschub infolge der Inflation führt zu Abwanderungen von der BBC. So ging die Bekanntgabe des Termins für das künftige »Frühstücks-Fernsehen« im privaten Kanal (1983) Hand in Hand mit der Ankündigung, daß zwei der populärsten Gesichter der BBC, die Nachrichtensprecherin Angela Rippon und der Talkmaster Michael Parkinson, für die neue IBA-Gesellschaft arbeiten werden. Sobald die noch etwas vagen Pläne für den vierten Kanal Gestalt annehmen, wird es ein weiteres Überwechseln geben.

Dabei ist es nicht die Prominenz allein, die den höheren Angeboten des Kommerzkanals nachgibt. Viel schwerer zu verschmerzen, weil weniger leicht zu ersetzen sind die zahlreichen Fachkräfte des technischen Personals, die Musik-Cutter und MAZ-Ingenieure, oder die Experten im internationalen Filmeinkauf. Solche Spezialisten verhalten sich in der Regel nicht so anstaltsloyal wie langjährige Redakteure oder Produzenten. Es gibt immer noch eine BBC-Treue aus Prinzip, so wie viele britische Ärzte dem Staatlichen Gesundheitsdienst durch dick und dünn folgen. Aber diese Treue erstreckt sich nicht auf alle Bereiche der Anstalt und ist beim Nachwuchs schwächer entwikkelt als unter den Älteren. Für sie bleibt es eher eine Sache der guten Tradition, der Gesittung, also eine fast ethische Frage, ob man die BBC im Stich lassen darf. Wo diese Einstellung neuerdings ersetzt wird durch eine ideologische Ablehnung des Privatfernsehens als eines spätkapitalistischen Repressionsmediums, da tun sich dann auch innerhalb der Reihe der BBC-Loyalen Klüfte auf. Im ganzen gesehen schrumpft also das Häuflein derer, die um jeden Preis (und jeden Lohn) lieber bei der BBC knausern als bei IBA klotzen.

Von außen betrachtet bietet die britische Medienlandschaft ein Bild derjenigen Vielfalt, nach der anderswo so häufig gerufen wird. Die BBC hat durch regionale Fernseh- und Hörfunk- sowie durch örtliche UKW-Programme früh jenen Aufstand abgefangen, der unter der Parole »Rückzug in die Regionen« den Anstalten vieler Länder Sorgen bereitet. Da sowohl in Schottland wie in Wales der Ruf nach dem »eigenen Sender« einherging mit politischen Dezentralisierungswünschen, in Wales zudem mit einem Besinnen auf die eigene Sprachkultur, hat die BBC wahrscheinlich durch Vorsorge und Flexibilität dem Zusammenhalt der Nation einen großen Dienst erwiesen. Für Schottland wie für Wales gibt es separate Verwaltungsräte der BBC, die einer weitgehend selbständigen Organisation vorstehen. BBC Scotland und BBC Wales leiden zwar unter der London-Ferne ihrer Arbeit, und den Walisern ist es nicht gelungen, den vierten Fernsehkanal ganz in den Dienst ihrer Sache zu stellen (gemeint war: im Empfangsbereich Wales). Aber es konnte wenigstens der Unfug abgewendet werden, daß BBC und IBA künftig zwei Programme in Walisisch senden.

Die kommerziellen Gesellschaften, die zusammen das Privatfernsehen bilden, haben es leichter, regionale Bedürfnisse zu decken als die BBC. Sie sind, mit zwei Ausnahmen, nicht in London zentriert. Bei der Neuvergabe der Lizenzen im Januar 1981 wurde das Urteil darüber, ob die Gesellschaften bis 1990 weitersenden dürfen, nicht zuletzt davon abhängig gemacht, wie sie die Interessen ihrer jeweiligen Region berücksichtigt haben. Zwei Gesellschafter, Southern TV und Westward TV, verloren ihr Recht auf das, was der verstorbene »Times«-Besitzer Lord Thomson mit seinen schottischen Fernsehanteilen einmal »a licence to print money – eine Ermächtigung zum Gelddrucken« genannt hat.

Im Süden und Südwesten mit den Zentren Southampton und Plymouth dürfen nun neue Firmen per Fernsehen »Geld drukken«. Bei einer der beiden Lizenz-Entziehungen war der – freilich von IBA nicht öffentlich genannte – Grund ein doppelt regionaler: die Gesellschaft drängte sich erstens mehr darum, ihre Programme in das ganze britische kommerzielle Netz einzuspeisen, als die Probleme vor der Haustür für die Leute hinter der Haustür anzupacken, und zweitens lebten die Besitzer der Anteile weit und breit, nur nicht im Umkreis von Southampton. Würden nur die Bräuche überall, wo Sendungen durch Werbung finanziert werden sollen, so streng gehandhabt wie unter dem Regiment von Lady Plowden, die den IBA-Vorsitz Anfang 1981 nach sechs Jahren abgetreten hat an einen früheren Minister der Labourregierung, Lord Thomson, nicht zu verwechseln mit dem – schmerzlich vermißten – »Times«-Boß aus den Tagen, da der lieber seinen Sohn verkauft hätte als das Blatt, das der Sohn nun verkauft hat.

Während Konkurrenz in den Fernsehkanälen viel schwerfälliger zu handhaben ist (durch längere Produktionszeiten, starre Tagesschemata und kostspielige Investitionen), liefern sich auf den Hörfunkwellen die BBC- und die IBA-Sender inzwischen einen ersprießlichen Wettstreit. Auch hier wie auf dem Bildschirm war die BBC zuerst da, sah dann das Aufkommen des Rivalen und paßte sich an.

Begreiflicherweise ist gerade über die Lokalsender der öffentlich-rechtlichen Anstalt die Rezession niedergegangen wie ein Hagelschlag im Vorfrühling. Da die BBC ihre größten Hörerzahlen natürlich auf den vier landweiten Wellen (Radio 1, 2, 3 und 4) halten will, wo es keine Konkurrenz gibt, stagnieren viele Pläne, die einstmals beim Aufbau des Netzes der örtlichen UKW-Sender geschmiedet wurden. Mitte 1979 führten die Sparmaßnahmen dazu, daß nach 19 Uhr die Programme reduziert werden mußten in der Annahme, dann verteile sich das

Publikum auf Fernsehzuschauer und Hörer der nationalen Hörfunksendungen. Wenn die gegenwärtigen Ausbauphasen beendet sein werden, gibt es daher mehr kommerzielle Lokalsender als solche der BBC. Der örtliche Handel ist zudem von der Rezession nicht so sehr in Mitleidenschaft gezogen wie manche landweit werbende Großfirma. Kurze, prägnante Anzeigenspots für Kinos oder Schlußverkäufe finden ihren Weg in die Programme der IBA-Sender.

Der Jahresbericht der BBC-Lokalstationen liest sich deprimierender. In London haben die beiden Privatsender »Capital Radio« und »London Broadcasting« (LBC) zusammen mehr als doppelt so viele Hörer wie BBC-Radio London. Die letztgenannte Station leidet natürlich unter der Konkurrenz aus dem eigenen Hause: die fünf in London zu empfangenden Hörfunksender der BBC behaupten ihrerseits, mehr Hörer zu finden als die beiden kommerziellen Rivalen, und sieben Programme – das sind schon fast nordamerikanische Wellen-Zustände. An dieser Vielfalt und weniger am langen Arm des Gesetzes sind die zahlreichen Versuche gescheitert, in der Themsemündung oder auf See Piratensender in Reichweite der Hauptstadt zu etablieren.

Mit Thomson wird eine Tradition fortgesetzt, die offenbar alle britischen Premierminister für gut erachten: dem kommerziellen Kanal muß ein rechter Linker, der BBC ein liberaler Rechter vorstehen. Der öffentlich-rechtliche Sender mit seinen 28 000 Angestellten – das sind mehr, als die 11 ARD-Anstalten zusammen beschäftigen – bietet seine Hauptangriffsfläche dort, wo sich die Neue Linke durch die Institution schleicht (einen Marsch möchte man das in England nicht recht nennen). Der kommerzielle Kanal wird weniger einer Rechtslastigkeit wegen kritisiert, da geht es mehr um die unpolitischen Verschweigungen als um die politischen Neigungen. Beide Vorwürfe haben die Herren in Downing Street nun seit fast 20 Jahren dadurch abgeblockt, daß sie an die Spitze der beiden Institutionen einen Mann oder eine Frau der jeweils »falschen« Richtung setzten.

Darin lag viel Beschwichtigung von Parlament und Öffentlichkeit, denn nicht die Chairmen machen die Programme (auch Lady Plowden wurde »Chairman« genannt; sie hätte das mit dem Gesetz gegen Geschlechterdiskriminierung ändern können). Die wenigen Fälle von Einmischungen Außenstehender in die Eigenständigkeit der Sender waren unangenehm, betrafen sie doch auch Programme, für die ein öffentliches Interesse wo nicht gegeben sein, so doch gefördert werden sollte, z. B. Nordirland.

Die massive Kampagne für den »sauberen Bildschirm« dagegen, geführt von Persönlichkeiten wie Lord Longford (alias Francis Pakenham aus den Zeiten der Britischen Zone im Nachkriegsdeutschland) und Personen wie Mrs. Mary Whitehouse, Ehren-Generalsekretärin des »Nationalen Zuschauer- und Hörer-Verbandes«, hat die Programme nicht wesentlich eingeschränkt. Die geballte Intelligenz einer unter hauptstädtischen Bedingungen rivalisierenden Journalistik findet immer Mittel und Wege, die schmalen Grate zwischen dem Erlaubten und dem Gefallenden schwindelfrei entlang zu wandeln.

Das Foreign Office hat nicht die Macht, nicht den Kulisseneinfluß und offenbar auch nicht genügend Old Boy-Geklüngel mobilisieren können, um den Film »Death of a Princess« zu verhindern, gelaufen im Privatfernsehen im April 1980. Da ging es den Offiziellen um einen der empfindlichsten Reibungspunkte britischer Außenpolitik, das Verhältnis zu Saudi-Arabien. Bedenkt man, daß der Londoner Innenminister theoretisch in der Lage ist, jede Sendung schlichtweg zu verbieten – das stammt noch aus den angeblich so freiheitlichen Frühtagen des Rundfunks –, so können sich die elektronischen Medien in Großbritannien mit ihrem Los relativ zufrieden zeigen. Denn die restriktiven Tendenzen eines Teils des Establishment sind unverkennbar.

Nachdem soeben (Februar 1981) eine obere Rechtsinstanz die künftige Publizierung selbst solcher Dokumente der Ministerialbürokratie untersagt hat, die vor Gericht verlesen worden sind, womit ein Stück Vorrang der Exekutive vor der Rechtsprechung etabliert werden soll, und nachdem die »Sunday Times« vor einigen Jahren fast an ihren »Contergan«-Enthüllungen zugrunde gegangen wäre, ist die vergleichsweise große Breite des Freiraums in Funk und Fernsehen um so beachtlicher.

In dem, *was* gesendet wird, sind die Änderungen am spürbarsten. Im Anfang war die BBC, nur die BBC und nichts als die reine BBC, und ihr Herr, der spätere Lord, sah zu, daß alles gut war. Reith würde die heutige Landschaft nicht wiedererkennen. Er war Jahrgang 1889 – wie Hitler – und starb 1971, sein zentrales Erlebnis mußten daher neben den depressiven 30er Jahren die beiden Weltkriege sein. Lange Zeit hatten die BBC-Sprecher die Nachrichten zu verlesen in jener Gewandung, die wir Deutsche in unserer Weise, des Englischen mächtig zu sein, einen Smoking nennen. Rauchen war in den Studios nicht erlaubt. Kam zu den täglichen Sensationen das Exorbitante hinzu, dann setzte sich John Charles Reith (nach 1940 Lord Reith) selbst hinter das Mikrofon und verlas, der König habe abgedankt oder der Krieg sei ausgebrochen. Das sind keine Märchen von ehedem; es gibt nicht wenige in Broadcasting House (wenn auch sicher weniger in der Fernsehzentrale der BBC in White City), die sich an ihn erinnern und ihn keineswegs für den Narren halten, als der er bei den Jungen gilt.

Heute plaudern die Moderatoren der Magazine der BBC in einem Ton, der unter Reith zu sofortiger Entlassung geführt hätte. Sie plaudern ohne Einschübe alberner Musik, denn was in einer Informationssendung Pop-Rhythmen zu suchen haben, das hat man in England nie begriffen. Und nicht nur die Erben von Lord Reith halten es damit so. Auch der kommerzielle Nachrichten- und Magazin-Kanal LBC, der nichts anderes als Politik, Wetter, Diskussion, Sportresultate, Börsenkurse, Veranstaltungskalender, Korrespondentenberichte, und immer wieder News bringt, für ein aufnahmebegieriges Hauptstadtpublikum, Wort von morgens bis in die Nacht, hat nicht den

Eindruck, daß sich jemand langweilt, weil keine Musik ertönt. Das tut sie zur Genüge auf anderen Kanälen. Rundfunkgeräte haben ja Schaltknöpfe. Die Musik, die sich LBC verkneift, rieselt aus »Capital Radio« oder BBC Radio 1 zur Genüge.

Um beim Dampffunk zu bleiben: Hier kann man das Drehen der Sparschraube deutlich hören. Das Renommierprogramm der BBC, Radio 3, Kultur von früh bis spät, bietet inzwischen ein Bild (oder einen Ton) des Jammers, verglichen mit den Tagen vor 20 Jahren. Die Senderstärke ist miserabel, was gerade bei klassischer Musik empfindlich die Ohren verletzt. Es häufen sich die Programme, die in der »Radio Times«, dem Hausblatt, nichts anderes über sich auszusagen wissen als daß zwei Stunden lang – jeden Werktag von 17 bis 19 Uhr – »Music for Pleasure« gesendet wird, präsentiert von Plauderern. Klassikhörer wollen aber wissen, *was* zu hören ist, nicht, wer da redet. Die gute Sendezeit samstags von 14 bis 17 Uhr wird den Hörern des dritten Programms dadurch vergällt, daß ein Irgendwer »seine persönliche Auswahl herausragender Musiksendungen der abgelaufenen Woche« spielt, natürlich ohne Detailangaben, drei Stunden lang. Das spart sicher Geld, aber als Programm ist es fade.

Wiederholungen auch im Fernsehprogramm, doch dort sind sie intelligenter gemacht. In einer Zeit, da die Leute beginnen, für Ihre Videorecorder alte Bildschirmerfolge für teures Geld zu erwerben, bietet die geschickte Reprise eines früheren Renners einen Abend der Nostalgie. Da sieht man, was zu sehen war, als Dad und Mum sich kennenlernten und zusammen mit den Schwiegereltern den neuen Kasten anstaunten.

Bedenklicher wird die Sache, wenn BBC und IBA (beziehungsweise einer der kommerziellen Gesellschaften) sich in den Kontoren amerikanischer Filmverleiher erbitterte Kämpfe liefern, um bergeweise Büchsen mit alten Hollywood-Erfolgen abzuschleppen. Sie werden meist nur en bloc angeboten. Da macht sich die Kehrseite des angelsächsischen Zellophanaustauschs bemerkbar: keine Synchronisationskosten, aber Mafia-

Sitten. Ein Millionencoup der BBC auf diesem Pflaster, auf dem aus der Hüfte geschossen wird; ein Aufkauf in Höhe von 22 Millionen Mark, wurde Anfang 1981 in einer Weise gemeldet, als seien zwei Dutzend lang verschollener Polarforscher geborgen worden. Nicht das Medium ist die Message, wie noch MacLuhan uns weismachte, sondern die Message über das Medium.

Was Breite und Perfektionismus der Unterhaltung angeht, kann man das deutsche Fernsehen vergessen, wenn man das englische kennt. Wie albern auch immer die – den Amerikanern abgeguckte – Gepflogenheit sein mag, Lustiges mit Beifall aus der Konserve zu garnieren, also den unsichtbaren Zuschauer beizumischen – das Lustige wäre auch ohne diesen Achselkitzler noch sehr viel lustiger als Pfleghar.

Die wahre Kunst des Entertainment zeigt sich zudem dort, wo es eigentlich ernst zugehen sollte: z. B. in Wahlsendungen. Sie dauern des Mehrheitswahlrechts wegen, das alle Wahlkreise voll auszählen muß, ehe man die genaue Mandatszahl erfährt, die ganze Nacht hindurch und oft noch den halben nächsten Tag. Aber niemand kommt auf die Idee, sie durch Show-Einlagen spannend zu machen. Sie sind spannend, weil der schiere Professionalismus der Präsentation, die erwärmend-beruhigende (und eben nicht kalte) Routine keinen Augenblick der Langeweile aufkommen läßt.

Daß es die dazu nötigen Köpfe auf dem Schirm und am Mikrofon gibt, hat mehrere Gründe; sie gelten für alle Kanäle und Wellen; hier enden die Unterschiede. Erstens haben die landweit ausgestrahlten, aber zentral hergestellten Sendungen, die in London zudem gegen die Konkurrenz einer national verbreiteten Hauptstadtpresse angehen müssen, zu einer rücksichtslosen Auslese geführt. Die ARD-Programme wären auch besser, hätten alle ihre Provinzasse von Anfang an am Poker um wenige Top-Posten in einer Stadt wie Berlin oder meinetwegen Bonn teilnehmen müssen. Zweitens kennt in einem elitären Erziehungswesen wie dem englischen (früher verlängert um das Militär- und Club-Dasein) nahezu jeder jeden.

Ein Beispiel: Der härteste Interviewer der Branche, Robin Day, neuerdings Sir Robin Day – die schönsten Bundesverdienstkreuze sind eben keine Namensbestandteile –, hat nach seinen Oxfordtagen, in denen er Präsident des Debattierclubs war, eine Diskussionstour in den USA veranstaltet, bei der ihn der spätere, jetzt freilich schon frühere Chef der Liberalen, Thorpe, begleitete. Die Zahl der Politiker, die Day beim Vornamen nennt, ist beträchtlich größer als die, die er formell anredet. Der »Herr Minister« fehlt übrigens im Englischen, »Mister Minister« findet nicht statt. Drittens ist Englisch mehr eine Sprech- als eine Schriftsprache (wie das Deutsche). Viertens ... Und schließlich (das mag erstaunen) lachen die Engländer lieber als andere Völker, jedenfalls als alle nördlich der Alpen. Die Zahl der komischen Programme auf allen Kanälen, Hörfunk wie Fernsehen, verblüfft jeden, der die Insel immernoch unter der heimlichen Herrschaft puritanischer Verklemmtheit ächzen glaubt. Irgendwie erinnert das Programm aller Bild- und Tonsender an Shakespeare: da geht es natürlich um Hohe Politik, um Herrscher, Höflinge und Verschwörungen. Aber daneben trinkt Falstaff, stolziert Malvolio, und ein Clown ist nie weit.

Nicht, daß es etwa die Fernsehsatire über die Jahre hinweg leicht gehabt hätte. Aber der Start von »That was the week that was« liegt nun auch bald zwei Jahrzente zurück, und der Star der Sendung, David Frost, fügt seinen Millionen als Atlantikpendler demnächst Dividenden aus der kommerziellen »Frühstücks-Fernseh«-Gesellschaft TV-AM hinzu. Es gab in den 60er und 70er Jahren abnehmend gute Nachfolgesatiren. Aber dann kam »Monty Python«, es kamen die »Goodies«, und als das Genre erledigt schien, folgte »not the Nine o'clock News«, eine Aktualitätenparodie, die auf BBC 2 genau während der Hauptabendnachrichten von BBC 1 gesendet wurde, ein Über-Gag mit Zugzwang für den Connaisseur.

Die Spar-Geißel Margaret Thatcher rief eine Mimin namens Janet Brown auf den Plan, deren Künste man am besten beschreibt mit Max Liebermanns Worten zu einem Kunden, der sich auf einem Porträt nicht naturgetreu wiedergegeben fand: »Det is ähnlicher als Sie!« Nicht nur Frau Thatcher sieht sich ständig in solchen Bildschirm-Zerrspiegeln, auch die Mitglieder der königlichen Familie, der Erzbischof von Canterbury, die Gewerkschaftsbosse und Industriekapitäne erblicken sich auf eine Weise, die zu schätzen viel Selbstironie erfordert. Kann man sich vorstellen, daß deutsche Programmdirektoren – und gar solche eines kommerziellen Kanals – immer und immer wieder den Bundeskanzler, den Bundespräsidenten, Kardinäle und Parteichefs in anrempelnder Persiflage auf dem Bilschirm dulden würden? Nein.

Funk und Fernsehen haben in Großbritannien früher als anderswo den Sättigungsgrad an Geräten erreicht, der in einer Industriegesellschaft denkbar ist und den Intensitätsgrad an Experimentierlust, der in einer Kulturnation selbstverständlich sein sollte. Ihrer Natur nach sind die elektronischen Medien Freizeit-»Gestalter«. Eine Zeitung kann man im Büro, ein Boulevardblatt in der Kaffeepause konsumieren. Aber dort und dann kann man keine 30-Minuten-Dokumentation verfolgen. In England ist dieser Freizeitcharakter der elektronischen Medien rascher, vorbehaltloser und vorurteilsfreier akzeptiert worden als in Deutschland. Wir hatten keinen Lord Reith, aber eigentlich hätten *wir* ihn haben müssen. Zu uns, ins Land der Dichter und Denker, hätte er besser gepaßt. Im Lande Shakespeares hat man es verstanden, ihn »aufzuheben« – in Hegels mehrfachem Sinn.

HENNING VON LÖWIS OF MENAR
PETER R. WEILEMANN

Dokumentation

ZEITTAFEL: Daten zur Geschichte der Medien in Deutschland 1450–1980

DOKUMENTE

A. Presse
   I. Entwicklung und Selbstverständnis der Presse
   II. Tabellen

B. Elektronische Medien
   I. Entwicklung und Selbstverständnis des Hörfunks
   II. Zur Geschichte des Fernsehens
   III. Neue Medientechniken

C. Aus der Werkstatt
   I. Über den Arbeitsablauf von Presse und Rundfunk
   II. Kosten und Finanzierung

D. Massenmedien in Gesellschaft und Wirtschaft

E. Probleme der Medienordnung
   I. Medienpolitik in Deutschland
   II. Medienpolitik in sozialistischen Staaten
   III. Medienpolitik in der Dritten Welt
   IV. Probleme internationaler Medienordnung

F. Massenmedien und Macht
   I. Pressefreiheit und Zensur
   II. Massenpropaganda
   III. Propagandakrieg

G. Literarische Zeugnisse

DOKUMENTE

INHALTSVERZEICHNIS

A. PRESSE

I. ENTWICKLUNG UND SELBSTVERSTÄNDNIS DER PRESSE

Abt Trithmus von Sponheim (1492–1516) über die Erfindung der Buchdruckerkunst um 1450

Vorläufer der Zeitung: Die brieflichen Zeitungen des 16. Jahrhunderts

Titel der Straßburger Zeitung von 1609

Königliches Privileg für die »Berlingske Tidende« – Kopenhagen (1749)

Beispiele für Selbstverständnis und Programm großer Zeitungen

Neue Zürcher Zeitung, Zürich 1780
The Times, London 1785
Die Presse, Wien 1848
Svenska Dagbladet, Stockholm 1884
Prawda, Sankt Petersburg/Moskau 1912
Le Monde, Paris 1944
Jen-Min Jih-Pao, Peking 1948
Die Welt, Hamburg 1946
Frankfurter Allgemeine Zeitung, Frankfurt 1949

II. TABELLEN

Entwicklung der Tages-, Sonntags- und Wochenzeitungen in der Bundesrepublik Deutschland (1979)

Das Zeitungsangebot in der Bundesrepublik Deutschland (1979)

B. ELEKTRONISCHE MEDIEN

I. DOKUMENTE ZU ENTWICKLUNG UND SELBSTVERSTÄNDNIS DES HÖRFUNKS

Dem »Deutschen Rundfunk« zum Geleit – Hans Bredow 1923

Die erste Ansage im Deutschen Rundfunk vom 19. Oktober 1923, 8 Uhr abends

Synopse der Rundfunkaufgaben in der Bundesrepublik Deutschland

Die Selbstverantwortlichkeit von »Radio Frieden und Fortschritt«

Selbstdarstellung von Radio »Freies Europa (RFE)/Radio Liberty (RL)«

II. ZUR GESCHICHTE DES FERNSEHENS

Weltfernsehpremiere in Berlin 1935

Über die »Premiere« des Fernsehens in der Bundesrepublik Deutschland

III. NEUE MEDIENTECHNIKEN

Premiere der Bildschirmzeitung in Deutschland (1977)

Perspektiven der Nutzung neuer Medientechniken: Aus einem Interview mit dem Generaldirektor von Radio-Tele-Luxemburg

Audio-Visuelle-Medien: Verfahren, Funktionsprinzip, Hersteller, Entwicklungsstand

C. AUS DER WERKSTATT

I. ÜBER DEN ARBEITSABLAUF VON PRESSE UND RUNDFUNK

Alfred Braun in einem Bericht aus dem Jahre 1929 über die Anfänge des Hörspiels

Wissenschaftliche Beschreibung einer Fernsehshow (1968)

Der sowjetische Überfall auf die Tschechoslowakei im August 1968 in der ARD-Fernsehberichterstattung

Beschäftigte in Zeitungsverlagen (Tabelle)

Zahl der programmgestaltenden festangestellten Mitarbeiter – ARD: 1973–1978

Zahl der beschäftigten festangestellten Mitarbeiter – ARD: 1973 und 1978

Sendezeit und Programmgattungen im ARD-Hörfunk 1978 (Tabelle)

Sendezeit und Programmgattungen von Fernsehanstalten in der Bundesrepublik Deutschland 1978 (Tabelle)

II. KOSTEN UND FINANZIERUNG

Gesamtkosten der Sendezeit und Durchschnittskosten pro Sendeminute: ARD-Anstalten (Hörfunk/Fernsehen) 1977

Die Kostenstruktur einer Unterhaltungssendung im Fernsehen (1973)

Hörfunk- und Fernsehgebühren 1979 (EBU-Mitglieder)

D. MASSENMEDIEN IN GESELLSCHAFT UND WIRTSCHAFT

Marshall McLuhan über die Neuen Medien

Der Hörerkreis in den Anfängen des Deutschen Rundfunks

Wirkungen des Fernsehkonsums

Massenmedien im Dienste der Religion

Rundfunkteilnehmerzahlen und Rundfunkteilnehmerdichte in Europa 1934–1938 (Tabelle)

Teilnehmerzahlen für Hörfunk und Fernsehen – Europäische Rundfunkzone 31. 12. 1978 (Tabelle)

Entwicklung der Anzahl der Hörfunk- und Fernsehempfänger in den Regionen der Erde 1960–1976

Mediendichte im Auslandsvergleich (Tabelle)

Nutzung der Medien

Hör- und Sehbeteiligung der Bevölkerung der Bundesrepublik Deutschland (Tabelle)

E. PROBLEME DER MEDIENORDNUNG

I. MEDIENPOLITIK IN DEUTSCHLAND

Medienpolitik der Alliierten

Carlo Schmid: Was wir 1949 mit dem Artikel 5 des Grundgesetzes wollten

Interpretation des Art. 5 GG durch das Bundesverfassungsgericht 1961

Medienpolitischer Beschluß des Bundeskabinetts vom 26. September 1979

Neue Medien – Die Haltung der CDU

Leitlinien zur Zukunftsentwicklung der elektronischen Medien vom SPD-Vorstand am 30. Januar 1978 verabschiedet

Neue Medien – Leitlinien der FDP beschlossen auf dem Bundeshauptausschuß der FDP am 1. 12. 1979

Medienpolitische Beschlüsse des 11. DGB-Bundeskongresses

Positionen der deutschen Wirtschaft zur Zukunft der Medien: Bundesverband der Deutschen Industrie

Positionen der deutschen Wirtschaft ... Bundesvereinigung der Deutschen Arbeitgeberverbände

Positionen der deutschen Wirtschaft ... Otto Wolff von Amerongen, Präsident des Deutschen Industrie- und Handelstages

II. MEDIENPOLITIK IN SOZIALISTISCHEN STAATEN

Lenin über den Charakter der sowjetischen Zeitungen (1918)

Briefe über die Entwicklung der Radiotechnik aus der Feder Lenins

Der sowjetische Rundfunk – Vorwort der 1976 in Moskau erschienenen ersten Gesamtdarstellung der sowjetischen Rundfunkentwicklung von 1917–1974

Fidel Castro über die Aufgaben von Rundfunk und Fernsehen im sozialistischen Kuba 1975

Enver Hoxha über die Bedeutung des Buches in der sozialistischen Gesellschaft

III. MEDIENPOLITIK IN DER DRITTEN WELT

»Pressefreiheit« in einem Land der Dritten Welt

Kwame Nkrumah über das Pressewesen in Afrika

»Verkünder einer neuen Kultur« – Libyens Informationsmedien sollen Stimme der Volksrevolution sein

IV. PROBLEME INTERNATIONALER MEDIENORDNUNG

Die weltweite Expansion des Rundfunks

Brief Andrej Gromykos an Dr. Kurt Waldheim: Erläuterndes Memorandum zu einem Konventionsentwurf zur Nutzung künstlicher Erdsatelliten für die Direktübertragung von Fernsehsendungen (1972)

Schlußakte der Konferenz über Sicherheit und Zusammenarbeit in Europa vom 1. August 1975 (»Korb III«)

Die Blockfreien und die Reform der Internationalen Medienordnung (1976)

UNESCO Mediendeklaration 1978: Grundprinzipien für den Beitrag der Massenmedien zur Stärkung des Friedens . . .

F. MASSENMEDIEN UND MACHT

I. PRESSEFREIHEIT UND ZENSUR

Pressefreiheit als Menschenrecht

Zensur im 16. Jahrhundert – Der Nürnberger Rat und die Nürnberger Formschneider

Zensurmaßnahmen in der Endphase der Weimarer Republik: Verordnung des Reichspräsidenten zur Bekämpfung politischer Ausschreitungen vom 28. März 1931

Goebbels in seinem Tagebuch am 18. Juli 1932

Adolf Hitler über Staat und Presse

NS-Presse-Poesie gegen das Abhören von Auslandssendern (1942)

»Licht in alle Köpfe« – Das FDJ-Organ »Junge Welt« über die Aktion »Blitz contra NATO-Sender«

Zensur im Äther: Moskaus Störsender

II. MASSENPROPAGANDA

Goebbels in seiner Rede zur Eröffnung der Funkausstellung 1936

Befehl Adolf Hitlers vom 8. September 1939, betr. den Stellenwert der Propaganda

Die Rolle des Rundfunks beim Ungarn-Aufstand 1956

Walter Ulbricht interviewt sich selbst

Geheimsender gegen die Sowjetmacht

III. PROPAGANDAKRIEG

Der Propagandakrieg aus nationalsozialistischer Perspektive

Programm des Deutschen Kurzwellensenders vom 6. April 1938

Briefe an den Deutschen Kurzwellensender, den Auslandsdienst des Dritten Reiches

Deutsche Geheimsender im Sommer 1942

Tägliche Sendezeit, ideologische Orientierung und regionale Verteilung deutschsprachiger Auslandsdienste (1973)

DDR-Propagandist Eisler über den Deutschlandfunk

»Äther-Täter« – Glosse des Deutschlandfunks

Auszüge aus russischen Hörerbriefen zu den GULAG-Lesungen der Deutschen Welle (1974)

G. LITERARISCHE ZEUGNISSE

Briefe über das Panorama – Ein Massenmedium des 18. und 19. Jahrhunderts

Bertolt Brecht: Herr Keuner und die Zeitungen

Der Televisor – Medienvision in George Orwells »1984«

»Konkret«-Herausgeber Klaus Rainer Röhl über eine DDR-Reise der »Zeit«-Journalisten Gräfin Dönhoff und Theo Sommer

Alexander Solschenizyn: Die »Stimme Amerikas« in Rußland

Kurt Tucholsky über die Qualität der Medien (1931)

Lobgesang auf den Rundfunk von Hermann Claudius

Wolfram Brockmeier: Der Führer spricht im Funk

Erkennungsmelodie der »Berliner Welle« (DDR) 1961

DATEN

ZUR GESCHICHTE DER MEDIEN

IN DEUTSCHLAND

Jahr	Technik	Politik/Recht	Medien in Wirtschaft und Gesellschaft
um 1450	Johannes Gutenberg erfindet den Druck mit beweglichen Buchstaben		
1478			In Rom werden von Ulrich Han die ersten Musiknoten gedruckt
1486		Gründung der ersten weltlichen Zensurbehörde durch die Städte Mainz und Frankfurt	
1501		Papst Alexander macht Behördenzensur zur Pflicht	
1502			Das erste Nachrichtenblatt: »Newe Zeytung von Orient und Auffgange« erscheint
1515		Päpstliche Bulle zur Zensur	
1525	Erster Druck in ausgebildeter Fraktur		
1529		Einführung d. staatl. Zensur durch den Reichsabschied von Speyer	

Jahr	Technik	Politik/Recht	Medien in Wirtschaft und Gesellschaft
1559		Index librorum prohibitorum (Verzeichnis verbotener Bücher) von Papst Pius IV. eingeführt	
1588			Die »Meßrelationen«, erstmals regelmäßig veröffentlichte Sammlungen von Berichten über zeitgenössische und geschichtliche Ereignisse, beginnen zu erscheinen
1609			Erste gedruckte Wochenzeitung (»Relation« in Straßburg; »Avisa« in Wolfenbüttel)
um 1650			Erste deutsche Tageszeitung in Leipzig von Timotheus Ritzsch herausgegeben
1682			»Acta Eruditorum« beginnen zu erscheinen – erste wissenschaftliche Zeitschrift
1688			Christian Thomasius gibt erste deutschsprachige Zeitschrift heraus

Jahr	Technik	Politik/Recht	Medien in Wirtschaft und Gesellschaft
um 1700			Durchschnittsauflage der Zeitungen: 100 – 200 Exemplare
1709		Urheberrecht wird in England anerkannt	
1722			Berlinsche Privilegierte Zeitung (später »Vossische Zeitung«) gegründet
1754	Breitkopf entwickelt neues Verfahren für Musiknotendruck		
1760	Schablonendruck in Mainz erstmals angewendet		
1765	J. C. Schäffer erfindet Holzpapierherstellung		
1773		Das »Buchhandelsmandat« der sächsischen Regierung verbietet Nachdruck	

Jahr	Technik	Politik/Recht	Medien in Wirtschaft und Gesellschaft
1776		Die Grundrechte von Virginia garantieren Pressefreiheit	
1789		Proklamierung der Pressefreiheit durch französische Nationalversammlung	
1791		Pressefreiheit wird Bestandteil der Verfassung der Vereinigten Staaten (1. Amendment)	
1796	Alois Senefelder entwickelt Lithographie (Steindruck)		
1800	Erste ganz aus Eisen gefertigte Presse		
1809	Samuel Thomas von Sömmering konstruiert ersten elektrischen Telegraphen		
1811/12	Friedrich von Koenig erfindet Zylinderdruckpresse (Druckprinzip des Abrollens eines		

Jahr	Technik	Politik/Recht	Medien in Wirtschaft und Gesellschaft
	Zylinders auf der ebenen Druckform – Die »Times« wird zum ersten Mal auf Schnellpresse gedruckt		
1815		Die »Bundesakte« verspricht Pressefreiheit, aber nur wenige Mitgliedstaaten des Deutschen Bundes bewilligen sie	
1819		Karlsbader Beschlüsse verschärfen Zensur in Deutschland	
1822		Erstes Patent auf Setzermaschine	
1833			Gründung der Pfennig-Magazine der »Gesellschaft zur Verbreitung gemeinnütziger Kenntnisse« nach Vorbild des Penny-Magazins; Typ der ersten preiswerten Massenzeitschrift in Europa
1836	Erster Schreibtelegraph in Betrieb		

Jahr	Technik	Politik/Recht	Medien in Wirtschaft und Gesellschaft
1839	Beginn der Photographie mit der Entdeckung des Entwicklungsprozesses durch Daguerre		
1843	Friedrich G. Keller entwickelt Holzschliffpapier		
1846	Die von Richard Hoe entwickelte Rotationsdruckmaschine wird eingeführt (Druckprinzip Zylinder gegen Zylinder)		
1848		Zahlreiche deutsche Verfassungen gewähren Pressefreiheit	
1855	Erster Drucktelegraph – E. T. A. Litfaß beginnt »Anschlagsäulen« in Deutschland einzuführen		
1861	Philipp Reis konstruiert das erste Telefon		
1868	Erster Versuche mit Lichtdruck		

Jahr	Technik	Politik/Recht	Medien in Wirtschaft und Gesellschaft
1870		Gesetz betreffend Urheberrecht an Schriftwerken, Abbildungen, musikalischen Kompositionen und dramatischen Werken in Deutschland erlassen	
1872			»Die Gartenlaube« (gedruckt seit 1853) hat eine Auflage von 310000
1874		Reichspressegesetz erlassen, in dem Grundzüge der heutigen Presseordnung festgelegt wurden	
1877	Thomas Edison erfindet Phonograph		
1878		»Sozialistengesetz« mit Publikationsverbot für sozialdemokratische und Gewerkschaftspresse	
1881	Erfindung der Autotypie (Wiedergabe von Photographien) durch Georg Meisenbach		

Jahr	Technik	Politik/Recht	Medien in Wirtschaft und Gesellschaft
1882	Emil Berliner erfindet Schallplattengrammophon		
1884	Oskar Mergenthaler erfindet in USA »Linotype« (Zeilensetz- und Gießmaschine) – Paul Nipkow erfindet Lochscheibe zur zeilenweisen Abtastung eines Bildes – Die Amerikaner Goodwin und Eastman entwickeln den Rollfilm		
1888	Heinrich Hertz weist die Ausbreitung elektromagnetischer Wellen im freien Raum nach		
	Oberlin Smith entdeckt Verfahren zur magnetischen Tonaufzeichnung		
1890	Die Falzmaschine wird erfunden		
1891	Rotationstiefdruckverfahren von Karl Klietsch entwickelt		

Jahr	Technik	Politik/Recht	Medien in Wirtschaft und Gesellschaft
1894	Herstellung des ersten Films durch die Gebrüder Lumière		
1895	Erste Photographie in Zeitung		
	Erste Filmvorführung in Deutschland		
1896	Vierfarbendruck eingeführt		
1897	Dem Italiener G. M. Marconi gelingt der erste Funkversuch mittels drahtloser Telegraphie		
	Braun erfindet die »Braunsche Röhre« zur Sichtbarmachung elektrischer Schwingungen		
1900	V. Poulsen realisiert das Prinzip der magnetischen Schallaufzeichnung		Der Schallplattenumsatz in Europa beziffert sich auf eine Million
1906	Die Großfunkstelle Nauen wird in Betrieb genommen	Abschluß des internationalen Funktelegraphenvertrages	

Jahr	Technik	Politik/Recht	Medien in Wirtschaft und Gesellschaft
1907	Erster brauchbarer Tonfunksender durch Telefunken entwickelt		
1909	Ernst Ruhmer demonstriert Fernsehübertragung mit 5 x 5-Bildfeldern		
1910			O. Meßter beginnt mit der regelmäßigen Herausgabe einer – in Frankreich um 1896 konzipierten – »Wochenschau« in Deutschland (ab 1932 vertont)
1912			Erste Funkausstellung der Welt während der internationalen Funkkonferenz in London (organisiert von Hans Bredow und Telefunken)
1917	Erste Versuche mit Röhrensendern und Rückkoppelungsempfängern – Ausgangspunkt des deutschen Rundfunks in technischer Hinsicht		

Jahr	Technik	Politik/Recht	Medien in Wirtschaft und Gesellschaft
1919	Erste Versuche mit Kurzwellen	Art. 118 der Weimarer Verfassung garantiert Pressefreiheit	
1921	Erste Direktübertragung im Radio von Sender Königs-Wustershausen in Deutschland (Madame Butterfly aus der Berliner Staatsoper)		Beginn des Unterhaltungsrundfunks in den USA
1921	Erster Lichttonfilm in Deutschland		Hans Bredow führt den Begriff »Rundfunk« ein
1922			Gründung des drahtlos-telephonischen Wirtschaftsrundspruchdienstes (erster regelmäßiger, gebührenpflichtiger Rundfunkbetrieb der Welt)
			Gründung der »Deutschen Stunde für drahtlose Belehrung und Unterhaltung«

Jahr	Technik	Politik/Recht	Medien in Wirtschaft und Gesellschaft
1923		Das Rundfunkempfangsverbot für Private in Deutschland wird aufgehoben	Eröffnung des deutschen Rundfunks (Unterhaltungsrundfunk); erste regelmäßige Sendung: Abendkonzert von 20 – 22 Uhr bei rund 400 Hörern
1924	Elektrodynamischer Lautsprecher mit Kondensatormikrophon konstruiert	Strafbestimmungen für Schwarzhörer festgelegt	Zahl der Rundfunkteilnehmer in Deutschland liegt bei 100000. Die Rundfunkgebühr wird kurzfristig auf RM 60 festgesetzt, dann auf RM 2 reduziert.
1925	Photographische Setzmaschine (anstelle von Drucktypen oder Gußzeilen, Herstellung des Textes auf photographischem Papier oder Film)		Rund 30 Mio. Buchtitel seit Erfindung des Buchdruckes
1926	Electrola entwickelt elektrische Aufnahmetechnik	Öffentlich-rechtliche Regelung des Rundfunks für Deutschland festgelegt – Der erste Wellenplan (Genfer Wellenplan) tritt in Kraft; von allen Mitgliedern des Weltfunk-	Bereits 1 Mio. Rundfunkteilnehmer in Deutschland

Jahr	Technik	Politik/Recht	Medien in Wirtschaft und Gesellschaft
		vereins verfügt Deutschland über die meisten (Lang- und Mittel-) Wellen	
1928	Fernsehversuchssendungen in Berlin		
1929	Aufnahme des Bildtelegraphenverkehrs von Berlin nach Köln – Erste drahtlose Fernsehübertragung auf der Funkausstellung in Berlin		Umfangreiche Romane kommen als Volksausgabe auf den Markt, RM 2.85 pro Band
1931		Die zeitweilige lokale Besteuerung von Rundfunkgeräten durch Gemeinden wird verboten – Festlegung, daß die Verbreitung von Verordnungen des Reichspräsidenten durch den Rundfunk Veröffentlichung im Gesetzesblatt ersetzt	
1933	Patent für Magnetisierungskopf (Tonkopf) erteilt	Reichsministerium für Volksaufklärung und Propaganda etabliert;	

Jahr	Technik	Politik/Recht	Medien in Wirtschaft und Gesellschaft
		Pressefreiheit beseitigt – Bau eines Volksempfängers (VE 301) in Auftrag gegeben; Ausgangsstückzahl 100000	
1934	AEG und BASF entwickeln in Gemeinschaftsarbeit das »Magnetophon« (Magnetbandverfahren)		Zahl der Rundfunkteilnehmer in Deutschland: 5 Mio.
1935		Verbot für Jazzmusik im Deutschen Rundfunk	Beginn des ersten regelmäßigen Fernsehprogrammdienstes der Welt in Berlin (3 Abende pro Woche)
1936			»Fernsehsender Paul Nipkow« bringt Direktübertragungen von den Olympischen Spielen
1938			Volksempfänger zum Preis von RM 38 auf dem Markt
1939		Das Abhören ausländischer Sender wird in Deutschland verboten	Fernseheinheitsempfänger zum Stückpreis von RM 650
1940	Siebdruck in USA entwickelt		

Jahr	Technik	Politik/Recht	Medien in Wirtschaft und Gesellschaft
1941	Erster Farbfilm in deutschen Kinos (»Frauen sind bessere Diplomaten«)		
1944	In USA setzt sich Bildübertragung von Zeitungsdruckplatten durch (erste Versuche bereits 1937)		
1945	Erste Kabelanlagen in USA zu Rundfunkübertragungen	Bis 1949: Zeit der Lizenzpresse im besetzten Deutschland; Rundfunk von Besatzungsmächten übernommen	
1948	Peter Goldmark entwickelt die 33 1/3-Langspielplatte, die ab 1951 den Markt erobert 3 Amerikaner entwickeln Transistoren NWDR entscheidet sich für 625-Zeilennorm beim Fernsehen, die 1952 von 9 weit. europäischen Ländern übernommen wird	Kopenhagener Wellenplan; sogenannte deutsche Wellendemontage: keine Exklusiv- und Langwellensender mehr für Deutschland Der NWDR (Nord-West-Deutscher Rundfunk), als erste Rundfunkanstalt nicht mehr unter Besatzungshoheit, wird Anstalt des Öffentlichen Rechts	RIAS (Rundfunk im Amerikanischen Sektor) Berlin beginnt als erster Sender wieder mit Werbefunk, nachdem dieser 1936 verboten worden war

Jahr	Technik	Politik/Recht	Medien in Wirtschaft und Gesellschaft
1949	Erster deutscher UKW-Sender nimmt in München Betrieb auf	Art. 5 des Grundgesetzes garantiert Pressefreiheit – Aufhebung des Lizenzzwangs für Zeitungen	
1950	Beginn des ersten regelmäßigen Fernsehversuchsprogramms in Hamburg	Konstituierende Sitzung der ARD (Arbeitsgemeinschaft der öffentlich-rechtlichen Rundfunkanstalten in der Bundesrepublik Deutschland)	10 Mio. Rundfunkteilnehmer in der Bundesrepublik
	Die ersten Heim-Tonbandgeräte kommen auf den Markt	Gründung der Union Europäischer Rundfunkanstalten (Eurovision)	Taschenbücher kommen auf den Markt
1952		Stockholmer Wellenkonferenz: Bundesrepublik Deutschland erhält gewünschte Zahl an Frequenzen (31 Fernsehsender; 246 UKW-Sender)	Als erste Anstalt beginnt der NWDR mit täglichem Fernsehen
1953	Erster Breitwandfilm (Cinemascope)		Gemeinschaftsprogramm des Deutschen Fernsehens vereinbart

Jahr	Technik	Politik/Recht	Medien in Wirtschaft und Gesellschaft
1955	In USA beginnt professionelle Nutzung von Video-Recordern		Dritte Hörfunkprogramme in Bundesrepublik eingeführt
	In der Bundesrepublik kommt erste Stereoschallplatte auf den Markt		Zahl der Fernsehteilnehmer: 100000
1956	Erstes deutsches Transistor-Radio mit Batterie auf dem Markt	Gründung des Deutschen Presserates	Der Bayerische Rundfunk bringt die ersten Werbesendungen im Fernsehen
			Die Tagesschau wird nunmehr täglich ausgestrahlt
			Kinobesuch in der Bundesrepublik auf dem Höhepunkt: 817 Mio. Besucher pro Jahr
1957		Erstmals in der deutschen Rundfunkgeschichte Streik von Angehörigen einer Sendeanstalt: 3 Tage Funkstille beim Saarländischen Rundfunk	1 Mio. Fernsehgeräte in der Bundesrepublik (Platz 5 der Weltrangliste)
			Der erste abendfüllende Fernsehfilm wird gesendet:

Jahr	Technik	Politik/Recht	Medien in Wirtschaft und Gesellschaft
			»Der Richter und sein Henker« von F. Dürrenmatt; Kosten: DM 100000.
1958	Erste Stereo-Versuchssendung im Hörfunk; Schallplattenaufnahmen nur noch in Stereo		
1961		»Fernsehurteil« des Bundesverfassungsgerichts: begründet Festhalten an öffentlich-rechtlicher Struktur des Rundfunks	
		Die Ministerpräsidenten der Bundesländer gründen das ZDF (Zweites Deutsches Fernsehen)	
1962	Computer-Schriftsatz-Technik eingeführt	Neuverteilung der UKW-Sender gemäß Stockholmer Wellenkonferenz tritt in Kraft	ZDF (Zweites Deutsches Fernsehen) nimmt Sendebetrieb auf
	Die Eurovision bringt erste Direktübertragung via Satellit aus USA		

Jahr	Technik	Politik/Recht	Medien in Wirtschaft und Gesellschaft
1963	Kassettenrecorder werden entwickelt		
	Offizielle Einführung des Stereo-Rundfunks in der Bundesrepublik		
1964	Japan beginnt mit der Übertragung von Faksimile-Zeitungen	Die Bundesländer verabschieden nacheinander (bis 1966) eigene Pressegesetze	Der Bayerische Rundfunk beginnt mit der Ausstrahlung eines III. Fernsehprogramms
			Zwölf Jahre nach Einführung des Fernsehens überschreitet die Teilnehmerzahl die 10-Mio.-Grenze
1965	Beginn der TED-Bildplattenentwicklung		
	Der erste Nachrichten-Satellit »Early Bird« (Übermittlung von Telefongesprächen USA – Europa) wird in feste Umlaufbahn gebracht		

Jahr	Technik	Politik/Recht	Medien in Wirtschaft und Gesellschaft
1967	In der Bundesrepublik Deutschland wird offiziell Farbfernsehen (PAL-System) eingeführt	Eine Änderung des saarländischen Rundfunkgesetzes erlaubt Hörfunk und Fernsehen auf privater Basis	
1968	Video (Electronic Video-Recording) kommt auf den Markt (semiprofessionell)		
	In USA beginnt die Entwicklung von Flachbildschirmen		
1969	In Raisting wird erste Nachrichtensatellitenantenne in Deutschland in Betrieb genommen	Erste Redaktionsstatute bei Presseunternehmen	Der WDR beginnt als erste Anstalt mit regelmäßigen »Schulfernseh«-Sendungen
1970	AEG-Telefunken und Teldec stellen erste Bildplatte der Welt vor		Erste Versuche mit »Fernstudium im Medienverbund« (Hessischer Rundfunk)
1972	VCR (Video-Cassette-Recording) auf dem Markt		
	Verkehrsfunk-Decoder in der Bundesrepublik entwickelt und eingeführt		

Jahr	Technik	Politik/Recht	Medien in Wirtschaft und Gesellschaft
1973		Ein Volksentscheid in Bayern (zurückgehend auf »Volksbegehren Rundfunkfreiheit« 1972) bringt Verfassungsänderung, die öffentlich-rechtliche Trägerschaft sowie Ausgewogenheit für Rundfunk vorschreibt	
		Erstes Redaktionsstatut einer Rundfunkanstalt tritt in Kraft (NDR)	
1975	In Großbritannien wird, zunächst als Versuch, Videotext eingeführt	Die »Regionale Verwaltungskonferenz für Mittel- und Langwellenrundfunk« im Rahmen der ITU legt neuen Frequenzplan fest	Verbot für Tabak-Werbung im Rundfunk tritt in Kraft
		Die Kommission für den Ausbau des technischen Kommunikationssystems (KtK), eingerichtet 1972, empfiehlt Pilotprojekte für das Breitbandkabelsystem	

Jahr	Technik	Politik/Recht	Medien in Wirtschaft und Gesellschaft
1976	Mit Jahresende stellt die Firma Mergenthaler Linotype GmbH die Produktion von Bleisetzmaschinen ein (vgl. 1884)		Wie in USA zuvor, beginnen nun auch in der Bundesrepublik die Zeitungsverlage auf Fotosatzmaschinen umzustellen
1977	Die Deutsche Bundespost stellt auf der Funkausstellung in Berlin der deutschen Öffentlichkeit erstmals Bildschirmtext und Videotext vor	Im Rahmen der ITU findet eine weltweite Funkverwaltungskonferenz über Planung des Rundfunkdienstes über Satelliten im 12. GHz-Bereich statt. Die Bundesrepublik erhält 5 Übertragungskanäle.	
1978		Die Konferenz der Ministerpräsidenten der Länder beschließt Durchführung von 4 Kabelpilotprojekten (München, Berlin, Ludwigshafen, Dortmund)	
1980		Der nordrhein-westfälische Landtag verabschiedet Gesetz über Durchführung eines »Feldversuches mit Bildschirmtext« (Düsseldorf/Neuss)	

A. PRESSE

I. ENTWICKLUNG UND SELBSTVERSTÄNDNIS DER PRESSE

Abt Trithmius von Sponheim (1492–1516) über die Erfindung der Buchdruckerkunst um 1450 – Aus den Annalen des Klosters Hirsau zum Jahre 1450

»Zu dieser Zeit wurde in Mainz, einer Stadt Deutschlands am Rheine... jene wunderbare und früher unerhörte Kunst, Bücher mittels Buchstaben zusammenzusetzen und zu drucken, durch *Johannes Gutenberg*, einem Mainzer Bürger, erfunden und ausgedacht. Nachdem er beinahe sein ganzes Vermögen für die Erfindung dieser Kunst aufgewendet hatte, vollbrachte er, mit übergroßen Schwierigkeiten kämpfend, indem er bald in diesem, bald in jenem zu knappe Mittel besaß und schon nahe daran war, an dem Erfolg zweifelnd, das ganze Unternehmen aufzugeben, doch endlich mit dem Rate und den Vorschüssen des Johann Fust, ebenfalls Bürgers von Mainz, die angefangene Sache. Demnach druckten sie zuerst das unter dem Namen Catholicon bezeichnete Wörterbuch, nachdem sie die Züge der Buchstaben nach der Ordnung auf hölzerne Tafeln gezeichnet und die Formen zusammengesetzt hatten; allein mit denselben Formen konnten sie nichts anderes drucken, eben weil die Buchstaben nicht von den Tafeln ablösbar und beweglich, sondern eingeschnitzt waren. Nach diesen Erfindungen folgten künstlichere. Sie erfanden die Kunst, die Formen aller Buchstaben des lateinischen Alphabets zu gießen. Diese Formen nannten sie Matrizen, und aus ihnen gossen sie hinwiederum eherne oder zinnerne, zu jeglichem Drucke geeignete Buchstaben; solche hatte man früher mit den Händen geschnitzt. Und in der Tat, wie ich vor beinahe dreißig Jahren aus dem Munde des Peter Schöffer von Gernsheim, eines Mainzer Bürgers und Schwiegersohnes des ersten Erfinders (Joh. Fust) der Kunst, hörte, hatte die Buchdruckerkunst von Anfang ihrer Entstehung an große Schwierigkeiten zu bekämpfen. Als sie nämlich beschäftigt waren, die Bibel zu drucken, hatten sie schon mehr als viertausend Gulden ausgegeben, bevor sie auch nur das dritte Quaternium (9.–12. Bogen) zustande brachten. Der erwähnte Schöffer aber, damals Gehilfe, hernach Tochtermann des ersten Erfinders Fust, ein kluger und gedankenreicher Kopf, dachte eine leichtere Art aus, Buchstaben zu gießen, und brachte die Kunst zur heutigen Vollendung. Diese drei hielten ihre Art und Weise, zu drucken, einige Zeit geheim, bis sie durch Gehilfen, ohne deren Mitwirkung die drei Männer die Kunst nicht selbst ausüben konnten, zuerst bei den Straßburgern und schließlich bei allen Nationen verbreitet wurde. Das über die wunderbare Buchdruckerkunst Gesagte mag genügen. Ihre ersten Erfinder wohnten jedoch in Mainz, im Haus ›Zum Jungen‹, das man seither das ›Druckhaus‹ nennt.«

Quelle: Von der Urzeit bis zum Zeitalter des Absolutismus, Historisch-politisches Quellenbuch, Bd. 1, bearbeitet von Rudolf Weirich und Gerhart Bürck, Frankfurt a. M. u. a.: Moritz Diesterweg, 1966, S. 267–268

Vorläufer der Zeitung: Die brieflichen Zeitungen des 16. Jahrhunderts

Im großen und ganzen war der Charakter der »Neuen Zeitungen« bei allen Korrespondenten derselbe, der Abdruck einer einzigen genügt daher, um den allgemeinen Typus erkennen zu lassen. Wir wählen eine solche von Melanchthon an den König Christian III. von Dänemark vom 5. Oct. 1550 (Corp. Reform., Tom. VII). Der eigentliche Brief enthält nur einige wenige höfliche Zeilen, mit denen die »Zeitung« überreicht wird; diese aber lautet:

Von Brabant

Die hispanica inquisitio wird grausamlich fürgenommen, sind etlich Personen getödtet. Frater Maria ist zu Augsburg gewesen und hat um Linderung der Edict angesucht, ist nicht lang dablieben. Was ausgericht, weiß ich noch nit.

Vom Reichstag

wird ernstlich geboten, den Bischöfen und Abten ihre Güter und Jurisdictionen einzuräumen und will K. Majestät, daß das Interim soll in's Werk gesetzt werden.

Von Italia, Gallia und Hispania

In Italo und Gallo ist Fried; Hispania hat ein groß Armata von sechzig Galeeren wider Aphrica gesandt. Man practicirt den Heirath zwischen des Königs von Frankreich Schwester und dem Herzog von Saphoy.

Von Sachsen

Von Brunswig ist Herzog Heinrich von Brunswig abgezogen. Gewarten beide Theil kaiserlicher Handlungen. Aber hernach ist Herzog Georg von Meckelburg mit dreihundert Reutern und 2000 Knechten in dem Stift Meideburg gezogen, hat da etlich Flecken, die die Stadt inne gehabt, geplündert, und haben die Bürger von Meideburg und das Landvolk Rettung thun wollen, sind bei 1500 Mann umkommen; damit viel Bürger. Jetzund liegen die Knecht noch im Stift und ist die Rede, man wolle die Belägerung der Stadt fürnehmen.
Und ist Rüstung in allen Landen umher.
Man sagt auch, K. M. habe von dem Rath zu Noriberg begehrt, daß sie die Festung dem Prinzen eingeben wollen und Geschütz.

Von Hungarn

In Hungarn ist Fried, ohne daß in Siebenbürgen der Münch und Paterwitz eine Unruh angefangen von wegen der tutela, und ist der Münch zum König Ferdinando gezogen; dagegen schreibt man, Paterwitz hab Hülf von den Türken.

Vom König Ferdinando

Der König Ferdinandus hat auch in Tyrol eine Inquisition vorgenommen, daraus viel Unruh khomet.

Quelle: Ludwig Salomon, Geschichte des deutschen Zeitungswesens von den ersten Anfängen bis zur Wiederaufrichtung des Deutschen Reiches, Bd. 1, Das 16., 17. und 18. Jahrhundert, 2. Aufl. Oldenburg und Leipzig, Schulzsche Hof-Buchhandlung und Hof-Buchdruckerei 1906, S. 2–7 (gekürzt).

Titel der Straßburger Zeitung von 1609 (die angeblich älteste erhaltene gedruckte Zeitung)

Relation:
Aller Fürnemmen vnd gedeckwürdigen
Historien, so sich hin vnnd wider
in Hoch vnd Nieder Teutschland, auch
in Frankreich, Italien, Schott vnd Engelland
Hisspanien, Hungern, Polen, Siebenbürgen,
Wallachey, Moldaw, Türckey, etc. Inn
diesem 1609. Jahr verlauffen
vnd zutragen möchte.
Alles auff das trewlichste wie
ich solche bekommen 'vnd zu wegen
bringen mag, in Truck ver
fertigen will.

Quelle: Ludwig Salomon, Geschichte des deutschen Zeitungswesens von den ersten Anfängen bis zur Wiederaufrichtung des Deutschen Reiches, Bd. 1, Das 16., 17. und 18. Jahrhundert, 2. Aufl. Oldenburg und Leipzig, Schulzsche Hof-Buchhandlung und Hof-Buchdruckerei 1906, S. 53.

Königliches Privileg für die »Berlingske Tidende« Kopenhagen (1749)

»Königliche Mitteilung an die Postverwaltung über die Vergabe des Privilegs an E. H. Berling:
Friedrich der Fünfte,
von Gottes Gnaden, König von Dänemark und Norwegen, über die Wenden und Goten, Herzog von Schleswig, Holstein, Stormarn und Dithmarschen, Graf von Oldenburg und Delmenhorst!

Zuvor unsere besondere Gunst! Wir haben nach dem alleruntertänigsten Gesuch und Begehren Unseres Hofbuchdruckers Ernst Heinrich Berling und nach Eurem darüber hinaus eingegangenen Vorschlag unter dem Datum des heutigen Tages genanntem Hofbuchdrucker Berling und seinen Erben allergnädigst nach den von ihm angebotenen Bedingungen Unser allergnädigstes Privileg gewährt, daß er vom bevorstehenden Neujahr an die dänischen, deutschen, französischen und gelehrten Zeitungen mit den dazugehörigen Notifikationen drucken darf, die der Witwe des verstorbenen Kanzlei-Rats Jochum Wielandt, Unserer lieben Frau Inger Windekilde allergnädigst zu drucken gestattet waren. Wir geben Euch hiermit bekannt, daß wir außerdem allergnädigst bewilligt haben, daß er oben genannte Zeitungen und Notifikationen in Unseren Reichen und Landen alleine mit der Post verschicken darf nach dem von Euch mit ihm geschlossenen Kontrakt, so, wie es schon mit der Witwe des Kanzlei-Rats Wielandt allergnädigst geregelt worden ist. Dies wird Euch hiermit zur Kenntnis gegeben. Gott befohlen! Geschrieben auf Unserem Schloß Christiansborg aus Unserer Königlichen Residenz-Stadt Kopenhagen am 27. Dezember 1748.

Unter Unserer Königlichen Hand und Unserem Königlichen Siegel

Friedrich R. I. L. Holstein.«

Quelle: Heinz-Dietrich Fischer, Die großen Zeitungen, Deutscher Taschenbuch Verlag, München 1966, S. 25.

Beispiele für Selbstverständnis und Programm großer Zeitungen

»NEUE ZÜRCHER ZEITUNG«/ZÜRICH (1780)

»Bey Endesunterzeichneter Buchhandlung erscheint, an die Stelle ihres bisherigen Zeitungsblattes, vom nächsten Julius an die ›Neue Zürcher Zeitung‹. Dieselbe wird wöchentlich in drey Blättern, nebst dem Kern der Neuheiten vom Auslande, besonders auch die Nachrichten aus der Schweiz . . . enthalten . . . Die Redaktion der ›Neuen Zürcher Zeitung‹ wird sich alle Mühe geben, ihren werthen Lesern in bündiger Kürze das Wichtigste der Zeitbegebenheiten, nach Thatsachen, ohne Partheylichkeit und Leidenschaft in würdiger, ernster, aber freyer Sprache und mit möglichster Schnelligkeit mitzutheilen, um dadurch das Zutrauen des verehrlichen Publikums auf eine angemessene Weise zu erwidern.

Zürich, den 19. Junius 1821. Orell, Füssli u. Compagnie.«

Quelle: Heinz-Dietrich Fischer, Die großen Zeitungen, Deutscher Taschenbuch Verlag, München 1966, S. 44.

»THE TIMES« (1785)

»Zum gegenwärtigen Zeitpunkt ein neues Blatt herauszubringen, wo doch so viele andere sich im öffentlichen Meinen etabliert und bestätigt haben, ist gewiß ein schwieriges Unterfangen ..., nichtsdestoweniger hege ich recht zuversichtliche Hoffnungen, daß die Art des Planes, nach welchem diese Zeitung gestaltet werden soll, ihr wenigstens einen bescheidenen Anteil der öffentlichen Gunst sichern wird ..., denn schließlich wird die *Öffentlichkeit* darüber urteilen, ob das Blatt gut oder schlecht fundiert sein mag. Eine Zeitung sollte ... das Verzeichnis der Zeitverhältnisse (›Register of the times‹) und der zuverlässige Registrator jeder Nachricht sein; sie sollte sich nicht von einem einzelnen Gegenstand ganz in Anspruch nehmen lassen, sondern wie ein gutgedeckter Tisch etwas für jeden Gaumen Passendes enthalten: Beobachtungen über die Pläne unseres eigenen sowie fremder Höfe sollten dem politisch interessierten Leser verschafft werden; über Debatten soll zur Unterhaltung und Unterrichtung derer, die dies vielleicht besonders schätzen, Bericht erstattet werden; gebührende Berücksichtigung sollten auch die Interessen der Geschäftswelt finden, die durch Anzeigen besondere Förderung erfahren sollen. – Eine Zeitung, die alle diese Vorteile miteinander verbindet und die glückliche Mitte trifft, indem sie sich von Extremen fernhält, wird von der Öffentlichkeit seit langem erwartet. Es ist geplant, daß das ›Universal Register‹ eine solche Zeitung wird, deren große Ziele darin bestehen werden, den Wirtschaftsverkehr zwischen den verschiedenen Teilen des Gemeinwesens durch einen Strom von Anzeigen zu erleichtern, die Hauptbegebenheiten der Zeit aufzuzeigen und während der Parlamentssession eine Zusammenfassung der Debatten zu gewährleisten ... Es wird beabsichtigt, die Debatten regelmäßig wiederzugeben; andererseits soll über diese Reden nicht in einem solchen Ausmaße berichtet werden, daß die Herausgabe des Blattes deswegen zum Nachteil der Geschäftsleute verzögert wird ... Das ›Universal Register‹ wird ... den Vorzug haben, daß es trotz gleichzeitigen Erscheinens mit den anderen Blättern eine geraffte Wiedergabe der Parlamentsereignisse der vorausgegangenen Nacht enthalten wird ... Diese Umstände verschaffen, wie wir hoffen, dem ›Universal Register‹ zumindest das gleiche Anrecht wie den übrigen Blättern auf die öffentliche Gunst ... Da eine Zeitung grundsätzlich der Öffentlichkeit, von der sie getragen wird, zu Diensten stehen sollte, halte ich es nicht für entschuldbar, nach dem Vorbild anderer Zeitungen das ›Register‹ nur *einer* Art von Inserenten zu öffnen und es parteiisch anderen zu verschließen. Ich meine, daß ich nur ein Recht dazu habe zu überprüfen, ob die Anzeigen, die zum Inserieren angeboten werden, etwas enthalten, was gegen Gesetz oder Moral verstößt. Und ich meine, daß, wenn sie nichts dergleichen enthalten, ich meine Pflichten gegenüber der Öffentlichkeit verletzen würde, wenn ich mich weigerte, sie zu publizieren – soweit sie bezahlt sind. Eine Zeitung sollte in diesem Punkte einem Gasthaus ähneln, wo ja der Eigentümer verpflichtet ist, *allen* Reisenden sein Haus zu öffnen, die bereit sind, dafür zu zahlen und gegen die es keine gesetzlichen oder moralischen Einwände gibt... Dieses ist der Plan..., und er möge der Öffentlichkeit würdig erscheinen. Er selbst [d.i. John Walter] will die Gunst des Publikums nur solange erwarten, als man sieht, daß er sich strikt an die Verpflichtung hält, die er hiermit auf sich nimmt...

J. Walter.«

Quelle: Heinz-Dietrich Fischer, Die großen Zeitungen, Deutscher Taschenbuch Verlag, München 1966, S. 62 f.

»DIE PRESSE«/WIEN (1848)

»Bei der Gründung des Blattes, dessen erste Nummer wir hier dem Publikum vorlegen, haben uns mannigfache Ideen geleitet und Pläne vorgeschwebt, deren Verwirklichung unser teuerstes Interesse wäre. Wir haben das Werden der öffentlichen Meinung in diesem Lande in seinen ersten Regungen gesehen, die junge österreichische Freiheit in ihrem ersten, noch etwas unsicheren Fluge haben wir mit dem freudigsten Gefühle begrüßt und sind der sich entwickelnden, sich neu erzeugenden Presse mit jener Teilnahme gefolgt, die bei ernsten Männern die Würdigung des Geistes ist. Unsere Revolution hat das eigene Schauspiel dargeboten, daß sie nicht durch hereinbrechende Not, durch den Unverstand der Regierenden bei Lösung der materiellen Fragen, durch Verlegenheit in den Finanzen, wie in anderen Ländern, herbeigeführt wurde, sondern bloß durch das *Gefühl würdiger Reife*, das aller Gemüter mit einem Schlage sich bemächtigte. Man brach die Fesseln der Bevormundung, weil man sich selbst, weil man Europa gegenüber es nicht mehr vertreten mochte, Kind zu sein, und es entstand eine Staatsumwälzung, die wir nur mit der amerikanischen vergleichen wollen, weil sie wie diese im Namen des Rechtes, ich möchte fast sagen im Namen der Gesetze, dem Unrechte und der Ungesetzlichkeit entgegentrat. Das erste, was man ansprach, war *Freiheit* der Presse, und man hatte recht. Die Presse hält in ihren Händen die Geschicke der neueren Gesellschaft. *Die Meinung ist die Königin der Welt;* die Journale aber schaffen, beraten, leiten diese Meinung... Unsere Grundsätze sind, die sich geltend machende Freiheit und Gesittung gegen Übergriffe und Barbarei zu schützen, die Bewegung nicht zu fürchten, weil sie die Ruhe stört, die wahre Erhaltung aber im fortwährenden Vorbereiten und Schaffen des Neuen zu erblicken...

Der Ruf der Zeit ist *Fortschritt*, wo er mit Kämpfen verbunden ist, werden wir sie mit entschlossenem Gemüte aufnehmen.« – Im Grundsatzbeitrag ›Der Beruf des Feuilleton's‹ steht: »Wir ... beginnen mit dem aufrichtigen Geständnisse, daß die Gründung unseres neuen Tageblattes ›Die Presse‹ uns die allerwichtigste Begebenheit scheint, in bezug auf Völkerwohl, Industrie, Handel, Freiheit usw., die seit langem in Europa vorgekommen. Das denken zwar alle, die ein neues Blatt erscheinen lassen, allein nur wir sind so frei, es auch zu sagen. Freilich nur im Feuilleton, daß es auch individuelle Meinungen abspiegeln darf, während die eigentliche politische Presse die öffentliche Meinung vertreten soll, die Meinung aller, wobei es freilich geschieht, daß jeder seine Parteimeinung für die aller – oder bescheidener Weise nur aller Vernünftigen – ausgibt. Jedenfalls aber soll unser Feuilleton in der Zeit der Massenherrschaft ein schützendes Dach für das Individuum sein, um durch persönliche Erlebnisse und aus dem Fond der Eigentümlichkeit geschöpfte Bemerkungen, die große Geschichte der Gegenwart memoirenhaft interessant zu begleiten ...«

Quelle: Heinz-Dietrich Fischer, Die großen Zeitungen, Deutscher Taschenbuch Verlag, München 1966, S. 87.

»SVENSKA DAGBLADET«/STOCKHOLM (1884)

»Es geziemt sich für uns, an erster Stelle der geehrten Öffentlichkeit darüber zu berichten, auf welche Weise diese Zeitung versuchen will, das Vertrauen zu gewinnen und als würdige Repräsentantin der öffentlichen Meinung in Schweden aufzutreten ... Es wird stets unser Streben sein, uns in der Sache an die bekannte Wahrheit zu halten ... und das Wohl des Vaterlandes als einziges Ziel zu verfolgen. Mit diesen publizistischen Pflichten vor Augen wollen wir nach bestem Verstand und mit aller Kraft zur öffentlichen Diskussion um die Entwicklung und die Lebensinteressen des schwedischen Volkes beitragen, wobei es unsere Pflicht ist, unter unseren Lesern den vaterländischen Geist aufrechtzuerhalten und auszubreiten ... An die Spitze dieser großen Interessen setzen wir die Aufrechterhaltung der Freiheit und Unabhängigkeit des Landes ... Wir schließen uns aufs engste in diesen Fragen an die Auffassung der Partei der Mitte an ... Im übrigen ist es die Absicht der Redaktion, ›Svenska Dagbladet‹ zu einem freigesinnten, gemäßigten und schwedischen Organ für die bürgerlichen Klassen zu machen ... Radikalismus ist uns gleichermaßen zuwider wie steriler Konservatismus, weil beide im Grunde den wahren nationalen Interessen gleich fremd sind ... ›Svenska Dagbladet‹ will vor allem ein nationales Organ werden und sieht seine höchste Aufgabe in der Arbeit für die vaterländische Kultur, die das beste Band zwischen den getrennten Volksklassen ist ...«

Quelle: Heinz-Dietrich Fischer, Die großen Zeitungen, Deutscher Taschenbuch Verlag, München 1966, S. 144.

»PRAWDA«/SANKT PETERSBURG – MOSKAU (1912)

Der in der Erstausgabe der »Prawda« erschienene, Stalin zugeschriebene Leitartikel »Unsere Ziele«

»Wer die ›Swesda‹ liest und ihre Mitarbeiter kennt, die auch die Mitarbeiter der ›Prawda‹ sind, der begreift unschwer, in welcher Richtung die ›Prawda‹ arbeiten wird. Den Weg der russischen Arbeiterbewegung mit dem Lichte der internationalen Sozialdemokratie erleuchten, unter den Arbeitern die Wahrheit über Freunde und Feinde der Arbeiterklasse verbreiten und die Interessen der Arbeitersache treu hüten – diese Ziele wird die ›Prawda‹ verfolgen.

Indem wir uns solche Ziele setzen, beabsichtigen wir durchaus nicht, die Meinungsverschiedenheiten zu vertuschen, die es unter den sozialdemokratischen Arbeitern gibt. Noch mehr: wir glauben, daß eine mächtige und lebensvolle Bewegung ohne Meinungsverschiedenheiten undenkbar ist – nur auf dem Friedhof ist die ›völlige Identität der Ansichten‹ zu verwirklichen! Aber dies bedeutet noch nicht, daß es mehr Differenzpunkte als Punkte der Übereinstimmung gibt. Bei weitem nicht! Wie sehr die fortgeschrittenen Arbeiter auch auseinandergehen mögen, sie können nicht vergessen, daß sie alle, ohne Unterschied der Fraktionen, in gleicher Weise ausgebeutet werden, daß sie alle, ohne Unterschied der Fraktionen, in gleicher Weise rechtlos sind. Deshalb wird die ›Prawda‹ vor allem und hauptsächlich zur Einheit des Klassenkampfs des Proletariats, zur Einheit unter allen Umständen, aufrufen. In dem Maße, wie wir gegen die Feinde unversöhnlich sein müssen, müssen wir untereinander nachgiebig sein. Krieg gegen die Feinde der Arbeiterbewegung, Frieden und einmütige Arbeit innerhalb der Bewegung – davon wird sich die ›Prawda‹ in ihrer tagtäglichen Arbeit leiten lassen.

Das zu betonen ist jetzt besonders notwendig, wo die Lena-Ereignisse und die bevorstehenden Wahlen zur IV. Duma vor den Arbeitern mit außerordentlicher Nachdrücklichkeit die Frage der Notwendigkeit aufwerfen, sich zu einer einheitlichen Klassenorganisation zusammenzuschließen ...

Indem wir an die Arbeit gehen, sind wir uns bewußt, daß unser Weg voller Dornen ist. Es genügt, sich an die ›Swesda‹ zu erinnern, die unzählige Male konfisziert und ›belangt‹ worden ist. Doch vor Dornen haben wir keine Angst, wenn die Sympathie der Arbeiter, die jetzt die ›Prawda‹ umgibt, auch künftig anhält. Aus dieser Sympathie wird sie die Energie für den Kampf schöpfen! Wir möchten, daß diese Sympathie wächst. Wir möchten außerdem, daß sich die Arbeiter nicht auf die Sympathie beschränken, sondern an der Leitung unserer Zeitung aktiv mitarbeiten. Mögen die Arbeiter nicht sagen, Schriftstellerei sei für sie eine ›ungewohnte‹ Arbeit: die Arbeiterjournalisten fallen nicht fertig vom Himmel, sie werden nur nach und nach, im Laufe der literarischen Arbeit herangebildet. Man muß nur mutig ans Werk gehen: ein paarmal wird man stolpern, und dann lernt man schreiben ...

Also einmütig ans Werk!«

Quelle: Heinz-Dietrich Fischer, Die großen Zeitungen, Deutscher Taschenbuch Verlag, München 1966, S. 162 f.

»LE MONDE«/PARIS (1944)

»Eine neue Zeitung erscheint: ›Le Monde‹. Erstes Anliegen ist es, dem Leser klare, wahre und, so gut wie möglich, schnelle und vollständige Informationen zu liefern. Man kann sich jedoch in unserer heutigen Zeit nicht mehr damit begnügen, nur zu beobachten und zu beschreiben: die Menschheit schwimmt in einem Strom tumultuöser und tragischer Ereignisse, bei denen der einzelne, ob er will oder nicht, ebenso der Handelnde wie der Betrachtende, der Gewinner wie der Verlierer ist. Wenn Frankreich seine Niederlage passiv hingenommen hätte, so hätte es damit seinen eigenen Untergang besiegelt. Aber der vom General de Gaulle am Tage nach der Kapitulation gegebene Aufruf zum Widerstand, der ein ungeheuer gewaltiges Echo in den Herzen aller Franzosen gefunden hat, gab dem Land alle jene Kräfte zurück, die es schon verloren zu haben schien. Damit diese Möglichkeiten, die seit vier Monaten groß entwickelt worden sind, auch noch morgen eine unbestreitbare Realität darstellen, muß man zuallererst der gegenwärtigen Schwierigkeiten Herr werden. Der Kampf Frankreichs, der 1940 verlorenging, kann nicht allein durch den totalen Sieg über die deutschen Truppen – der soeben begonnen hat – abgeschwächt werden, denn dieser Sieg – Bedingung für alles weitere – reicht zu nichts. Zu was wäre es gut zu siegen, wenn das Wohl des Volkes sowie die französische Bevölkerung weiterhin gefährdet blieben – wenn die Jugend, aus welchem Milieu sie auch immer kommen mag, nicht die für sie notwendige Erziehung zu ihrer völligen persönlichen und sozialen Entfaltung erhielte – wenn die französische Industrie nicht weiterhin produktiv wäre und der Boden nicht weiterhin fruchtbar – und wenn nicht zuletzt Unternehmer und Arbeiter sich nicht einig wären in ihrer gemeinsamen Aufgabe der gerechten Verteilung der gemeinsamen Verantwortung und des gemeinsamen Gewinns? Wenn man es so betrachtet, so bedeutet das Errungene doch wohl eine Revolution – eine Revolution durch das Recht –, über die man triumphieren kann. Diese Revolution kann durch die Einigkeit und die schöpferische Kraft aller Franzosen die Größe und die Freiheit Frankreichs wiederherstellen.«

Quelle: Heinz-Dietrich Fischer, Die großen Zeitungen, Deutscher Taschenbuch Verlag, München 1966, S. 180 f.

»JEN-MIN JIH-PAO«/PEKING (1948)

Programmatische Leitsätze der Pekinger »Volkszeitung« vom 1. Juli 1956:

»1. *Vergrößerung des Umfangs der Berichterstattung:* Wir leben in einer Welt, die sich ständig verändert; die Leser unserer Zeitung wollen diese Welt aus verschiedenen Perspektiven betrachten und kennenlernen. Es ist unsere größte Aufgabe, diesen vielseitigen Bedürfnissen nachzukommen. Wir sind diesen Erfordernissen bisher nicht ganz gewachsen gewesen; das lag einmal an dem geringen Umfang der Zeitung und zum anderen auch daran, daß wir uns nicht bemüht haben, in beschränktem Umfang mehr Neues und Vielseitiges zu bieten. Um den vielfältigen Bedürfnissen der Leser nachzukommen, sind wir entschlossen, einerseits den Umfang dieser Zeitung trotz des Papiermangels zu verdoppeln und andererseits all das, was für das tägliche Leben interessant und notwendig ist, zu sammeln und zu veröffentlichen – sei es aus den sozialistischen oder den kapitalistischen Ländern, aus Stadt oder Dorf, sei es direkt konstruktiv oder indirekt, mag es mehr oder weniger Freude bringen!

2. *Förderung der freien Diskussion:* Die Zeitung ist das Sprachrohr der Gesellschaft. Es erscheint jedoch in jedem Gesellschaftssystem unmöglich, daß alle Menschen zu den konkreten Problemen eine gleichartige Meinung haben können. Die Zeitung der Partei und des Volkes hat zwar die Pflicht, die verschiedenen Auffassungen zu koordinieren, aber um dieses Ziel zu erreichen, sollte dennoch keine einfache Metho-

de oder Gewalt angewendet werden ... Unsere Redaktion ist nicht die alles wissende und unfehlbare Autorität, so daß sie für alle sozialen Probleme eine absolut richtige Antwort geben könnte. Eine richtige Antwort zu den komplizierten sozialen Problemen kann nur allmählich durch die allgemeine Diskussion in der breiten Volksmasse und aus deren Praxis gefunden werden. Wir befürworten keine endlosen Diskussionen, da allein schon der Umfang nicht dazu beiträgt, sämtliche Probleme zu erörtern; aber wir versuchen keinesfalls, jegliche Diskussion zu meiden. Früher haben wir es vernachlässigt, den Lesern die Möglichkeit zu geben, ihre Meinungen in unserer Zeitung zum Ausdruck zu bringen ...

3. Neuartige Gestaltung der Aussage: Unsere Zeitung erscheint täglich und hat die Möglichkeit, täglich ein paar Millionen Menschen zu beeinflussen! Deshalb muß ihre Aussage inhaltlich logisch und sachbezogen sowie formell lesbar und zugänglich sein ... Vorher haben wir nicht weniger gute Artikel veröffentlicht, und wir versuchten auch immer wieder, den Stil der Aussage zu verbessern. Im großen und ganzen aber war die Aussage unserer Zeitung von der Lesbarkeit und ›Lebendigkeit‹ noch weit entfernt, auch fand sich häufig der Parteijargon in der Zeitung. Die Redaktion wird versuchen, diesen Umstand abzuändern, und zwar unter Zusammenarbeit sämtlicher Mitarbeiter; außerdem soll auch künftig jeder Artikelschreiber bei der Gestaltung der Aussage die Resonanz der Leserschaft erwägen. Diese Zeitung wird, wie gesagt, von Millionen Menschen gelesen, aber nur wenige von ihnen haben Zeit für eine längere Lektüre. Deshalb wollen wir versuchen, alle Artikel dieser Zeitung – abgesehen von wenigen Ausnahmen – künftig so kurz wie möglich zu halten.

4. Schlußwort: Unsere Zeitung heißt ›Volkszeitung‹. Das heißt: sie ist die gemeinsame Waffe des Volkes und stellt zugleich ein gemeinsames Eigentum des Volkes dar. Die breite Volksmasse ist der Herr dieser Zeitung. Wir können die Zeitung nur dann gut gestalten, wenn wir uns auf das Volk selbst stützen. Als wir uns um die Reform der Redaktionsarbeit bemühten, haben wir zahlreiche gute Ratschläge aus Leserkreisen bekommen, die uns bedeutende Hilfe leisteten. Dennoch wird die Reform dieser Zeitung eine längere Zeit benötigen, denn was wir wünschen und zu verwirklichen trachten, kann natürlich nicht sogleich realisiert werden. Wir hoffen, daß die breite Leserschicht uns noch mehr Hilfe leisten, uns noch mehr beraten, kritisieren und orientieren wird!«

Quelle: Heinz-Dietrich Fischer, Die großen Zeitungen, Deutscher Taschenbuch Verlag, München 1966, S. 223 f.

»DIE WELT«/HAMBURG (1946)

»Die ersten Monate des Jahres haben uns bisher kein sehr freundliches Gesicht gezeigt. Nagender Hunger und bittere Kälte haben sich vereinigt, um die Stimmung der schon ermatteten Bevölkerung noch weiter zu drücken. Für die materielle Seite des Lebens können auch die kommenden Monate uns wenig Hoffnung bieten. Aber viel Neues und Weittragendes hat sich in diesen letzten Monaten im geistigen Leben ereignet, obgleich es im Angesicht der äußeren Not von vielen übersehen worden ist. Was auf dem Gebiet der Presse vorgeht, ist von nicht zu überschätzender Bedeutung. In allen Gebieten der Zone ist die Presse jetzt in den Händen deutscher Lizenzträger: deutsche Hauptschriftleiter, deutsche Verlagsleiter arbeiten selbständig ... Die bisherigen Zeitungen haben ihre Pflicht redlich erfüllt, allen Beschimpfungen und Anschuldigungen zum Trotz. Sie werden aber unbeweint verschwinden, da das, was jetzt vorgeht, mit Recht als ein Befreiungsprozeß empfunden wird. Das Erlöschen der bisherigen Zeitungen wird aber eine Lücke lassen, die ganz auszufüllen die neuen lizenzierten Zeitungen nicht in der Lage sein werden, da diese überwiegend lokalen Charakter haben und die meisten einer bestimmten politischen Richtung verpflichtet sind. Die Besatzung bleibt, die Regierung ist die Militärregierung. Es besteht dabei die Gefahr, die deutsche Presse könne den Kontakt mit der Regierung gewissermaßen verlieren. Da sie nicht oppositionell, sondern mitarbeitend wirken will, so darf sie, muß sie diesen Kontakt wahren. Und gerade ihn beizubehalten, ist eine Aufgabe, die eine überparteiliche Zeitung für die gesamte britische Zone erfüllen kann, die in ständiger Berührung mit den Militärbehörden steht und zugleich von Deutschen gemacht wird und Deutsche zu Worte kommen läßt.

So steht ›Die Welt‹ in keinem Gegensatz zu den lizenzierten Zeitungen, sie konkurriert nicht mit ihnen. Sie hat eine andere Aufgabe, die jene nicht erfüllen können, gerade wie sie unfähig wäre, ihre Rolle im Parteileben zu spielen. Hier auf dem Boden der ›Welt‹ öffnen sich die Tore zur Welt, zur weiten Welt des Auslandes, jener Welt, die zwölf Jahre lang den Deutschen nur in entstellender Wiedergabe geboten wurde. Mit der ›Welt‹ soll die Brücke geschlagen werden zu anderen Völkern, anderen Lebensweisen, anderen Gedankengängen. Sie soll dazu beitragen, neue Wege anzubahnen, die dem deutschen Volk im Laufe der Zeit zum Wohle gereichen werden.«

Quelle: Heinz-Dietrich Fischer, Die großen Zeitungen, Deutscher Taschenbuch Verlag, München 1966, S. 194.

»FRANKFURTER ALLGEMEINE ZEITUNG« (1949)

»Unsere Leser haben heute die erste Nummer der ›Frankfurter Allgemeinen Zeitung‹ vor sich. Dieses Blatt setzt die journalistische Arbeit fort, die in Mainz mit der ›Allgemeinen Zeitung‹ begonnen worden ist. Aber es knüpft zugleich den Anfang zu einem neuen Werk. Unsere Leser haben wohl ein Recht zu erfahren, was damit beabsichtigt ist. Aus der Tatsache, daß einige unserer Mitarbeiter früher der Redaktion der ›Frankfurter Zeitung‹ angehört haben, ist vielfach geschlossen worden, hier werde der Versuch gemacht, die Nachfolgeschaft dieses Blattes anzutreten. Eine solche Annahme verkennt unsere Absichten. Wie jeder, so haben auch wir die hohen Qualitäten dieses Blattes bewundert; daß die Besatzungsmächte sein Wiedererscheinen sofort nach dem Waffenstillstand nicht gestatteten, wird immer ein Kennzeichen für ihre Unkenntnis der deutschen Verhältnisse bleiben. Aber der Respekt vor einer hervorragenden Leistung bedeutet noch nicht den Wunsch, sie zu kopieren. Wir haben einen ziemlich kräftigen Ehrgeiz, und dieser ist vornehmlich auf eigene und selbständige Leistung gerichtet. Wir haben genaue Vorstellungen von einer neuen Art Zeitung, die wir schaffen möchten. Für sie müßte die Wahrheit der Tatsachen heilig sein; sie müßte sich der strengen Sachlichkeit in der Berichterstattung befleißigen; sie müßte auch den Andersmeinenden gegenüber immer Gerechtigkeit walten lassen; und sie müßte sich bemühen, nicht an der Oberfläche der Dinge stehen zu bleiben, sondern ihre geistigen Hintergründe aufzusuchen. Dies alles wollen wir redlich; aber wir glauben, zu diesem neuen Typ von Zeitung müßte auch eine beträchtliche Volkstümlichkeit, ein Ansprechen breiter Schichten – ohne ihre Umschmeichelung – gehören. Natürlich denken wir nur an diejenigen, die sich mit uns bemühen wollen, über die Dinge nachzudenken, statt Schlagworten nachzulaufen. Für die Denkfaulen möchten wir nicht schreiben. Aber sonst meinen wir, daß die Vereinigung von breiter Wirkung und geistigen Ansprüchen sehr wohl möglich sei. Es ist also eigentlich allerhand, was uns vorschwebt ... Deutschland hat keinen Außenminister. Seine Stimme dringt nur schwach nach draußen. Hier möchte dieses Blatt einsetzen; es will eine Stimme Deutschlands in der Welt sein. Auch bei diesem Vorhaben uns zu folgen, möchten wir unsere Leser einladen. Wenn wir dann einige Jahre gemeinsam gewandert sind, werden wir uns hoffentlich sagen können, daß unsere gemeinsame Arbeit nicht vergeblich gewesen ist.«

Quelle: Heinz-Dietrich Fischer, die großen Zeitungen, Deutscher Taschenbuch Verlag, München 1966, S. 240 f.

II. TABELLEN

Entwicklung der Tages-, Sonntags- und Wochenzeitungen in der Bundesrepublik Deutschland (bis 1979)

	Tageszeitungen[1]		Sonntagszeitungen[2]		Wochenzeitungen	
Jahr	Zahl[3]	verk. Aufl. i. Tsd. Expl.	Zahl	verk. Aufl. i. Tsd. Expl.	Zahl[3]	verk. Aufl. i. Tsd. Expl.
1950	429	11 104	1	361	18	639
1955	455	13 253	3	651	28	718
1960	498	15 465	3	1 924	49	879
1965	494	17 076	3	2 609	50	1 148
1966	486	17 930	3	2 993	53	1 208
1967	474	17 423	3	2 917	56	1 216
1968	465	17 714	3	2 769	64	1 294
1969	411	18 108	3	2 859	64	1 315
1970	430	17 336	3	2 642	58	1 456
1971	419	17 960	3	2 585	58	1 451
1972	406	18 038	3	2 533	53	1 690
1973	410	18 310	3	2 681	52	1 696
1974	407	18 721	3	2 661	53	1 756
1975	398	18 910	3	2 600	52	1 796
1976	408	19 742	3	2 762	47	1 659
1977	407	20 196	3	2 901	45	1 825
1978	404	20 348	3	2 927	47	1 793
1979	395	20 342	4	3 366	46	1 679

Angaben nach IVW, jeweils 4. Quartal

1 Erfaßt sind alle gemeldeten Zeitungen mit mehr als einmal wöchentlichem Erscheinen.

2 Nicht eingeschlossen sind die Sonntagsausgaben der montags nicht erscheinenden Berliner Tageszeitungen.

3 Zugrunde liegt die Zahl der Zeitungen, die ihre Auflagen tatsächlich der IVW gemeldet haben. Die Zahl der IVW-angeschlossenen Zeitungen liegt durchschnittlich um 2,5 Prozent höher.

Quelle: Bundesverband Deutscher Zeitungsverleger e. V. (Hrsg.): Die deutschen Zeitungen in Zahlen und Daten – Eine statistische Übersicht, S. 4.

Das Zeitungsangebot in der Bundesrepublik Deutschland (1979)

Gesamtauflage der Zeitungen (einschl. der Wochen- und Sonntagszeitungen):	25,3 Millionen
Tageszeitungen insgesamt (Zeitungen mit häufiger als einmaligem Erscheinen pro Woche):	20,3 Millionen
davon	
lokale und regionale Abonnementszeitungen	12,9 Millionen
überregionale Zeitungen	0,9 Millionen
Straßenverkaufszeitungen	6,5 Millionen
Sonntagszeitungen	3,3 Millionen
Wochenzeitungen	1,7 Millionen
Zahl der Tageszeitungen	395
davon	
lokale und regionale Abonnementszeitungen	383
überregionale Zeitungen	4
Straßenverkaufszeitungen	8
Zeitungsausgaben insgesamt:	1 244
Publizistische Einheiten:	122
Zahl der Sonntagszeitungen:	4
Zahl der Wochenzeitungen:	51
Leserdichte Auf je 1 000 Einwohner kommen in der Bundesrepublik einschl. Berlin	Zeitungsexemplare 419 davon Tageszeitungsexemplare 339

Quelle: Bundesverband Deutscher Zeitungsverleger e. V. (Hrsg.): Die deutschen Zeitungen in Zahlen und Daten – Eine statistische Übersicht, (Bonn) o. J., S. 1.

B. ELEKTRONISCHE MEDIEN

I. DOKUMENTE ZU ENTWICKLUNG UND SELBSTVERSTÄNDNIS DES HÖRFUNKS

Dem »Deutschen Rundfunk« zum Geleit

HANS BREDOW (1923)*

In einer Zeit schwerster wirtschaftlicher Not und politischer Bedrängnis wird der Rundfunk für die Allgemeinheit freigegeben. Nicht länger soll er ausschließlich wirtschaftlichen Zwecken dienen, sondern es soll der Versuch gemacht werden, diesen *Kulturfortschritt* zu benutzen, um dem deutschen Volke etwas Anregung und Freude in das Leben zu bringen.

Es drängt sich die Frage auf, ob eine derartige Einrichtung eine Lebensnotwendigkeit für Deutschland ist und ob es berechtigt ist, jetzt Neuerungen einzuführen, die nicht unmittelbar dem Wiederaufbau dienen.

Das deutsche Volk ist wirtschaftlich verarmt, und es ist nicht zu bestreiten, daß auch die geistige Verarmung Fortschritte macht, denn wer kann sich heute noch Bücher und Zeitschriften kaufen, wer kann sich die Freude guter Musik und unterhaltender und bildender Vorträge gönnen? Erholung, Unterhaltung und Abwechslung lenken den Geist von den schweren Sorgen des Alltags ab, erfrischen und steigern die Arbeitsfreude; aber ein *freudloses Volk wird arbeitsunlustig.* Hier setzt die Aufgabe des Rundfunks ein, und wenn es auf diese Weise gelingen sollte, allen Schichten der Bevölkerung künstlerisch und geistig hochstehende Darbietungen aller Art zu Gehör zu bringen, wenn gleichzeitig der Industrie ein neues Betätigungsfeld eröffnet und damit für Arbeiter und Angestellte Arbeitsmöglichkeit geschaffen wird, dann wirkt der Rundfunk aufbauend, und das deutsche Volk hat ein Recht auf ihn.

Quelle: Hans Bredow, Aus meinem Archiv, Probleme des Rundfunks, Heidelberg: Kurt Vowinckel, 1950, S. 15.

* Vater des deutschen Rundfunks.

Die erste Ansage im Deutschen Rundfunk vom 29. Oktober 1923, 8 Uhr abends

»Achtung, Achtung, hier ist die Sendestelle Berlin im VoxHaus auf Welle 400 m. Meine Damen und Herren, wir machen Ihnen davon Mitteilung, daß am heutigen Tage der Unterhaltungsrundfunkdienst mit Verbreitung von Musikvorführungen auf drahtlos-telephonischem Wege beginnt. Die Benutzung ist genehmigungspflichtig. Als erste Nummer bringen wir: Cellosolo mit Klavierbegleitung; Andantino von Kreisler, gespielt von Herrn Kapellmeister Otto Urack. Am Flügel: Herr Fritz Goldschmidt.«

Quelle: Heinz Pohle, Der Rundfunk als Instrument der Politik, Verlag Hans-Bredow-Institut, Hamburg 1955, S. 43.

Synopse der Rundfunkaufgaben in der Bundesrepublik Deutschland

	SR	SFB	SDR	SWF
Aufgaben	§ 9	§ 2	§§ 1, 2	§ 3
	Gestaltung und Verbreitung von Programmen des Hörfunks und Fernsehrundfunks	Errichtung und Betrieb von Rundfunksendeanlagen und Veranstaltung von Rundfunkdarbietungen	Veranstaltung und Übermittlung von Darbietungen aller Art	für die Allgemeinheit bestimmte Verbreitung von Nachrichten und Darbietungen erbauender, belehrender und unterhaltender Art
Grundsätze für die Sendungen	§ 10	§ 3	§ 4	§ 5
	Herbeiführung unabhängiger Meinungsbildung; Beachtung der religiösen, sittlichen und kulturellen Belange der Bevölkerung; Förderung der internationalen Verständigung; Mahnung zu Frieden und sozialer Gerechtigkeit; Verteidigung demokratischer Freiheit; Wahrheit	Verfassungstreue; kulturelles Verantwortungsbewußtsein; Sachlichkeit; Wirkung für Freiheit, Gerechtigkeit, Wahrheit; Ermöglichung unabhängiger Meinungsbildung; inhaltliche Ausgewogenheit	§ 2 SDR-Satzung volle Unabhängigkeit; frei von Beeinflussung Abs. 4 = 10-Punkte-Katalog für Veranstaltung von Sendungen	demokratische Freiheit; Völkerverständigung; keine einseitige Interessenvertretung; Wahrheitspflicht; Sachlichkeit; Nachrichten sind von Kommentierungen und Stellungnahmen zu trennen

*Synopse der Rundfunkaufgaben in der Bundesrepbulik Deutschland**

	BR	HR	NDR	RB
Aufgaben	§ 2	§ 3	§ 4	§ 2
	Veranstaltung und Vermittlung von Sendungen in Wort, Ton und Bild	Verbreitung von Nachrichten und Darbietungen bildender, unterrichtender und unterhaltender Art	Verbreitung von Nachrichten und Darbietungen in Wort, Ton und Bild	Information, Bildung und Unterhaltung der gesamten Bevölkerung
Grundsätze für die Sendungen	§ 4	§ 3	§ 4	§ 2
	Sendungen dienen der Bildung, Unterrichtung und Unterhaltung; demokratische Gesinnung, kulturelles Verantwortungsbewußtsein, Menschlichkeit, Objektivität	Rundfunk ist Sache der Allgemeinheit; volle Unabhängigkeit, frei von Beeinflussung; Nachrichten, Kommentare, Unterhaltung, Bildung und Belehrung, Gottesdienst und Erbauung vermitteln und dem Frieden, der Freiheit und der Völkerverständigung dienen	es sind weltanschauliche, wissenschaftliche und künstlerische Richtungen zu berücksichtigen; sittliche und religiöse Überzeugungen; Nachrichtengebung allgemein, unabhängig und objektiv	kulturelles Verantwortungsbewußtsein; künstlerische Aufgabe des Rundfunks; demokratische Gesinnung; unbestechliche Sachlichkeit; Einsatz für Frieden, Freiheit, Gerechtigkeit, Wahrheit, Duldsamkeit und Achtung; wahrheitsgetreue Berichterstattung, religiöse und sittliche Überzeugung

* Das »Statut des Senders RIAS Berlin« definiert keine Rundfunkaufgaben

Synopse der Rundfunkaufgaben in der Bundesrepublik Deutschland

	ZDF	DW	DLF	WDR
	§§ 1, 2	§ 1	§ 5	§ 3
Aufgaben	objektiver Überblick über das Weltgeschehen; umfassendes Bild deutscher Wirklichkeit	Rundfunkteilnehmern im Ausland umfassendes Bild des politischen, kulturellen und wirtschaftlichen Lebens in Deutschland vermitteln	umfassendes Bild Deutschlands vermitteln	Verbreitung von Nachrichten und Darbietungen in Wort, Ton und Bild
	§§ 2, 22	§§ 23, 24	§§ 23, 24	§ 4
Grundsätze für die Sendungen	Wiedervereinigung; Völkerverständigung; unabhängige Meinungsbildung ermöglichen; Berichterstattung: umfassend, wahrheitsgetreu, sachlich	unabhängige Meinungsbildung; keine einseitigen Interessenvertretungen; sittliche und religiöse Empfindungen der Bevölkerung achten; umfassende, wahrheitsgetreue und sachliche Berichterstattung		weltanschauliche, wissenschaftliche und künstlerische Richtungen berücksichtigen; sittliche und religiöse Überzeugung der Bevölkerung achten; landsmannschaftlicher Gliederung Rechnung tragen; Nachrichten: allgemein, unabhängig, objektiv; internationale Verständigung; Wahrheitspflicht; keine einseitige Interessenvertretung

Quelle: Hayo Uthoff, Werner Deets, Ruth Brandhofe, Birgit Nöh: Funktionsverluste des Rundfunks, Wirkungsanalyse der Festanstellungsrechtsprechung des Bundesarbeitsgerichts, Berlin: Volker Spiess 1980, S. 175–177.

Die Selbstverantwortlichkeit von »Radio Frieden und Fortschritt«

Moskau, den 13.7.68, 00.01 GMT (*Radio Frieden und Fortschritt,* engl. für Zentralamerika und 10.30 GMT, engl. für Asien)

»Viele unserer Hörer haben (uns) geschrieben und gebeten, ihnen etwas über die Rundfunkstation *Frieden und Fortschritt* zu berichten; viele von ihnen wollen wissen, was für ein Unterschied zwischen dem Rundfunksender *Frieden und Fortschritt* und *Radio Moskau* besteht. *Radio Frieden und Fortschritt* ist eine öffentliche sowjetische Organisation, während *Radio Moskau* dem Staat gehört. *Radio Frieden und Fortschritt* wurde 1964 gegründet, und zu den Gründerorganisationen gehören die sowjetischen Gesellschaften für Freundschaft und kulturelle Beziehungen zum Ausland, das sowjetische Friedenskomitee, der sowjetische Schriftstellerverband, der sowjetische Journalistenverband, das sowjetische Frauenkomitee, das Jugendkomitee und viele andere.

Der Sender wird durch einen ›Aufsichtsrat‹ aus den Reihen der Förderer betrieben, der für eine Zeitspanne von vier Jahren gewählt worden ist. Der Chefredakteur des Senders ist außerdem der Direktor der Abteilungen. Das Statut des Senders besagt, daß staatliche sowjetische Gremien für die Tätigkeit und finanziellen Verpflichtungen von *Radio Frieden und Fortschritt* nicht verantwortlich sind, genauso wenig wie der Sender für irgendwelche an den sowjetischen Staat oder irgendeine andere sowjetische Organisation gerichteten Beschwerden verantwortlich gemacht werden kann.

Radio Frieden und Fortschritt zielt darauf ab, die öffentliche Weltmeinung mit der Meinung der sowjetischen Öffentlichkeit über drängende aktuelle Probleme und Ereignisse in anderen Ländern vertraut zu machen. *Radio Frieden und Fortschritt* ist (stets) bereit, anderen Stationen auf der Grundlage der Gegenseitigkeit sie interessierendes Material zu übersenden. *Radio Frieden und Fortschritt* sendet in englischer, französischer, spanischer, protugiesischer, chinesischer, hebräischer, jiddischer und deutscher Sprache und in guarani. Wir strahlen täglich Sendungen nach Asien, Afrika, Lateinamerika und Europa aus. Unsere täglichen Sendungen machen fast 20 Stunden aus.«

Quelle: Deutsche Welle, Monitor-Dienst (I), 18. Juli 1968, S. 1.

Selbstdarstellung von »Radio Freies Europa« (RFE)/»Radio Liberty« (RL)

Auszüge aus dem RFE/RL Credo

»... RFE/RL-Programme wollen ihren Zuhörern ein ausgewogeneres Bild des Zeitgeschehens vermitteln, als dies seitens einer gleichgeschalteten, offiziellen Quelle erfolgt. RFE und RL identifizieren sich nicht mit irgendwelchen Oppositionsgruppen, politischen Parteien oder Organisationen, die in oder außerhalb der Empfangsländer operieren mögen. Sie sind nicht auf ein spezifisches politisches, wirtschaftliches oder religiöses Bekenntnis festgelegt. Sie sind jedoch verpflichtet, die Menschenrechte und die demokratischen Prinzipien zu respektieren, insbesondere die Meinungsfreiheit, die Rechtsstaatlichkeit und die Nicht-Diskriminierung von Menschen aufgrund ihrer Rasse, ihres Geschlechts, ihrer Religion und ihrer Nationalität. Sie treten außerdem für die freie Bewegung von Menschen, Gütern und Ideen zwischen den Völkern ein, sowie für friedliche Verhandlungen bei internationalen Auseinandersetzungen. Das Festhalten an diesen ethischen Werten, in Verbindung mit Genauigkeit, Objektivität und Aktualität der Berichterstattung sollte den Programmen von RFE und RL den Respekt, wenn auch nicht unbedingt die Zustimmung, der heutigen und potentiellen Zuhörer aus allen sozialen und politischen Schichten einbringen... RFE und RL sollten genauso objektiv über Probleme und Rückschläge wie über Erfolge berichten, wobei sie die kritische Distanz von Behörden und offiziellen Stellen wahren sollten, wie das für unabhängige internationale Nachrichtenmedien chrarakteristisch ist.

...

Quelle: Radio Freies Europa/Radio Liberty – Informationsblatt.

II. ZUR GESCHICHTE DES FERNSEHENS

Weltfernsehpremiere in Berlin 1935

Hadamovskys Telegramm an Hitler

In: Mitteilungen der Reichsrundfunk-Gesellschaft vom 23. 3. 1935.

Mein Führer!
Die Reichssendeleitung meldet Ihnen hiermit über den Fernsehsender Berlin-Witzleben und anschließend durch Kabeltelegramm den Beginn des ersten regelmäßigen Fernsehprogrammbetriebes der Welt.

Der Zusammenarbeit und Schöpferkraft deutscher Wissenschaftler, Ingenieure, Arbeiter, Organisatoren und Künstler verdanken wir einen Fortschritt von höchster kultureller, politischer und volkswirtschaftlicher Bedeutung.

Ihrer Führung und tatkräftigen Unterstützung, mein Führer, danken Tausende von künstlerisch schaffenden Mitarbeitern des Rundfunks und Zehntausende von Technikern, Arbeitern und Einzelunternehmern der Funkwirtschaft Arbeit und Brot und eine 90prozentige Steigerung des Jahresabsatzes an Rundfunkapparaten seit 1932.

Durch die Einführung des von Ihnen legalisierten Volksempfängers gelang es in den letzten anderthalb Jahren die Zahl der Rundfunkhörer um fünfzig Prozent zu erhöhen und zweieinhalb Millionen Volksgenossen als neue Rundfunkhörer zu gewinnen.

Unsere Mission hieß in diesen zwei Jahren: Ihr Wort, mein Führer, allen Ohren in Deutschland zu predigen. Nun ist die Stunde gekommen, in der wir beginnen wollen, mit dem nationalsozialistischen Fernsehrundfunk Ihr Bild, mein Führer, tief und unverlöschlich in alle deutschen Herzen zu pflanzen.

Mögen auch von dieser feierlichen Stunde der Eröffnung des ersten regelmäßigen Fernsehprogrammdienstes an noch tausend Hindernisse zu überwinden und Jahre voll härtester Arbeit zu leisten sein, wir werden dieses Ziel erreichen, im Dienste unseres unvergleichlichen Führers, im Dienste an unserer stolzen deutschen Volksgemeinschaft.

Heil Hitler!
Hadamovsky
Reichssendeleiter

Quelle: Joseph Wulf, Presse und Funk im Dritten Reich, Rowohlt Taschenbuch Verlag, Reinbek bei Hamburg 1966, S. 327 f.

Über die »Premiere« des Fernsehens in der Bundesrepublik Deutschland

Der erste Weihnachtstag 1952, der 25. Dezember – das wäre der eine Jubiläumstag, die Premiere des Mediums, der zu feiern ist. An diesem Tage beginnt der Nordwestdeutsche Rundfunk (NWDR) in Hamburg mit der Ausstrahlung des regulären Fernsehprogramms für die Allgemeinheit. Für fünf DM Fernsehgebühr konnte von da an jeder dabei sein, der dazu noch 1500 bis 2000 Mark für einen Fernsehempfänger ausgegeben hatte. Die ersten Tage wird dieses Hamburger Programm nur über den Sender Hamburg und den über eine Richtfunkstrecke damit verbundenen Sender Hannover ausgestrahlt. Die »Festsendung, ein noch höchst ungelenkes Fernsehspiel, Stille Nacht«, und Norbert Schultzes Fernsehtanzspiel »Max und Moritz«.

Dieser feierlichen Premiere war natürlich einiges vorausgegangen. Zunächst einmal brauchte man dazu eine Betriebstechnik. Denn ohne fernsehtechnische Einrichtungen läßt sich nun mal kein Programm aussenden und ohne Fernsehempfänger keines empfangen.

Bis fast zum Ende des Krieges hatte man in Berlin, und für Deutschland nur in Berlin, einen Fernsehversuchsbetrieb, zuletzt zur Unterhaltung von Verwundeten in den Berliner Lazaretten, mit einer schon ganz beachtlichen Technik laufen. Soweit diese technischen Einrichtungen nicht den Bomben zum Opfer gefallen waren, wurden sie als von den Besatzungsmächten gesuchte Objekte beschlagnahmt. Nur eine einzige von dem ehemaligen Telefunken-Angestellten Horst Hewel während des Krieges privat gebastelte Fernsehkamera, als Amateurkamera offiziell nicht existent, überstand, verborgen in seiner Wohnung, dieses Ende. Die einschneidenden Verordnungen der Besatzungsmächte erlaubten in den ersten Nachkriegsjahren u. a. auch keine Beschäftigung mit der Fernsehtechnik. Außerdem hatte man ganz andere Sorgen.

Der dringende Wunsch, Nachrichten zu verbreiten, hatte die Besatzungsbehörden veranlaßt, sofort nach dem Zusammenbruch den Rundfunk den Militärregierungen zuzuordnen. Nach der Reorganisation des Hörrundfunks war neben anderen deutschen Rundfunkanstalten als einheitliche Rundfunkanstalt für die ehemalige britische Besatzungszone von der Militärregierung der NWDR geschaffen worden. Infolge seines großen Gebühreneinzugsgebietes stand ihm annähernd die Hälfte der westdeutschen Rundfunkgebühren von zwei DM zur Verfügung. Nur in dieser damals noch reichsten Rundfunkanstalt konnte man sich erlauben, nach einer gewissen Aufbauzeit für den

Hörrundfunk etwas von den eingenommenen Rundfunkgebühren für neue technische Entwicklungen abzuzweigen. So ließen sich Wünsche seines avantgardistischen technischen Direktors Dr. Werner Nestel nach einer Wiederaufnahme der technischen Fernsehentwicklung finanziell erfüllen. Nachdem dieses Vorhaben auch das Wohlwollen des von der britischen Militärregierung eingesetzten Koordinators Carlton Greene, dem späteren Generaldirektor der BBC, gefunden hatte, erwirkte dieser von der britischen Militärregierung eine Lockerung des generellen Verbotes, sich mit Fernsehen zu beschäftigen.

Mit einem ganz bescheidenen Etat – ich glaube, es waren 4000 DM im Monat – engagierte man einige Fernsehtechniker der ehemaligen Deutschen Reichspost, die sich in Hamburg eingefunden hatten. Sie nahmen dann schon Ende 1948 technische Fernsehversuche im bescheidensten Maße auf. In einem Zimmer, hoch oben in einem ehemaligen Luftschutzbunker auf dem Heiligengeistfeld machte man die ersten Bilder. Mit Decken und Mänteln hatte man ein Stockwerk tiefer die Fenster verdunkelt, um dieses erste Bild zu sehen. Es kam von der in der Etage darüber stehenden Amateurkamera, die man von dem Amateur in Berlin inzwischen erworben hatte. Zunächst war es die einzige, die man hatte. Eine Person, von zwei Scheinwerfern angestrahlt, war alles, was man übertragen konnte. Doch die Freude bei der kleinen Gruppe war groß, hatte man doch wieder, was kurz vorher noch militärisch verboten und in den anderen Besatzungszonen noch nicht erlaubt war: Fernsehen.

Bald zog man in ein 66 Quadratmeter großes Studio im selben Bunker und dann in den in der Nähe liegenden Hochbunker. 400 Quadratmeter hatte man nun für ein Studio zur Verfügung. Innerhalb des Versuchsbetriebes wird über einen ebenfalls in dem Bunker aufgestellten Fernsehsender am 2. März 1951 das erste ganz bescheidene Fernsehspiel nach dem Zusammenbruch, und aus Hamburg das erste überhaupt, ausgestrahlt. Gewählt hatte man Goethes »Vorspiel auf dem Theater«, Regie führte Hans Fahrenburg. Mit Bedacht hatte man dieses Vorspiel von Goethe gewählt:

»Und jedermann erwartet sich ein Fest. Sie sitzen schon, mit hohen Augenbrauen,
Gelassen da und möchten gern erstaunen.
Wie machen wir's, daß alles frisch und neu
Und mit Bedeutung auch gefällig sei?
Man kommt zu schaun, man will am liebsten sehn.
Wird vieles vor den Augen abgesponnen,
So daß die Menge staunend gaffen kann,

Da habt ihr in der Breite gleich gewonnen,
Ihr seid ein vielgeliebter Mann.«

Doch kommen wir wieder zum offiziellen Anfang des deutschen Nachkriegsfernsehens mit der Eröffnung am 25. Dezember 1952 zurück. Wohl waren zu diesem Termin die Fernsehsender Hamburg, Hannover und Köln betriebsfähig, doch alle drei sollten gemeinsam das Eröffnungsprogramm aus Hamburg ausstrahlen. Weil aber ein Fernsehsender normalerweise nicht mehr als 50 bis 100 Kilometer überbrücken kann, mußten diese Sender, die das Programm aus Hamburg zu übernehmen hatten, über sogenannte Richtfunkstrecken von Hamburg mit dem Programm versehen werden. Diese Richtfunkstrekken bestehen aus Betontürmen, auf denen scheinwerferähnliche Richtantennen (Parabolspiegel) die Signale aufnehmen und weiterreichen, so etwa wie in einer Stafette der Stab von Hand zu Hand dem Ziel zuwandert. Diese Fernmeldetürme, in gegenseitiger Sichtweite mit durchschnittlich 50 Kilometer Abstand, mußten errichtet und die sogenannten Verstärkerrelais für eine Auffrischung des ankommenden Bildsignals zur Weiterreichung mußten eingebaut werden.

Im Sommer 1951 arbeiteten die Monteure fieberhaft an der Strecke Hamburg–Köln. Und während sie schwitzten, wartete im Hamburger Luftschutzbunker Werner Pleister, der erste Fernsehintendant der Bundesrepublik, ungeduldig auf die Betriebsfähigkeit der Fernsehbrücke. Es wird Dezember, und noch ist die Strecke nicht betriebsklar. Auch die deutschen Ingenieure können den Zeitverlust, den ihnen der Krieg eingebracht hatte, nicht so schnell ausgleichen. Erschwerend kommt hinzu, daß ein besonders naßkalter Herbst die Betontürme nicht rechtzeitig trocknen läßt. Hamburg will aber auf jeden Fall noch im Jahre 1952 beginnen, das hat man versprochen, und wenn man dazu am letzten Tag des Jahres eröffnen muß. Schon zweimal hat man schweren Herzens den Termin für die Eröffnungssendung des ständigen Programms verschoben. Noch länger will man nicht warten! Die Bundespost, die für die Verbindungen zuständig ist, kann trotz allen Drängens das Teilstück zwischen Hannover-Mellendorf und Wuppertal innerhalb der geplanten Gesamtstrecke für den NWDR Hamburg–Hannover–Köln nicht zeitgerecht freigeben. So muß schließlich das offizielle Fernsehprogramm mit einem Provisorium beginnen. Hamburg und Hannover strahlen die Festsendung am 25. Dezember aus, während Köln über seinen Sender ein schnell zusammengestückeltes Eigenprogramm ausstrahlt. Endlich, am 1. Januar 1953, ist es soweit. Die Nord-Süd-, Süd-Nord-Fernsehschiene kann freigegeben werden. Nach und nach kommen weitere Strecken dazu, und heute ist das Bundesgebiet mit einem Fernsehnetz überzogen, das die Sender für zwei Programme zur gleichen Zeit mit Programmerzeugungsstellen in beliebigen Orten verbindet. Doch Anfang 1953 war es noch nicht so weit, daß man in der ganzen Bundesrepublik fernsehen konnte; vieles mußte dazu noch geregelt und aufgebaut werden.

Quelle: Walter Bruch, Berlin war immer dabei; Eine Plauderei über Erfindung und Entwicklung des Fernsehens, Berliner Forum 6/1977, S. 10–19 (Copyright: Presse- und Informationsamt des Landes Berlin).

III. NEUE MEDIENTECHNIKEN

Premiere der Bildschirmzeitung in Deutschland
Auf der Internationalen Funkausstellung in Berlin 1977

Dort arbeitet eine kleine Crew von Redakteuren, die in ständigem Kontakt mit der Zentrale steht und außerdem über eine direkte Fernschreibverbindung die Meldungen von dpa empfängt. Diese Redakteure gestalten die einzelnen Bildschirm-Zeitungs-»Seiten« und geben sie frei zur Sendung. Jede Seite hat maximal 24 Zeilen zu je 40 Buchstaben. Auch grafische Symbole können gezeigt werden. 100 aktuelle Seiten sind ständig abrufbereit. Das entspricht dem Inhalt von 50 Schreibmaschinenseiten DIN A 4.

Damit die Bildschirmzeitung mit herkömmlichen Fernsehgeräten empfangen werden kann, müssen kleine Zusatzteile, sogenannte Decoder, eingebaut werden. Rund 20 Firmen der Elektroindustrie präsentieren auf der Messe Fernsehgeräte, die für Teletext empfangsbereit sind.

Die Bildschirmzeitung wird per Knopfdruck auf dem Fernsehschirm sichtbar gemacht. Ein Inhaltsverzeichnis gibt den Überblick über die Seitenaufteilung.

Mit Hilfe der Zahlentastatur eines handlichen Fernbedienungsgerätes kann die gewünschte Seite binnen weniger Sekunden abgerufen werden. Nicht anders als bei der gedruckten Zeitung sucht sich der Leser diejenige Information aus, die ihn interessiert. Er kann in der Bildschirmzeitung »blättern« und er kann dank elektronischer Speicherung im Teilnehmergerät jede Seite beliebig lange auf dem Fernsehschirm festhalten. Die Bildschirmzeitung kann man also schnell oder langsam, flüchtig, gezielt oder wiederholt lesen.

Für den »elektronischen Vertrieb« gibt es drei Wege:

1. Werden die Texte über das drahtlose Fernsehnetz verbreitet, wer-

den sie zusammen mit den Fernsehbildsignalen in der »Austastlücke« (Leerzeilen beim Bildwechsel) in der Form digitaler Signale, d. h. in Punkten und Strichen wie beim Morse-Code, transportiert (Videotext). Auf diese Weise können parallel zu jedem TV-Programm bis zu 800 Seiten Bildschirmzeitung verbreitet werden. Da die Signale über jeden der 250 Grundnetzsender gesondert eingespeist werden können, sind ohne weiteres viele lokale Ausgaben möglich.

2. Die elektronische Zeitung kann über die Kabelfernsehnetze, die es schon in zahlreichen Stadtteilen gibt, auf den Fernsehschirm übertragen werden (Kabeltext). Da diese Anlagen eine große Kapazität haben, wäre es möglich, einen TV-Kanal ausschließlich hierfür zu nutzen. In diesem Fall könnte der Teilnehmer rund 10 000 Seiten in beliebiger Auswahl abrufen.

3. Auch über das Telefonnetz können geschriebene Informationen auf den Bildschirm übermittelt werden. Dazu braucht man ein besonderes Verbindungsstück zwischen Fernsprech- und Fernsehgerät, ein sogenanntes Modem, sowie, wie in den anderen beiden Fällen, einen Decoder (Bildschirmtext). An ein Bildschirmtext-System können Textdatenbanken mit praktisch unbegrenzter Speicherkapazität angeschlossen werden. Der Teilnehmer wählt die Inhalte individuell aus und erhält sie in lesbarer Form auf dem Bildschirm.

Quelle: Die Zeitung 9/1977, S. 1 u. 6.

Perspektiven der Nutzung neuer Medientechniken: Aus einem Interview mit dem Generaldirektor von Radio-Tele-Luxemburg (Dr. Gust Graas)

Frage: Luxemburg erhielt auf der Medienkonferenz in Genf einen Satelliten mit fünf Kanälen zugesprochen. Wie weit sind Sie noch von der Praxis entfernt?

Graas: Zunächst gibt es ja diesen Versuchssatelliten, der von den Regierungen der europäischen Länder finanziert wird. Der Start ist für Beginn 1982 vorgesehen.

Frage: Daneben laufen noch andere Planungen?

Graas: Man darf nicht vergessen, daß hier nicht nur, wie es heißt, Medienpolitik und Informationsaustausch gemacht wird. Hier geht es ja auch um einen neuen Markt für die elektronische Industrie; es geht um Know-how für morgen, um Wissen und um Arbeitsplätze. Deshalb darf man annehmen, daß neben die gemeinschaftlichen Anstrengungen auch nationale Bemühungen treten, d. h., daß die größeren

Länder, die über die notwendige technische und industrielle Ausgangsbasis verfügen, versuchen werden, so schnell wie möglich eigene Satelliten hochzubringen.

Frage: RTL muß sich also für das Gemeinschaftliche wie für das Nationale vorbereiten?

Graas: Wir machen selbstverständlich mit beim gemeinschaftlichen Versuchssender, zu dem die Rundfunkanstalten nur einen Programmbeitrag leisten. Möglich ist zudem, daß Länder, die eigene Satelliten fördern, fremde Programmhilfe brauchen, so daß wir uns mit zwei, wenn nicht gar drei Aufgaben zu befassen hätten: Programme zur Ausstrahlung via Versuchssender; eigene Programme für eigenen Satelliten; eventuelle Programmhilfe für Satelliten von anderen...

Frage: Bleibt, daß doch die Bundesrepublik ein nächstes Fernsehziel von RTL ist.

Graas: Gewiß, um so mehr, da wir das belgische Exempel vor Augen haben. In Nordostfrankreich direkt und in Belgien dann durch das Kabel sind wir, auch mit dem Fernsehen, über die berühmten Grenzen gekommen. Belgien ist schon zu 65 % verkabelt und abends sind wir hier, mit einem guten und seriösen Filmprogramm, der meistgesehene TV-Sender, mit auch einer großen Einnahmequelle durch die Werbung. Die Einnahme ist groß; weil unsere Zuschauerzahl groß ist, wohlverstanden. Auch in Deutschland möchten wir TV-Partner werden und durch den Satelliten bieten sich uns günstige Frequenzen. Sie erlauben uns in der Tat, in den Achtziger Jahren, außerhalb süddeutscher Gebiete, die Bundesrepublik ganz abzudecken.

Frage: Könnte hier nicht doch politischer Gegenwind die Pläne Luxemburgs durchkreuzen?

Graas: Kaum, denn diese Frequenzen wurden uns laut internationaler Abmachung zugesprochen und niemand denkt doch wohl daran, Störsender gegen uns einzusetzen, nicht wahr.

Frage: ... und schließlich gibt es ja den schon zitierten Kabelweg.

Graas: Eben. Und, um auf das belgische Exempel zurückzukommen: In Belgien hat die Post Privat-Initiativen zur Kabelinstallation zugelassen. Heute, in Brüssel, am Sitz der europäischen Gemeinschaften, kann man zwischen dreizehn europäischen Programmen wählen, in Bonn zwischen drei deutschen...

Frage: So könnte vielleicht die Bundesrepublik schließlich einziges europäisches Land ohne privates Fernsehen sein?

Graas: Man sollte nicht vorgreifen. Stellen wir einfach fest: Es wird, in der Bundesrepublik wie anderswo, nach einem gültigen Konzept gesucht und sicher wird auch ein brauchbares Konzept gefunden. Trotz allem Hin und Her scheint jedenfalls auch die Bundesrepublik der Verkabelung nicht zu entgehen. Vielleicht können dann via Kabel in einigen Jahren schon dreißig und mehr Programme übertragen werden. Es gibt interessierte Programm-Macher genug. Von Bürgermeistern, von Kirchen bis zu Verlagen. Man kann nicht in einem Land, in dem jeder jederzeit Zeitungen herstellen kann, einfach sagen: Zeitung ist erlaubt, Fernsehen nicht.

Frage: Nun gibt es ja aber Argumente gegen das Kabel-Fernsehen; ist es z. B. nicht auch eine Frage der Kosten?

Graas: Wir haben, neben und mit Belgien, Beispiele, die von Seiten der Sender wie der Zuschauer für das Kabelfernsehen plädieren. Abonnementen in Luxemburg – hier empfangen wir neun Programme – und in Belgien zahlen jährlich für 8 bis 13 qualitativ gute Programme rund 220 Mark. Dazu eine Anfanggebühr von 150 Mark. Eine Antenne wird beim Kabel überflüssig . . .

Frage: Ist es nicht auch eine prinzipielle Frage des Bedürfnisses?

Graas: Ich wundere mich nicht über diese Bemerkung, denn oft wird in Deutschland als erstes Argument gegen das Kabelfernsehen vorgehalten, es sei halt kein Bedürfnis da . . . Doch: Kann man ein Bedürfnis haben für etwas, das man nicht kennt? Kann man kaufen, was nicht angeboten wird? Ganz bestimmt nicht. Aber, genauso bestimmt: Auf die Dauer kann man dem mündigen Bürger nicht Neuerungen, die in seinem Interesse sind, vorenthalten. Man kann Entwicklungen abbremsen, man kann sie nicht ewig aufhalten.

Frage: Und wie geht es weiter mit dem Rundfunk?

Graas: Der Rundfunk ist noch lange nicht am Ende seiner Möglichkeiten. Von dem Experiment in Italien z. B. könnte man lernen. Dort gibt es jetzt mehr als zweitausend Rundfunksender. Jeder, der will, jedes Dorf, jede Partei, jeder Bürgermeister, jede Bewegung – alle haben ihren Rundfunk.

Es ist ein heilloses Durcheinander, was ich nicht gutheiße, aber denken Sie nur mal an die Summe von Kreativität, an all das Spontane, das hier sichtbar und hörbar wird. Nein, die Chancen des Rundfunks sind bei weitem noch nicht genutzt.

Frage: Was, Herr Dr. Graas, ist für Sie Rundfunk?

Graas: Ich sage unseren Leuten immer: Eine Rundfunkanstalt ist keine Konservenfabrik. Wir machen Programme. Und Programm ist nicht für den Magen. Es ist für den Geist und für das Gemüt. Und: das ist, vor allem, Kontakt zu Millionen von Menschen. Das erfordert, neben Können und Talent, Respekt, ja Liebe zu dem Mensch und zu diesen Menschen.

Quelle: Hier ist RTL – Das Magazin von Radio Luxemburg, S. 44 ff.

Audio-Visuelle-Medien: Verfahren, Funktionsprinzip, Hersteller, Entwicklungsstand

I. AV-Medien/Kassettenprinzip

Verfahren	*Funktionsprinzip*	*Hersteller*	*Entwicklungsstand*
EVR = Electronic Video Recording & Reproduction	Elektronische Speicherung auf Silber-»Film«	Columbia Broadcasting System, USA, mit den Chemie-Konzernen ICI, Großbritannien, & CIBA, Schweiz; BRD-Lizenz: R. Bosch GmbH	Trotz enormer Investitionen konnte sich das Verfahren in Westeuropa nicht durchsetzen
VCR = Video Cassette Recording (auch unter dem Namen VCR-Longplay)	Elektromagnetische Speicherung auf Magnetband	Deutsche Philips GmbH/Grundig – Marktabsprachen mit AEG-Telefunken, Blaupunkt (Bosch), Loewe-Opta, Zanussi, Saba, Nordmende, Siemens	Technisch ausgereiftestes System; heute mit 130-Minuten-Kassette ausgerüstet (Grundig will demnächst eine 4-Stunden-Kassette herausbringen) und mit Schwarz-Weiß-Videokamera
Betamax	"	Sony, Japan	Sehr kleines Band mit 200 Minuten Spielzeit; ausgerüstet mit Farb-Videokamera
Betacord	"	Sanyo/Japan Lizenz in Westeuropa: Thomson-CSF, Frankreich	"
VHS = Video Home System	"	Victor Company of Japan (JVC) & Matsushita Lizenz für BRD: Saba	3-Stunden-Kassette mit relativ niedrigem Preis pro Bandminute: 27 Pf. (VCR: 76 Pf., Betamax: 30 Pf.)
LVR = Longitudinal Video Recording	"	BASF-Mannheim/Ludwigshafen, Bell & Howell, USA, Blaupunkt	Geringster Aufwand von allen Systemen, besonders einfache Kassette (2-Stunden-Spielzeit); noch keine Serienproduktion – wird erstmals 1979 vorgestellt

II. AV-Medien/Bildplattenprinzip

Verfahren	*Funktionsprinzip*	*Hersteller*	*Entwicklungsstand*
TED = Television Disc	Elektromechanische Speicherung auf PVC-Folie	AEG-Telefunken, Teldec und deren Tochtergesellschaft TED-OHG	Schnellplattenwechsler; Platte mit 10minütigem Farbprogramm; erstes käufliches System, mittlerweile technisch veraltet
MDR = Magnetic Disc Recording	Elektromagnetische Speicherung auf Kunststoffplatte mit magnetisierbarem Innenbereich	Erich Rabe/BASF (noch in der Testphase)	Testgerät mit doppelseitig bespielbarer Platte (je 20 Minuten); Mitschnitt von Programmen und Löschung von Aufnahmen möglich
ESS = Electronic Still Store	Elektromagnetische Speicherung mit Hilfe von elektronischer Datenverarbeitung	Ampex und CBS	Keine Serienproduktion; Erprobung in Funkanstalten
Selecta Vision	Elektrokapazitive Speicherung auf Kunststoffplatte mit metallischer Beschichtung (»Kondensatorprinzip«)	Radio Corporation of America (RCA)	Gerät erst seit 1977 auf dem Markt, doppelseitig bespielbare Platte (je 30 Minuten Farbprogramme); Eigenaufnahmen und Mitschnitte nicht möglich
VLP = Video Long Play	Optoelektronische Speicherung mit Hilfe der Laser-Technik	Philips/Music Corporation of America (MCA); Lizenzen: Thomson-CSF, Frankreich, und Zenith Radio Corporation, USA	Serienproduktion ist angelaufen; Geräte zum Abspielen von Philips- und MCA-Platten; Einführung zunächst nur in den USA – 1978 in Westeuropa
Panasonic Video Disc	"	Matsushita	Experimentierstadium
MRV = Metallpapier-Registrier-Verfahren	"	R. Bosch GmbH	Nur für den professionellen Gebrauch geeignet

Verfahren	*Funktionsprinzip*	*Hersteller*	*Entwicklungsstand*
Digital-Recording	"	Batelle Washington, USA	Neuester technischer Stand; nur für den professionellen Gebrauch; viereckige Platte mit insgesamt 30 Minuten Spielzeit

Quelle: Horst Holzer, Medien in der BRD, Entwicklungen 1970–1980, Köln: Pahl-Rugenstein 1980, S. 136–139.

C. AUS DER WERKSTATT

I. ÜBER DEN ARBEITSABLAUF VON PRESSE UND RUNDFUNK

Alfred Braun in einem Bericht aus dem Jahre 1929 über die Anfänge des Hörspiels

»Welche Versuche zu einem Hörspiel sind bereits unternommen worden, und welche Ergebnisse liegen vor? Als ein erster und grundlegender Versuch erscheint mir die Aufführung eines akustischen Films im zweiten Jahr der deutschen Sendespieltätigkeit. Akustischer Film – so nannten wir in Berlin zu einer Zeit, in der ein Funkregisseur nicht nur das Regiebuch zu besorgen hatte, sondern sich auch seine Manuskripte mehr schlecht als recht schreiben mußte, ein Funkspiel, das in schnellster Folge traummäßig bunt und schnell vorbeigleitender und springender Bilder in Verkürzungen, in Überschneidungen, im Wechsel von Großaufnahmen und Gesamtbild mit Aufblendungen, Abblendungen, Überblendungen bewußt die Technik des Films auf den Funk übertrug. Jedes der kurzen Bilder stand auf einer besonderen akustischen Fläche, in einer besonderen akustischen Dekoration, zwischen besonderen akustischen Kulissen, wie man damals gern sagte: 1 Minute Straße mit der ganz lauten Musik des Leipziger Platzes, 1 Minute Demonstrationszug, 1 Minute Börse am schwarzen Tag, 1 Minute Maschinensymphonie, 1 Minute Sportplatz, 1 Minute Bahnhofshalle, 1 Minute Zug in Fahrt usw . . . Eine einfache, typisch primitive Kintopphandlung mit Verfolgungen, mit Irrungen und Wirrungen und all den unbegrenzten Möglichkeiten und Unwahrscheinlichkeiten, die wir von den ersten Filmen her kennen, ging durch das Spiel. Warum nicht – uns handelte es sich ja nur um die Form; füllen sollten und sollen sie andere, nämlich die Herren von der Dichterakademie und ihre Herren Kollegen.

Und das Ergebnis dieses ersten gewiß unvollkommenen Versuchs? Unser Publikum hat uns mit Begeisterung länger als zwei Stunden zugehört. Selbstverständlich darf kein Hörspiel – auch dann nicht, wenn es ein Dichter schreibt – annähernd so lange dauern. Wir waren damals so unerfahren, wie wir jung und wagemutig waren. Aber interessiert hat das lange Spiel mit der neuen – für den Rundfunk neuen Technik nicht nur das große Publikum. Ein erster Berliner Theaterkritiker, nebenbei bemerkt einer, der nachweislich zugehört und nicht bloß kritisiert hat, schrieb damals folgende Sätze: ›Eine rapid springende, über den ganzen Erdkreis gespannte Handlung, die teils durch Dialog, teils durch Töne und Geräusche, Gesang und Instrumentalmusik deutlich gemacht wurde. Sodann die Mannigfaltigkeit dieser Geräusche selbst, erzeugt mit Hilfe der Apparatur eines neuen modernen Sendesaales, die eine große Zahl von Schauplätzen zu Wasser und zu Lande, in der Großstadt und auf einsamer Südseeinsel wahrnehmbar zu machen suchte!‹«

Quelle: Zit. nach Heinz Knipper, Ruhe – Sendung, Union Deutsche Verlagsgesellschaft, Stuttgart 1955, S. 65 f.

Wissenschaftliche Beschreibung einer Fernsehshow

Die untersuchte *Caterina-Valente-Show II* dauert mit An- und Absage 71 Minuten und enthält 14 Einzeldarbietungen mit 9 Zwischenansagen. Zu den wichtigsten Mitwirkenden gehörten die Sängerinnen Caterina Valente und Bibi Johns, der Sänger und Solist Silvio Francesco, der Kabarettist Wolfgang Müller, die drei Mann starke Artistengruppe Ageff, das Artistenpaar Dick & Dodd Reni, die Steptänzer Nicolas-Brothers, das Orchester Erwin Lehn, das Südfunkballett; Regie führte Michael Pfleghar.

Die *Ansage* der Fernsehsprecherin Dagmar Bergmeister zu Beginn der Sendung umfaßt nach der Begrüßung der Zuschauer die Erläuterung eines (fiktiven) Abendprogramms in der dem Fernsehzuschauer gewohnten Weise und die Ankündigung der genannten Show.

Der *Vorspann* wird durch den Titel und die Vorstellung der Mitwirkenden ohne Namensnennung gebildet; es öffnen sich numerierte Fenster, hinter denen die Darsteller auftauchen. Die letzte Fensteröffnung bietet einen Ausblick auf Caterina Valente und Silvio Francesco. Daraus entwickelt sich auch akustisch die erste Darbietung der beiden Darsteller.

Die Beteiligten an der *ersten* Szene sind neben Caterina Valente und Silvio Francesco das Südfunkballett und das Steptänzer-Duo Nicolas-Brothers. Die Beteiligten treten in winterlicher Sportkleidung auf und tanzen nach der Einleitungsmusik des Tanzorchesters Erwin Lehn, das Klarinettensolo spielt Silvio Francesco.

Nach diesem schnellen Auftakt ist als background (wie auch nach den späteren Darbietungen) starker Applaus zu hören. Es folgt die erste *Ansage* durch die Mitwirkenden. Caterina Valente begrüßt die Zuschauer und bittet Wolfgang Müller als Mitsprecher auf die Bühne, der sich ziert, vor der Menge der Zuschauer zu erscheinen. Die klamaukhafte Szene wird mit Maskierungen unterstützt und durch komische Gags ergänzt.

Es folgt eine *artistische* Darbietung der Ageffs, einer drei Mann starken Äquilibristentruppe. Die Vorführungen bestehen hauptsächlich aus Balance-Akten, wobei u. a. Kopfstand und Drehwürfe auf den Füßen eines liegenden Untermannes durchgeführt werden.

Die anschließende *Zwischenansage* wird von Wolfgang Müller und Silvio Francesco bestritten. Müller tritt in der Maske eines Inspizienten auf. Auch dieser Beitrag ist wie die erste Zwischenansage stark ironisch-komisch. Der Ansagetext bezieht sich auf die nachfolgende *Solodarbietung* Caterina Valentes; sie singt das gefühlsbetonte italienische Wiegenlied »bambino«.

Die nächste *Zwischenansage* führt Wolfgang Müller durch. In einem komischen Jonglierakt verweist er auf die Beschwernisse des Artistendaseins. Im *Anschluß* daran tritt das amerikanische Parterre-Akrobatenpaar Dick und Dodd Reni auf. Die komische Wirkung der beiden Artisten wird durch die in der Kleidung betonte Körperfülle erzielt. Durch akrobatische Handstände ahmen sie u. a. Krokodile und Hubschrauber nach.

Unmittelbar auf diese komisch-artistische Darbietung folgt ein *Duett* von Caterina Valente und Silvio Francesco. Sie singen zur Gitarre ein mexikanisches Lied.

Nach einer ironisierten *Zwischenansage* von Wolfgang Müller und Caterina Valente singt Silvio Francesco ein italienisches Lied »Manuela«, das optisch durch das Südfunkballett unterstützt wird. Daran schließt sich ein musikalischer *Sketch* an. Caterina Valente spielt und singt eine von zahlreichen Liebhabern bedrängte Frau.

Es folgt nach einer *Eigenansage* eine Kinopersiflage von Wolfgang Müller. In Anlehnung an das Couplet von Otto Reutter »Der gewissenhafte Maurer« mit dem Refrain »Nu fangen wir gleich an« ironisiert Wolfgang Müller die zahlreichen Vorfilme im Kino und die Tendenz der Kinofilme.

An eine *Ansage* von Caterina Valente reiht sich ein *Lied* von Bibi Johns mit dem Titel »Aber nachts in der Bar«, das ebenfalls optisch durch das Südfunkballett unterstützt wird. Nach dieser Darbietung folgt unmittelbar ein *Duett* von Caterina Valente und Bibi Johns. In einem Schlagerquodlibet bringen die beiden Sängerinnen ihr Repertoire in ironisch-komischer Weise zum Vortrag. Anschließend sagen sie im *Sprechgesang* die beiden Steptänzer Nicolas-Brothers an. Der artistische *Steptanz* besteht aus zwei Teilen, wobei für den zweiten schnelleren Teil die Bühne gewechselt wird.

Hieran schließt sich ein südamerikanischer *Song* von Caterina Valente an, der wiederum durch das Südfunkballett und den Tänzer Frank Allan unterstützt wird.

In einer heiter-ironischen *Ansage* witzeln Wolfgang Müller und Caterina Valente über das Steuergebaren. Danach folgt das *Finale* mit einem Duett von Caterina Valente, Bibi Johns, dem Ballett und schließlich dem *Schlußauftritt* aller Mitwirkenden. Den *Abschluß* bildet eine Verabschiedung von Caterina Valente mit direkter Ansprache des Publikums. Der Nachspann nennt die Mitwirkenden und Gestalter. Nach Beendigung der Show verabschiedet die *Fernsehsprecherin* die Zuschauer des österreichischen Fernsehens.

Quelle: Hellmuth Benesch: Experimentelle Psychologie des Fernsehens, München, Basel: Ernst Reinhardt Verlag 1968, S. 139–141.

Der sowjetische Überfall auf die Tschechoslowakei im August 1968 in der ARD-Fernsehberichterstattung

Tagebuch einer Krise

In der Nacht zum 21. August 1968 besetzten Truppen der Sowjetunion und anderer Warschauer-Pakt-Staaten die Tschechoslowakei. Die Überlegungen, wie man im Deutschen Fernsehen zu reagieren habe, und das, was schließlich auf die Bildschirme kam, hat der Koordinator notiert. Diese Tagebuchnotizen sind, obwohl das Ereignis inzwischen Geschichte geworden ist, doch ein überzeugender Beleg für die schnelle und gründliche Reaktion des Deutschen Fernsehens und zeichnen die Zusammenarbeit der Landesrundfunkanstalten bei einem höchst aktuellen politischen Ereignis nach.

Mittwoch, 21. August

6.30 Uhr. Die Redaktion der Tagesschau unterrichtet ihren in Berlin an der Sitzung der Ständigen Programmkonferenz teilnehmenden Chefredakteur Hans-Joachim Reiche über die tschechoslowakische Katastrophe. Reiche nimmt mit mir telefonischen Kontakt auf, ich meinerseits unterrichte gegen 7.30 Uhr den Programmdirektor des Deutschen Fernsehens, Lothar Hartmann, und teile mit, die »Tagesschau« sei bereit, das Ereignis mit ersten unmittelbar überspielten Bildern, mit den Nachrichten der Agenturen und mit Korrespondenten-Telefonaten voll wahrzunehmen.

9.00 Uhr. Reiche weist seine Redaktion an, für die 10-Uhr-Nachrichten zum Beginn des Vormittagsprogramms für die Zone, ausgestrahlt über die zonennahen Sender, eine Sendung mit allem zugänglichen Material zu konzipieren.

10.00 Uhr. Die Ständige Programmkonferenz erwägt, die eben begonnene Sendung über das gesamte Sendernetz auszustrahlen. Der Vorschlag wird aber verworfen, da nach allen Erfahrungen die Zuschauer im übrigen Bundesgebiet nicht mit einer Übertragung rechnen. Auch überwiegt das Bedenken, man dürfe das Medium Fernsehen in einer sich dramatisch entwickelnden politischen Situation nicht einsetzen, solange man nicht über hinreichendes und zuverlässiges Bildmaterial verfügt. Inzwischen haben allerdings sämtliche Rundfunkanstalten den Hörfunk auf das Ereignis eingestellt.

13.00 Uhr. Die Hauptlast der Berichterstattung kommt zunächst auf die »Tagesschau« zu. Für Hintergrundinformationen und Analysen muß sofort Material, zum Teil aus den Archiven, bereitgestellt werden. Zur gleichen Zeit nehme ich mit sämtlichen Chefredakteuren der Landesrundfunkanstalten Kontakt auf und verabrede eine Schaltkonferenz für 14.00 Uhr.

14.00 Uhr. Schaltkonferenz mit den Chefredakteuren. Westdeutscher und Norddeutscher Rundfunk sind am ehesten in der Lage, Korrespondentenberichte, Meinungen und analytische Äußerungen von Experten hereinzuholen und Reportagen, die in den Wochen zuvor der tschechoslowakischen Entwicklung gewidmet waren, so auszuwerten, daß noch im Laufe des Abends eine übersichtliche Darstellung gegeben werden kann.

15.00 Uhr. Ein vom österreichischen Fernsehen angebotener Filmzusammenschnitt, der aus unmittelbaren Situationsschilderungen und weitgehend unkommentierten Bildreportagen besteht, wird von den meisten Rundfunkanstalten nach vorhergehender Ankündigung regional ausgestrahlt. Die Programmkonferenz beauftragt den Westdeutschen Rundfunk mit der Federführung für die Abendsendung, die im Anschluß an die verlängerte »Tagesschau«, an Stelle des normal geplanten Programms, ausgestrahlt werden soll.

16.00 Uhr. Im einzelnen ist für das geänderte Programm der folgende Ablauf geplant:

Programmbeginn 16.40 Uhr. Bis 17.00 Uhr die neuesten Meldungen und eine Zusammenfassung des der »Tagesschau«-Redaktion vorliegenden Materials, darunter Originalaufnahmen aus Prag, gesendet von Radio Preßburg, die wir vom österreichischen Fernsehen übernehmen.

Dazu erster Kommentar des Prager Korrespondenten Helmut Clemens. Anschließend das angekündigte Nachmittagsprogramm.

18.00–18.05 Uhr Nachrichten, anschließend die Regionalprogramme der Rundfunkanstalten ohne Beeinträchtigung des Werbeprogramms. Es kann erwartet werden, daß die regionalen Abendschauen die politische Lage berücksichtigen.

20.00–21.00 Uhr »Tagesschau« mit Weltnachrichten als Schlagzeilen. Zusammenfassung alles zugänglichen Materials aus der Tschechoslowakei. Berichte über die Sondersitzung des Bonner Kabinetts, Einspielungen über das Eurovisionsleitungsnetz und über Satelliten, Berichte aus London, Paris, Washington, Moskau, Berlin, vom Monitordienst der Deutschen Welle, von der Grenze und aus Rolandseck, wo Zusammenrottungen vor der sowjetischen Botschaft zu der Befürchtung Anlaß geben, daß die Sowjetunion massiv gegen die Bundesrepublik vorgehen wird.

21.00–22.20 Uhr Sondersendung des Westdeutschen Rundfunks »Krise um die Tschechoslowakei« unter Leitung des Chefredakteurs Franz Wördemann. Darin sollen auf den neuesten Stand gebrachte Filme aus Magazinen aufgenommen werden, Überblick über die Geschichte und die Wirkung des Konflikts. Live-Schaltungen zum Norddeutschen Rundfunk, wo Peter Merseburger die bearbeiteten Beiträge von »Panorama« kommentiert. Weitere Schaltungen zum Abhördienst der Deutschen Welle und Live-Übertragungen aus Rolandseck, vom Frankfurter Flughafen und von der Grenze. Erklärungen von Regierungsmitgliedern und Fraktionsvorsitzenden. Gesprächsrunde Jürgen Rühles mit Ost-Experten.

22.20–22.40 Uhr »Tagesschau« mit letzten Bildern und Kommentar von Klaus Bölling, der das Schwergewicht auf das Verhalten der DDR legen soll.

22.40–24.00 Uhr Fortsetzung der Sendung »Krise um die Tschechoslowakei« mit Schaltungen nach Wien, einem Interview Günter Müggenburgs mit dem Bundeskanzler, mit einer Aufzeichnung des Kommentars von Karl Eduard von Schnitzler im DDR-Fernsehen und mit einem Bericht Dagobert Lindlaus aus Ostberlin.

24.00 Uhr Letzte Nachrichten.

Alle Direktoren und Chefredakteure finden sich in der Nacht zu einer ersten Kritik und zur Beratung des Programms des nächsten Tages zusammen. Die Kritik ergibt, daß in der Sondersendung eine eingehende Analyse der Situation noch nicht möglich war und daß die historischen und rückblickenden Beiträge zeitlich zu früh plaziert worden waren, während vorliegende Korrespondentenberichte und das Interview mit dem Bundeskanzler erst im zweiten Teil erschienen.

Donnerstag, 22. August

Bei der nächtlichen Besprechung ist festgelegt worden, daß das Vormittagsprogramm mit aktuellen Nachrichten und mit einer Zusammenfassung der »Tagesschau«-Sendungen vom Vorabend auf alle Sender gegeben werden soll. Die Planung sieht keine Sonderberichte mehr vor. Vielmehr soll, weil die Redaktion der »Tagesschau« den Nachrichtenstoff organisatorisch gut bewältigt hat, auch die weitere Berichterstattung bei der Hamburger Zentrale liegen; sie soll die ihr zur Verfügung gestellten Sendezeiten diszipliniert in Anspruch nehmen.

11.00 Uhr. In einer Schaltkonferenz, an der auch einige Intendanten teilnehmen, wird der folgende Programmablauf vereinbart:

10.00–13.40 Uhr gemeinschaftliches Sonderprogramm mit ausschließlicher Berichterstattung über die Lage in der Tschechoslowakei; die Sendungen des Zweiten Deutschen Fernsehens sollen mitbenutzt werden.

16.40–17.00 Uhr »Tagesschau«, anschließend entsprechend gekürztes Nachmittagsprogramm.

18.00–20.00 Uhr »Tagesschau«, danach die ungekürzten Werbeprogramme und die Regionalprogramme.

20.00–20.40 Uhr »Tagesschau« mit ausführlicher Berichterstattung.

20.40–21.50 Uhr Fernsehspiel »Wer einmal aus dem Blechnapf frißt«, wie vorgesehen.

21.50–22.20 Uhr erweiterte »Tagesschau« mit Kommentar, den Dietrich Schwarzkopf unter dem Titel »Kollaborateure gesucht« vorbereitet.

22.20–23.20 Uhr die im gedruckten Programm vorgesehene Dokumentation über Alfred Kantorowicz: »Oh hätt' ich eine Fahne«.

23.20–23.30 Uhr Nachrichten.

Freitag, 23. August

Die Sitzung der Fernsehprogrammkonferenz in Berlin ist beendet, die Redaktionen in den Funkhäusern sind wieder voll besetzt. In den nächsten Tagen soll man sich möglichst an die im gedruckten Programm angekündigten Sendungen halten. Die Magazine »Report Baden-Baden«, der »Weltspiegel« und »Panorama« werden sich auf analytische Beiträge konzentrieren. Die Absprache lautet, daß die tschechoslowakischen Ereignisse nicht emotionell hochzuspielen sind und die Berichte jedes Mißverständnis strikt vermeiden sollen, das von den Gegnern der Bundesrepublik und der freiheitlichen Entwicklung in der Tschechoslowakei ausgeschlachtet werden könnte. Das Abendprogramm dieses Tages:

20.00–20.30 Uhr erweiterte »Tagesschau«.

20.30–21.30 Uhr »Report Baden-Baden«. Im Rahmen einer kühlen, aber intensiven Erläuterung des Moderators Peter von Zahn werden befragt: Prof. Golo Mann, der Bundeskanzler, der Bundesaußenminister, der Ost-Experte Boris Meissner, der französische Kommunist Pierre Jucquin und Professor Henry Kissinger.

21.30–22.15 Uhr Kriminalfilm. In der wiederum erweiterten Spätausgabe der »Tagesschau« spreche ich den Kommentar unter dem Titel »Tragische Entwicklung«.

Samstag, 24. August

Der für Donnerstag und Freitag praktizierte Stil der Berichterstattung wird, ohne weitere Sondersendungen, in verlängerten Ausgaben der »Tagesschau« fortgesetzt. Der Prager ARD-Korrespondent Helmut Clemens zeichnet sich durch seine engagierte, aber nicht dramatisierende Art der Darstellung aus.

Sonntag, 25. August

Nach weiteren Schaltkonferenzen herrscht der Eindruck vor, daß die Krise auch auf Rumänien übergreifen könnte. Dokumentationen, die sich mit Rumänien beschäftigt haben, sind beim Norddeutschen und Westdeutschen Rundfunk auf den aktuellen Stand gebracht. Der Lauf der Ereignisse macht dann aber Programmänderungen überflüssig. Der »Wochenspiegel« der »Tagesschau«, der »Weltspiegel« sowie zeitlich erweiterte Ausgaben der »Tagesschau« reichen aus.

Montag, 26. August

Die Chefredakteure halten es auf ihrer Schaltkonferenz nach kritischer Erörterung der vorangegangenen Sendungen und entsprechend dem Stand der Ereignisse nicht für notwendig, für Montag und Dienstag außer Verlängerungen der »Tagesschau« noch Sondersendungen in Angriff zu nehmen. »Panorama« kommt zu seinem vorbereiteten Programm, das erneut auf die Tschechoslowakei abgestimmt ist. Der Kommentar von Helmut Reinhardt ist dem Prager Ereignis gewidmet.

Mittwoch, 28. August

Programmänderungen werden vorgesehen. Es ist, weil die in Moskau weilenden tschechoslowakischen Partei- und Regierungsmitglieder in Prag zurückerwartet werden, anzunehmen, daß der Eingang von Nachrichten und Filmen eine einstündige »Tagesschau« rechtfertigen. Darüber hinaus wird wegen der ungeklärten Lage in Rumänien und der zu erwartenden Korrespondentenberichte aus Belgrad, Sofia und

Bukarest eine Sondersendung geplant, vorausgesetzt, daß die »in Marsch gesetzten« Korrespondenten entsprechend berichten können. Tatsächlich sieht das Programm am Mittwoch so aus:

20.00–20.30 Uhr »Tagesschau« mit dem unter weiter erschwerten Bedingungen aus der Tschechoslowakei herausgebrachten Filmmaterial. Interviews mit Kiesinger und Brandt.

20.30–21.00 Uhr Sondersendung des Westdeutschen Rundfunks »Rumänien – Weg und Prüfung«, in der Jürgen Rühle mit Dieter Kronzucker und Gerd Pelletier die Lage Rumäniens in einem knappen historischen Rückblick umreißt und an Hand von eingespielten Filmen und Telefongesprächen sowie in einem Kommentar den aktuellen Stand aufzeigt.

In der Spätausgabe der »Tagesschau« wertet Günter Gaus in seinem Kommentar »Keine Rückkehr zum kalten Krieg« die verschiedenen nationalen Reaktionen auf die Prager Ereignisse, nachdem am Dienstag zuvor Franz Wördemann das Moskauer Fiasko für die Tschechoslowakei in einem Kommentar behandelt hatte.

Donnerstag, 29. August

Die unmittelbare, aktuell erweiterte und durch laufende Korrespondentenberichte angereicherte Berichterstattung über die tschechoslowakische Entwicklung findet heute ihr vorläufiges Ende. Der Kommentar beschäftigt sich durch mich selbst zum ersten Mal wieder mit einer anderen Thematik, und zwar mit den beiden Kandidaten der bevorstehenden amerikanischen Präsidentenwahl, sein Titel: »Kandidaten ohne Profil«.

Quelle: ARD Jahrbuch 69, Verlag Hans-Bredow-Institut, Hamburg 1969, S. 118 ff.

Beschäftigte in Zeitungsverlagen

Beschäftigte	1975	1976	1977
Tätige Inhaber	314	315	307
Redakteure	7426	7540	7742
Volontäre	499	596	780
Sonstige Redaktions-angehörige (Schreibkräfte, Layouter, Boten, Bedienung Terminals)	2443	2687	2839
Sonstige Arbeitnehmer (Verwaltung, EDV, ohne nicht-ständige Einleger u. ä.)	56076	55081	56287
Zusteller im Arbeitnehmerverhältnis	52983	49824	51715
Insgesamt Beschäftigte	119741	116043	119670
Außerdem freie Mitarbeiter (Pauschalisten u. ä.)	18720	20203	16102
Summe Beschäftigte total	138461	136246	135772

Quelle: Statistisches Bundesamt (1980)

Quelle: Bundesverband Deutscher Zeitungsverleger e. V. (Hrsg.): Die deutschen Zeitungen in Zahlen und Daten – Eine statistische Übersicht, (Bonn) o. J., S. 12.

Zahl der programmgestaltenden festangestellten Mitarbeiter ARD: 1973–1978

ARD-Anstalten		Redakteure	Reporter/Realisatoren	Sprecher	Regisseure	künstl. Szenenbildner	künstl. Cutter u. Kameraleute
BR	1973	230	6	14	9	–	35
	1978	319	3	16	7	–	60
HR	1973	88	–	17	18	6	57
	1978	95	–	17	15	7	76
NDR	1973	179	144	19	8	7	125
	1978	385		27	10	5	135
RB	1973	67	–	11	6	3	27
	1978	74	4	14	5	3	20
SR	1973	32	2	10	3	–	30
	1978	48	–	9	3	–	33
SFB	1973	97	3	7	10	2	19
	1978	116	30	18	16,5	2	27
SDR	1973	139		11	23	3	49
	1978	164		12	22	3	61
SWF	1973	200		20	7	5	100
	1978	242		14	5	4	108
WDR	1973	236	6[1]	13	11	6	205
	1978	405	3	30	28	11	310
DW	1973	366	2	64	1	–	6
	1978	391	3	78	1	–	12
DLF	1973	139	3	15	2	–	–
	1978	204	3	15	2	–	–
RIAS	1973	106	12	15	8	–	–
	1978	107	12	15	8	–	–
ARD	1973	1.709,5[2]	347,5[2]	216	106	32	653
	1978	2.154,5[2]	453,5[2]	265	122	35	842

1 nur 1. Reporter

2 NDR, SDR und SWF haben nur Angaben zu der Gruppe Redakteure/Reporter/Realisatoren gemacht. Die Gesamtsummen beider Gruppen (Redakteure und Reporter/Realisatoren) enthalten jeweils 50% der genannten Zahlen

Zahl der beschäftigten festangestellten Mitarbeiter
ARD: 1973 und 1978

ARD-Anstalten	1973	1978
BR	2.618	2.982
HR	1.778	1.845
NDR	3.133	3.252
RB	530	558
SR	664	702
SFB	1.170	1.362,5
SDR	1.617	1.653
SWF	1.947	1.890
WDR	3.146	3.701
DW	1.338	1.438
DLF	647	518
RIAS	629	631
ARD	19.217	20.532,5

Quelle: Hugo Uthoff, Werner Deetz, Ruth Brandhofe, Birgit Nöh: Funktionsverluste des Rundfunks, Berlin: Volker Spiess 1980, S. 197–198.

Sendezeit und Programmgattungen im ARD-Hörfunk 1978

Programmgattungen	Sendezeit in Stunden					
	Landesrundfunkanstalten					
	1. Progr.	2. Progr.	3. Progr.	Deutschlandfunk	Deutsche Welle	RIAS I und II
Musik	39 885,1	37 182,3	17 455,8	4 794,4	3 570,8	5 015,7
Wort	27 711,2	24 618,1	12 001,5	4 172,4	18 103,9	7 320,2
Gastarbeiterprogr.	–	–	10 728,9	–	–	–
Fremdsprachenprogr.	–	–	–	4 441,8	–	–
Werbefunk	9 981,2	1 403,6	7 287,0	–	–	–
Gesamt	77 577,4	63 203,9	47 473,3	13 408,7	21 674,7	12 335,8
Durchschnittliche Sendezeit pro Tag und Anstalt	23 h 37'	19 h 14'	14 h 27'	–	–	16 h 54'

Quelle: Horst Holzer, Medien in der BRD, Entwicklungen 1970–1980, Köln: Pahl-Rugenstein 1980, S. 55.

Sendezeit und Programmgattungen von Fernsehanstalten in der Bundesrepublik Deutschland 1978

ARD-Fernsehen – 1. Programm (1978)

Programmgattungen ARD	Min.	%
Eigene Beiträge der Anstalten		
Dokumentar	34 362	18,7
Sport-Feature	–	–
Religiöse Sendungen	2 157	1,2
Spiele	18 793	10,2
Unterhaltung	31 514	17,2
Musiksendungen	2 092	1,2
Familienprogramm	21 652	11,8
Verschiedenes	794	0,4
Programmüberleitungen	7 521	4,1
Summe	118 885	64,8

Gemeinschaftsbeiträge bzw. -sendungen		
Tagesschau/Tagesthemen	20733	11,3
Wetterkarte	771	0,4
Magazin der Woche	2521	1,4
Sportschau	5075	2,8
Spielfilme	20006	10,9
Unterhaltungsfilme	2129	1,1
Programmvorschau	2930	1,6
Sport-Übertragungen	9775	5,3
Verschiedenes	741	0,4
Summe	64681	35,2
Gesamt	183566	100,0

ZDF-Fernsehen (1978)

Programmarten ZDF	Min.	%
Programmdirektion		
Kultur	36100	16,8
Fernsehspiel und Film	47633	22,2
Dokumentarspiel	7307	3,4
Unterhaltung	19349	9,0
Theater und Musik	12572	5,9
Summe	122961	57,3
Chefredaktion		
Magazine[1])	3531	1,6
Aktuelles	30385	14,2
Innenpolitik	9920	4,6
Außenpolitik	4079	1,9
Gesellschaftspolitik	7757	3,6
Sport	18065	8,4
Summe	73737	34,4
Werbefernsehen (Spots)	6080	2,8
Programmverbindung[2])	11821	5,5
Summe	17901	8,3
Sendezeit insgesamt	214599	100,0

1 »Bilanz«, »ZDF-Magazin«, »Kennzeichen D«

2 Darin enthalten: Mainzelmännchen (Inserts und Filme) 2000', Programmvorschau 3184', Ansagen/Pausen/Inserts 5956', Trailer 521', Kurzbeiträge 80', Gesundheitsspots 80'

ARD-Fernsehen – Regionalprogramme: 1978

Rundfunkanstalt	Informationsprogramm Min.	Unterhaltungsprogramm Min.	Programmüberleitungen Min.	Gesamt Spalte 1–3 Min.	Werbeeinblendungen Min.	Gesamt Min.
BR	13 006	12 690	1 918	27 614	6 141	33 775(2)
HR	10 182	15 056	2 508	27 746	6 087	33 833
NDR/RB	14 370	11 320	2 214	27 904	6 080	33 984(3)
SR	8 112	17 679	2 208	27 999	5 910	33 909
SFB	10 747	15 415	1 780	27 942	6 080	34 022(4)
SDR/SWF (1) für Baden-Württemberg	10 256	14 675	2 610	27 541	6 086	33 627(5)
SWF für Rheinland-Pfalz	10 296	–	–	10 296	–	10 296(6)
WDR	8 995	17 159	1 255	27 409	6 093	33 502(7)
Gesamt	85 964	103 994	14 493	204 451	42 477	246 928

Aufteilung:

1) Süddeutscher Rundfunk	7 611	7 332	1 391	16 334	3 041	19 375
Südwestfunk	2 645	7 343	1 219	11 207	3 045	14 252

Zusätzliche Sendeminuten:

2) 618 Min. Panorama Italiano 3) 4 238 Min. Sesamstraße 4) 16 140 Min. davon 1 662 Min. Schulfernsehen, Sondersendung 104 Min., 7 458 Min. Programmverbindung. Sonst. Programm 6 916 Min 5) 357 Min. regionale Sonderprogramme 6) 357 Min. regionale Sonderprogramme 7) 116 Min. Sonderprogramme

ARD-Fernsehen – 3. Programme: 1978

Rundfunk-anstalt	Information Min 1	Kultur Min 2	Wissen-schaft Min 3	Aus-bildung Min 4	Unter-haltung Min 5	Programm-über-leitungen Min 6	Gemein-schafts-sendungen Min 7	Gesamt Sp. 1–7 Min 8
BR	26 001	57 344	8 603	42 744	2 104	8 608	5 851	151 255
HR	33 376	34 852	4 700	17 836	20 374	13 370	5 514	130 022
WDR[1])	24 945	57 626	9 593	53 763	9 439	27 525	5 479	188 370
NDR[2])								
RB[2])	34 964	45 063	872	18 582	5 521	7 913	11 291	124 206
SFB[3])								
SR								
SDR								
SWF	25 724	25 856	7 084	49 760	9 943	8 026	5 306	131 699
Gesamt	145 010	220 741	30 852	182 685	47 381	65 442	33 441	725 552

1 Parallel 44 668 Min. Schulfernsehen über die Sender des I. Programms
2 Zusätzlich von NDR und RB gemeinsam 65 854 Min. Schulfernsehen
3 Zusätzlich 3 250 Min. Schulfernsehen, 294 Min. Programmverbindungen Schulfernsehen, 1 401 Min. regionale Programmverbindungen für das III. Programm

Quelle: Horst Holzer, Medien in der BRD, Entwicklungen 1970–1980, Köln: Pahl-Rugenstein 1980, S. 56–59.

II. KOSTEN UND FINANZIERUNG

Gesamtkosten der Sendezeit und Durchschnittskosten pro Sendeminute: ARD-Anstalten (Hörfunk/Fernsehen) 1977

I. ARD-Hörfunk (sämtliche Programme, einschließlich Deutsche Welle, Deutschlandfunk und Rias): 1977

	Selbstkosten TDM	Sendezeit Min.	Durchschnitts-kosten je Sendeminute DM
Ernste Musik	228 127,0	2 062 328	111,–
Leichte Musik	158 130,5	4 340 824	36,–
1. Musik	386 257,5	6 403 152	60,–
Politik	217 119,0	1 911 308	114,–
Kultur	78 805,1	631 412	125,–
Bildung	33 197,8	352 392	94,–
Unterhaltung	36 542,7	242 122	151,–
Hörspiel	29 261,8	106 080	276,–
Sport	20 650,6	175 339	118,–
Familienprogramm	29 376,6	267 277	110,–
Magazinsendungen	58 402,2	781 371	75,–
Sonstige	3 368,0	85 568	39,–
2. Wort	506 723,8	4 552 869	111,–
Gesamt 1. + 2.	892 981,3	10 956 021	82,–
3. Gastarbeiterprogramme	12 837,8	642 158	20,–
Fremdsprachenprogramme (nur Bundesrundfunkanstalten)	81 284,4	1 337 331	59,–
Gesamt 3.	94 122,2	2 019 489	47,–
Gesamt 1.–3.	987 103,5	12 975 510	76,–
4. Werbefunk einschließlich Werberahmenprogramme	52 384,4	1 101 765	48,–
Gesamt 1.–4.	1 039 487,9	14 077 275	74,–
5. Abspielung und Ausstrahlung	230 291,5	(14 508 520)	16,–
Gesamt	1 269 779,4	14 077 275	90,–

II. ARD-Fernsehen: 1977

	Gesamtkosten TDM	Sendezeit Min.	Durchschnitts-kosten je Sendeminute DM
1. ARD-Gemeinschaftsprogramm			
– Dokumentation	95 235,5	37 936	2 510,–
– Sportfeatures	–	–	–
– Religiöse Sendungen	6 814,4	2 371	2 874,–
– Spiele	116 275,1	17 945	6 480,–
– Unterhaltung	113 435,6	27 855	4 072,–
– Musik	3 948,1	1 379	2 863,–
– Familienprogramm	62 640,7	23 123	2 709,–
– Verschiedenes	1 579,7	671	2 354,–
– Gemeinschaftsbeiträge[1])	125 511,1	53 119	2 363,–
(Sportschau)	(14 627,7)	(4 375)	(3 343,–)
(Sportübertragungen)	(14 961,6)	(8 108)	(1 845,–)
Gesamt	525 440,2	164 399	3 196,–
Programmverbindungen	1 310,9	7 718	170,–
Gesamt	526 751,1	172 117	3 060,–
ARD/ZDF-Vormittagsprogramm	4 922,1	30 340	162,–
Gesamt 1.	531 673,2	202 457	2 626,–
2. Regionalprogramme in der Zeit von 18–20 Uhr	309 508,0	207 463	1 492,–
– Harte Werbung[2])	–	42 728	–
– Sonstige Regionalprogramme	3 909,1	53 195	73,–
Gesamt 2.	313 417,1	303 386	1 033,–
Gesamt (1./2.)	845 090,3	505 843	1 671,–
3. Abspielkosten (o. III. Fernsehprogramme)	23 089,9	(476 460)	48,–
Gesamt (1.–3.)	868 180,2	505 843	1 716,–
4. Ausstrahlungskosten (o. III. Programme)	188 557,2	(2 217 567)	85,–
Gesamt (1.–4.)	1 056 737,4	505 843	2 089,–

	Gesamtkosten TDM	Sendezeit Min.	Durchschnitts-kosten je Sendeminute DM
5. III. Fernsehprogramme	391 377,0	796 351	491,–
– Abspielkosten	27 330,2	(796 351)	34,–
– Ausstrahlungskosten (Technische Leistungen DBP)	85 913,1	(796 351)	108,–
Gesamt 5.	504 620,3	796 351	634,–

1 Tagesschau, Sportschau, Programmvorschau, Magazin der Woche, Wetterkarte, Sonstige Gemeinschaftsbeiträge
2 Ohne Zwischenblenden

Quelle: Horst Holzer, Medien in der BRD, Entwicklungen 1970–1980, Köln: Pahl-Rugenstein 1980, S. 66–68.

Die Kostenstruktur einer Unterhaltungssendung im Fernsehen (1973)

Titel: Starparade

Eine musikalische Revue beliebter Interpreten; öffentliche Veranstaltung in der Rhein-Main-Halle Wiesbaden als Live-Übertragung in Farbe am 20. Dezember 1973.
Produktions-Nr.: 6322/1596. Sendedauer: 90 Minuten. Produktionsleitung: Willi Wohn. Regie: Horst Deuter. Kamera: Bernhard Kulbach.

	DM	DM
Nutzungsrechte		
Autorenrechte	500	
Musikrechte	280	780
Gagen und Honorare		
Produktionsstab (Aufnahmeleiter, Aufnahmeleiter-Hilfe, Produktionssekretärin)	5 210	
Regie (Regisseur, Regie-Assistentin)	11 560	
Kostüm-Stab (Kostümbildner, Kostümbildner-		

Assistent, Garderobier, 2 Garderobieren, Garderoben-Aushilfe)	8 260	
Bau- und Ausstattungsstab (Bühnenbildner, Bühnenbildner-Assistent, Außenrequisiteur, Innenrequisiteur)	8 360	
Sonstiger Stab (Herren-Maskenbildner, Damen-Maskenbildner, Maskenbildner, Maskenbildner-Aushilfe, 12 Kabelträger)	9 600	
Darsteller (Gesangsinterpreten, Ballett, Choreografie)	106 300	
Musik (Orchester, 22 Streicher als Verstärkung)	41 754	
Überstunden, Urlaubsabgeltung, Sozialversicherung	8 500	199 544
Atelier-Bau		
Heizung Ballettsaal	550	
Kleinmaterial (Kauf am Produktionsort)	1 000	
Bühnen- und Ausstattungsbauten durch Dritte	69 247	
Löhne (Hilfskräfte für Bühne)	1 000	71 797
Atelier-Dreh		
Hallenmiete	33 333	
Heizung/Klimaanlage	8 000	
Handkamera mit Zubehör	10 400	
Beleuchtungstechnik (Zusatzlampen)	1 000	
Leitungskosten	8 500	
Löhne (Hallenpersonal)	2 500	
Stromkosten (18 000 kW je –,31 DM)	5 600	69 333
Ausstattung		
Kostüme (Kauf)	30 100	
Kostüme (Miete)	8 000	
Möbel, Requisiten, Stoffe (Kauf)	1 000	
Möbel, Requisiten, Stoffe (Miete)	500	
Haarteile (Miete)	4 200	
Schminkmaterial	400	
Miete für Musikinstrumente	800	
Blumen/Tischdekoration	1 500	46 500
Bild- und Tonmaterial/Bearbeitung		
Videoband (Sendemitschnitt)	1 954	
4000 m Magnettonmaterial	109	2 063

Allgemeine Kosten		
Büromaterial, Fotokopien	130	
Telefon- und Telegrammkosten	1 815	
Beförderungs- und Transportkosten, Frachten und Rollgelder, Taxis, Kilometergelder	3 050	
Reisekosten (Fahrtkosten, Tage- und Übernachtungsgelder)	43 399	
Rahmenkosten für öffentliche Veranstaltungen	1 000	
Fremdbewachung	1 200	50 594
Direkte Kosten insgesamt		440 611

Quelle: Das ZDF produziert, Hrsg.: ZDF, Abteilung Information und Presse, Mainz 1975, S. 19 f.

Hörfunk- und Fernsehgebühren 1979)*

(EBU-Mitglieder)

Land	Währung	Hörfunk	Fernsehen	Hörf./Ferns. kombiniert
Algerien[7])	(Dinar)	–	–	–
Belgien	(Franc)	552 p.G.	2 076 p.G. 3 252 p.G.F	–
Dänemark	(Krone)	106 p.H.	–	432 p.H. 724 p.H.F
Deutschland (Bundesrepublik)	(Mark)	36 p.H.	–	126 p.H.
Finnland	(Markka)	–	200 p.H.[5]) 250 p.H.[6]) 380 p.H.F[5]) 430 p.H.F[6])	–
Frankreich	(Franc)	–	207 p.H. 310 p.H.F 828 p.G.[3]) 1 240 p.G.F[3])	–
Griechenland[11])		–	–	–
Großbritannien	(Pfund) (Sterling)	–	10 p.H. 25 p.H.F	–
Irland	(Pfund Sterling)	–	23 p.H. 38 p.H.F	–

* Jährliche Gebühren. Quelle: EBU Review, Programmes, Administration, Law, Genf, vol. 30, May 1979, No. 3, S. 72–74.

Land	Währung	Hörfunk	Fernsehen	Hörf./Ferns. kombiniert
Island	(Krone)	9 500 p.H.	20 300 p.G. 26 500 p.G.F	–
Israel[8])	(Pfund)	170 p.G.[1])	–	600 p.H.
Italien	(Lira)	3 585 p.H.	–	26 170 p.H. 52 345 p.H.F
Jordanien[9])	(Dinar)	–	18 p.G.	–
Jugoslawien	(Dinar)	360 p.H.[2]) 900 p.H.[3])	–	1 200 p.H.[2]) 2 250 p.H.[3])
Libanon		–	–	–
Libyen		–	–	–
Luxemburg		–	–	–
Malta	(Pfund)	1 p.H.[2])	–	4 p.H.
Marokko	(Dirham)	–	30 p.H.	–
Monaco		–	–	–
Niederlande	(Florin)	37,50 p.H.	–	126 p.H.
Norwegen	(Krone)	–	400 p.H. 500 p.H.F	–
Österreich	(Schilling)	384 p.H.	–	1 380 p.H.
Portugal	(Escudo)	–	480 p.G.	–
Schweden	(Krone)	–	340 p.H. 480 p.H.F	–
Schweiz[10])	(Franc)	69 p.H. 120 p.H.[3]) 96 p.H.[4]) 156 p.H.[3])[4])	138 p.H. 252 p.H.[3])	–
Spanien		–	–	–
Tunesien	(Dinar)	2 p.H.		5 p.H.
Türkei	(Pfund)	–	350 p.G. 1 000 p.G.[3])	–
Vatikan		–	–	–
Zypern	(Pfund)	2,5 p.H. 4 p.G.[1])	8 p.G.	–

p.H. = pro Haushalt
p.G. = pro Gerät
F = Farbfernsehen

1 für Autoradio
2 zusätzliche Gebühr für Autoradio
3 öffentlicher Gebrauch
4 Drahtfunk
5 Gebühr für Geräte mit einem Programm
6 Gebühr für Geräte mit zwei Programmen
7 Gebühr beim Kauf des Geräts
8 Stand: 31. 12. 1978
9 Stand: 31. 12. 1977
10 Stand: 1. 10. 1979
11 Die Gebühren werden über die Stromrechnung eingezogen.

Quelle: Internationales Handbuch für Rundfunk und Fernsehen 1980/81 (Hans Bredow Institut), Hamburg 1980, S. 131 f.

D. MASSENMEDIEN IN WIRTSCHAFT UND GESELLSCHAFT

Marshall McLuhan über die Neuen Medien

Frage: Gibt es eine wirkliche Gefahr in den neuen Medien?

McLuhan: Mir scheint, daß der große Vorteil im Verstehen der operativen Dynamik verschiedener Medien darin liegt, daß man sie beschwichtigt, nicht, daß man sie ausbeutet. Wenn man diese Dynamik versteht, kann man die Medien kontrollieren, ihre Wirkungen aus der Umwelt eliminieren. Und das ist höchst wünschenswert. Ich glaube, wir würden uns selbst eine beträchtliche Gefälligkeit erweisen, wenn wir die Operationen des Fernsehens für ein paar Jahre einstellen würden. Wenn das Fernsehen einfach von der Szene der Vereinigten Staaten eliminiert würde, wäre das eine sehr gute Sache. Genau wie der Rundfunk in Afrika oder Algerien einen höchst bösartigen Effekt hat – in hoch akustischen Kulturen macht der Rundfunk die Leute beinahe verrückt vor Paranoia und Stammesintensität. Das Fernsehen führt innerlich in die Tiefe, in ein total unvisuelles Universum der Verstrikkung. Es zerstört unser gesamtes politisches, erzieherisches, gesellschaftliches und institutionelles Leben. Das Fernsehen wird die ganze Gesellschaftsstruktur in kurzer Zeit auflösen. Verstünde man seine Dynamik, man würde sich entscheiden, es so schnell wie möglich zu eliminieren. Das Fernsehen ändert das Leben der Sinne und der Psyche. Es ist eine orientalische Form der Erfahrung, es gibt den Menschen einen dunklen, tiefen Sinn für Einbezogenheit.

Quelle: Gerald E. Stearn (Hrsg.): McLuhan – Für und Wider, Düsseldorf, Wien: Econ 1969, S. 355 f.

Der Hörerkreis in den Anfängen des deutschen Rundfunks

Aus einem Bericht Dr. Carl Hegemanns auf der Sitzung des Programmausschusses der deutschen Rundfunkgesellschaften in Wiesbaden, 5.–6. 6. 1928

Leider ist die Allgemeinheit vom Rundfunk längst noch nicht erfaßt. Weite Kreise, namentlich auch innerhalb der gebildeten Schichten, wollen noch immer nichts von ihm wissen. Die beim Film gemachten Erfahrungen wiederholen sich auch beim Funk. Wie lange hat es gedauert, bis der geistige Mensch dem Film überhaupt Beachtung geschenkt und ihm einen, wenn auch bescheidenen Platz in seinem Lebensganzen eingeräumt hat. Soll sich das jetzt für den Funk wiederholen – soll es wieder so lange dauern, bis eine unerhörte Errungenschaft menschlicher Betriebsamkeit einheitlich anerkannt wird? Die Gefahr ist nicht gering. Denn wie einst den Film, versucht man jetzt auch den Unterhaltungs- und Bildungs-Funk in Mißkredit zu bringen, indem man den alten, in dieser Form unhaltbaren Gegensatz von Kultur und Zivilisationsprodukt hinstellt, das im Grunde kulturfeindlich sein soll...

Für wen senden wir eigentlich? Wer ist unser Publikum und wie setzt es sich zusammen? Wer hört uns gern oder gar mit Begeisterung zu und kann deshalb bei der Programmgestaltung unsere besondere Teilnahme und Aufmerksamkeit beanspruchen? Wer dagegen hört nur aus Gewohnheit, aus Langeweile, aus Mode und hat uns weniger zu kümmern? All' das sind Fragen, die immer wieder laut werden.

Ich habe aus der Menge von Zuschriften, die wir täglich bekommen, einige besonders sachliche und gutgemeinte ausgewählt und die Verfasser zu einer mündlichen Besprechung ihrer Klagen und Meinungen eingeladen. Was sie vorbrachten, war zumeist anregend und stimmte nachdenklich. Sie wünschten nämlich keineswegs Kitsch oder niedrige Unterhaltungsprogramme. Im Gegenteil. Sie erkannten die Mission des Rundfunks als ein in den Ausmaßen unbegrenztes Kultur- und Bildungsinstrument ausdrücklich an und verlangten größere Rücksicht auf die breite Masse der Hörer, als ihrer Ansicht nach zur Zeit geübt wird, namentlich was das Tempo und den Nachdruck betrifft, womit man schwere und anspruchsvolle Kost hinaussendet, zu deren Aufnahme den meisten aber einfach die Voraussetzungen fehlen. Wenigstens vorläufig noch. Man dürfe nicht vergessen, daß Millionen von Menschen überhaupt erst mit Einführung des Rundfunks in den Genuß geistiger und künstlerischer Werte gekommen seien, weshalb bei der Auswahl des Gebotenen so lange Maß gehalten werden sollte, bis sich die Bedingungen zu voraussetzungsloserer Teilnahme auch bei der großen Menge eingestellt hätten.

Auf meine regelmäßige Frage, wie sich denn eigentlich diese so oft zitierte »Masse der Hörer« zusammensetzt, wurde mir ebenso regelmäßig geantwortet: Auf keinen Fall aus den beiden Komponenten der Bourgeoisie – weder aus den Bezirken mittlerer Bürgerstuben, wo Vater abends die Zeitung liest, Mutter einen Kriminalroman verschlingt, der Junge seine Schularbeiten macht und das halbwüchsige

Mädel Rundfunk hört, noch aus den Regionen mondäner Boudoirs und Salons, wo das Girl die Jazzmusik einschaltet, wie es nach Bedarf das elektrische Licht anknipst oder die Warmwasserleitung aufdreht – sondern aus den weiten und weitverzweigten Schichten der irgendwie werktätigen Bevölkerung, der heutigen Arbeitsmenschen jeder Art und Gattung, die, unnachsichtlich und unentrinnbar im Fron schematisierten Erwerbslebens verankert, ihren kärglichen Feierabend mit etwas Anregsamem, Schönem und Neuem verbringen und auf diese Weise den tagsüber recht einseitig belasteten inneren Menschen ausbalancieren möchten – die im Rundfunk so etwas wie eine Rettung vor restloser Mechanisierung ihres Daseins erblicken und ihn um so leidenschaftlicher lieben, je mehr die vermittelten Werte ihren Bedürfnissen und Neigungen entsprechen.

Die sich ständig wiederholende Forderung, des Nachmittags (möglichst von ½5 bis 7 Uhr) leichte Unterhaltungsmusik für die zu Hause gebliebenen Frauen und Kinder und des Abends (spätestens von 8 Uhr ab) ein abwechslungsreiches, populäres, das heißt an den Aufnehmenden nur geringe Ansprüche stellendes Programm für die ganze Familie zu senden, ist natürlich nicht zu erfüllen. Und doch sollten wir uns bewußt sein, daß die große Masse, die uns, vergessen wir es nicht, im Grunde durchaus willfährig ist, nicht durch allzu viel verstiegene Programme abgeschreckt werden sollte – daß sie vielmehr durch liebevolles, wenn auch durchaus kritisches Eingehen auf ihre Wünsche, unter Berücksichtigung ihres zunächst noch begrenzten Aufnahmevermögens, für uns gewonnen werden müßte, um ihr alsdann, wenn wir sie gewonnen und ihre Genußfähigkeit entsprechend gesteigert haben, allmählich, aber bewußt, Höheres und Größeres zuzumuten.

Quelle: Hans Bredow, Aus meinem Archiv, Probleme des Rundfunks, Heidelberg: Kurt Vowinckel, 1950, S. 227–236.

Die Wirkungen des Fernsehkonsums

Wer Aussagen über den behaupteten Bedarf an zusätzlichen Programmangeboten macht, muß sich mit den Wirkungen des Fernsehens auf den Zuschauer befassen. Welche Folgen zieht ein zunehmender passiver Ferhsehkonsum hinsichtlich der Verhaltensweisen in der Familie, am Arbeitsplatz, in der Politik nach sich? Über die Wirkung des Fernsehens auf den Zuschauer liegt eine kaum noch überschaubare Fülle von Einzelergebnissen der empirischen Medienforschung vor.

Sie befassen sich mit Detailfragen, Ergebnisse sind widersprüchlich. Große Wirkungszusammenhänge über mögliche Folgen einer Programmausweitung sind weitgehend ungeklärt. Festzuhalten ist jedenfalls: Die vorhandenen Erkenntnisse verbieten jede pauschale Betrachtungsweise und zwingen zur Differenzierung.

Einig sind sich die meisten Forscher in ihrer Skepsis gegenüber einer Vermehrung der Unterhaltungsprogramme. In der gegenwärtigen Diskussion um neue Medien gibt es fast niemanden, der von pädagogischer und sozialwissenschaftlicher Seite einer Programmvermehrung auf kommerzieller Basis zustimmen könnte, quer durch alle politischen Lager. Im folgenden sollen einige wichtige Forschungsergebnisse hinsichtlich der Medienwirkung zusammengefaßt werden.

Fernsehen ist eine Freizeitbeschäftigung. Ein großer Teil der verfügbaren Zeit wird heute dem Fernsehen gewidmet, wodurch sich das Freizeitleben erheblich verändert hat. Durch die Verlockungen des Fernsehens sind aktive körperliche und geistige Freizeittätigkeiten, wie miteinander reden, werken, Vereinsbetätigung usw., zurückgetreten. Der übermäßige Konsum von Fernsehen ist mitverantwortlich, daß in den Familien zwar häufiger, aber kürzer, oberflächlicher und assoziativer geredet wurde, die Gesprächsfähigkeit ungefördert blieb und die zwischenmenschliche Kommunikation mit der Umwelt schrumpfte. Der westdeutsche Fernsehteilnehmer sieht heute im Durchschnitt 23 Stunden in der Woche fern, in amerikanischen Haushalten läuft der Fernseher jeden Tag bereits 6 bis 7 Stunden. Eine Tagesablaufuntersuchung ergab, daß der Bundesbürger 217 Minuten am Tag mit der Nutzung elektronischer Medien (das sind Fernsehen, Funk, Plattenspieler) zubringt, sich aber nur 29 Minuten am Tag mit Kindern beschäftigt.

Die gemeinsame Nutzung des Fernsehens zur gleichen Zeit am gleichen Ort wird nur als formale Gemeinsamkeit erlebt, die dazu beiträgt, über die Verödung der sozialen Bindungen hinwegzutäuschen. Nach einer psychologischen Studie von Sinus beklagen interessanterweise viel mehr Frauen als Männer die Störung zwischenmenschlicher Beziehungen. Sie empfinden das Kommunikationsdefizit als härter. Männer beanspruchen hingegen häufiger, am Abend in Ruhe fernzusehen. Dieser Umstand erlaubt die Schlußfolgerung, daß ein Widerstand gegen eine Programmvermehrung sich hauptsächlich auf Frauen wird stützen können.

Betroffen und gefährdet durch ein Überangebot an Programmen und Werbung sind vor allem die Kinder. Kinder und Jugendliche, deren Kaufkraft auf ca. 25 Mrd. DM geschätzt wird, sind bevorzugte Zielgruppen der Werbung. 22% der Fernsehwerbung wirbt heute schon mit Kindern, 10% richtet sich direkt an die Kinder. Die Serien der Kinderprogramme werden vielfältig vermarktet. Es zeitigt schädigende Folgen, wenn Fernsehen weitgehend an die Stelle des Spielens tritt, wenn Realität aus zweiter Hand erlebt wird. Spielen und Wirklichkeitserleben sind lebensnotwendig, damit sich die Anlagen eines Kindes entfalten können. Deutsche Vorschulkinder sehen knapp 6 Stunden in der Woche fern, amerikanische bereits 54 Stunden. Bis zu seinem 16. Lebensjahr verweilt das durchschnittliche amerikanische Kind bereits 12000 bis 15000 Stunden vor dem Bildschirm. Das ist mehr Zeit, als ein 16jähriger Jugendlicher in der Schule oder mit seinen Eltern zugebracht hat.

Bei Kindern wird ein größeres Programmangebot zu einem erhöhten Fernsehkonsum führen. Neue Teleskopie-Daten beweisen, daß in Grenzregionen mit vielfältigerem Programmangebot nicht die Erwachsenen, sondern die Kinder häufiger fernsehen. Die Unmenge der – oft nicht einmal kindgemäßen – Fernsehbilder kann das Kind nicht verarbeiten. Je jünger es ist, desto geringer ist sein Differenzierungs- und Abstraktionsvermögen. Unverdautes wirkt sich störend auf kindliches Befinden, Verhalten und seine Entwicklung aus. Unter dem neuen Zauberwort »Medienpädagogik« sollen nun Kinder gegen Einflüsse eines vermehrten Fernsehangebots immunisiert werden. Nach bisherigen Erkenntnissen sind medienpädagogische Maßnahmen jedoch nur eine Ausflucht der Mittel- und Oberschicht. Es gibt Anhaltspunkte dafür, daß untere Mittelschichten und Unterschichten keine Chancen sehen, ihre Kinder wirksam abzuschirmen.

Diese Erkenntnisse müssen auch nach dem »Jahr des Kindes« nachdenklich stimmen, wenn aus dem spielenden nicht das glotzende Kind werden soll. So muß es oberstes Gebot einer verantwortungsbewußten Medienpolitik sein, jene 20% der nichtmündigen Bürger, unsere Kinder, vor einem übermäßigen Fernsehkonsum und vor dessen Auswirkungen zu schützen. Des Schutzes bedürfen auch die älteren Mitbürger sowie »soziale Grenzgänger«. Durch Ausweitung des Fernsehkonsums ist zu befürchten, daß Einsamkeit und Isolation verstärkt werden. An der Stelle der ohnehin reduzierten persönlichen Kommunikation tritt die entfremdete unpersönliche Telekommunikation. Auch sogenannte »soziale Grenzgänger«, die über keine stabile individuelle und soziale Identität verfügen, sind bei einem größeren Programmangebot durch »Vielseherei« gefährdet. Amerikanische Forschungsergebnisse weisen darauf hin, daß »Vielseher« ängstlicher werden als »Wenigseher«. Das Unmaß des Fernsehgebrauchs ist auch für Normalverbraucher mittleren Alters nicht unproblematisch. Auch sie sind nicht imstande, überdurchschnittlich viel Fernsehprogramme ohne

Streß durch Reizüberflutung zu verdauen. Der Fernsehteilnehmer nimmt im allgemeinen Fernsehgeschichten oder Fernsehnachrichten passiv auf, ohne über sie vertiefend nachzudenken oder sie in Gesprächen zu bearbeiten. Vieles spricht dafür, daß ein Mehr an Fernsehkonsum nicht zur aktiven Meinungsbildung beiträgt, sondern lediglich zur Vergrößerung der Fernsehgläubigkeit. Die Gefahren der Manipulation sind unübersehbar.

Aus dem Material der Zuschauerforschung ist ersichtlich, daß bei einem großen massenattraktiven Angebot das Hin- und Herschalten zwischen den Programmen zunimmt. Der Zuschauer bekommt von mehreren Sendungen nur Teile mit. Bruchstückhafte Unterhaltung, statt Information ist die Folge. Es ist beileibe nicht als Erhöhung der Informationsaufnahme und Freizeitqualität zu deuten. Die Kommunikationsforschung kommt zu dem weiteren – nachdenklich stimmenden – Ergebnis über den Prozeß der Meinungsbildung. Bei der Auswahl aus dem größeren Programmangebot handeln Menschen nach dem einen Prinzip: Sie greifen bevorzugt nach Aussagen, von denen sie eine Bestätigung ihrer bereits bestehenden Ansichten, Meinungen und Verhaltensweisen erwarten.

Quelle: Marliese Dobberthien, in: Gewerkschaftliche Monatshefte 31 (1980), S. 789–803.

Massenmedien im Dienste der Religion

Das Evangelium allen Menschen

Als Jünger Jesu Christi stehen wir unter dem Missionsbefehl unseres Herrn, der besagt, daß wir zu allen Menschen gehen und ihnen das Evangelium bringen sollen; denn »Gott will, daß allen Menschen geholfen werde und sie zur Erkenntnis der Wahrheit kommen« (1. Tim. 2, 4).

Wie kann dieser Auftrag in unserer modernen Welt der Menschenmassen erfüllt werden?

Welche Möglichkeiten können wir einsetzen, die Massen schnell und wirkungsvoll zu erreichen?

Die Massenmedien – unsere Chance

Die Antwort klingt zunächst ganz selbstverständlich: die Massenmedien! Massenmedien, das sind Zeitungen, Bücher, Filme, Rundfunk, Fernsehen. Aber mancher mag kritisch fragen, ob denn diese Medien, von denen doch in der Heiligen Schrift gar nichts steht, die richtigen und von Gott gewollten Instrumente sind, um das Evangelium weiterzusagen.

Ich meine: ja, und zwar aus zwei Gründen: einmal, weil uns das Wort Gottes gleich am Anfang sagt, daß der Mensch sich die Erde untertan machen soll. Zu diesem Untertanmachen gehört ganz wesentlich, daß wir die technischen Möglichkeiten in den Dienst für unseren Herrn stellen. Zweitens hat Gott die Massenmedien seit ihrer technologischen Entwicklung gebraucht und bestätigt.

Die Arten der Massenmedien und ihr richtiger Gebrauch

Der Rundfunk ist noch ein junges Kind unserer Zivilisation; es gibt ihn bei uns seit etwa 50 Jahren. Als Medium hat der Rundfunk, der ganz auf das Sinnesorgan Gehör spezialisiert ist, ebenfalls seine besonderen Einsatzmöglichkeiten für die Evangelisation. Dies ist nicht zuletzt deshalb bedeutsam, weil der Glaube aus dem Hören des Wortes Gottes kommt (vgl. Römer 10). Aber im Unterschied zum normalen Predigthörer ist der durchschnittliche Rundfunkhörer ein Massenkonsument. Deshalb ist es wichtig, den Zufälligkeitshörer, der durch Gottes Gnade und Führung unbeabsichtigt ein evangelistisches Programm eingeschaltet hat, zu interessieren. Das kann nur durch ein abwechslungsreiches Sendeprogramm geschehen. Wichtig ist vor allem, daß wir uns bemühen, eine Sprache zu sprechen, die der heutige Mensch versteht. Gewiß, letztlich kann nur der Heilige Geist Menschen zu Jesus führen, aber das kann keine Entschuldigung für unsere Gedankenlosigkeit oder Trägheit im Umgang mit dem Wort sein.

Weil der Rundfunkhörer Sendungen im Verborgenen und in der Anonymität empfangen kann, ist das Radio ein besonders geeignetes Hilfsmittel, Menschen das Evangelium zu predigen, die in Staaten leben müssen, in denen keine freie Verkündigung erlaubt ist – man denke an gewisse Ostblock- oder Islamstaaten.

Ein weiterer gewichtiger Aspekt der Radiomission ist die juristische Seite. Inwieweit Rundfunkanstalten für evangelistische Verkündigung genützt werden dürfen, hängt vom Presserecht der verschiedenen Länder ab. In der Bundesrepublik z. B. sind Rundfunk und Fernsehen öffentlich-rechtlich und stehen daher privaten Missionsgesellschaften nicht offen. Aus diesem Grunde kaufen Missionsgesellschaften in Mitteleuropa Sendezeiten bei Radio Monte Carlo oder Radio Luxemburg.

Aus diesen rechtlichen Gründen ist es derzeit auch nicht möglich, ein evangelistisches Fernsehprogramm zu gestalten. Desto mehr sollte man die Möglichkeit des evangelistischen Films auch in Deutschland fördern und weiter entwickeln.

Quelle: Evangeliums-Rundfunk, Programm 171, September 1974.

Rundfunkteilnehmerzahlen und Rundfunkteilnehmerdichte in Europa 1934–1938

Länder	1. Januar 1934		1. Januar 1936		1. Januar 1938	
	Teilnehmerzahl	auf 1000 Einwohn.	Teilnehmerzahl	auf 1000 Einwohn.	Teilnehmer zahl	auf 1000 Einwohn.
Belgien	465791	57,1	746395	92,24	1018108	122,09
Bulgarien	7736	1,3	17213	2,81	34000	5,71
Dänemark	532992	150,1	609226	164,41	704062	189,96
Danzig	20909	51,3	29000	70,10	36848	90,42
Deutsches Reich	5052607	77,4	7192952	107,61	9087454	133,99
Estland	14758	13,3	24193	21,72	48949	43,31
Finnland	121014	32,8	144721	39,14	231696	62,62
Frankreich	1367715	33,1	2625677	62,61	4163692	99,35
Großbritannien	5973759	133,4	7403109	160,77	8479500	183,58
Irland	45008	15,1	78600	25,94	112192	37,82
Island	8030	72,0	12183	106,17	14407	122,82
Italien	365000	8,6	530000	12,20	822854	19,39
Jugoslawien	58896	4,1	81385	5,84	112918	7,66
Lettland	50808	26,2	82175	42,13	114305	58,20
Litauen	17305	7,1	26763	10,71	45437	18,64
Luxemburg			15000	75,52	30000	100,00
Niederlande	648275	79,8	946844	113,38	1071869	128,35
Norwegen	137968	48,5	191378	66,68	304913	105,25
Österreich	307479	75,5	560120	82,86	619623	91,66
Polen	311287	9,8	491823	14,65	861206	25,16
Portugal	16093	2,5	40409	5,92	69102	10,73
Rumänien	100000	5,6	107041	6,66	215808	12,09
Rußland			2800000	16,67	3760400	22,12*
Schweden	666368	108,1	834143	133,83	1074473	170,55

Länder	1. Januar 1934 Teil-nehmer-zahl	1. Januar 1934 auf 1000 Einwohn.	1. Januar 1936 Teil-nehmer-zahl	1. Januar 1936 auf 1000 Einwohn.	1. Januar 1938 Teil-nehmer zahl	1. Januar 1938 auf 1000 Einwohn.
Schweiz	300051	73,5	418499	102,91	504132	120,97
Spanien	154662	7,7	303983	12,84	445437	17,81
Tschechoslowakei	573109	38,8	847955	57,52	1044382	68,93
Ungarn	328197	37,6	352907	40,28	383505	43,90

* Teilnehmerstand am 1. Januar 1937. – Um den in der Sowjetunion erst jetzt beginnenden rapiden Teilnehmerzugang zu kennzeichnen, sei hinzugefügt, daß am 1. September 1940 die Teilnehmerzahl 10½ Millionen (davon waren 6½ Millionen Abonnenten der sog. Radio-Zentralen) und die Teilnehmerdichte 62,17 auf 1000 Einwohner betrug. Die tatsächliche Hörbeteiligung bei politisch wichtigen Sendungen ist jedoch auf Grund des weitgehenden Gemeinschaftsempfangs erheblich höher anzusetzen.

Quelle: Heinz Pohle, Der Rundfunk als Instrument der Politik, Verlag Hans-Bredow-Institut, Hamburg 1955, S. 334.

Teilnehmerzahlen für Hörfunk und Fernsehen

(Europäische Rundfunkzone) Stand: 31. 12. 1978

Land	Hörfunk	Fernsehen	Farbfernsehen	komb. Hörfunk/ Fernsehen
Albanien[4]	ca. 200 000	ca. 5 000	–	–
Algerien	ca. 3 000 000[1]	ca. 710 000	ca. 50 000	–
Belgien	ca. 4 000 000	1 580 823	1 304 584	–
Bulgarien[4]	ca. 1 369 000	ca. 2 000 000	–	–
Dänemark	113 403[2]	–	989 022	793 848
Deutschland				
Bundesrep.	2 279 213	–	–	20 308 131
DDR[5]	6 307 700	5 572 100	–	–
Finnland	ca. 2 200 000	967 651	534 423	–
Frankreich	2 455 897	10 132 433	5 217 078	–
Griechenld.	ca. 2 900 000	1 385 000	–	–
Großbrit.	ca. 39 500 000	6 518 780	11 973 268	–
Irland	ca. 949 000	402 247	201 796	–
Island	69 092	48 354	11 476	–
Israel	–	–	–	485 000[1]
Italien	549 665	–	1 208 119	11 676 304
Jordanien[3]	ca. 210 000	ca. 125 000	–	–

Land	Hörfunk	Fernsehen	Farbfernsehen	komb. Hörfunk/ Fernsehen
Jugoslawien	4 864 382	3 957 439	–	–
Libanon[3]	ca. 1 600 000	200 000	–	–
Libyen	ca. 500 000	145 000	–	–
Luxemburg	ca. 185 000	88 500	–	–
Malta	19 811	–	–	77 056
Marokko	ca. 1 205 000	644 238	14 984	–
Niederlande	214 011	–	2 581 006	1 451 822
Norwegen	ca. 1 318 000	587 697	578 253	–
Österreich	524 802	–	–	2 062 890
Polen[4]	8 347 140	ca. 7 200 000	–	–
Portugal	ca. 1 550 000	1 177 048	–	–
Rumänien[4]	ca. 3 100 000	3 161 000	–	–
Schweden	214 082	866 962	2 209 891	–
Schweiz	2 211 016	1 928 000	–	–
Sowjetunion[4]	ca. 112 000 000	ca. 75 000 000	–	–
Spanien	ca. 9 300 000	ca. 7 935 000	1 135 333	–
Tschechosl.[4]	4 400 950	ca. 3 901 000	–	–
Türkei	4 279 460	2 636 596	–	–
Tunesien	294 826	–	–	282 248
Ungarn[4]	ca. 2 570 000	ca. 2 525 000	–	–
Zypern	121 137	88 980	–	–

Quelle: EBU Review No. 2/1979 und World Radio Television Handbook 1979

[1] Stand: 31. 12. 1977
[2] Stand: 1. 10. 1978
[3] Stand: 31. 12. 1976
[4] Stand: ca. 1. 8. 1978
[5] Stand: 31. 3. 1979

Quelle: Internationales Handbuch für Rundfunk und Fernsehen 1980/81 (Hans-Bredow-Institut), Hamburg 1980, S. E/30.

Entwicklung der Anzahl der Hörfunk- und Fernsehempfänger in den Regionen der Erde 1960–1976

Hörfunk (Angaben in 1000)

Jahr	Afrika	Nord-amerika	Süd-amerika	Asien	Europa	Ozeanien	Gesamt
1960	4 000	184 000	14 000	22 000	136 000	3 000	363 000
1965	10 000	265 000	21 000	42 000	184 000	3 000	525 000
1970	16 000	326 000	31 000	58 000	233 000	8 000	672 000
1976	30 000	454 000	58 000	113 000	284 000	14 000	953 000

Fernsehen (Angaben in 1000)

Jahr	Afrika	Nord-amerika	Süd-amerika	Asien	Europa	Ozeanien	Gesamt
1960	122	60 781	2 110	7 064	20 973	1 125	92 177
1965	562	77 822	5 511	19 330	74 352	2 395	179 972
1970	1 206	96 541	12 571	27 427	125 255	3 479	266 479
1976	2 756	142 700	20 300	39 400	174 200	5 733	385 089

Quelle: MacBride-Report, UNESCO 1980. Abgedruckt in: Horizont Nr. 51/1980, S. 13.

Mediendichte im Auslandsvergleich

Auf je 1000 Einwohner entfallen:

in	Tageszeitungs-exemplare	Fernseh-geräte
Italien	118	*
Israel	153	*
Frankreich	212	269
Kanada	216	*
Belgien	218	297
USA	284	600
Niederlande	306	345
Österreich	320	260
Bundesrepublik Deutschland	330	338
Schweiz	406	281
England	410	320
Japan	524	234

* Aktuelle Daten liegen nicht vor.

Quelle: Bundesverband Deutscher Zeitungsverleger e. V. (Hrsg.): Die deutschen Zeitungen in Zahlen und Daten – Eine statistische Übersicht (Bonn), o. J., S. 16 (1980).

Nutzung der Medien
(Infratest 1975)

Anteil der Bevölkerung (ab 14 Jahren), der diese Tätigkeiten	Zeitung lesen	Zeitschriften, Illustrierte lesen	Fernsehen	Radio hören
überhaupt ausübt	96%	92%	97%	97%
mindestens einmal pro Woche ausübt	90%	60%	95%	91%
am Durchschnittswerktag ausübt (= Reichweite pro Tag, Montag bis Freitag)	53%	15%	73%	60%
am durchschnittlichen Wochenendtag ausübt (Samstag, Sonntag)	41%	19%	80%	57%

Quelle: Bundesverband Deutscher Zeitungsverleger e. V. (Hrsg.): Die deutschen Zeitungen in Zahlen und Daten – Eine statistische Übersicht (Bonn), o. J., S. 17 (1980).

Hörbeteiligung der BRD-Bevölkerung 1971 bis 1979
(Hörer pro Tag und Hördauer pro Tag – Durchschnittswerte)

	1971	1974	1976	1977	1978	1979
Hörer/Tag (in Prozent)	69,4	75,9	75,5	75,0	72,0	74,0
Hördauer/Tag (Min.) (bezogen auf die Hörer pro Tag)	154	180	183	180	180	181

Sehbeteiligung der BRD-Bevölkerung 1976 bis 1978 (Seher pro Tag und Sehdauer pro Tag – Durchschnittswerte)

	Mo–Fr			Sa			So		
	1976	1977	1978	1976	1977	1978	1976	1977	1978
Seher/Tag (in %)									
Fernsehen gesamt	71	70	70	74	72	71	76	74	72
ARD	58	57	55	64	63	63	67	63	60
ZDF	55	55	55	65	62	56	63	61	57
3. Programme der ARD-Anstalten	18	22	20	10	13	15	16	19	22
Sehdauer/Tag (Min.) (bezogen auf die Seher pro Tag)									
Fernsehen gesamt	165	166	166	232	236	235	199	208	207
ARD	93	91	90	122	127	127	116	121	120
ZDF	91	91	91	134	131	130	98	108	106
3. Programme der ARD-Anstalten	56	55	55	30	38	39	50	47	48

Sehbeteiligung der BRD-Bevölkerung zu bestimmten Sendezeiten (Montag bis Freitag, in Prozent – Durchschnittswerte)

	I. Quartal 1977		I. Quartal 1978		I. Quartal 1979	
	ARD	ZDF	ARD	ZDF	ARD	ZDF
18–19 Uhr	9	13	9	13	10	12
19–20 Uhr	16	20	14	22	15	22
20–21 Uhr	17	26	23	26	23	24
21–22 Uhr	25	13	22	17	20	17
22–23 Uhr	10	12	13	10	12	10
23–24 Uhr	4	4	7	5	6	5

Quelle: Horst Holzer, Medien in der BRD, Entwicklungen 1970–1980, Köln: Pahl-Rugenstein 1980, S. 52–53.

E. PROBLEME DER MEDIENORDNUNG

I. MEDIENPOLITIK IN DEUTSCHLAND

Medienpolitik der Alliierten

Richtlinien für alle Lizenzträger im deutschen Nachrichtenwesen, Nr. 3 vom 30. 9. 1946

Anordnung der amerikanischen Militärregierung

I. Allgemeine Richtlinien

Die Militärregierung ist der Ansicht, daß der freie Austausch von Meinungen und Ideen der Schaffung einer demokratischen Gesellschaftsform in Deutschland, in welcher der einzelne sich seiner Verantwortung voll bewußt ist, zugrunde liegen muß. Es liegt daher in der Absicht der Militärregierung, zunehmende Freiheit und Verantwortlichkeit im Nachrichtenwesen zu einer solchen Zeit und in einem solchen Umfange einzuräumen, wie die für die Handhabung des Nachrichtenwesens Verantwortlichen ihre Bereitwilligkeit und Eignung zur Übernahme derselben bekunden.

Die Dauer der einzelnen Phasen, durch welche die deutsche Presse, das deutsche Theater- und das deutsche Verlagswesen hindurchgehen müssen, um sich vollständiger Freiheit würdig zu erweisen, ist daher zum Teil von dem Verhalten der Lizenzträger abhängig. Jeder einzelne Lizenzträger ist Treuhänder für einen lebenswichtigen Teil der Zukunft Deutschlands. Durch Beanspruchung und Entgegennahme der Lizenz hat er seine Absicht bekundet, sich im öffentlichen Interesse zu betätigen mit dem Ziel, Freiheit in einer Demokratie zu erlangen.

. . .

3. Gleiche Möglichkeiten zur Äußerung verschiedener Meinungen

Infolge des Mangels an technischen Einrichtungen und Materialien kann die Zahl der Lizenzträger notwendigerweise nur beschränkt sein. Daher müssen die Lizenzträger dafür sorgen, daß allen bedeutenden Parteien und Meinungen die gleiche Gelegenheit zur Äußerung geboten wird, es sei denn, daß die Lizenzträger auf Grund ihrer Lizenzurkunden von dieser Bestimmung ausdrücklich ausgenommen sind oder daß in dem betreffenden Nachrichtenorgan politische Meinungen gewöhnlich nicht geäußert werden.

...

Quelle: Otto B. Roegele und Peter Glotz (Hrsg.): Pressereform und Fernseh-Streit. Texte zur Kommunikationspolitik 1832 bis heute, Gütersloh: Sigbert Mohn 1965, S. 267 f..

Carlo Schmid: Was wir 1949 mit dem Artikel 5 des Grundgesetzes wollten

Im Parlamentarischen Rat standen wir noch vor einer relativ harmlosen Welt auf diesem Felde. Natürlich gab es den Rundfunk. Sicher ist das schon eine Möglichkeit, Meinung zu verbreiten. Aber immerhin gab es hier nur das bloße Wort. Das Wort kann man in sich aufnehmen und man kann es diskutieren, ohne vorher mit einer Reihe von Suggestionen aufgeräumt haben zu müssen, deren Opfer man vom Bilde her hätte werden können.

Mit dem Fernsehen ist die Sache um eine Dimension verschoben worden. Nunmehr kann das Bild, nunmehr kann die Aktion, nunmehr kann das Fotogene einer Persönlichkeit, einer Person, die Meinungen verkündet, mit ins Spiel gebracht werden. Und damit war etwas in die Welt gebracht, das mit der ursprünglichen Vorstellung von Meinungsverbreitungsrecht nicht mehr ganz zur Deckung kam.

Wir haben uns – um es gleich zu sagen – gerade diesen Fall im Parlamentarischen Rat nicht überlegt. Einfach deswegen, weil wir damals im Jahre 1948/49 noch nicht konfrontiert worden sind mit der ganzen Wucht dieses neuen Instrumentes, das Fernsehen genannt wird. Und darum haben wir in das Grundgesetz keine Bestimmung aufgenommen, die sich spezifisch mit dieser Seite des ganzen Problems befaßt. Es muß klar gemacht werden: Das stand damals nicht so wie heute zur Debatte.

Das Trauma, unter dem wir standen, war: Es darf nicht mehr vorkommen, daß – wie in der Nazizeit – man einem verbieten könnte, den Sender zu hören, den er hören will. Man soll niemandem mehr verbieten können – als Individuum – seine Meinung mit den Mitteln, die man eben hat – die so sein mag oder anders, dem Staat, der Regierung gefallen mag oder nicht –, auf die Weise zu äußeren und zu verbreiten, wie er will und wie ihm möglich ist.

Was in unseren Debatten aufkam, war die Frage, daß man nicht bloß das Recht haben darf, seine Meinung zu äußern, sondern auch das Recht haben muß, sie zu verbreiten; zu verbreiten mit den Mitteln, die man eben zur Verfügung hat.

Ich lese den Artikel 5 vor: »Jeder hat das Recht, seine Meinung in Wort, Schrift und Bild frei zu äußern und zu verbreiten und sich aus allgemein zugänglichen Quellen ungehindert zu unterrichten. Die Pressefreiheit und die Freiheit der Berichterstattung durch Rundfunk und Film werden gewährleistet. Eine Zensur findet nicht statt. Diese Rechte finden ihre Schranken in den Vorschriften der allgemeinen Gesetze, der gesetzlichen Bestimmungen zum Schutz der Jugend und dem Recht der persönlichen Ehre. Kunst, Wissenschaft, Forschung und Lehre sind frei. Die Freiheit der Lehre entbindet nicht von der Treue zur Verfassung.« Das ist der Text. Der Text ist klar und bedarf keiner besonders kunstvollen Interpretation, um festzustellen, was damit gesagt ist.

Zunächst einmal ist darin nichts gesagt über ein Sonderproblem: Meinungsverbreitung über »Medien« durch private Hand, also Leute, die das Geld haben, um sich dieses Instrument zu beschaffen oder es zur Verfügung zu stellen, z. B. mit dem Mittel des Fernsehens die Meinung zu verbreiten, von der sie glauben, daß es für sie gut sein könnte, daß das Volk sie auch teilt.

Die Frage ist nun, angesichts des Problems, das heute besteht: Soll neben dem öffentlich-rechtlichen Fernsehen auch ein privates Fernsehen möglich sein? Der Bundestag hat sich bekanntlich, als es sich darum handelte, die Ausführungsgesetze zu Artikel 5 zu machen, auf den Standpunkt gestellt – wenn ich mich nicht täusche, ziemlich einmütig –, daß die einzige erträgliche Möglichkeit, im Fernsehen Meinung zu verbreiten, die sei, dieses nicht Privatleuten zu überlassen, sondern es unter öffentliches Recht zu stellen; also durch öffentlich-rechtliche Anstalten, wobei man davon ausging, daß diese Anstalten nicht bürokratische Anstalten sein sollten, sondern Anstalten, die unter Kontrolle der in unserem Volksganzen wirkenden gesellschaftlichen Kräfte und der politisch verantwortlichen Organisationen stehen sollten.

Es ist also nicht einfach ein schlichtes Monopol, das damals geschaffen wurde, sondern es ist ein Monopol geschaffen worden, von dem man sagte: Alle die, die an der Verbreitung von Meinung durch öffentlich-rechtliche Instrumente interessiert sind, aktiv und passiv – auch als Hörer interessiert sind –, sollten die Möglichkeit haben, zu kontrollieren, um damit zu bestimmen, was nicht geschehen kann und zu beeinflussen, was geschehen soll. Man glaubte, daß das Interesse der einzelnen, in diesem Falle also der Privaten, dadurch gesichert ist, daß sie durch die Vertreter der Körperschaften, der Institutionen, der Gemeinschaften gewahrt sei, denen sie verhaftet sind.

Es bleibt aber bestehen, daß nach dem Text des Artikels 5 GG jedermann das Recht hat, in Wort, Schrift und Bild sich frei zu äußern und seine Meinung zu verbreiten; ebenso sich aus allgemein zugänglichen Quellen ungehindert zu unterrichten. Allgemein zugängliche Quellen: Darunter verstand man damals – im Parlamentarischen Rat wurde lange darüber gesprochen – Quellen, zu denen jeder, der seinen eventuellen Beitrag bezahlt hat, Zugang hat. Nicht nur die Leute, die das Glück haben, durch Kanäle, die nur ihnen zur Verfügung stehen, sich eine bestimmte Information zu verschaffen und sie weiterzugeben. Damit könnten auch Privatleute sich der Instrumente bedienen, mit denen Meinungen verbreitet werden können.

Quelle: Forum Zukunft SPD – Medienpolitische Fachtagung »Medien von morgen. Risiko und Chance für eine humane Gesellschaft« am 22. und 23. November 1979 in Bonn. Hrsg. vom Vorstand der SPD, Köln 1980, S. 10–13.

Interpretation des Art. 5 GG durch das Bundesverfassungsgericht

Art. 5 GG enthält mehr als nur das individuelle Grundrecht des Bürgers gegen den Staat auf Respektierung einer Freiheitssphäre, innerhalb welcher er seine Meinung ungehindert äußern kann. Durch Art. 5 Abs. 1 Satz 2 GG ist insbesondere auch die institutionelle Eigenständigkeit der Presse von der Beschaffung der Information bis zur Verbreitung der Nachricht und der Meinung gewährleistet (BVerfGE 10, 118 [121]). Dieser Verfassungsgarantie widerspräche es, die Presse oder einen Teil von ihr unmittelbar oder mittelbar von Staats wegen zu reglementieren oder zu steuern. Eine Einflußnahme des Staates wäre mit dieser verfassungsmäßigen Garantie der Pressefreiheit nur vereinbar, wenn sie wegen der Konkurrenz mit der Fülle der vom Staat unabhängigen Zeitungen und Zeitschriften an dem Bild der freien Presse substantiell nichts ändern würde.

Die Bedeutung des Art. 5 GG für den Rundfunk kann nicht ohne Rücksicht auf den eben dargelegten Inhalt des Art. 5 gewürdigt werden. Unbeschadet einer noch zu erörternden Besonderheit des Rundfunkwesens gehört der Rundfunk ebenso wie die Presse zu den unentbehrlichen modernen Massenkommunikationsmitteln, durch die Einfluß auf die öffentliche Meinung genommen und diese öffentliche Meinung mitgebildet wird. Der Rundfunk ist mehr als nur »Medium« der öffentlichen Meinungsbildung; er ist ein eminenter »Faktor« der öffentlichen Meinungsbildung. Diese Mitwirkung an der öffentlichen Meinungsbildung beschränkt sich keineswegs auf die Nachrichtensendungen, politischen Kommentare, Sendereihen über politische Probleme der Gegenwart, Vergangenheit oder Zukunft; Meinungsbildung geschieht ebenso in Hörspielen, musikalischen Darbietungen, Übertragungen kabarettistischer Programme bis hinein in die szenische Gestaltung einer Darbietung. Jedes Rundfunkprogramm wird durch die Auswahl und Gestaltung der Sendungen eine gewisse Tendenz haben, insbesondere soweit es um die Entscheidung darüber geht, was nicht gesendet werden soll, was die Hörer nicht zu interessieren braucht, was ohne Schaden für die öffentliche Meinungsbildung vernachlässigt werden kann, und wie das Gesendete geformt und gesagt werden soll. Bei solcher Betrachtung wird deutlich, daß für den Rundfunk als einem neben der Presse stehenden, mindestens gleich bedeutsamen, unentbehrlichen modernen Massenkommunikationsmittel und Faktor der öffentlichen Meinungsbildung die institutionelle Freiheit nicht weniger wichtig ist als für die Presse. In Art. 5 GG kommt das eindeutig zum Ausdruck, wenn Abs. 1 Satz 2 neben der Pressefreiheit »die Freiheit der Berichterstattung durch Rundfunk und Film« gewährleistet.

Damit ist noch nichts über den Weg gesagt, auf dem diese Freiheit des Rundfunks im allgemeinen und die der Berichterstattung durch Rundfunk im besonderen gesichert werden muß, damit dem Art. 5 GG Genüge getan ist. Hier wird die Besonderheit bedeutsam, durch die sich der Rundfunk von der Presse unterscheidet. Zwar ist es unrichtig, daß Zeitungsverlage, Zeitungsdruckereien und Zeitungen in beliebiger Anzahl neu gegründet und unterhalten werden können. Der Unterschied zwischen Presse und Rundfunk besteht aber darin, daß innerhalb des deutschen Pressewesens eine relativ große Zahl von selbständigen und nach ihrer Tendenz, politischen Färbung oder weltanschaulichen Grundhaltung miteinander konkurrierenden Presseerzeugnissen existiert, während im Bereich des Rundfunks sowohl aus technischen Gründen als auch mit Rücksicht auf den außergewöhnlich großen finanziellen Aufwand für die Veranstaltung von Rundfunkdarbietungen die Zahl der Träger solcher Veranstaltungen verhältnismäßig klein bleiben muß. Diese Sondersituation im Bereich des Rundfunkwesens erfordert besondere Vorkehrungen zur Verwirklichung und Aufrechterhaltung der in Art. 5 GG gewährleisteten Freiheit des Rundfunks. Eines der diesem Zweck dienlichen Mittel ist das Prinzip, nach dem die bestehenden Rundfunkanstalten aufgebaut sind: Für die Veranstaltung von Rundfunksendungen wird durch Gesetz eine juristische Person des öffentlichen Rechts geschaffen, die dem staatlichen Einfluß entzogen oder höchstens einer beschränkten staatlichen Rechtsaufsicht unterworfen ist; ihre kollegialen Organe sind faktisch in angemessenem Verhältnis aus Repräsentanten aller bedeutsamen politischen, weltanschaulichen und gesellschaftlichen Gruppen zusammengesetzt; sie haben die Macht, die für die Programmgestaltung maßgeblichen oder mitentscheidenden Kräfte darauf zu kontrollieren und dahin zu korrigieren, daß den im Gesetz genannten Grundsätzen für eine angemessen anteilige Heranziehung aller am Rundfunk Interessierten Genüge getan wird. Es steht mit Art. 5 GG nicht in Widerspruch, wenn einer mit solchen Sicherungen ausgestatteten Institution unter den gegenwärtigen technischen Gegebenheiten und auf Landesebene ein Monopol für die Veranstaltung von Rundfunkdarbietungen eingeräumt wird; aus Art. 5 GG folgt aber keinesfalls die Notwendigkeit, ein solches Monopol für eine Institution im Lande zu begründen.

Art. 5 GG fordert zur Sicherung der Freiheit auf dem Gebiet des Rundfunks allerdings nicht die in den Landesrundfunkgesetzen gefundene und für die Rundfunkanstalten des Bundesrechts übernommene Form. Insbesondere ist es von der Bundesverfassung nicht gefordert, daß Veranstalter von Rundfunksendungen nur Anstalten des öffentlichen Rechts sein können. Auch eine rechtsfähige Gesellschaft des privaten Rechts könnte Träger von Veranstaltungen dieser Art sein, wenn sie nach ihrer Organisationsform hinreichende Gewähr bietet, daß in ihr in ähnlicher Weise wie in der öffentlich-rechtlichen Anstalt alle gesellschaftlich relevanten Kräfte zu Wort kommen, und die Freiheit der Berichterstattung unangetastet bleibt. Gegen eine solche Gesellschaft besteht von Verfassungs wegen kein Bedenken, wenn beispielsweise durch Gesetze eine die spezifischen Zwecke des Rundfunks, insbesondere die Erhaltung seiner institutionellen Freiheit sichernde besondere Gesellschaftsform zur Verfügung gestellt und jede, den angegebenen Erfordernissen genügende Gesellschaft, die Rundfunksendungen veranstaltet, einer Staatsaufsicht ähnlich etwa der Banken- oder Versicherungsaufsicht unterworfen wird.

Art. 5 GG verlangt jedenfalls, daß dieses moderne Instrument der Meinungsbildung weder dem Staat noch *einer* gesellschaftlichen Gruppe ausgeliefert wird. Die Veranstalter von Rundfunkdarbietungen müssen also so organisiert werden, daß alle in Betracht kommenden Kräfte in ihren Organen Einfluß haben und im Gesamtprogramm zu Wort kommen können, und daß für den Inhalt des Gesamtprogramms Leitgrundsätze verbindlich sind, die ein Mindestmaß von inhaltlicher Ausgewogenheit, Sachlichkeit und gegenseitiger Achtung gewährleisten. Das läßt sich nur sicherstellen, wenn diese organisatorischen und sachlichen Grundsätze durch Gesetz allgemein verbindlich gemacht werden. Art. 5 GG fordert deshalb den Erlaß solcher Gesetze.

Aus Art. 5 GG kann nicht hergeleitet werden, daß die Veranstalter von Rundfunksendungen notwendig Eigentümer oder Verfügungsberechtigte über die sendetechnischen Anlagen sein und als Veranstalter notwendig auch das Recht besitzen müßten, diese Anlagen zu betreiben. Art. 5 GG hindert nicht, daß auch Vertretern des Staates in den Organen des »neutralisierten« Trägers der Veranstaltungen ein angemessener Anteil eingeräumt wird. Dagegen schließt Art. 5 GG aus, daß der Staat unmittelbar oder mittelbar eine Anstalt oder Gesellschaft beherrscht, die Rundfunksendungen veranstaltet.

Quelle: Urteil vom 28. Februar 1961 (2 BvG 1, 2/60). Fernsehstreit: Der Bund hat durch die Gründung der Deutschland-Fernsehen-GmbH gegen Art. 30 i. V. m. Art. 83 ff GG sowie gegen den Grundsatz bundesfreundlichen Verhaltens und gegen Art. 5 GG verstoßen, in: Entscheidungen des Bundesverfassungsgerichts, Bd. 12, Tübingen: J. C. B. Mohr 1962, S. 205–264, hier: S. 259–263.

Medienpolitischer Beschluß des Bundeskabinetts vom 26. September 1979

1. Das Kabinett hat den Zwischenbericht des Bundesministers des Innern erörtert. Die Frage der Notwendigkeit und Bedeutung der neuen Medien kann noch nicht abschließend entschieden werden. Das Kabinett wiederholt die bereits im Medienbericht 1978 getroffene Feststellung, daß die politischen Entscheidungen über den Ausbau des technischen Kommunikationssystems von tragender Bedeutung für die Weiterentwicklung der Demokratie sein werden. Diese Entscheidungen müssen deshalb mit großer Sorgfalt vorbereitet und vom Bürger mitgetragen werden. Dies setzt allgemeine Kenntnis der Probleme und einen breiten Dialog zwischen den politisch Verantwortlichen und den Bürgern voraus. Die laufende Diskussion zwischen den verschiedenen Interessengruppen genügt nicht. Die Erörterung muß auf alle gesellschaftlichen Gruppen, nicht zuletzt die Kirchen und auf die Länder ausgedehnt werden.

Sichergestellt werden muß, daß die Entwicklung und Anwendung neuer Kommunikationstechniken nicht zu Zugzwängen, zur faktischen, rechtlichen oder politischen Präjudizierung medienpolitischer Grundentscheidungen führen. Sie können gegenwärtig mit Rücksicht auf Komplexität und Schwierigkeit der Problematik und ihre noch unzureichende politisch-geistige Durchdringung noch nicht getroffen werden.

2. Die beteiligten Ressorts werden beauftragt, im Lichte der heutigen Kabinettdebatte Lösungsvorschläge zu unterbreiten und einen weiteren Bericht vorzulegen, der insbesondere die folgenden Fragen behandeln soll:

a) Die Einflüsse, die von den neuen Medien auf die Struktur der demokratischen Gesellschaft und der politischen Demokratie ausgehen können;
b) die Einflüsse, die von den neuen Medien auf den Zusammenhalt der Familie ausgehen können;
c) eine umfassende Darstellung und Interpretation der gegenwärtigen Verfassungslage unter Einbeziehung aller vorhersehbaren technischen und organisatorischen Entwicklungen der Medien, auch in kombinierten Anwendungsformen;
d) die rechtlichen Möglichkeiten – bis hin zu einer Grundgesetzänderung –, die zur Bewahrung einer humanen demokratischen Gesellschaft gegen schädliche Einflüsse einer Informationsüberflutung und Meinungsmanipulation ergriffen werden können;
e) die internationale Rechtslage sowie ihre wünschenswerte und mögliche Entwicklung, darüber hinaus die Möglichkeiten zur politischen Gestaltung dieser Entwicklung;
f) den Umfang der finanziellen Aufwendungen, die durch die Pilotprojekte und Feldversuche für die Benutzer und den Staat (Bund/Länder) bzw. für das Sondervermögen Deutsche Bundespost entstehen können;
g) die rechtlichen Begriffsbestimmungen der elektronischen Textkommunikationsformen.

3. Das Kabinett ist der Auffassung, daß die politischen Entscheidungen über die Eingliederung der neuen Medien in das Mediensystem der Bundesrepublik Deutschland nur auf der Grundlage einheitlicher Konzeptionen getroffen werden können, die gemeinsam von Bund und Ländern zu entwickeln sind.

. . .

4. Die Deutsche Bundespost wird die Ergebnisse der Pilotprojekte nicht durch eigene Maßnahmen präjudizieren. Sie sieht insoweit keine Veranlassung, beim Aufbau ihres Breitbandfernmeldenetzes Einrichtungen für den Empfang zusätzlicher Programme zu schaffen.

5. Das Kabinett läßt sich von folgenden Gedanken leiten:

– Die neuen Medien dürfen Informationsfreiheit und Meinungsvielfalt nicht schwächen; vielmehr sollen sie die aktive Beteiligung des Bürgers am Informationsprozeß erhöhen sowie seine Urteilsfähigkeit und soziale Entfaltungsmöglichkeit stärken.

- Die gesellschaftliche Integration und die Fähigkeit zur demokratischen Willensbildung müssen auch unter den Bedingungen der neuen Medien gewährleistet bleiben.
- Für die neuen Medien sind Rahmenbedingungen zu erarbeiten, die die pluralistische Vielfalt sichern und wirtschaftliche Machtstellung verhüten.
- Im übrigen wird auf die Regierungserklärung vom 16. Dezember 1976, Ziff. 64, verwiesen, in der es heißt:
  »Wir treten ein für den privatrechtlichen Charakter der Presse und für den öffentlich-rechtlichen Charakter von Funk und Fernsehen. Wir sehen auch, daß bei neuen Technologien die Meinungsvielfalt erhalten und gestärkt werden muß. So müssen in den laufenden Versuchen des Kabelfernsehens, z. B. für echte Bildschirmzeitungen auf lokaler Ebene, die die Aufgabe einer Zeitung im Wettbewerb mit den Lokalzeitungen haben, geeignete Kooperationsformen zwischen Fernsehen und Presse erprobt und entwickelt werden.«

Quelle: Funk Report – Informationsdienst für Medienpolitik 13. 1. 1981, 1/81 (Sonderausgabe), S. 23–25.

Neue Medien – die Haltung der CDU

(CDU/CSU-Medientag – 1978)

... Mit der Behebung des Frequenzmangels durch die moderne Kommunikationstechnik und der Entwicklung weniger kostenträchtiger Programmformen erhält das Grundrecht der Rundfunkfreiheit eine neue Dimension. Es beinhaltet das Recht auf freien Zugang zu den neuen Techniken der Meinungsverbreitung und damit auch auf die Veranstaltung von Rundfunk.

Da die heutige Medientechnologie Wettbewerb möglich macht, muß das bestehende Monopol der öffentlich-rechtlichen Rundfunkanstalten marktwirtschaftlichen Lösungen weichen. Neben die Rundfunkanstalten des öffentlichen Rechts, die weiter bestehen, treten konkurrierende private Veranstalter. Die Verantwortlichkeit des Staates für die Staatsfreiheit und die Vielfalt des Rundfunks, für eine dem Grundsatz der Chancengerechtigkeit entsprechende Rundfunkversorgung der Bevölkerung und für die Beachtung der allgemeinen Gesetze durch die Rundfunkveranstalter bleibt vom Wegfall des Monopols unberührt.

Der umfassende gesetzliche Programmauftrag der öffentlich-rechtlichen Rundfunkanstalten bleibt auch in einer Konkurrenzsituation mit privaten Rundfunkveranstaltern bestehen.

Unser Ziel ist es, die neuen Medien so zu ordnen, daß ein Höchstmaß an publizistischer Unabhängigkeit und Vielfalt erreicht wird. Dafür müssen die gesetzlichen Voraussetzungen geschaffen werden. Die technische Entwicklung im Bereich der elektronischen Medien hat die Chance eröffnet, die Vielfalt von Information, Meinung und Unterhaltung durch marktwirtschaftliche Kräfte zu vergrößern. Die Aufgabe der Unternehmer ist es, die damit verbundene ordnungspolitische und publizistische Herausforderung anzunehmen.

Pilotprojekte: Kabelfernsehen
(CDU-Erklärung – 31.1.1978)

Die Union geht bei der Durchführung von Pilotprojekten vom Prinzip möglichst großer Informations- und Meinungsvielfalt bei gleichen Wettbewerbsbedingungen für alle Programmträger aus. Diesem Prinzip folgend, müssen die Pilotprojekte aufgrund ihres spezifischen Charakters und Auftrags eine eigene Organisationsstruktur und damit eine eigengesetzliche Verantwortung erhalten. Es sind daher Einrichtungen des öffentlichen Rechts zu schaffen, welchen die Lizenzvergabe, die Schaffung von Programmrichtlinien durch Satzung sowie deren Einhaltung obliegen und die das jeweilige Pilotprojekt koordinieren und überwachen. Die Kontrollorgane solcher Einrichtungen müssen pluralistisch zusammengesetzt sein.

Es muß gewährleistet sein, daß auch die bestehenden Rundfunkanstalten, soweit sie sich über die Einspeisung ihrer normalen Programme hinaus an Pilotprojekten beteiligen oder solche durchführen sollen, den gleichen Zulassungsbedingungen, Programmgrundsätzen und Kontrollen unterliegen wie private Veranstalter.

Auch während der Versuchsperiode müssen die technologische Entwicklung und die Innovationschancen in der Bundesrepublik Deutschland voll gewährleistet bleiben. Die Pilotprojekte dürfen in diesem Bereich keinen Stillstand eintreten lassen. Wir laufen ansonsten Gefahr, den internationalen Anschluß und Arbeitsplätze zu verlieren.

Videotext
(CDU-Erklärung – 28.8.1979)

Die Auseinandersetzungen zwischen Rundfunkanstalten und Zeitungen um die Videotext-Technik sind von neuem aufgebrochen. Monatelang hatten sich die Bundesländer um eine Vermittlung bemüht, aber die Rundfunkanstalten haben alle Kompromißvorschläge abgelehnt, die es auch den Zeitungen ermöglicht hätten, sich die Videotext-Technik nutzbar zu machen. Die Anstalten beharren darauf, das neue Medium ausschließlich für sich einzusetzen. Sie waren nicht einmal bereit, für einen zeitlich begrenzten Versuch Videotext gemeinsam mit der Presse zu erproben.

Das Verhalten der öffentlich-rechtlichen Rundfunkanstalten in Sachen Videotext war ein Test für die Glaubwürdigkeit des Angebots der Anstalten, die Verleger an den von ihnen getragenen Pilotprojekten für das Kabelfernsehen fair zu beteiligen. Diesen Glaubwürdigkeitstest haben die Anstalten zweifelsfrei nicht bestanden. Das Recht der Stärkeren, die die Hand auf der Technik haben, hat sich durchgesetzt gegen das Bemühen, im Rahmen der neuen Medien ein Gleichgewicht der Interessen zu schaffen.

Es liegt nun an den Ministerpräsidenten der Länder, eine medienpolitische Lösung herbeizuführen, die nicht nur das öffentlich-rechtliche Monopol stärkt, sondern die Vielfalt in unserem Mediensystem fördert. Dafür sollte der Presse die Möglichkeit gegeben werden, per Videotext Bildschirmzeitungen herauszugeben.

Satelliten-Rundfunk
(CDU-Erklärung – Oktober 1979)

Vor allem die Aussicht, daß bei Einführung der Rundfunk-Satelliten-Kommunikation in der Bundesrepublik Deutschland auch ausländische Rundfunkstationen die Möglichkeit bekommen könnten, deutschsprachige Programme über ihre eigenen Satelliten ins Bundesgebiet auszustrahlen, erzeugt hektische, jedoch provinziell anmutende Reaktionen bei der Bundesregierung.

Jüngster Versuch, die Entwicklung und Chancen der neuen Kommunikationstechniken im Interesse des öffentlich-rechtlichen Rundfunkmonopols an den Grenzen der Bundesrepublik Deutschland zum Stehen zu bringen, scheinen die bei den soeben zu Ende gegangenen deutsch-französischen Konsultationen deutlich gewordenen Bemühungen um eine Konvention zwischen der Bundesrepublik Deutschland und Frankreich speziell gegen die Pläne von Radio Tele Luxemburg (RTL) zu sein, das via Satellit in einigen Jahren kommerzielle Programme eigens für die Bundesrepublik Deutschland ausstrahlen konnte.

Wie diese als Großmachtpolitik anmutenden Anstrengungen in das Konzept der politischen Einigung Europas und mehr noch in die gültige verfassungsrechtliche Lage hineinpassen sollen, bleibt wohl ein Geheimnis des Bundeskanzlers und seiner Berater. Stellt doch der »Zwischenbericht über die im Bereich der neuen Medien auftretenden Probleme«, den das Innenministerium für die Bundesregierung erstellt und der inzwischen zweimal dem Kabinett zur Beratung vorgelegen hat, eindeutig fest, daß es »weder rechtlich noch technisch zu verhindern« ist, wenn künftig ausländische – »möglicherweise auch ausschließlich über Werbung finanzierte private« – Programme in Konkurrenz zu den Programmen unserer Rundfunkanstalten treten.

Quelle: Synopse der Medienpapiere von CDU, SPD und FDP, hrsg. von CDU-Bundesgeschäftsstelle, Abt. Medienpolitik, 23.10.1979.

Leitlinien zur Zukunftsentwicklung der elektronischen Medien, vom SPD-Vorstand am 30. Januar 1978 verabschiedet

I. Politische Zielvorstellungen

1. Alle Vorstellungen und Modelle der Kommunikationspolitik sind unter dem Blickwinkel zu prüfen, ob sie die Meinungs- und Informationsfreiheit des Bürgers erweitern und die Funktionsfähigkeit der freiheitlich-demokratischen Strukturen unseres Gemeinwesens stärken. Als Maßstab sind dabei folgende Kriterien anzulegen:
   - Chancengleichheit (. . .)
   - Interessenausgleich (. . .)
   - Partizipation (. . .)
   - Inhaltliche Vielfalt (. . .)
2. Die Einführung der neuen Medien und Kommunikationstechnologien wird erhebliche Folgewirkungen für den industriellen Aufbau der Medien sowie die Dienstleistungsbetriebe und zuarbeitenden Produktionszweige haben, die zum Kommunikationswesen gehören. Vor allem werden sich die Arbeitsmarktstrukturen in diesem und den damit zusammenhängenden Bereichen schon in überschaubarer Zukunft erheblich verändern.

Kommunikationspolitische Entscheidungen müssen diese wirtschafts- und arbeitsmarktpolitischen Konsequenzen einbeziehen.

3. Innerhalb der Medien selbst müssen gezielt neue Ausbildungs- und Tätigkeitsfelder auf allen Ebenen entwickelt werden.
   Wichtig sind eine qualifizierte Ausbildung und die Sicherung der Berufsmöglichkeiten durch Fortbildung und Umschulung (im Sinne einer Neuqualifizierung). Gesetzliche und eigenverantwortlich medieninterne Regulative müssen sicherstellen, daß die vorhandenen Tendenzen zur ökonomischen und publizistischen Konzentration mit der Einführung der neuen Informations- und Medientechnologie nicht noch weiter verstärkt werden.
   Gefahren wirtschaftlicher Konzentration durch den unternehmerischen Verbund von verschiedenen Trägersystemen elektronischer Publizistik mit Datensystem und traditioneller Medien sind dabei besonders zu beachten.
   Neben wettbewerbsrechtlichen und organisationsrechtlichen Maßnahmen muß der Staat generell gezielte Förderungsmaßnahmen im Steuerwesen und in der Forschungspolitik einleiten, damit Konzentrationstendenzen abgewendet werden.

II. Elektronische Textkommunikation

1. Die Sozialdemokratische Partei Deutschlands geht davon aus, daß Medien der elektronischen Textkommunikation neue Angebots- und Nutzungsformen schaffen, die über Rundfunkdienste und Presseangebote herkömmlicher Art hinausführen. Bei diesen neuen Diensten ist besonders auf Sicherung eines vielfältigen, umfassenden Informationsangebotes zu achten. Im Sinne chancengleichen Zuganges ist es vordringlich, kapitalgebundene Restriktionen, wie sie für bestimmte Formen der Presse gelten, von vornherein zu verhindern bzw. zu neutralisieren.
   Alle Bürger und Gruppen müssen die Möglichkeit zur aktiven Teilnahme am Informations- und Meinungsbildungsprozeß mit Hilfe dieser Dienste erhalten.
   Die Informations- und Meinungsfreiheit und die Wettbewerbsfreiheit sowie die Erfüllung der öffentlichen Aufgabe auch der neuen Medien muß auf gesetzlicher Grundlage organisatorisch gesichert werden.

. . .

3. Für die Ausgestaltung der elektronischen Textkommunikationsdienste gilt im einzelnen:

3.1 Videotext bleibt auch dann Rundfunk, wenn rundfunkrechtliche Vorschriften geändert werden. Hierfür spricht die technische Form der Signalübertragung. Die Veranstaltung von Videotext ist daher den Rundfunkanstalten vorbehalten.
Die Rundfunkanstalten sind aufgefordert, die publizistischen und technischen Innovationsmöglichkeiten dieses neuen Mediums auszuschöpfen und sich ausländische Erfahrungen zunutze zu machen. Es sollten vor allem neue inhaltliche Angebote geschaffen werden.

3.2 Formen der elektronischen Textkommunikation, wie z. B. Bildschirmtexte, welche individuellen Zugriff zu einzelnen Informationen ermöglichen, sollten nicht dem Rundfunkbegriff zugeordnet werden.

3.3 Für solche Bildschirmtext- und Kabeltextangebote, die publizistisch relevante Inhalte vermitteln, sind folgende Organisationsprinzipien zu verwirklichen:
(1) – Gewährleistung größtmöglicher inhaltlicher Vielfalt
(2) – Herstellung von Transparenz des Informationsangebots
(3) – Chancengleichheit aller Anbieter
(4) – Zugänglichkeit für jeden Teilnehmer

3.4 Zur Sicherung dieser Prinzipien (s. 3.3) bedarf es einer angemessenen öffentlich-rechtlich strukturierten staatsunabhängigen Institution, die von Vertretern gesellschaftlich relevanter Gruppen kontrolliert wird.

3.5 Vermitteln Bildschirmtexte keine publizistisch relevanten Inhalte und lösen sie publizistisch relevante Wirkungen nicht aus, so können sie in marktmäßiger Konkurrenz betrieben werden. Die Institution, die für Zugangsregelungen der elektronischen Textkommunikationsdienste zuständig ist, klärt die Abgrenzungen publizistischer Relevanz.

3.6 Die öffentlich-rechtliche Trägerschaft dient auch der Wahrung der Netzneutralität. Die netztechnische Realisierung liegt in der ausschließlichen Verantwortung der Deutschen Bundespost.

3.7 Zur Finanzierung elektronischer Textkommunikationsdienste ist vorzusehen:
- Videotext wird durch Gebühren – ggf. als Teil der Rundfunkgebühr – finanziert. Werbung ist zur Vermeidung von Programmabhängigkeiten und zum Schutz der Pressevielfalt auszuschließen.
- Bildschirmtext ist durch Einzelentgelte zur Abdeckung von Betriebs- und Entwicklungskosten zu finanzieren.

3.8 Beim Aufbau elektronischer Textkommunikationsdienste sollte

besonderes Interesse solchen Inhalten gewidmet werden, die für Aus- und Fortbildungszwecke geeignet sind. Darüber hinaus sollte die Verbraucherinformation gefördert werden. Bestehende Institutionen sollten ihre Dienste zur Vermittlung anbieten.
Es sollten Forschungs- und Entwicklungskapazitäten aufgebaut werden, um neue gemeinnützige Dienste zu schaffen, die am Markt bisher nicht angeboten werden. Damit einhergehend müssen öffentlich-rechtliche Daten- und Informationsbanken errichtet und unterhalten werden.

3.9 Elektronische Textkommunikationsdienste sollten unter Experimentalbedingungen erprobt werden, um hinreichende Erkenntnisse über Bedarf und Akzeptanz zu gewinnen. Dabei sollten Formen der Zusammenarbeit mit bestehenden Medien, mit der gewerblichen Wirtschaft sowie mit Verbänden und anderen Interessierten erprobt und Erfahrungen mit den neuen Formen der Zugangsregelung zu diesen Diensten ausgewertet werden.

III. Kabelfernseh-Pilotprojekte

1. Zielsetzung der Pilotprojekte ist die zeitlich begrenzte Ermittlung der individuellen und gesellschaftlichen Bedürfnisse nach erweiterten kabelgebundenen Telekommunikationsdiensten und neuen Programm-Inhalten sowie neuen Programmformen, insbesondere im lokalen Bereich.
Grundsätzlich sollten für Entscheidungen über Organisation und Durchführung von Pilotprojekten Maßstäbe der Chancengleichheit für die Teilnehmer und einer Stärkung der Informations- und Meinungsvielfalt verbindlich sein.
2. Planung, Errichtung und Betrieb der Kabelnetze müssen auch in Zukunft Sache der öffentlichen Hand, d.h. der Bundespost, bleiben. Die Verantwortung über Netz und Nutzung ist, entsprechend dem Vorschlag der KtK, auch in Zukunft zu trennen (Netzneutralität). Der Netzbetreiber darf keinen Einfluß auf die Zulassung der Netzbenutzer haben.
3. Pilotprojekte – im Rahmen von Kabelfernsehen – müssen unter der Programmverantwortung der Rundfunkanstalten durchgeführt werden. Die verfassungsrechtlichen Anforderungen an die Organisation von Rundfunkveranstaltungen gelten auch für die Ausgestaltung von Pilotprojekten. Gerade unter den neuen kommunikationstechnischen Gegebenheiten ist eine öffentlich-rechtliche pluralistische Rundfunkstruktur unverzichtbar.

4. Eine Kooperation zwischen öffentlich-rechtlichem Rundfunk und privatwirtschaftlichen Programmproduzenten ist möglich, soweit sie der Förderung der Informations- und Meinungsvielfalt dient. Unter dieser Voraussetzung ist auch die Zusammenarbeit mit Zeitungsverlagen bei voller Programmverantwortung der Rundfunkanstalten in vielfältiger Form möglich. . . .
8. Von Abonnement- und Münzfernsehen (Pay-TY) in den Pilotprojekten ist abzusehen, weil es die Chancengleichheit der Programmversorgung nicht fördert, sondern durch Exklusivprogramme für Interessentenminderheiten das allgemein zugängliche Programmangebot beschränkt.
9. Die Finanzierung der lokalen Pilotprojekte durch Werbesendungen ist auszuschließen. Dadurch soll auch gewährleistet sein, daß die wirtschaftlichen Grundlagen der lokalen Presse nicht beeinträchtigt werden.
10. Das Programmangebot sollte aus dem allgemeinen Rundfunkgebührenaufkommen und aus zusätzlichen gleichen und angemessenen Beiträgen der Teilnehmer an den Pilotprojekten finanziert werden. Nur so sind aussagekräftige Vergleichsdaten über den realen Bedarf an Kabelfernsehen zu erwarten.

Quelle: Funk Report – Informationsdienst für Medienpolitik 13. 1. 1981, 1/81 (Sonderausgabe), S. 15–20 (gekürzt).

Neue Medien – Leitlinien der FDP beschlossen auf dem Bundeshauptausschuß der FDP am 1. 12. 1979 in Bonn

Die Neuen Medien müssen die Informationsfreiheit und Meinungsvielfalt stärken. Durch die Einführung neuer elektronischer Programmdienste soll der Bürger die Möglichkeit haben,
- seine aktive Beteiligung am allgemeinen Kommunikationsprozeß zu erweitern,
- das Bedürfnis nach verbesserter selektiver Kommunikation und Information in speziellen Fachgebieten zu befriedigen.
- Einschränkungen der Informationsfreiheit im derzeitigen Mediensystem auszugleichen.

Politische Entscheidungen im Bereich der Neuen Medien haben sich für Liberale daran zu orientieren, welche Organisationsform es dem Bürger gestattet, über eine optimale Auswahl aus einem vielfältigen Programmangebot zu verfügen. Die bestehenden Marktbedingungen haben im Medienbereich für den Bürger nicht immer und überall zu bestmöglichen Lösungen geführt (z. B. Einzeitungskreise bei der Presse). Andererseits entstehen im öffentlich-rechtlichen System bisweilen unangemessen komplexe Verwaltungs- und Herrschaftsstrukturen (Parteieneinfluß). Die F.D.P. fordert aufgrund dieser Erfahrungen differenzierte Regelungen für die unterschiedlichen Neuen Medien.

Die Neuen Medien dürfen Informationsfreiheit und Meinungsvielfalt nicht schwächen, vielmehr sollen sie die aktive Beteiligung des Bürgers am Informationsprozeß erhöhen sowie seine Urteilsfähigkeit und soziale Entfaltungsmöglichkeit stärken. Die gesellschaftliche Integration und die Fähigkeit zur demokratischen Willensbildung müssen auch unter den Bedingungen der Neuen Medien gewährleistet bleiben.

Unabhängigkeit von Staat, Parteien, Verbänden, Unternehmen und Einzelpersonen muß auch bei den neuen Informationsträgern gewahrt werden. Im Sinne von Artikel 5 GG muß der Zugang zu den Neuen Medien prinzipiell für jedermann offen sein.

Die Neuen Medien dürfen nicht zu neuer wirtschaftlicher Machtkonzentration führen. Der publizistische Wettbewerb darf nicht weiter eingeschränkt werden. Die Neuen Medien müssen zu einer Stärkung des Wettbewerbs zwischen den Informationsanbietern führen, insbesondere im lokalen und regionalen Bereich.

Es muß sichergestellt werden, daß öffentliche Interessen und Interessen von Minderheiten, die unter Marktbedingungen nicht befriedigt werden, zur Geltung kommen.

...

Bildschirmtext ist jedermann als Informationsanbieter und -nachfrager zu öffnen. Das liberale Verständnis von Informations- und Meinungsfreiheit verbietet grundsätzlich eine Zugangsbeschränkung. Die praktisch unbeschränkte Angebotskapazität und der geringe finanzielle Aufwand für die Texteingabe machen auch unter sozialen Gesichtspunkten eine öffentlich-rechtliche Zugangsregelung entbehrlich.

Eine Trennung nach »publizistisch relevanten« und »publizistisch nicht relevanten« Texten, wie sie vorgeschlagen wurde, und ihre unterschiedliche Behandlung ist rechtlich bedenklich und nicht praktikabel.

Die endgültige rechtliche Einordnung von Videotext ist nach kommunikationspolitischen Merkmalen vorzunehmen. Der Übertragungsweg bestimmt nicht von vornherein die Rechtsordnung für dieses Medium.

Die Kontroverse zwischen Rundfunk und Presse über die rechtliche Einordnung und Nutzung von Viedotext ist in Anbetracht des vorhersehbaren Endes der Kapazitäts-Enge nach Einführung von Breitband-Kabelsystemen von nur vorübergehender Bedeutung. Jedenfalls darf auch in dieser Übergangsphase das bestehende publizistische Gleichgewicht zwischen Rundfunk und Presse durch den Zugang zu Vidotext nicht gefährdet werden....

Für programmbegleitende und programmbezogene Informationen muß den Rundfunkanstalten eine ausreichende Übertragungskapazität vorbehalten bleiben.

Die Landesgesetzgeber werden zu entscheiden haben, in welchem Umfang in der Übergangsphase Videotext den Rundfunkanstalten vorbehalten bleibt und inwieweit eine Öffnung für andere Informationsanbieter möglich ist. Die Möglichkeiten einer Regionalisierung sind zu nutzen.

...

Kabeltext ist als technisches System für jedermann als Anbieter und Nutzer zu öffnen. Es gelten prinzipiell die für Bildschirmtext gefundenen Aussagen, d. h.

- keine Zugangskontrolle für die Texteingabe,
- Netzträger sind von der Kabeltextbereitstellung ausgeschlossen,
- Erkennbarkeit des Anbieters,
- rechtliche Haftung des Anbieters,
- Daten- und Überwachungsschutz.

Wegen der zu erwartenden starken Auswirkung von Kabeltext auf die gegenwärtigen Träger von Textkommunikation wie z. B. Zeitungen und Zeitschriften, aber auch auf Video- und Bildschirmtext, muß dieses neue Medium in die Feldversuche zur Breitbandkommunikation einbezogen werden.

...

Die Einführung der Breitbandkommunikation setzt eine politische Willensbildung und Entscheidung hinsichtlich der zukünftigen Medienordnung voraus. Deshalb tritt die F.D.P. dafür ein, daß die Einführung der Breitbandkommunikation nicht zur Einführung kommerziellen Rundfunks in der Bundesrepublik Deutschland führen soll. Die Trennung von öffentlich-rechtlich und privatwirtschaftlich verfaßten Medien hat zur Unabhängigkeit und Pluralität des Mediensystems wesentlich beigetragen. Für die Gestaltung der Breitbandkommunikation im Bereich der Bewegtbilder ist diese Erfahrung zu berücksichtigen.

Unter den derzeitigen technischen Bedingungen und angesichts des verstärkten öffentlich-rechtlichen Angebots besteht kein Anlaß, kommerziellen Rundfunk zuzulassen. Eine Ausnahme gilt für bezahlte Einzelabrufe (Pay-TV). Private nicht-kommerzielle Veranstalter sind zuzulassen (z. B. Stiftungen).

...

Die Nutzung der Kabelnetze wird regionalen öffentlich-rechtlichen Kabelanstalten übertragen, deren Struktur, Aufgabenbereich und Kontrolle durch den Landesgesetzgeber zu bestimmen sind.

Die Entscheidung darüber, ob über Kabel zusätzliche Hörfunk- und Fernsehprogramme angeboten werden, liegt nach der Kompetenzverteilung des Grundgesetzes bei den Bundesländern.

Die von der F.D.P. gewünschten Kabelanstalten sollen zwischen bestehenden öffentlich-rechtlichen Rundfunkanstalten einerseits und der privatwirtschaftlichen Presse andererseits zu einer eigenständigen Säule des Mediensystems in der Bundesrepublik Deutschland ausgebaut werden. Sie bieten Betätigungsmöglichkeiten auch für private Gruppen (»Offener Kanal«). In sogenannten »Einzeitungskreisen« dienen lokale Rundfunkprogramme der dringend gebotenen Meinungsvielfalt.

Diese Kabelanstalten entscheiden über die Nutzung der jeweiligen lokalen oder regionalen Kabelnetze. Zu ihren Aufgaben gehören:

a) die Bereitstellung der Kanäle für die inländischen öffentlich-rechtlichen Rundfunkprogramme, für Programme der Nachbarländer und für Programme aus Heimatländern der ausländischen Arbeitnehmer,
b) die Bereitstellung der Kanäle für lokale oder regionale Rundfunkprogramme in öffentlich-rechtlicher Trägerschaft,
c) die Förderung von Produktionen nichtkommerzieller Gruppen zur Selbstdarstellung und Mitwirkung am öffentlichen Willensbildungsprozeß, die Bereitstellung von Kanälen und Sendezeiten (»Offener Kanal«),
d) die Zulassung von Notruf-, Dialog- und Abrufdiensten.

. . .

Satelliten-Fernsehen und Kabelkommunikation schließen einander nicht aus, sondern ergänzen sich.

Regionale und lokale Rundfunkprogramme bleiben auf herkömmliche Übertragungswege angewiesen (Äther-Rundfunk). Es ist dafür Sorge zu tragen, daß auch überregionale Programme sowie Servicewellen auf herkömmliche Weise empfangen werden können.

Mindestens ein Satellitenkanal ist wegen der erzielbaren Programmvielfalt – insbesondere wegen des Kulturauftrags des öffentlich-rechtlichen Rundfunks – für den Hörfunk bereitzustellen. Dadurch können bestehende und neu zu schaffende Programme bundesweit und im benachbarten Ausland einwandfrei empfangen werden.

Die publizistischen Chancen des Fernsehens erfordern es, nicht nur schon vorhandene Fernsehprogramme über Satellit auszustrahlen, sondern unterschiedliche neue Programme anzubieten. Die Einführungsphase muß in dieser Hinsicht genutzt werden. Von den öffentlich-rechtlichen Programmveranstaltern wird erwartet, daß sie sich rechtzeitig auf den sich verstärkenden publizistischen Wettbewerb vorbereiten.

Die F.D.P. setzt sich für eine europäische Rundfunkordnung ein, die die Freiheit der Information und Kommunikation im internationalen Rahmen gewährleistet, aber die Überlagerung nationaler Rundfunkstrukturen durch Fremd-Kommerzialisierung verhindert.

Die F.D.P. sieht die Schaffung dieser europäischen Rundfunkordnung als eine dringliche Aufgabe des Europäischen Parlaments an.

. . .

Quelle: Liberale Leitlinien zur Medienpolitik, hrsg. von der Bundesgeschäftsstelle der Freien Demokratischen Partei.

Medienpolitische Beschlüsse des 11. DGB-Bundeskongresses

Knapp vier Wochen nach der Medienpolitischen Konferenz wurden vom 11. Ordentlichen Bundeskongreß des DGB (21.–26.5.1978 in Hamburg) die nachstehenden medienpolitischen Anträge beschlossen.

Neue Medien
(Kabelfernsehen, Videotext, Bildschirmtext, Kabeltext)

Bei allen öffentlichen Entscheidungen über die weitere Verfahrensweise bei der Einrichtung netzabhängiger neuer Medien ist der Grundsatz des medienpolitischen Bedarfs zu prüfen, bevor öffentliche Investitionen vorgenommen werden. Unabhängig davon fordert der DGB dabei die Beachtung folgender Grundsätze:

1. Die Verantwortung für das Netz und für die Verbreitung von Programmen müssen getrennt sein.

2. Als Netzträger kommt nur die öffentlich-rechtliche Einrichtung Deutsche Bundespost in Frage.

3. Kabelfernsehen, Videotext und Kabeltext sind Rundfunk. Öffentlich-rechtliche Rundfunkanstalten müssen deshalb hierfür auch die Programmhoheit erhalten. Eine Beteiligung Privater ist wegen der hohen medien- und gesellschaftlichen Bedeutung dieser Medien auszuschließen.

4. Der Bildschrimtext, soweit er nicht unter den Rundfunkbegriff fällt, stellt in seiner technischen Form und seiner faktischen Bedeutung

lediglich eine Ergänzung des bereits bestehenden Telefondienstes dar. Diese Aufgabe kann und soll deshalb auch beim Bildschirmtext von der Deutschen Bundespost wahrgenommen werden.

5. Die Finanzierung der Programme bzw. Übertragungsdienste muß ausschließlich durch Gebühren erfolgen. Werbung und kommerzielle Anzeigen sind auszuschließen.

Quelle: IG Druck und Papier (Hrsg.): Neue Medientechniken Kabelfernsehen, Bildschirmtext, Videotext, Satellitenfernsehen, In wessen Interesse? Zu wessen Nutzen? Köln: Bund 1980, S. 91–95.

Positionen der deutschen Wirtschaft zur Zukunft der Medien

Bundesverband der Deutschen Industrie (BDI):

Die Industrie begrüßt die Erprobung der neuen Medien. Die weltweite nachrichtentechnologische Entwicklung erfordert die internationale Konkurrenzfähigkeit der deutschen Industrie, vor allem auch unter dem Aspekt der Erhaltung bestehender und der Schaffung neuer Arbeitsplätze. Notwendig ist daher die Durchführung von Kabelfernsehpilotprojekten und anderen Feldversuchen, die den Feststellungen und Empfehlungen der Kommission für den Ausbau des technischen Kommunikationssystems (KtK) entsprechen und die Vorschläge des Münchner Kreises berücksichtigen, der auf seiner jüngsten Sitzung unter Vorsitz von Staatsminister Jaumann am 20. 6. 1979 Alternativen zu den Pilotprojekten ausschloß und deren schnelle Verwirklichung forderte.

Dabei sollen nach Auffassung des BDI nicht nur alternative Telekommunikationsformen und deren technische Varianten, sondern auch alternative Organisationsformen der Trägerschaft getestet werden. Die Industrie hat sich mehrfach bereit erklärt, an diesen Projekten aktiv teilzunehmen.

Der BDI hält die vorgesehene Konstruktion des Pilotprojektes Ludwigshafen/Mannheim für besonders geeignet, weil hier eine eigenständige Organisationsform mit der Aufgabe geplant ist, Lizenzen für die Erstellung und Verbreitung von Rundfunkprogrammen an geeignete juristische und natürliche Personen zu vergeben und für die Lizenznehmer Richtlinien aufzustellen, innerhalb derer sie in eigener Verantwortung tätig werden können.

Die gegenwärtig geführte Diskussion über die Einführung neuer

Medien muß sich solange im theoretischen Rahmen bewegen, bis auswertbare Ergebnisse der Feldversuche vorliegen.

Bei Videotext plädiert der BDI für die Öffnung dieser neuen Form der Textübermittlung auch für andere Kreise, insbesondere für die Verleger in eigener Verantwortung.

Bildschirmtext ist eine Form der Individualkommunikation, die nach Auffassung des BDI keinesfalls unter den Rundfunkbegriff fällt. Daher ist hier keine gesonderte Regelung erforderlich. Für die Inhalte sind allein die presserechtlichen Bestimmungen relevant.

Bundesvereinigung der Deutschen Arbeitgeberverbände (BDA):

Die neuen Möglichkeiten der Kommunikation sind so vielfältig und so revolutionär, daß heute noch niemand sagen kann, wie die Medienlandschaft in 10 oder 20 Jahren aussehen wird. Wegen dieser Ungewißheit ist es von ganz entscheidender Bedeutung, daß mögliche Entwicklungen nicht von vornherein und am grünen Tisch versperrt werden. In den bevorstehenden Versuchen, beim Kabelfernsehen ebenso wie bei der Übertragung von Textsignalen auf den Bildschirm, muß deshalb alles, was möglich ist, erprobt werden: alle denkbaren Programmformen ebenso wie unterschiedliche Modelle der Trägerschaft. Versuche, die einen fairen Wettbewerb zwischen verschiedenen Programmformen und Anbietern nicht erlauben, programmieren bestimmte Ergebnisse vorher und sind gegen die Interessen der Benutzer. Die künftige Medienstruktur soll dem Endverbraucher stärker dienen als die Heutige. Dies ist das Ziel aller Neuerungen. Es kann nur erreicht werden, wenn nach den Wünschen der Benutzer entschieden wird und nicht nach machtpolitischen oder ideologischen Vorgaben.

OTTO WOLFF VON AMERONGEN,
Präsident des Deutschen Industrie- und Handelstages (DIHT):

Wir wünschen uns weniger Parteieinfluß und mehr Wirtschaftlichkeit sowie Wettbewerb mit der Privatwirtschaft bei den neuen Medien. Das heißt nicht Abschaffung der öffentlich-rechtlichen Rundfunkstruktur, es heißt indessen nicht mehr, aber auch nicht weniger als eine grundlegende Reform. Keinesfalls dürfen auch die neuen Medien als monopolistische Veranstaltung betrieben werden. Nur durch den Wettbewerb mit privatrechtlichen Programmträgern ist hier die notwendige Freiheit und Vielfalt von Informationen und Meinungen zu erreichen. Die technisch und wirtschaftlich erweiterten Sendemöglichkeiten durch

Videotext und Kabelfernsehen heben die verfassungsrechtliche Legitimation des Rundfunkmonopols auf.

Meinungsverschiedenheiten der politischen Parteien wegen des augenblicklichen Status der Anstalten dürfen nicht dazu führen, daß eine bedeutende Branche einer großen Industrienation auf den Weltmärkten in der Konkurrenz mit anderen hochqualifizierten Anbietern auf diesem Markt zurückbleibt.

Der Zugang zum geplanten Fernmeldedienst Bildschirmtext muß für jedermann frei sein. Die Zulassung von Textanbietern und Programminhalten darf nicht von einer behördlichen Genehmigung abhängig gemacht werden. Auch Werbung, als solche gekennzeichnet, muß im Bildschirmtext zugelassen werden.

Die Weichen für das neue Mediengefüge werden jetzt und in naher Zukunft gestellt. Dabei muß als selbstverständlich gelten, das »Medienfenster von morgen« so offen wie möglich zu halten.

Quelle: Die Zeitung, 8/1979, S. 7 u. 9.

II. MEDIENPOLITIK IN SOZIALISTISCHEN STAATEN

Lenin über den Charakter der sowjetischen Zeitungen (1918)

In der »guten alten bürgerlichen Zeit« hat die bürgerliche Presse das »Allerheiligste«, die inneren Zustände in den in privater Hand befindlichen Fabriken, in den Privatbetrieben, nie angetastet. Diese Gepflogenheit entsprach den Interessen der Bourgeoisie. Wir müssen damit radikal Schluß machen. Wir haben damit noch *nicht* Schluß gemacht. Der Zeitungstyp ändert sich bei uns noch *nicht* so, wie er sich in einer Gesellschaft ändern müßte, die vom Kapitalismus zum Sozialismus übergeht.

Weniger Politik. Die Politik ist völlig »geklärt« und auf den Kampf zweier Lager reduziert: das Lager des aufständischen Proletariats und das der Handvoll kapitalistischer Sklavenhalter (mit ihrer ganzen Meute, die Menschewiki usw. mit einbezogen). Über diese Politik, ich wiederhole es, kann und soll man sich ganz kurz fassen.

Mehr Ökonomisches. Aber Ökonomisches nicht im Sinne »allgemeiner« Auslassungen und gelehrter Abhandlungen, intelligenzlerischer Pläne und ähnlichem Gewäsch, das leider nur zu oft eben nichts anderes ist als Gewäsch. Nein, wir brauchen Ökonomisches im Sinne des Sammelns, *sorgfältigen Prüfens* und Studierens des Tatsachenmaterials aus dem Aufbau des neuen Lebens, wie er sich in Wirklichkeit vollzieht. Gibt es in den großen Fabriken, den landwirtschaftlichen Kommunen, den Komitees der Dorfarmut, den lokalen Volkswirtschaftsräten *wirkliche* Erfolge beim Aufbau der neuen Wirtschaft? Worin bestehen diese Erfolge? Sind sie erwiesen? Haben wir es hier nicht mit Ammenmärchen, mit Großtuerei, mit intelligenzlerischen Versprechungen zu tun (»geht in Ordnung«, »der Plan ist schon fertig«, »jetzt geht's mit aller Kraft daran«, »wir garantieren dafür«, »eine Besserung ist zweifellos eingetreten« und ähnlichen faulen Redensarten, auf die »wir« uns so gut verstehen)? Wodurch sind die Erfolge erzielt worden? Wie können sie vergrößert werden?

Wo gibt es eine schwarze Tafel für die rückständigen Fabriken, die nach der Nationalisierung ein Musterbeispiel des Zerfalls, der Unordnung, des Schmutzes, des Rowdy- und Schmarotzertums geblieben sind? Es gibt sie nicht. Aber solche Fabriken *gibt* es. Wir erfüllen nicht unsere Pflicht, wenn wir diesen »Hütern der Traditionen des Kaptialismus« nicht den *Krieg* ansagen. Wir sind keine Kommunisten, sondern Waschlappen, solange wir stillschweigend solche Fabriken dulden. Wir verstehen es nicht, den Klassenkampf in den Zeitungen so zu führen, wie ihn die Bourgeoisie geführt hat. Man rufe sich in Erinnerung, wie ausgezeichnet sie es verstanden hat, in der Presse gegen *ihre* Klassenfeinde zu *hetzen,* wie sie sie verspottet, wie sie sie geschmäht, wie sie ihnen zugesetzt hat. Und wir? Besteht denn der Klassenkampf in der Übergangsperiode vom Kapitalismus zum Sozialismus nicht darin, die Interessen der Arbeiter*klasse* gegen jene Häuflein, Gruppen und Schichten von Arbeitern zu schützen, die hartnäckig an den Traditionen (Gewohnheiten) des Kaptialismus festhalten und sich zum Sowjetstaat auf die alte Art verhalten: »ihm« möglichst wenig und schlechte Arbeit zu liefern, von »ihm« aber möglichst viel Geld zu ergattern. Gibt es etwa wenig solcher Halunken, sagen wir, unter den Setzern der Sowjetdruckereien, unter den Arbeitern der Sormowo-Werke und der Putilow-Werke usw.? Wie viele haben wir schon ertappt, wie viele entlarvt, wie viele an den Pranger gestellt?

Die Presse schweigt darüber. Und wenn sie darüber schreibt, so tut sie es im »Amtsstil«, auf bürokratische Weise, nicht wie eine *revolutionäre* Presse, nicht wie ein Organ der *Diktatur* einer Klasse, die durch ihre Taten beweist, daß der Widerstand der Kapitalisten und der an den kaptialistischen Gewohnheiten festhaltenden Schmarotzer mit eiserner Hand gebrochen werden wird.

Dasselbe gilt auch für den Krieg. Geißeln wir etwa feige Truppenführer und Schlafmützen? Haben wir etwa die Regimenter, die nichts taugen, vor ganz Rußland, an den Pranger gestellt? Haben wir etwa eine genügende Anzahl schlechter Elemente »am Wickel gepackt«, die wegen Untauglichkeit, Fahrlässigkeit, zu spätem Eingreifen usw. mit größtem Krach aus der Armee hinausgeworfen werden müßten? Wir führen keinen sachlichen, schonungslosen, wahrhaft revolutionären *Krieg* gegen die *konkreten* Träger des Übels. Wir *erziehen die Massen* zuwenig an lebendigen, konkreten Beispielen und Vorbildern aus allen Lebensgebieten – das aber ist die Hauptaufgabe der Presse in der Übergangszeit vom Kapitalismus zum Kommunismus. Viel zuwenig Beachtung schenken wir dem *Alltag* in den Fabriken, auf dem Lande und bei der Truppe, wo am meisten Neues geschaffen wird, wo größte Aufmerksamkeit, größte Publizität, öffentliche Kritik, Ausmerzung alles Untauglichen und der Appell, am guten Beispiel zu lernen, not tut.

Weniger politisches Wortgeprassel. Weniger intelligenzlerische Betrachtungen. Näher heran ans Leben. Mehr Aufmerksamkeit dafür, wie die Arbeiter- und Bauernmassen in ihrer täglichen Arbeit *in der Praxis* etwas *Neues* bauen. Mehr *Kontrolle* darüber, wie weit dieses Neue *kommunistisch* ist.

Quelle: W. I. Lenin, Über Agitation und Propaganda, Dietz Verlag, Berlin 1973, S. 229 ff.

Briefe über die Entwicklung der Radiotechnik aus der Feder Lenins

1

An Genossen Stalin mit der Bitte, den Brief bei allen Mitgliedern des Politbüros zirkulieren zu lassen

Genosse Stalin!

Beiliegend zwei Berichte: der erste stammt von Professor Ossadtschi, einem Spezialisten für Elektrizität, für telegrafische und telefonische Radioverbindung, der zweite von Bontsch-Brujewitsch (kein Verwandter der bekannten Brüder Bontsch-Brujewitsch, von denen der eine Leiter der Geschäftsstelle des Rats der Volkskommissare, der andere ein bedeutender zaristischer General war). Dieser Bontsch-Brujewitsch, dessen Bericht ich beilege, ist ein hervorragender Fachmann und Erfinder auf dem Gebiet der Radiotechnik, ein führender Mitarbeiter des Radiolaboratoriums in Nishni-Nowgorod.

Aus diesen Berichten ist ersichtlich, daß mit unserer Technik die Möglichkeit drahtloser Übertragung der lebendigen menschlichen Rede auf eine ziemlich große Entfernung durchaus zu verwirklichen ist; durchaus zu verwirklichen ist auch die Inbetriebnahme vieler hundert Empfänger, die imstande wären, in Moskau gehaltene Reden, Referate und Lektionen in Hunderte von Orten der Republik zu übertragen, die von Moskau Hunderte, ja unter gewissen Umständen Tausende Werst entfernt sind.

Ich bin der Meinung, daß die Verwirklichung dieses Plans für uns eine unbedingte Notwendigkeit darstellt sowohl vom Standpunkt der Propaganda und Agitation besonders für die des Lesens und Schreibens unkundigen Massen der Bevölkerung als auch zur Übertragung von Lektionen. Angesichts der absoluten Untauglichkeit, ja sogar Schädlichkeit der meisten von uns zugelassenen bürgerlichen Professoren für Gesellschaftswissenschaften bleibt uns kein anderer Ausweg als zu erreichen, daß unsere wenigen kommunistischen Professoren, die in der Lage sind, Lektionen über Gesellschaftswissenschaften zu halten, diese Lektionen für Hunderte von Orten in allen Gegenden der Föderation lesen.

Deshalb meine ich, man sollte auf keinen Fall die Mittel scheuen, um die Organisierung der drahtlosen Telefonie zu Ende zu führen und wirklich brauchbare Lautsprechergeräte herzustellen.

Ich schlage vor, den Beschluß zu fassen, für die Organisierung der Arbeiten des Radiolaboratoriums in Nishni-Nowgorod über das Budget hinaus bis zu 100 000 Goldrubel aus dem Goldfonds als Sonderaufwendung bereitzustellen, mit dem Ziel, die Vollendung der von diesem Laboratorium begonnenen Arbeiten zur Aufstellung von wirklich brauchbaren Lautsprechergeräten und vielen hundert Empfängern in der ganzen Republik, die geeignet sind, in Moskau oder einem anderen Zentrum gehaltene Reden, Referate und Lektionen für breite Massen wiederzugeben, maximal zu beschleunigen.

Der Rat für Arbeit und Verteidigung ist zu beauftragen, eine besondere Kontrolle über die Verwendung dieses Fonds einzurichten und vielleicht, falls sich das als zweckmäßig erweist, aus dem erwähnten Fonds Prämien für einen besonders raschen und erfolgreichen Verlauf der Arbeit auszusetzen.

Hinzufügen möchte ich, daß die heutigen »Iswestija« über eine englische Erfindung auf dem Gebiet der drahtlosen Telegrafie berichten, die es gestattet, Funktelegramme geheim zu übermitteln. Wenn es gelänge, diese Erfindung zu kaufen, dann bekäme die drahtlose Telefonie und Telegrafie eine noch größere Bedeutung im Militärwesen.

19. V. 1922 *Lenin*

2

An Genossen Stalin

Was das heutige Schreiben von Bontsch-Brujewitsch betrifft, so glaube ich, daß wir das Radiolaboratorium nicht aus dem Goldfonds finanzieren dürfen, ohne ihm spezielle Aufgaben zu stellen.

Deshalb schlage ich vor, daß der Rat für Arbeit und Verteidigung beauftragt wird zu klären, welche Summen benötigt werden, damit das Radiolaboratorium die Arbeiten zur Vervollkommnung und Produktion von Lautsprechergeräten und Empfängern maximal beschleunigen kann. Nur dafür dürfen wir meines Erachtens über das Budget hinaus einen bestimmten Betrag in Gold bereitstellen.

19. V. 1922 *Lenin*

Quelle: W. I. Lenin, Über Agitation und Propaganda, Dietz Verlag, Berlin 1973, S. 245 ff.

»Der Sowjetische Rundfunk« – Vorwort der 1976 in Moskau erschienenen ersten Gesamtdarstellung der sowjetischen Rundfunkentwicklung von 1917 bis 1974 von P. Gurewitsch und W. Rushnikow

Der Rundfunk spielt in unserer Zeit eine außerordentlich große Rolle im sozialpolitischen, ideologischen, wirtschaftlichen und kulturellen Leben der sowjetischen Gesellschaft. Im Zusammenwirken mit der Presse, dem Fernsehen, dem Film und anderen Mitteln der Masseninformation und Propaganda informiert der Rundfunk allseitig, aktuell und systematisch die sowjetischen Menschen über die innere und internationale Lage, beeinflußt aktiv ihr Bewußtsein, hilft der Kommunistischen Partei und der Sowjetregierung, die Werktätigen für die Lösung der Aufgaben des kommunistischen Aufbaus zu mobilisieren.

... Die Rolle des sowjetischen Rundfunks im Leben der Gesellschaft ist untrennbar mit jenen Hauptaufgaben verbunden, die unser Volk unter der Leitung der Kommunistischen Partei löst: die Schaffung der materiell-technischen Basis des Kommunismus, die Gestaltung und Entwicklung neuer sozialer Beziehungen, die Erziehung eines neuen Menschen.

...

Einmal träumte W. I. Lenin davon, daß unser ganzes Land Sendungen aus Moskau empfangen würde. Jetzt ist dieser kühne Traum verwirklicht. Die ganze Bevölkerung der UdSSR hört täglich im Rundfunk politische Informationen, Artikel aus der zentralen Presse, literarische Sendungen, Konzerte und anderes. Der zentrale Rundfunk der UdSSR strahlt heute acht Programme aus, 156 Stunden insgesamt täglich (1974). Für ausländische Hörer werden aus Moskau Programme in 70 Sprachen ausgestrahlt, 224,6 Stunden pro Tag (1974).

14 Komitees für Fernsehen und Rundfunk in den Unionsrepubliken senden 413,1 Stunden pro Tag, davon 37,9 Stunden für Hörer im Ausland. Das System des sowjetischen Rundfunkwesens schließt auch 165 Komitees in Gebieten, Autonomen Republiken und Rajons, 200 Stadtredaktionen und 2 824 Kreisredaktionen des Rundfunks ein. Die Sendungen in den Republiken und Gebieten werden in 67 Sprachen der Völker der UdSSR ausgestrahlt.

Das Empfangsnetz in unserem Lande bestand Ende 1974 aus 57,1 Millionen Rundfunkempfängern und 58,9 Millionen Drahtfunkanschlüssen (darunter mehr als 20 Millionen auf dem Lande). In mehr als 200 Städten existiert der Drahtfunk mit 3 Programmen. In 235 Städten werden UKW-Sendungen ausgestrahlt.

Von den ersten Tagen der Sowjetmacht an tritt der Rundfunk als eine starke Kraft beim Aufbau des Sozialismus und Kommunismus auf. Er widerspiegelt die Ereignisse und Erscheinungen der Wirklichkeit durch das Prisma der Ideen und politischen Aufgaben der Zeit, die in Beschlüssen und Dokumenten der KPdSU formuliert sind. Darum wurde die Geschichte des Rundfunks immer mit dem Prozeß der ideologischen Entwicklung der sowjetischen Gesellschaft verknüpft. Die Erforschung dieser Geschichte hilft wichtige Aspekte der Politik der Kommunistischen Partei und des Sowjetstaates zu beleuchten.

Der Rundfunk nahm aktiv an der Kulturrevolution, am Prozeß der Gestaltung der Denkweise des neuen Menschen, am Kampf für die Überwindung von Überbleibseln der Vergangenheit, alter Angewohnheiten, des Einflusses der bürgerlichen Ideologie teil.

Der Rundfunk leistet viel für die Beseitigung der wesentlichen Unterschiede zwischen physischer und intellektueller Arbeit, zwischen der Stadt und dem Dorf, er trägt zur Entwicklung der brüderlichen Freundschaft und zum mannigfaltigen Verkehr der Völker der UdSSR miteinander bei, zu einer immer intensiveren Annäherung ihrer Nationalkulturen, einer weiteren Festigung der neuen historischen Gemeinschaft der Menschen, die in unserem Lande zustandekam – des Sowjetvolkes.

In allen Etappen der Entwicklung unserer Gesellschaft trat der Rundfunk als Organisator des sozialistischen Wettbewerbes, als Propagandist der fortschrittlichen Produktionserfahrungen in Erscheinung.

Die Geschichte und die jetzige Praxis des Rundfunks sind untrennbar mit dem Namen Wladimir Iljitsch Lenins verbunden – des Führers der Kommunistischen Partei, des Gründers des Sowjetstaates. Auch heute behalten seine Gedanken über die Rolle der Masseninformation und der Propaganda, über die Aufklärung und Erziehung der Werktätigen, über die große Zukunft »der Zeitung ohne Papier und Entfernungen«, über das »Meeting von Millionen« ihre aktuelle Bedeutung. In diesen Äußerungen wurden die Möglichkeiten des Rundfunks, seine Rolle im Leben der Gesellschaft hoch eingeschätzt. Der Sowjetische Rundfunk wurde zu einem wirkungsvollen Werkzeug der revolutionären, lebensverändernden Tätigkeit der Kommunistischen Partei, zu einer wahren Tribüne für Millionen.

P. Gurewitsch
W. Rushnikow

Quelle: Beiträge zur Geschichte des Rundfunks, Schriftenreihe des DDR-Rundfunks, Nr. 2/1977, S. 37 ff.

Fidel Castro über die Aufgaben von Rundfunk und Fernsehen im sozialistischen Kuba 1975

Als Kommunikationsmittel zur Verbreitung der Ideen der bürgerlichen Gesellschaft übte das Radio im Kapitalismus die Funktion der Werbung aus. Das in Serien ausgestrahlte Programm, das ein verzerrtes Bild gab, wurde mit all seinen Folgeerscheinungen der Verkommenheit und des schlechten Geschmacks mißbraucht, begünstigte den Aberglauben und hielt das niedrige Kulturniveau aufrecht. Als einziges Kommunikationsmittel übte es einen ungeheuren Einfluß aus. Reklame für Seifen, Bier und Zahncreme beherrschten die Radiopropaganda.

Man begann mit der »roten Chronik« und benutzte traditionelle Melodien, um haarsträubende blutige Ereignisse zu dramatisieren. Selten wurden im Radio die wirklichen nationalen Werke gespriesen, und noch weniger förderte man die Entwicklung eines nationalen Bewußtseins. Niemals war man daran interessiert, Sendungen in dünn besiedelte Gebiete oder in Landesteile mit geringer Kaufkraft auszustrahlen. Auf unserer relativ kleinen Insel gab es Gegenden, in denen niemals der Landessender gehört wurde.

Das Fernsehen hatte die schon vorher vom Radio erprobten Methoden mit Erfolg übernommen. Indem das genutzt wurde, was gerade

Mode war, konnte man mehr verkaufen. Es wurden Gespräche über die Religion einbezogen, die großen Erfolg in den Vereinigten Staaten gehabt hatten, um die Nachahmung des nordamerikanischen Fernsehens noch vollkommener zu machen.

1959 besaß das Radio- und Fernsehmonopol auf Grund der Unterstützung der noramerikanischen Firmen und des nationalen Kapitals eine feste Basis. Durch den Verkauf von Broschüren und von Tonbändern, die mit Programmen bespielt waren, in mehr als 10 Länder Lateinamerikas wurde das kapitalistische Radiowesen Kubas nicht nur in unserem Land zu einer Quelle der Deformierung und ideologischen Infiltration, sondern es dehnte sich auch auf andere Völker aus.

7 Fernsehkanäle – 6 davon in Havanna, von denen 2 theoretisch im ganzen Land zu empfangen waren –, 5 nationale Radiostationen, 15 Sender in den Provinzen und 90 Ortssender bildeten das anarchistische System, das im »freien« Wettbewerb die Massenmedien beherrschte.

Nach dem Sieg der Revolution wurden die Sender des alten Systems übernommen und die Unabhängige Front der Freien Sender gebildet. Später erfolgte der Abschluß des Prozesses der Verstaatlichung von Radio und Fernsehen. Im Mai 1962 schuf man das Kubanische Institut für Rundfunk, dessen Aufgabe es war, diese Medien zu zentralisieren, damit sie den Interessen der Revolution dienen konnten.

Es begann ein Prozeß der Rationalisierung; man schuf nationale Radio- und Fernsehsender, dehnte die Übertragung auf früher nicht einbezogene Gebiete aus, reorganisierte die Provinzsender, modernisierte die Anlagen und begann mit der Nachrichtenübertragung durch Satelliten. Die Programmgestaltung vollzog sich im Dienste des Volkes.

Das Potential der Radioübertragungen verdreifachte sich. Gegenwärtig gibt es 40 Ortssender. Es wurden Fernsehsendestationen in verschiedenen Teilen des Landesinnern wiedererrichtet und Sender geschaffen, um zumindest über 2 Kanäle mit einer größtmöglichen Reichweite zu verfügen. Programme wurden bis in die entlegensten Gebiete ausgestrahlt. Es wurden Filmstudios eingerichtet und die Entwicklung des Farbfernsehens eingeleitet.

1968 entstand in Santiago de Cuba der Fernsehsender Tele-Rebelde, man errichtete Stationen in so abgelegenen Landesteilen wie Baracoa, Nicaro und Moa.

Radio und Fernsehen spielten eine außergewöhnliche Rolle bei der Information und politischen Orientierung unseres Volkes. Heute gibt es bei uns – Kinderprogramme, musikalische Programme, Fernsehspiele und Hörspiele, Informationssendungen und Programme, an denen die Öffentlichkeit teilnehmen kann. Sie versuchen, eine gesellschaftliche Funktion zu erfüllen, zu informieren, zu unterhalten und gleichzeitig den guten Geschmack zu entwickeln. Einfluß wird auf die Entwicklung der Technik der Landwirtschaft ausgeübt, die Produktion und die Erhöhung der Arbeitsproduktivität werden stimuliert, man setzt sich für saubere Kleidung und gesunde Ernährung ein, erweitert die sprachliche Bildung, spricht die breite Thematik der Bildung im Heim an, man orientiert auf vorbeugende medizinische Maßnahmen, auf die Entwicklung künstlerischer Fähigkeiten und trägt zur ökonomischen und politischen Entwicklung bei. Trotz der erreichten Erfolge ist noch nicht das notwendige qualitative Niveau erreicht worden. In unserer Gesellschaft spielen Radio und Fernsehen eine außerordentlich bedeutende kulturelle Rolle, und deswegen muß ihre Qualität der Größe ihrer Verantwortung als Träger der Massenkommunikation entsprechen.

Quelle: Rechenschaftsbericht des 1. Parteitages der Kommunistischen Partei Kubas 1975, Berichterstatter: Genosse Fidel Castro, Erster Sekretär des Zentralkomitees der KPK, zit. nach Massenkunst in Kuba, Elefanten Press Verlag, Berlin (West) – Hamburg 1978, S. 45 f.

Enver Hoxha über die Bedeutung des Buches in der sozialistischen Gesellschaft

»Besonders heute, unter den Bedingungen der sozialistischen Gesellschaft, ist das Buch zu einer starken Waffe für Wissen, Arbeit und Kampf geworden; es rüstet die Menschen mit der jahrhundertealten Erfahrung des Lebens und des Kampfes der gesamten Menschheit, mit dem besten Erbe des Wissens im weltweiten Maßstab aus und hilft ihnen, die Natur und die Gesellschaft umzuwandeln, das Leben schöner und besser zu machen ... Keine Stürme und keine Wogen der Jahrhunderte können die goldenen Bücher auslöschen, die schlechten aber werden hinweggeschwemmt. Das Buch ist auf jeden Fall eine der wunderbarsten Erfindungen, einer der wunderbarsten Schätze des Menschen.«

Quelle: LIBRI, Das Buch, Sonderveröffentlichung des Buchvertriebs »Ndermarrja e Librit«, Tirana, September 1977, S. 21.

III. MEDIENPOLITIK IN DER DRITTEN WELT

»Pressefreiheit« in einem Land der Dritten Welt

Aus einer Pressekonferenz mit Präsident Gamal Abdel Nasser auf dem dritten internationalen Journalistenkongreß am 1. Oktober 1963 in Kairo

Frage der Delgation von Ceylon:

Sie haben uns als Journalisten willkommen geheißen. Warum verhindern sie die Pressefreiheit in Ihren Lande?

A: – Die Freiheit des Ausdrucks in unserem Lande hat eine lange Geschichte. Vor der Revolution besaßen wir eine Presse, die schon fast ein Handel war. Die Kosten zur Schaffung einer Zeitung betrugen nicht weniger als eine Million Pfund. Wer konnte eine solche Summe zahlen, wenn nicht der Kapitalismus, der Feudalismus und die Parteien. Die Parteien unterstützten die Presse und diese Parteien pflegten gewisse Kontakte mit dem Ausland, die sich unter dem Deckmantel von Annoncen und der Finanzierung dieser Zeitungen einmischten. So geriet die Presse unter den Einfluß von Ausländern.

Die Presse gehört jetzt der Sozialistischen Union und die Zeitungen werden von Direktorien geleitet. Die Direktorien, Herausgeber und der Verlagsstab genießen volle Freiheit, sich in Übereinstimmung mit den Anregungen der Charta auszudrücken. Niemand soll die Abschaffung des Sozialismus verlangen, denn dies wäre gegen die Charta. Aber innerhalb des Rahmens der Charta hat jeder Journalist das Recht der Kritik und der Meinungsäußerung. Dies garantiert hundertprozentig die Pressefreiheit.

Eine Presse, die dem Kapitalismus gehört, ist auf das aus dem Anzeigewesen gewonnene Geld angewiesen. Sie kann nicht frei sein, denn sie ist wirtschaftlichem Druck ausgesetzt und kann dadurch finanzielle Krisen erleiden.

Die Presse hier vertrat die Interessen von gewissen Gesellschaftsklassen aus der Schicht der Feudalisten. Die Allianz der Volkskräfte konnte die Presse nicht unter dem Einfluß der Annoncen und unter der Herrschaft jener die ihr das meiste Geld zahlen, belassen. Wir haben die großen Blätter verstaatlicht, und einige andere ungeschoren gelassen. Patriotische Blätter müssen da sein. Die Kommunisten waren gegen die Revolution, und die kommunistischen Journalisten, die verhaftet wurden, waren gegen die Revolution, in jedem Fall waren es aber nur drei oder vier.

Während der ersten Jahre der C.P.P. und auch oft nachher ermahnte ich die Parteimitglieder, dem chinesischen Spruch zu folgen:

> Geh zu den Menschen,
> Lebe unter den Menschen,
> Lerne von ihnen,
> Liebe sie.
> Diene ihnen,
> Plane mit ihnen,
> Beginne mit ihrem Wissen
> und baue darauf auf.

Diesen Rat möchte ich den Mitgliedern aller nationalen und fortschrittlichen Parteien geben.

Die Kampagne der Convention People's Party erhielt die Unterstützung der Presse. Genau an dem Tag, als ich die U.G.C.C. verließ, erschien die erste Nummer meiner Zeitung, *The Accra Evening News*, mit der kühnen Schlagzeile: »Lieber Selbstregierung unter Gefahr als Knechtschaft in Ruhe!« Durch die Spalten dieser Zeitung sprach ich einen breiten Kreis von Lesern an und hämmerte ihnen unaufhörlich die Losung der völligen Selbstregierung und die Notwendigkeit ein, uns für den siegreichen Feldzug zu organisieren: »Die Macht der organisierten Massen ist unbesiegbar ... Wir müssen organisieren wie nie zuvor, denn von der Organisation hängt alles ab.«[1]

Die ganze Frage der Propaganda, die Verbreitung von Informationen über die Ziele und Errungenschaften einer politischen Partei besitzen eine gewaltige Bedeutung. In Ländern, in denen die Kolonialregierung den Großteil des Nachrichtenwesens beherrscht und die reaktionäre Presse begünstigt, sind die Propagandamittel der Befreiungsbewegung für den Kampf um die Unabhängigkeit entscheidend. In Gebieten, die einen hohen Prozentsatz von Analphabeten aufweisen, ist die Ausstrahlung der Presse selbstverständlich eingeschränkt, aber selbst in solchen Gebieten kann man die Menschen immer mit dem gesprochenen Wort erreichen. Und oft wird aus dem gedruckten ein gesprochenes Wort.

Eine volkstümliche, antikoloniale Presse entstand in Afrika während der dreißiger Jahre. 1932 gründete Habib Bourgiba die *Action Tunisienne*. In Marokko erschien 1938 die von Muhammed Hasan el-Ouezzani herausgegebene *Action du Peuple*. Im Redaktionskomitee saßen die prominentesten Führer aus Marokkos Comité d' Action

Marocaine. In der Elfenbeinküste begann 1935 die Zeitung *L'Eclaireur de la Côte d'Ivoire* zu erscheinen. Drei Jahre später, 1938, bereitete Dr. Nnamdi Azikiwes *West African Pilot* den Boden für die Unabhängigkeitsbewegung in Nigeria.

Diese und andere Zeitungen haben zweifellos zur Verbreitung des afrikanischen Nationalbewußtseins beigetragen. Sie haben die Menschen von der Richtigkeit der Losung »Zuerst die Freiheit, dann der Aufbau« überzeugt.

Quelle: Kwame Nkrumah, Afrika muß eins werden, Koehler & Amelang, Leipzig 1965, S. 102 ff.

»Verkünder einer neuen Kultur«

Libyens Informationsmedien sollen Stimme der Volksrevolution sein.
Tripolis, den 7. 10. 1980, 2035 GMT (STIMME DER ARABISCHEN HEIMAT, arab.)

(Volltext) »Die Kräfte der Revolution unternahmen heute (7. 10.) einen Marsch auf die verschiedenen Informationsmedien in der Sozialistischen Libyschen Arabischen Volksdschamahirijjah und veröffentlichten folgende Erklärung: ›In Übereinstimmung mit dem grünen Buch, in dem es heißt, die demokratisch richtige Information sei die von einem Volkskomitee gelenkte Information

- und mit den wiederholten Erklärungen des Befehlshabers der Revolution, die besagen, daß in einer Massengesellschaft die höchste Art der Information die von einem Volkskomitee betriebene sei und daß Information in der Phase der revolutionären Transformation ein Forum für die revolutionären Kräfte sein müsse, mit dem sie die Massen dazu anspornen könnten, die alte Gesellschaft – die Gesellschaft der Ausbeutung, der Diktatur und des Monopols – zu zerstören sowie die neue Gesellschaft – eine Gesellschaft der Massen und der Freiheit – aufzubauen,
- sowie als Antwort der revolutionären Kräfte auf den Aufruf ihres Befehlshabers zum elften Jahrestag der großen Septemberrevolution und der Abschlußsitzung der Dringlichkeitstagung des Allgemeinen Volkskongresses am 28. September 1980,
- sowie in Unterstützung der Resolutionen vom sechsten Treffen der Revolutionskomitees,

haben die Kräfte der Revolution einen Marsch auf die Informationsmedien unternommen und in ihnen ein Revolutionskomitee gebildet, damit diese Medien zur Stimme der Revolutionskomitees werden, die durch das grüne Buch die Falschheit der in der Welt vorherrschenden Demokratie und die Wahrheit über die Ausbeutergesellschaft aufgedeckt und sich in Revolutionskomitees organisiert haben, um die Revolution von morgen, eine Volksrevolution, zum Ausbruch zu bringen.

Die Informationsmedien in der Welt gehören entweder Instrumenten der Diktatur, wie z. B. Regierungen, Parteien, Sekten, Klassen oder Einzelpersonen, oder sie sind Wirtschaftsunternehmen, die auf Profit aus sind. Was immer die Menschheit irgendwo hört, liest oder sieht, sind die Ansichten dieser Instrumente, die die Menschen beherrschen und ausbeuten, gleichgültig, wohin sie gehören.

In der ganzen Welt sind die Völker andauernden Informationskampagnen ausgesetzt, die darauf abzielen, sie in die Irre zu leiten und sie über das, was sich um sie herum ereignet, im Unwissenden zu belassen, sowie den Ausbeutungs- und Unterdrückungsgesellschaften den Segen zu geben.

In der Phase der Transformation, der Phase einer neuen Gesellschaft – der Friedensgesellschaft –, werden die Informationsmedien ein von den Revolutionskräften besetztes Forum sein, mit dessen Hilfe die Volksmassen dazu angespornt werden, ihre Macht auszuüben und ihre Reichtümer und Waffen in Besitz zu nehmen.

Daher haben die Kräfte der Revolution von heute an das Betreiben des Rundfunks, der Presse, der Nachrichtenagenturen, der Auslandsinformation, der Druckereien, der Kulturzentren, der Veröffentlichungen, der Werbung und Verbreitung, des Theaters, der Kinos und der Informationsprogramme übernommen. Die Information ist keine Amtsgewalt, sondern ein Forum. Die Gewalt liegt bei den Massen, und sie wird von diesen in ihren Volkskonferenzen und Volkskomitees ausgeübt.

Die Zeit ist reif dafür, daß die Revolutionskomitees ihre Stimme in allen Informationsmedien erheben und die Revolution ausrufen, sie fordern und anspornen, damit das Revolutionskomitee alle Kämpfe so führen kann, daß die Farbe grün alles überdecken wird.

Nachdem nun die Revolutionskomitees die Informationsmedien eingenommen haben, werden diese Medien zu einer Stimme der Volksrevolution, der Revolution von morgen auf dem Weg der endgültigen Emanzipation der Menschheit. Sie werden eine Stimme aller Revolutionäre der Welt sein, die für den Umsturz der Ausbeutungs-, Unterdrückungs-, Unrechts- und Sklavereigesellschaften kämpfen. Die revolutionären Kräfte in der arabischen Heimat und auf der Welt sind aufgefordert, ihre kulturelle, politische, literarische und technische

Unterstützung anzubieten. Sie sollen die neue Kultur verkünden, zu nationaler und religiöser Einheit aufrufen, die Massen dazu anspornen, ihre Gewalt wahrzunehmen und das Bild der neuen Gesellschaft zu erklären, damit die alte Gesellschaft zusammenbrechen möge und auf ihrem Schutt eine Gesellschaft der Freiheit erstehen kann: die Gesellschaft der Dschamahirijjah, die die Macht, die Waffen und den Reichtum besitzt. Vorwärts! Das Komitee über alles.‹«

Quelle: Deutsche Welle, Monitor-Dienst Nahost, 9. Oktober 1980, S. 6 ff.

IV. PROBLEME INTERNATIONALER MEDIENORDNUNG

Die weltweite Expansion des Rundfunks

Überblicken wir die globale Rundfunkexpansion, so brauchte das Radio nicht einmal anderthalb Jahrzehnte – Zeitspanne eines weltweiten dramatischen Geschehens –, um sich die fünf Kontinente der Erde zu erobern. Dynamik von Technik, Politik und Geschäft. Ätherwellen schweiften über die Eiswüsten der Arktis, überwanden Länder, Meere und Wüsten. Kathedralen von Sendetürmen reckten sich in den Himmel, immer mehr und immer neue. Klotzige Funkhäuser, monumentale Nerven- und Schaltzentralen der Ätherreiche symbolisierten die Macht des Radios. Manchmal dienten nur Bretterbuden als Funkhäuser. Der Siegeszug des Radios war einmalig in der Geschichte der Menschheit; er vollzog sich rascher als der des Buchdrucks, der Zeitung, der Eisenbahn oder des Dampfschiffs. Radio drang in Welten vor, die noch nie eine Zeitung kannten, von Eisenbahnen nichts wußten, Dampfschiffe sich nicht vorstellen konnten, Flugzeuge noch für Riesenvögel hielten. Radio hörten Menschen, die nicht schreiben konnten, die teilweise noch in der Stein- oder in der frühen Eisenzeit lebten.

Fünf Erdteile gaben dem Rundfunk fünf verschiedene Gesichter mit dennoch gemeinsamen Wesenzügen; Gemeinsames war Musik, Sport und Politik. Ätherwellen waren willig und transportierten, was ihnen aufgetragen. Politische Propaganda wurde zum Lebenszweck abertausender Auslandssender und für das Ausland bestimmter Programme.

Auslandsrundfunk eröffnete zuerst geistiges Trommelfeuer – ein Lärmen, nicht Lärm zu nennen!

Ebenso wie die Politik ihre Hand auf ausländische Interessen- und Einflußgebiete legte, wie die Exportwirtschaft auf ausländische Märkte drängte und sie umklammerte, so sollte auch weltweit der politisierte Rundfunk in zumeist von Politik und Wirtschaft vorherbestimmte politsch-geographische Räume einfallen, dort werben oder polemisieren, rühmen oder verunglimpfen, drohen oder gut zureden, angreifen oder verteidigen. Obwohl die Welt bereits aufgeteilt war, begann über den Äther ihre Neuverteilung. Er bot *vielen* Raum. Die Rundfunkwellen stießen gewöhnlich nicht in ein Vakuum, sondern in sich bereits überschneidende »Einflußzonen«. Richt- und Rundstrahler zahlloser Länder peilten gleiche Ziele an, Schnittpunkte des Weltgeschehens. Ätherwellen überlagerten sich und spannten ein unsichtbares, kompliziertes und immer dichteres Gespinst über den Raum. Der Äther entwickelte sich zum Kampfplatz der Einflußmächte; »Äther-Reiche« entstanden und verschwanden.

Die deutsche Rundfunkkunde der Vorkriegszeit definierte Gebiete, Staaten und Staatengruppen, die im Kreuzfeuer der Ätherwellen mehrerer Staaten lagen und in denen von nicht autochthonen Sendern verbreitete Wirkungsabsichten aufeinanderstießen, als »Rundfunkkraftfelder« oder »Rundfunkräume«. Vornehmlich Staaten, die noch nicht in dem sich abzeichnenden Ringen der Großmächte Partei ergriffen hatten, als potentielle Bundesgenossen in Betracht kamen oder die als politische und soziale Unruheherde galten, waren dem Druck sich unsichtbar auftürmender »Rundfunkkraftfelder« ausgesetzt.

Auslandsrundfunk passierte unangefochten die Grenzen, die vor 1914 noch jeder Mensch ohne Paß überqueren durfte. Vor dem Ersten Weltkrieg konnte der Mensch auf der Erde gehen, wohin er wollte und bleiben, solange er wollte. Vor dem Zweiten Weltkrieg nahm dieses menschliche Freiheitsrecht nur noch der Rundfunk für sich in Anspruch, dem Menschen selber war es versagt. Doch mit der Ätherinvasion bugsierte er vielfach Sprengstoff in fremde Länder und spielte vielerorts mit der Lunte am Pulverfaß. Ätherinvasion wurde zur Vorhut militärischer Aktion. Der Rundfunk lieh dabei der Politik nur die Sprache, die das Ohr von Millionen erreichte. – Wehe dem, der alles wörtlich nahm.

Quelle: Willi A. Boelcke, Die Macht des Radios, Ullstein Verlag, Frankfurt/M. – Berlin 1977, S. 68 ff.

Brief Andrej Gromykos an Dr. Kurt Waldheim

Erläuterndes Memorandum zu einem Konventionsentwurf zur Nutzung künstlicher Erdsatelliten für die Direktübertragung von Fernsehsendungen (1972)

Im Auftrage des Außenministers der UdSSR, Andrey Gromyko, übergab der Stellvertreter des ständigen Vertreters der UdSSR bei der UNO Viktor Israeljan am Dienstag dem Generalsekretär der UNO, Dr. Kurt Waldheim, einen Brief folgenden Inhalts:

»Sehr geehrter Herr Generalsekretär, im Auftrage der Regierung der Union der Sozialistischen Sowjetrepubliken bitte ich, in die Tagesordnung der 27. Tagung der UNO-Vollversammlung als selbständigen Punkt die Frage der Ausarbeitung einer internationalen Konvention über die Prinzipien der Verwendung künstlicher Erdsatelliten für Direktübertragung von Fernsehsendungen durch die Staaten aufzunehmen.

Die Übertragung von Fernsehprogrammen mit Hilfe von Satelliten unmittelbar auf Haushaltsfernsehgeräte (Direktübertragung von Fernsehsendungen) ist eine der perspektivreichsten Richtungen der Nutzung des Weltraums für die Bedürfnisse des Menschen. Die Entwicklung dieser Fernmeldeform wird zu einer weiteren Annäherung der Völker des Erdballs, zur Erweiterung des Austauschs von Kulturschätzen und zur Erhöhung des Bildungsniveaus der Bevölkerung verschiedener Länder beitragen.

Gleichzeitig wirft die Dirketübertragung von Fernsehsendungen mit Hilfe von Satelliten ernste juristische Probleme auf, die mit der Notwendigkeit verknüpft sind, zu garantieren, daß diese neue Art der kosmischen Technik ausschließlich den edlen Zielen des Friedens und der Freundschaft zwischen den Völkern dient.

In erster Linie ist es notwendig, die Souveränität der Staaten gegen jegliche Einmischung von außen zu schützen und nicht zuzulassen, daß der Direktempfang von Fernsehsendungen zu einer Quelle internationaler Konflikte und der Verschärfung der Beziehungen zwischen den Staaten wird.

Die Sowjetunion, die in allen Etappen der Erschließung des Weltraums stets für die progressive Entwicklung des internationalen Weltraumrechts eingetreten ist, vertritt die Ansicht, daß zur Schaffung solcher Bedingungen die Ausarbeitung völkerrechtlicher Normen beitragen würde, die die Rechte und Pflichten der Staaten bei der Direktübertragung von Fernsehsendungen bestimmen.

Der Tätigkeit der Staaten auf diesem Gebiet müssen die Prinzipien der gegenseitigen Achtung der Souveränität, der Nichteinmischung in innere Angelegenheiten, der Gleichheit, Zusammenarbeit und des gegenseitigen Vorteils zugrunde gelegt werden. Hierbei muß den Staaten die Möglichkeit eingeräumt werden, bestimmte Forderungen an den Inhalt der Programme zu stellen, die auf ihr Territorium übertragen werden, oder Maßnahmen zur Unterbindung von Sendungen zu ergreifen, die die Staaten als unerwünscht ansehen. Der Abschluß einer entsprechenden internationalen Konvention käme der Lösung dieser Aufgaben entgegen.

Ich übersende Ihnen den Entwurf einer Konvention über die Prinzipien des Einsatzes künstlicher Erdsatelliten für Direktübertragung von Fernsehsendungen durch die Staaten, der folgende Hauptthesen enthält:

1. Die Direktübertragung von Fernsehsendungen erfolgt ausschließlich im Interesse des Friedens, des Fortschritts, der Entwicklung des gegenseitigen Verstehens und der Festigung der freundschaftlichen Beziehungen zwischen den Völkern. Sie dient den Zielen der Erhöhung des Bildungsniveaus der Bevölkerung, der Entwicklung der Kultur, der Erweiterung des internationalen Austauschs.
2. Alle Staaten haben das gleiche Recht, Direktübertragungen von Fernsehsendungen vorzunehmen und die Vorzüge dieser Sendeform ohne irgendwelche Diskriminierung gleich welcher Art zu nutzen.
3. Die Direktübertragung von Fernsehsendungen in fremde Staaten erfolgt nur mit deren ausdrücklicher Genehmigung.
4. Sendungen in andere Staaten, die ohne die deutlich dafür ausgedrückte Genehmigung letzterer erfolgen, Sendungen, die der Erhaltung des Weltfriedens und der internationalen Sicherheit Schaden zufügen, die eine Einmischung in die inneren Angelegenheiten der Staaten darstellen, die die Grundrechte des Menschen verletzen, die Gewalt und Schrecken propagieren, die die Grundlagen der gegebenen Zivilisation und Kultur untergraben, die die Bevölkerung desinformieren, werden als rechtswidrig angesehen. Die Urheber haben sich völkerrechtlich zu verantworten.
5. Die Staaten können, um der gesetzwidrigen Direktübertragung von Fernsehsendungen entgegenzuwirken, mit den ihnen zur Verfügung stehenden Mitteln nicht nur auf ihrem Territorium Maßnahmen ergreifen, sondern auch im Weltraum und in anderen Bereichen, die außerhalb der nationalen Rechtsprechung eines beliebigen Staates liegen.
6. Der Staat trägt die Verantwortung für die gesamte nationale Tätigkeit zur Direktübertragung von Fernsehsendungen, unabhängig da-

von, ob sie durch Regierungsorgane oder durch Organisationen und Personen erfolgen, die nicht der Regierung unterstehen.

Ich bitte Sie, Herr Generalsekretär, den vorliegenden Brief als ein erläuterndes Memorandum zu betrachten und es entsprechend den Verfahrensregeln der UNO-Vollversammlung zusammen mit dem vorgeschlagenen Konventionsentwurf als offizielles UNO-Dokument zu verbreiten.«

Quelle: Theorie und Praxis, Nr. 61/1976, Hrsg.: Fernsehen der DDR, Programmdirektion, S. 103 ff.

Schlußakte der Konferenz über Sicherheit und Zusammenarbeit in Europa vom 1. August 1975 (Korb III)

Information

Die Teilnehmerstaaten,

Im Bewußtsein der Notwendigkeit einer immer umfassenderen Kenntnis und eines immer besseren Verstehens der verschiedenen Aspekte des Lebens in anderen Teilnehmerstaaten,

In Anerkennung des Beitrages dieses Prozesses zum Anwachsen des Vertrauens zwischen den Völkern,

In dem Wunsch, mit der Entwicklung des gegenseitigen Verständnisses zwischen den Teilnehmerstaaten und mit der weiteren Verbesserung ihrer Beziehungen mit weiteren Anstrengungen fortzufahren, um Fortschritte in diesem Bereich zu erzielen,

In Anerkennung der Bedeutung der Verbreitung von Informationen aus den anderen Teilnehmerstaaten und einer besseren Kenntnis solcher Informationen,

Daher betonend die wesentliche und einflußreiche Rolle von Presse, Rundfunk, Fernsehen, Kino und der Nachrichtenagenturen sowie der auf diesen Gebieten tätigen Journalisten,

setzen sich zum Ziel, die freiere und umfassendere Verbreitung von Informationen aller Art zu erleichtern, die Zusammenarbeit im Bereich der Information und den Informationsaustausch mit anderen Ländern zu fördern sowie die Bedingungen zu verbessern, unter denen Journalisten aus einem Teilnehmerstaat ihren Beruf in einem anderen Teilnehmerstaat ausüben, und drücken ihre Absicht aus, insbesondere:

a) Verbesserung der Verbreitung von, des Zugangs zu und des Austausches von Information ...

b) Zusammenarbeit im Bereich der Information

- Die Zusammenarbeit im Bereich der Information auf der Grundlage kurz- oder langfristiger Abkommen oder Vereinbarungen zu fördern. Sie werden insbesondere:

  eine verstärkte Zusammenarbeit zwischen Organisationen der Massenmedien, einschließlich Presseagenturen, sowie zwischen Verlagen und Verlagsorganisationen fördern;

  die Zusammenarbeit zwischen ihren öffentlichen oder privaten oder internationalen Rundfunk- und Fernsehorganisationen fördern, insbesondere durch den Austausch von Rundfunk- und Fernsehprogrammen, sowohl Live-Sendungen als auch Aufzeichnungen, und durch gemeinsame Produktion sowie durch Ausstrahlung und Vertrieb solcher Programme;

  Treffen und Kontakte sowohl zwischen Journalistenverbänden als auch zwischen Journalisten aus den Teilnehmerstaaten fördern;

  die Möglichkeiten von Absprachen zwischen periodisch erscheinenden Veröffentlichungen sowie zwischen Zeitungen aus den Teilnehmerstaaten zum Zwecke des Austausches und der Veröffentlichung von Artikeln mit Wohlwollen betrachten;

  den Austausch von technischen Informationen sowie die Organisierung gemeinsamer Forschung und von Treffen, die dem Erfahrungs- und Meinungsaustausch zwischen Presse-, Rundfunk- und Fernsehexperten dienen, fördern.

c) Verbesserung der Arbeitsbedingungen für Journalisten

Die Teilnehmerstaaten, von dem Wunsch geleitet, die Bedingungen zu verbessern, unter denen Journalisten aus einem Teilnehmerstaat ihren Beruf in einem anderen Teilnehmerstaat ausüben, beabsichtigen insbesondere:

- in wohlwollendem Geist und innerhalb sachgerechter und vernünftiger Fristen Anträge von Journalisten auf Visaerteilung zu prüfen;
- den ständig akkreditierten Journalisten aus den Teilnehmerstaaten auf der Grundlage von Vereinbarungen Visa für mehrfache Ein- und Ausreise für bestimmte Zeiträume zu erteilen;
- die Ausgabe von Aufenthaltsbewilligungen für akkreditierte Journalisten aus den Teilnehmerstaaten für das Land ihres zeitweiligen Wohnsitzes und, wenn und sobald diese notwendig sind, anderer amtlicher Dokumente zu erleichtern, die für sie gegebenenfalls erforderlich sind;
- auf der Grundlage der Gegenseitigkeit die Verfahren für die Ausführung von Reisen durch Journalisten aus den Teilnehmerstaaten in dem Land, in dem sie ihren Beruf ausüben, leichter zu gestalten und schrittweise größere Gelegenheiten für solche Reisen zu bieten, un-

ter Beachtung der Bestimmungen hinsichtlich des Bestehens von Gebieten, die aus Sicherheitsgründen gesperrt sind;
- sicherzustellen, daß Anträge solcher Journalisten für diese Reisen, soweit als möglich, zügig beantwortet werden, unter Berücksichtigung des Zeitplans des Antrags;
- für Journalisten aus den Teilnehmerstaaten die Möglichkeiten zu vermehren, persönlich mit ihren Informationsquellen, einschließlich Organisation und offiziellen Institutionen in Verbindung zu treten;
- Journalisten aus den Teilnehmerstaaten das Recht zu gewähren, die technische (Photo-, Kino-, Tonband-, Rundfunk- und Fernseh-) Ausrüstung einzuführen, die für die Ausübung ihres Berufes erforderlich ist, unter der alleinigen Bedingung, daß sie wieder ausgeführt wird;
- den Journalisten aus den anderen Teilnehmerstaaten, ob zeitweilig oder ständig akkreditiert, ermöglichen, die Ergebnisse ihrer beruflichen Tätigkeit, einschließlich Bandaufnahmen und unentwickelte Filme, vollständig, auf normale Weise und schnell, auf den von den Teilnehmerstaaten anerkannten Wegen den von ihnen vertretenen Informationsorganen zum Zweck der Veröffentlichung oder der Sendung im Rundfunk und Fernsehen zu übermitteln.

Die Teilnehmerstaaten bekräftigen, daß die legitime Ausübung der beruflichen Tätigkeit weder zur Ausweisung von Journalisten noch anderweitig zu Strafmaßnahmen gegen sie führen wird. Wenn ein akkreditierter Journalist ausgewiesen wird, wird er über die Gründe für diese Maßnahme unterrichtet werden und kann einen Antrag auf Überprüfung seines Falles stellen.

Die Blockfreien und die Reform der Internationalen Medienordnung

Eine neue internationale Ordnung im Informationswesen und den Massenmedien ist ebenso wichtig wie eine neue Weltwirtschaftsordnung.

Die blockfreien Staaten weisen besorgt auf die tiefer und tiefer werdende Kluft zwischen den Kommunikationsmöglichkeiten in den blockfreien Ländern und in den Industriestaaten hin, was ein Erbe der kolonialen Vergangenheit ist. Das hat einen Zustand der Abhängigkeit und der Vormacht geschaffen, bei dem die meisten Länder sich damit abfinden müssen, passive Empfänger parteiischer, unzutreffender und verzerrter Informationen zu sein. Die Vollkommenere Bestimmung und Bestätigung ihrer nationalen und kulturellen Besonderheiten verlangt deshalb eine Korrektur dieses ernsten Mißverhältnisses und sofortige Schritte zur Beschleunigung der Entwicklung in diesem neuen Bereich der Zusammenarbeit.

Das Selbständigwerden und die Entwicklung der nationalen Massenmedien ist ein Bestandteil des allgemeinen Ringens um die politische, ökonomische und soziale Unabhängigkeit für die überwiegende Mehrzahl der Völker der Welt, denen das Recht, objektiv und zutreffend zu unterrichten und unterrichtet zu werden, nicht abgesprochen werden sollte. Sich bei den Informationsquellen auf die eigenen Kräfte zu stützen, ist genauso wichtig wie in der Technologie, da Abhängigkeit im Informationswesen an sich die Erzielung eines politischen und wirtschaftlichen Wachstums behindert.

Die blockfreien Staaten müssen diese Ziele mit eigener Kraft und aktiver Zusammenarbeit auf zweiseitiger, regionaler und interregionaler Grundlage sowie durch Koordinierung ihres Wirkens in den Vereinten Nationen und anderen internationalen Gremien erreichen. Besonders wichtig ist es für die Blockfreien, die vorhandene Infrastruktur zu stärken und die bisher auf diesem Gebiet erzielten wissenschaftlichen und technologischen Leistungen voll zu nutzen.

Dies würde eine bessere Verbreitung objektiver Informationen über die Entwicklung in den blockfreien Ländern auf sozialer, ökonomischer, kultureller und anderer Ebene sowie über ihre zunehmende Rolle in der Weltgemeinschaft nicht nur in der eigenen Öffentlichkeit, sondern in der ganzen Welt erleichtern.

Quelle: Politische Deklaration – 5. Konferenz der Staats- und Regierungschefs blockfreier Länder vom 16.–19. 6. 1976 in Colombo (Ceylon/Cri Lanka).

Unesco Mediendeklaration 1978: Grundprinzipien für den Beitrag der Massenmedien zur Stärkung des Friedens . . .

Artikel 2

1. Die Ausübung der Meinungs-, Meinungsäußerungs- und Informationsfreiheit, die als Bestandteil der Menschenrechte und Grundfreiheiten anerkannt ist, stellt einen wesentlichen Faktor bei der Stärkung des Friedens und der internationalen Verständigung dar.

2. Der Zugang der Allgemeinheit zu Informationen soll durch die Vielfalt der ihr zur Verfügung stehenden Informationsquellen und -mittel gewährleistet werden, um so jedem einzelnen die Überprüfung

der Richtigkeit von Tatsachen sowie die objektive Bewertung von Ereignissen zu ermöglichen. Dazu müssen Journalisten das Recht zur freien Berichterstattung und weitestmöglichen Zugang zu Informationen haben. Ebenso ist es wichtig, daß die Massenmedien auf die Anliegen von Völkern und Einzelpersonen eingehen, um so die Allgemeinheit stärker an der Ausarbeitung von Informationen zu beteiligen.

3. Wenn die Massenmedien in der Lage sein sollen, die Grundsätze dieser Erklärung durch ihre Tätigkeit zu fördern, ist es wesentlich, daß Journalisten und andere Vertreter der Massenmedien im eigenen Land oder im Ausland eines Schutzes sicher sind, der ihnen die besten Bedingungen für die Ausübung ihres Berufs garantiert.

Artikel 3

1. Die Massenmedien haben zur Stärkung des Friedens und der internationalen Verständigung sowie zur Bekämpfung von Rassismus, Apartheid und Kriegshetze einen wichtigen Beitrag zu leisten.

2. Bei der Bekämpfung von Angriffskriegen, Rassismus, Apartheid und anderen Menschenrechtsverletzungen, die unter anderem durch Vorurteile und Unwissenheit erzeugt werden, tragen die Massenmedien durch die Verbreitung von Informationen über die Ziele, Bestrebungen, Kultur und Bedürfnisse aller Völker dazu bei, Unwissenheit und Mißverständnisse zwischen den Völkern zu beseitigen, Angehörige eines Staates aufgeschlossen für die Bedürfnisse und Wünsche anderer zu machen, die Achtung der Rechte und der Würde aller Nationen, aller Völker und aller Menschen ohne Unterschied der Rasse, des Geschlechts, der Sprache, der Religion oder der Staatsangehörigkeit zu gewährleisten und die Aufmerksamkeit auf die großen Plagen der Menschheit wie Armut, Unterernährung und Krankheiten zu lenken, und helfen dadurch mit, daß die Staaten ihre Politik in einer Weise gestalten, die geeignet ist, die internationale Entspannung und die friedliche und gerechte Beilegung internationaler Streitigkeiten zu fördern.

Artikel 5

Damit die Meinungs-, Meinungsäußerungs- und Informationsfreiheit geachtet wird und die Informationen alle Standpunkte wiedergeben, kommt es darauf an, daß die Standpunkte derjenigen verbreitet werden, die meinen, daß die über sie veröffentlichten oder verbreiteten Informationen ihren Bemühungen um die Stärkung des Friedens und der internationalen Verständigung, die Förderung der Menschenrechte oder die Bekämpfung von Rassismus, Apartheid und Kriegshetze ernstlich Abbruch getan haben.

Artikel 10

1. Es ist unerläßlich, unter gebührender Beachtung der verfassungsrechtlichen Bestimmungen zur Gewährleistung der Informationsfreiheit und der geltenden internationalen Übereinkünfte und Vereinbarungen in der ganzen Welt die erforderlichen Voraussetzungen zu schaffen und zu erhalten, damit die Einrichtungen und Personen, die beruflich mit der Verbreitung von Informationen zu tun haben, die Ziele dieser Erklärung erreichen können.

2. Es ist wichtig, daß ein freier Austausch und eine umfassendere und ausgewogenere Verbreitung von Informationen gefördert werden.

3. Dazu ist es erforderlich, daß die Staaten es den Massenmedien in den Entwicklungsländern erleichtern, sich angemessene Bedingungen und Mittel zu verschaffen, damit sie stärker werden und sich entfalten, und daß sie die Zusammenarbeit dieser Medien sowohl untereinander als auch mit den Massenmedien in den Industriestaaten unterstützen.

4. Ebenso ist es wesentlich, daß auf der Grundlage der Gleichberechtigung, des beiderseitigen Nutzens und der Achtung der Verschiedenartigkeit von Kulturen, aus denen das gemeinsame Erbe der Menschheit besteht, der zweiseitige und mehrseitige Austausch von Informationen zwischen allen Staaten gefördert und entwickelt wird, insbesondere zwischen denjenigen mit unterschiedlichen wirtschaftlichen und sozialen Systemen.

Quelle: Europa-Archiv, Folge 7/1979, S. D 187–192.

F. MASSENMEDIEN UND MACHT

I. PRESSEFREIHEIT UND ZENSUR

Pressefreiheit als Menschenrecht

Grundrechte von Virginia vom 12. Juni 1776

Abschnitt 12

Die Freiheit der Presse ist eines der starken Bollwerke der Freiheit und kann nur durch despotische Regierungen beschränkt werden.

Die (französische) Erklärung der Rechte des Menschen und Bürgers von 1789 (3. September 1791)

11.

Die freie Mitteilung der Gedanken und Meinungen ist eins der kostbarsten Rechte des Menschen. Jeder kann mithin frei sprechen, schreiben, drucken, mit Vorbehalt der Verantwortlichkeit für den Mißbrauch dieser Freiheit in den durch das Gesetz bestimmten Fällen.

Französische Verfassung (24. Juni 1793)
Erklärung der Rechte des Menschen und des Bürgers

7.

Das Recht, seine Gedanken und Meinungen mitzuteilen, sei es durch die Presse oder auf jede andere Weise, das Recht, sich friedlich zu versammeln und die freie Ausübung des Gottesdienstes können nicht verwehrt werden.

Die Notwendigkeit, diese Rechte zu verkünden, besteht beim Vorhandensein oder der frischen Erinnerung des Despotismus.

11. Verfassung d. Deutschen Reiches (»Paulskirchen-Verf.«, 1849)

Artikel IV

§ 143

Jeder Deutsche hat das Recht, durch Wort, Schrift, Druck und bildliche Darstellung seine Meinung frei zu äußern.

Die Preßfreiheit darf unter keinen Umständen und in keiner Weise durch vorbeugende Maßregeln, namentlich Zensur, Konzessionen, Sicherheitsbestellungen, Staatsauflagen, Beschränkungen der Druckereien oder des Buchhandels, Postverbote oder andere Hemmungen des freien Verkehrs beschränkt, suspendiert oder aufgehoben werden.

Über Preßvergehen, welche von Amts wegen verfolgt werden, wird durch Schwurgerichte geurteilt.

Ein Preßgesetz wird vom Reich erlassen werden.

Weimarer Verfassung vom 11. 8. 1919

§ 118

(1) Jeder Deutsche hat das Recht, innerhalb der Schranken der allgemeinen Gesetze seine Meinung durch Wort, Schrift, Druck, Bild oder in sonstiger Weise frei zu äußern. An diesem Recht darf ihn kein Arbeits- oder Angestelltenverhältnis hindern, und niemand darf ihn benachteiligen, wenn er von diesem Recht Gebrauch macht.

(2) Eine Zensur findet nicht statt, doch können für Lichtspiele durch Gesetz abweichende Bestimmungen getroffen werden. Auch sind zur Bekämpfung der Schund- und Schmutzliteratur sowie zum Schutze der Jugend bei öffentlichen Schaustellungen und Darbietungen gesetzliche Maßnahmen zulässig.

Grundgesetz vom 23. 5. 1949

Artikel 5

(1) Jeder hat das Recht, seine Meinung in Wort, Schrift und Bild frei zu äußern und zu verbreiten und sich aus allgemein zugänglichen Quellen ungehindert zu unterrichten. Die Pressefreiheit und die Freiheit der Berichterstattung durch Rundfunk und Film werden gewährleistet. Eine Zensur findet nicht statt.

(2) Diese Rechte finden ihre Schranken in den Vorschriften der allgemeinen Gesetze, den gesetzlichen Bestimmungen zum Schutze der Jugend und in dem Recht der persönlichen Ehre.

(3) Kunst und Wissenschaft, Forschung und Lehre sind frei. Die Freiheit der Lehre entbindet nicht von der Treue zur Verfassung.

Artikel 18 (Verwirken der Grundrechte)

Wer die Freiheit der Meinungsäußerung, insbesondere die Pressefreiheit (Artikel 5, Abs. 1), die Lehrfreiheit (Artikel 5, Abs. 3), die Versammlungsfreiheit (Artikel 8), die Vereinigungsfreiheit (Artikel 9), das Brief-, Post- und Fernmeldegeheimnis (Artikel 10), das Eigentum (Artikel 14) oder das Asylrecht (Artikel 16, Abs. 2) zum Kampfe gegen die freiheitliche demokratische Grundordnung mißbraucht, verwirkt diese Grundrechte. Die Verwirkung und ihr Ausmaß werden durch das Bundesverfassungsgericht ausgesprochen.

Verfassung der Deutschen Demokratischen Republik vom 9. April 1968

Artikel 27

(1) Jeder Bürger der Deutschen Demokratischen Republik hat das Recht, den Grundsätzen dieser Verfassung gemäß seine Meinung frei und öffentlich zu äußern. Dieses Recht wird durch kein Dienst- oder Arbeitsverhältnis beschränkt. Niemand darf benachteiligt werden, wenn er von diesem Recht Gebrauch macht.

(2) Die Freiheit der Presse, des Rundfunks und des Fernsehens ist gewährleistet.

Verfassung der Union der Sozialistischen Sowjetrepubliken vom 5. Dezember 1936

Artikel 125

In Übereinstimmung mit den Interessen der Werktätigen und zum Zwecke der Festigung des sozialistischen Systems werden den Bürgern der UdSSR durch das Gesetz garantiert:

a) die Redefreiheit,
b) die Pressefreiheit,
c) die Meetings- und Versammlungsfreiheit,
d) die Freiheit von Straßenumzügen und -kundgebungen.

Die Rechte der Bürger werden dadurch gewährleistet, daß den Werktätigen und ihren Organisationen die Druckereien, Papiervorräte, öffentlichen Gebäude, Straßen, das Post- und Fernmeldewesen und andere materielle Bedingungen, die zu ihrer Ausübung notwendig sind, zur Verfügung gestellt werden.

Verfassung der Vereinigten Staaten von Amerika vom 17. September 1787 – Zusatzartikel von 1791

Artikel 1

Der Kongreß soll kein Gesetz erlassen, das eine Einrichtung einer Religion zum Gegenstand hat oder deren freie Ausübung beschränkt, oder eines, das Rede- und Pressefreiheit oder das Recht des Volkes, sich friedlich zu versammeln und an die Regierung eine Petition zur Abstellung von Mißständen zu richten, verkürzt.

Allgemeine Erklärung der Menschenrechte vom 10. Dezember 1948

Artikel 19

Jeder Mensch hat das Recht auf freie Meinungsäußerung; dieses Recht umfaßt die Freiheit, Meinungen unangefochten anzuhängen und

Informationen und Ideen mit allen Verständigungsmitteln ohne Rücksicht auf Grenzen zu suchen, zu empfangen und zu verbreiten.

Menschenrechtskonvention der Vereinten Nationen vom 16. Dezember 1966

Artikel 19

1. Jeder hat das Recht auf Meinungsfreiheit.

2. Jeder hat das Recht der freien Meinungsäußerung; hierzu gehört die Freiheit, sich ohne Rücksicht auf Grenzen, Informationen und Gedankengut jeder Art in Wort, Schrift und Druck, in künstlerischer Form oder durch jedes sonstige Mittel eigener Wahl zu beschaffen, entgegenzunehmen und weiterzugeben.

3. Die Ausübung der in Absatz 2 genannten Rechte umfaßt besondere Pflichten und Verantwortlichkeiten. Sie kann daher bestimmten Einschränkungen unterliegen, die jedoch gesetzlich vorgesehen und erforderlich sein müssen,

a) um die Rechte und den Ruf anderer zu achten;

b) um die nationale Sicherheit und die öffentliche Ordnung (ordre public), die Volksgesundheit oder die Sittlichkeit zu schützen.

Zensur im 16. Jahrhundert – Der Nürnberger Rat und die Nürnberger Formschneider

Neben Hans Guldenmund war Stephan Hamer, der Briefmaler »auf der Schmelzhütte« im Vertrieb von Bilderblättern besonders tätig. Über sein Tun und Treiben unterrichten uns folgende Erlasse des Nürnberger Rates:

Vom 20. September 1535: Stephan Hamer, dem Buchdrucker, zu sagen, daß er der gedruckten Büchlin vom Loch keins mehr verschick oder verkauf, sondern die alle bei seinen Pflichten in die Kanzlei überantworte, dagegen soll ihm, so ers begehrt, etwas ziemliche Ergötzung gegeben werden, damit er nit gar im Schaden lieg, dieweil ihm vom Abt zu St. Gilgen erlaubt worden.

4. März 1549: Stefan Hamer, dem Briefmaler, das angezeigt Gemäl der Mißgeburt nachzudrucken, ablehnen, dieweils gar ein abscheulich Ding ist.

26. Juli 1550: Hans Weigel, den Drucker, und Stephan Hamer bereden, warum sie die Wunderzeichen und himmlische Gesicht ohne Erlaubnis gedruckt.

28. Juli: Stefan Hamer, wann er vom Turm (Gefängnis) herabkommt, seine Formbretter wieder folgen lassen, doch, daß zuvor ein Schnitt dardurch geschehe.

29. August 1550: Stefan Hamer, dem Briefmaler, das begehrte Nachdrucken zweier an einander geborner Kinder ablehnen.

18. April 1551: Stefan Hamer auf sein Suppliciren vergönnen, das Gesicht von den fünf Sonnen, so zu Leipzig am Himmel erschienen, weils viel glaubwürdig Personen also gesehen haben, nachzudrucken, doch ohne einige Auslegung und allein die Geschicht, wie man's gesehen hat, zu machen (Drugulin II S. 24).

28. August 1551: Stefan Hamer, Briefmaler, das begehrt Nachdrukken einer Figur von tanzenden Kindern ablehnen.

5. September 1551: Stefan Hamer vergönnen, die abconterfeit Belagerung der Stadt Magdeburg nachzudrucken, doch ohne daß er seinen Namen, wie er sich selbst erboten, darzu setz.

26. März 1552: Stefan Hamer das begehrt Nachdrucken vom Gesicht der drei Sonnen und Regenbogen zu Antdorf (Antwerpen) erschienen, abzulehnen (vgl. Drugulin II S. 24).

Quelle: Karl Schottenloher, Flugblatt und Zeitung. Ein Wegweiser durch das gedruckte Tagesschrifttum, Berlin, Richard Carl Schmidt, 1922, S. 145 ff.

Zensurmaßnahmen in der Endphase der Weimarer Republik

Verordnung des Reichspräsidenten zur Bekämpfung politischer Ausschreitungen
vom 28. März 1931
(Reichsgesetzblatt 1931 I. S. 79)

Abschnitt II

§ 10. Plakate und Flugblätter, deren Inhalt geeignet ist, die öffentliche Sicherheit oder Ordnung zu gefährden, können polizeilich beschlagnahmt und eingezogen werden.

Plakate und Flugblätter politischen Inhalts sind mindestens vierundzwanzig Stunden, ehe sie an oder auf öffentlichen Wegen, Straßen und Plätzen angeschlagen, ausgestellt, verbreitet oder sonst der Öffentlichkeit zugänglich gemacht werden, der zuständigen Polizeibehörde zur Kenntnisnahme vorzulegen. Plakate und Flugblätter, die entgegen dieser Vorschrift der Öffentlichkeit zugänglich gemacht werden, können polizeilich beschlagnahmt und eingezogen werden.

Die öffentliche Ankündigung politischer Versammlungen darf nur die zur Bekanntgabe der Versammlung erforderlichen sachlichen Angaben über Ort und Zeit der Versammlung, Veranstalter, Teilnehmer, Redner, Vortragsgegenstand, Aussprache und Eintrittsgeld enthalten. Plakate und Flugblätter, in denen unter Verletzung dieser Vorschrift politische Versammlungen öffentlich angekündigt werden, können polizeilich beschlagnahmt und eingezogen werden.

§ 11. Wer Plakate und Flugblätter politischen Inhalts an oder auf öffentlichen Wegen, Straßen oder Plätzen anschlägt, ausstellt, verbreitet oder sonst der Öffentlichkeit zugänglich macht, die nicht mindestens vierundzwanzig Stunden vorher der zuständigen Behörde zur Kenntnisnahme vorgelegt worden sind, wird mit Gefängnis bis zu drei Monaten oder mit Geldstrafe bestraft.

Ebenso wird bestraft, wer der Vorschrift des § 10 Abs. 3 zuwider politische Versammlungen öffentlich ankündigt.

§ 12. Druckschriften, in denen eine Kundgebung der im § 1 Abs. 1 Nr. 1 bis 3 bezeichneten Art enthalten ist, können polizeilich beschlagnahmt und eingezogen werden.

Handelt es sich um periodische Druckschriften, so können sie, wenn es Tageszeitungen sind, bis auf die Dauer von acht Wochen, in anderen Fällen bis auf die Dauer von sechs Monaten verboten werden. Für die gleiche Dauer können periodische Druckschriften verboten werden, als deren verantwortlicher Schriftleiter dem Verbote des Reichsgesetzes vom 4. März 1931 (RGBl. I S. 29) zuwider jemand bestellt oder benannt ist, der nicht oder nur mit besonderer Zustimmung oder Genehmigung strafrechtlich verfolgt werden kann.

Das auf Grund dieser Vorschrift oder auf Grund des § 13 des Gesetzes zum Schutze der Republik vom 25. März 1930 (RGBl. I S.91) erlassene Verbot umfaßt auch die in demselben Verlag erscheinenden Kopfblätter der Zeitung sowie jede angeblich neue Druckschrift, die sich sachlich als die alte darstellt oder als ihr Ersatz anzusehen ist.

Quelle: Ernst Rudolf Huber (Hrsg.): Dokumente zur Deutschen Verfassungsgeschichte, Bd. 3, Stuttgart u. s. w.: Kohlhammer, S. 447–448.

Göbbels in seinem Tagebuch am 18. Juli 1932

»Ich rede zum ersten Male im Rundfunk. Aber ich habe das Gefühl, daß diese Rede nicht durchschlagend ist. Der vom Innenministerium eingesetzte Reichsrundfunkkommissar hat ihr die Flügel gestutzt und die Zähne ausgebrochen. Ohne Flügel kann man nicht fliegen und ohne Zähne nicht beißen. Da rede ich lieber abends in Steglitz, Halensee und Neukölln. Da sind die Säle überfüllt und alle Menschen von einer wilden Kampfbegeisterung ergriffen.«

Quelle: Heinz Pohle, Der Rundfunk als Instrument der Politik, Verlag Hans-Bredow-Institut, Hamburg 1955, S. 166.

Adolf Hitler über Staat und Presse

Man pflegt gerade in Journalistenkreisen die Presse gerne als eine »Großmacht« im Staate zu bezeichnen. Tatsächlich ist ihre Bedeutung denn auch eine wahrhaft ungeheuerliche. Sie kann überhaupt gar nicht überschätzt werden; bewirkt sie doch wirklich die Fortsetzung der Erziehung im späteren Alter.

Man kann dabei ihre Leser im großen und ganzen in drei Gruppen einteilen:

erstens in die, die alles, was sie lesen, glauben;

zweitens in solche, die gar nichts mehr glauben;

drittens in die Köpfe, welche das Gelesene kritisch prüfen und danach beurteilen.

Die erste Gruppe ist ziffernmäßig die weitaus größte. Sie besteht aus der großen Masse des Volkes und stellt demgemäß den geistig einfachsten Teil der Nation vor.

Sie kann aber nicht etwa in Berufen benannt werden, sondern höchstens in allgemeinen Intelligenzgraden. Ihr gehören alle an, denen selbständiges Denken weder angeboren noch anerzogen ist, und die teils aus Unfähigkeit, teils aus Nichtkönnen alles glauben, was man ihnen schwarz auf weiß gedruckt vorsetzt. Auch jene Sorte von Faulpelzen gehört dazu, die wohl selber denken könnte, aber aus reiner Denkfaulheit heraus denkbar alles aufgreift, was ein anderer schon gedacht hat, in der bescheidenen Voraussetzung, daß dieser sich schon richtig angestrengt haben wird. Bei all diesen Menschen nun, die die große Masse vorstellen, wird der Einfluß der Presse ein ganz ungeheuerer sein. Sie sind nicht in der Lage oder nicht willens, das ihnen Dargebotene selber zu prüfen, so daß ihre gesamte Einstellung zu allen Tagesproblemen nahezu ausschließlich auf die äußere Beeinflussung durch andere zurückzuführen ist. Dies kann von Vorteil sein dann, wenn ihre Aufklärung von ernster und wahrheitsliebender Seite vorgenommen wird, ist jedoch von Unheil, sowie dies Lumpen oder Lügner besorgen.

Die zweite Gruppe ist in der Zahl schon wesentlich kleiner. Sie ist zum Teil aus Elementen zusammengesetzt, die erst zur ersten Gruppe gehörten, um nach langen bitteren Enttäuschungen nun in das Gegenteil umzuschlagen und überhaupt nichts mehr zu glauben, soferne es nur gedruckt vor ihr Auge kommt. Sie hassen jede Zeitung, lesen sie entweder überhaupt nicht, oder ärgern sich ausnahmslos über den Inhalt, da er ihrer Meinung nach ja doch nur aus Lüge und Unwahrheit zusammengesetzt ist. Diese Menschen sind sehr schwer zu behandeln, da sie auch der Wahrheit immer mißtrauisch gegenüberstehen werden. Sie sind damit für jede positive Arbeit verloren.

Die dritte Gruppe endlich ist die weitaus kleinste; sie besteht aus den geistig wirklich feinen Köpfen, die natürliche Veranlagung und Erziehung selbständig denken gelehrt hat, die sich über alles ihr eigenes Urteil zu bilden versuchen und die alles Gelesene auf das gründlichste noch einmal einer eigenen Prüfung und Weiterentwicklung unterziehen. Sie werden keine Zeitung anschauen, ohne in ihrem Gehirne dauernd mitzuarbeiten, und der Verfasser hat dann keinen leichten Stand. Die Journalisten lieben solche Leser denn auch nur mit Zurückhaltung.

Für die Angehörigen dieser dritten Gruppe ist allerdings der Unsinn, den eine Zeitung zusammenschmieren mag, wenig gefährlich oder auch nur bedeutungsvoll. Sie haben sich ohnehin zumeist im Laufe eines Lebens angewöhnt, in jedem Journalisten grundsätzlich einen Spitzbuben zu sehen, der nur manches Mal die Wahrheit spricht. Leider aber liegt die Bedeutung dieser prachtvollen Menschen eben nur in ihrer Intelligenz und nicht in der Zahl – ein Unglück in einer Zeit, in der die Weisheit nichts und die Majorität alles ist! Heute, da der Stimmzettel der Masse entscheidet, liegt der ausschlaggebende Wert eben bei der zahlreichsten Gruppe, und diese ist die erste: der Haufe der Einfältigen oder Leichtgläubigen.

Es ist ein Staats- und Volksinteresse ersten Ranges, zu verhindern, daß diese Menschen in die Hände schlechter, unwissender oder gar übelwollender Erzieher geraten. Der Staat hat deshalb die Pflicht, ihre Erziehung zu überwachen und jeden Unfug zu verhindern. Er muß dabei besonders der Presse auf die Finger sehen; denn ihr Einfluß ist auf diese Menschen der weitaus stärkste und eindringlichste, da er nicht vorübergehend, sondern fortgesetzt zur Anwendung kommt. In der Gleichmäßigkeit und ewigen Wiederholung dieses Unterrichtes liegt seine ganz unerhörte Bedeutung. Wenn also irgendwo, dann darf gerade hier der Staat nicht vergessen, daß alle Mittel einem Zwecke zu dienen haben; er darf sich nicht durch das Geflunker einer sogenannten »Pressefreiheit« beirren und beschwätzen lassen seine Pflicht zu versäumen und der Nation die Kost vorzuenthalten, die sie braucht und die ihr gut tut; er muß mit rücksichtsloser Entschlossenheit sich dieses Mittels der Volkserziehung versichern und es in den Dienst des Staates und der Nation stellen.

Quelle: Adolf Hitler, Mein Kampf, 56. Auflage, Verlag Franz Eher Nachfolger, München 1933, S. 262 ff.

NS-Presse-Poesie gegen das Abhören von Auslandssendern, (1942)

»Wer London und wer Moskau hört,
verdient den Schierlingsbecher.
Wer heute noch die Ordnung stört,
macht selbst sich zum Verbrecher.
Solch armer Irrer ist fürwahr
im Krieg nicht auf dem Posten,
und seine Dummheit kann sogar
die werte Rübe kosten!«

Quelle: Willi A. Boelcke, Die Macht des Radios, Ullstein Verlag, Frankfurt/M. – Berlin 1977, S. 454.

»Licht in alle Köpfe« – Das FDJ-Organ »Junge Welt« über die Aktion »Blitz contra NATO-Sender«

»Schon heute ist klar: Die Aktion ›Blitz kontra NATO-Sender‹ ist ein weiterer Schritt vorwärts zur Erfüllung des Kampfauftrages des Zentralrats der FDJ. Überall dort, wo die FDJ offen gegen das Hören und Sehen von NATO-Sendern auftritt, gewinnt sie an Autorität, erhöht sich ihr Ansehen bei der ganzen Bevölkerung. Bereits eine kleine Auswahl aus den uns bekannten Beispielen zeigt den Ideenreichtum und die Konsequenz unserer FDJler beim Ringen um Klarheit in den Köpfen unserer Menschen.

Mit allen Menschen offen sprechen

Köthen. Die Mitglieder der FDJ-Grundeinheit Zabitz – darunter auch die Ordnungsgruppe der FDJ – wollen mit den Einwohnern darüber sprechen, daß sie keine NATO-Sender mehr hören und sehen.

Auch die Mitglieder der Jugendbrigade ›Einheit‹ im Konsum verpflichteten sich, mit Kollegen und Einwohnern in ihrem Wohngebiet zu sprechen und zu verhindern, daß sie Westfernsehen, Rias oder andere NATO-Sender einschalten.

Roßwein. Im Schmiedewerk ›Hermann Matern‹ wurden die Hörer von NATO-Sendern öffentlich genannt. Der Fotozirkel fotografierte dann alle nach Westen eingestellten Antennen, die, in Postkartengröße angefertigt, auf einer großen Tafel mit Namen und Adresse vor dem Haupteingang des Werkes zu sehen sind.

Leuna. Im Betriebsfunk des Leunawerkes ›Walter Ulbricht‹ wurden die Rias-Hörer und Westfernseher öffentlich angeprangert und die FDJ-Gruppen und alle Werktätigen aufgerufen, sich mit diesen Kollegen, darunter einer Reihe Jugendlicher, auseinanderzusetzen ...

Die Antennen in Richtung Sozialismus

Borna. Die Ordnungsgruppe der FDJ-Organisation der Zentralwerkstatt Regis besuchte Bürger in der Wohnung und diskutierte mit ihnen über das Hören und Sehen von NATO-Sendern. Anschließend halfen die Freunde selbst die Antennen zu drehen, um einen guten und vor allem richtigen Empfang zu garantieren.

Zeitz. Die FDJler der Rundfunkwerkstatt der IIO haben in einer Aussprache festgestellt, daß sie in Zukunft keinem Kunden mehr eine Ochsenkopfantenne montieren. Sollten Kunden entsprechende Wünsche äußern, so wollen die Freunde mit ihnen darüber sprechen, warum sie keine Ochsenköpfe montieren.

In der Stadt selbst wurden Flugblätter zur Aktion ›Blitz kontra NATO-Sender‹ an diejenigen Häuser geklebt, auf denen sich noch Ochsenkopfantennen befinden, und die entsprechenden Bewohner aufgefordert, ihre Antennen in die richtige Richtung zu drehen.

Eisenach. Auch die FDJler und Jugendlichen der PGH ›Blitz‹ in Eisenach und die Freunde im Dienstleistungsbetrieb der HO in Heiligenstadt gaben die Verpflichtung ab, keine Westantennen mehr zu montieren und entsprechende Veränderungen an den Fernsehgeräten nicht mehr auszuführen ...«

Junge Welt, 8. September 1961

Zensur im Äther: Moskaus Störsender

Die Nomenklaturaklasse hat enorme Angst davor, daß andere Ideen und Worte an das Ohr ihrer Untertanen dringen. Sie fürchtet sich,daß anders klingende menschliche Stimmen, Träger kritischer Gedanken, in den Ohren der Sowjetbürger zu einer verführerischen Dissonanz im monotonen Geheul der ideologischen Front werden und daß die Bürger dann keine Bereitschaft mehr zeigen, mitzuheulen. Um das zu verhindern, trifft die Nomenklatura radikale Maßnahmen.

Sie schalten in der Sowjetunion Ihr Radio ein. Die Stimme eines Auslandssenders. Plötzlich ein unerträglich schriller, sägender Laut, bestehend aus einem Ton, der ununterbrochen weiterschrillt: Eine menschliche Stimme wird mit Hilfe der Radio-Säge erstickt. Sie hören diese Stimme nicht mehr, aber Sie wissen, daß Sie auf russisch oder in einer anderen Sprache der Völker der UdSSR zu Ihnen spricht und daß die Nomenklatura Ihnen die Ohren verstopft, damit Sie nichts hören.

Die Ohren verstopft sie Ihnen, aber nicht sich selbst. Im Radio-Komitee und in der Presseagentur TASS werden die gestörten Sendungen aufgezeichnet und ihr Wortlaut unverzüglich mit der Rotationsmaschine für das geheime Informationsblatt über aufgefangene Radiosendungen vervielfältigt. Die Würdenträger der Nomenklatura können sie ohne Eile lesen.

Die Türme der Störsender kann man in vielen Großstädten der RSFSR und in den Hauptstädten der Unionsrepubliken erblicken. Das Stören kostet viel Geld – ein Störsender ist ein richtiger Sender mit allen Apparaten und mit entsprechendem Personal, aber er verbreitet keine Information, sondern schickt Wellen aus, die durch den knirschenden Ton einer Säge die menschliche Stimme übertönen sollen.

Die Technik des Störens ist nicht sehr effektiv. Man braucht nur wenige Kilometer von Moskau oder von einer anderen Großstadt, in welcher sich der Störsender befindet, wegzufahren, um die gestörten Sender zu empfangen. Es wäre aber falsch, daraus den Schluß zu ziehen, daß das Stören sein Ziel nicht erreicht. Die Großstädte sind Ballungspunkte der Intelligenzia, die auf diese Weise ziemlich zuverlässig von jenen Sendungen ausländischer Radiostationen abgeschnitten werden, die der sowjetischen Nomenklatura nicht passen.

Die Praxis des Störens wird in der Sowjetunion nunmehr schon seit 30 Jahren geübt. Im Laufe dieser Zeit wechselten die Zielobjekte der Störsender. Es gab eine Zeit, da alle russischen Sendungen aus dem Ausland gestört wurden. Es gab auch eine Zeit, in der keine einzige dieser Sendungen gestört wurde. In letzter Zeit werden nur die Sendungen von »Radio Liberty« und »Radio Free Europe« gestört. Die anderen Sendungen in russischer Sprache werden nicht gestört. Jedoch wurde das sowjetische Radio-Komitee vom ZK angewiesen, den Empfang tunlichst zu erschweren. Daher wird gewöhnlich auf der entsprechenden Welle von sowjetischer Seite eine Gegenwelle ausgeschickt, hauptsächlich mit Musik oder Gesang.

Quelle: Michael S. Voslensky, Nomenklatura – Die herrschende Klasse der Sowjetunion, Verlag Fritz Molden, Wien – München 1980, S. 417 ff.

II. MASSENPROPAGANDA

Göbbels in seiner Rede zur Eröffnung der Funkausstellung 1936

»Im Rahmen einer ganz neuartigen Menschenführung, wie sie vom Nationalsozialismus zum ersten Male praktisch eingeleitet wurde, ist der Rundfunk eines der modernsten und wichtigsten Mittel. Er konnte deshalb nicht den Eigensüchteleien der Länder überlassen bleiben. Er gehörte, das hatte der Nationalsozialismus klar erkannt, in die Hand einer zentralen Instanz, die ihn nun bewußt und planmäßig als Volkserziehungs-, Volksführungs- und Volksbildungsmittel einsetzte. Darum ressortiert auch der Rundfunk bei uns nicht wie in allen anderen Ländern bei einem Fach-, sondern einem politischen Ministerium.«

Quelle: Heinz Pohle, Der Rundfunk als Instrument der Politik, Verlag Hans-Bredow-Institut, Hamburg 1955, S. 231.

Befehl Adolf Hitlers vom 8. 9. 1939, betr. den Stellenwert der Propaganda
Auszug aus dem Befehl des Führers

Berlin, den 8. 9. 39

1. Die Propaganda ist ein wichtiges Instrument der Führung zur Förderung und Festigung des eigenen Siegeswillens und zur Zerstörung des Siegeswillens und der Moral der Gegner. Es gibt im Kriege keine Kompetenzprobleme. Entscheidend ist, daß das Instrument der Propaganda wirksam gehandhabt wird. Alle anderen Fragen sind demgegenüber bedeutungslos.
2. Der im Laufe der Jahre aufgebaute Propagandaapparat des Propagandaministeriums ist die zentrale Einrichtung für die praktische Durchführung der Propaganda. Seine Zerschlagung im Kriege würde ähnlich sein einer Zerschlagung bestimmter Wehrmachtsteile.

Quelle: Ortwin Buchbender, Das tönende Erz, Seewald Verlag, Stuttgart 1978, S. 294.

Mit spontanen Aktionen gegen stalinistische Elemente, gegen die Geheimpolizei und gegen stationierte sowjetische Truppen begann am 23. Oktober der ungarische Volksaufstand. Von Rebellen besetzte Provinzsender berichteten bereits am 25. Oktober über Ziele der Erhebung: Abschaffung des kommunistischen Einparteiensystems. Herstellung demokratischer Freiheiten, Abzug der sowjetischen Truppen, Neutralisierung Ungarns. Die am 24. Oktober gebildete kommunistische Regierung Nagy wurde in die Defensive gedrängt; die Aufstandsbewegung, zunächst zur faschistischen Konterrevolution erklärt, mußte von ihr legitimiert werden.

Während des Aufstands meldeten sich nicht weniger als 14 lokale ungarische Sender mit ihrer Freiheitsbotschaft im Äther, waren aber meist zu schwach, um im ganzen Land gehört zu werden. Die hochspezialisierten Apparaturen der RFE-Monitore in Schleißheim und in einem Behelfsquartier in Wien zeichneten die Sendungen auf, die dann als Rebroadcasts von der »Voice of Free Hungary« für das ganze Ungarn ausgestrahlt wurden, hörbar in allen Winkeln des Landes, weil die Aufständischen die Störsender außer Betrieb gesetzt hatten. Über die mächtigen RFE-Strahler bei München erfuhren die Ungarn von dem überall im Lande aufflammenden Umbruch, wie das Feuer der Revolution immer weitere Landesteile erfaßte, von dem Interessengleichklang der Aufständischen, den trotz regionaler Unterschiede gemeinsamen Zielen der Befreiungskomitees. Das Beispiel der anderen, von denen RFE sprach, ermutigte und spornte zu neuen Aktionen an. Das Radio bündelte die zündenden Parolen der Massenerhebung und trug sie vom Plattensee bis in die Pußta, von den Karpaten bis ans Eiserne Tor. Vom 25. Oktober bis 5. November »stand« RFE mit einem täglichen 24-Stunden-Programm im ungarischen Äther. Schuf das Radio nur die Aura einer Illusion? Felix von Eckhardt, Bundespressechef und ein Vertrauter des deutschen Bundeskanzlers: »Es fiel mir schwer, mein tägliches Arbeitspensum zu erledigen, denn ob im Büro oder zu Hause, es kostete Überwindung, sich vom Rundfunkgerät zu trennen. Jedermann in Deutschland bangte um das Schicksal Ungarns, wünschte, daß es diesem tapferen Volk gelingen möge, sich vom kommunistischen Joch zu befreien . . .«

Fast schien es, als hätten die Rebellen am 30./31. Oktober den unglaublichen Sieg errungen. 30. Oktober, 15.05 Uhr »Freies Radio Kossuth«, Budapest: »Liebe Hörer! In dieser Stunde beginnen wir ein neues Kapitel in der Geschichte des ungarischen Rundfunks. Lange Jahre hindurch war das Radio ein Werkzeug der Lüge. Es hat Befehle ausgeführt. Es hat nachts gelogen, es hat tags gelogen, es hat auf allen Wellenlängen Lügen ausgestrahlt... Diejenigen, welche Verkünder der Lüge waren, sind von dieser Minute ab nicht mehr Mitarbeiter des ungarischen Rundfunks...« Unerwartet erhob sich die Stimme Pekings im Äther und warf den Russen »Großmacht-Chauvinismus« vor. – »Radio Kossuth«, 31. Oktober, 8.00 Uhr: »Nach eingegangenen Meldungen haben die sowjetischen Truppen bei Morgengrauen das Stadtgebiet von Budapest verlassen.« 16.20 Uhr: »›Neben dem Radio‹, Gedicht von Károly Jobbágy:

Man spricht von uns in allen Sprachen.
Im Äther kreischt und pfeift es voll Bewunderung
Für den Kampf Davids
mit dem Goliath.«

Am Abend des 1. November verkündete das Kabinett Nagy Ungarns Neutralität, bat um Schutz durch die vier Großmächte und verständigte die UNO. 2. November, 22.30 Uhr, der FDP-Bundestagsabgeordnete Hubertus Prinz zu Löwenstein sprach über den »Freien Sender Kossuth«, Budapest: »... noch ist dieser Kampf nicht zu Ende... Wir wissen nicht, was die nächsten Tage bringen werden, wir wissen nicht einmal, was die nächsten Stunden bringen werden... Und wenn wir als Deutsche da etwas beitragen können durch unsere moralische und unsere materielle Hilfe, dann meine ich, sollten wir es tun und zwar gleich.«

Offenbar nicht ahnend, daß der Eiserne Vorhang bereits im Herabfallen war, begann »Freies Radio Kossuth« am 4. November, 4.30 Uhr: »Guten Morgen, liebe Hörer. Heute ist Sonntag, der 4. November 1956. Im Kalender steht der Name Karl.« 5.05 Uhr, eine sowjetisch kontrollierte Radiostation brachte die schockierende Nachricht, daß Parteisekretär János Kádar und drei weitere Mitglieder des Kabinetts Nagy auf die sowjetische Seite übergewechselt seien, um eine neue Regierung gegen Nagy zu bilden. Endlich um 5.20 Uhr brach »Radio Kossuth« Budapest das gespannte Schweigen. Imre Nagy erklärte: »... Heute im Morgengrauen haben die sowjetischen Truppen gegen unsere Hauptstadt den Angriff eröffnet mit dem offensichtlichen Ziel, die legale ungarische demokratische Regierung zu stürzen. Unsere Truppen stehen im Kampf...« Die Mitteilung wurde ab 5.35 Uhr alle zwei Minuten in Englisch, Französisch, Deutsch und in einer slawischen Sprache wiederholt. Der Sender befand sich im Parlamentsgebäude, in einem Seitenflügel. Julius Hay, der bekannte ungarische Dramatiker, sprach über ihn Hilferufe, während russische Soldaten bereits das Gebäude besetzten. 7.25 Uhr, »Freier Sender Kossuth«

verschwand mit wiederholten SOS-Signalen aus dem Äther. Chaos in Budapest. Am Abend befand sich die Station in den Händen der Kádár-Regierung, die sogleich Nagys Gesuch an die UNO für ungültig erklärte. Die Regierung Nagy sei nicht mehr im Amt. 22.15 Uhr, »Radio Kossuth«: »Genosse Wilhelm Pieck hat der Kádár-Regierung ein Grußtelegramm geschickt.«

Stalinorgeln feuerten auf den Burgberg in Buda. Gekämpft wurde in Dunapentele, Pecs, in Miskolcz, in Keczkemet. Freiheitssender, von Soldaten und Amateuren betrieben, funkten Schreie der Verzweiflung, flehende Bitten um Rettung, letztes Aufbäumen von Widerstand – Minuten, die zu Ewigkeiten wurden. 4. November, 14.35 Uhr: »Hier ist das Radio der ungarischen Armee, genannt Radio Rákóczi. Wir brechen ab, denn wir sind in unmittelbarer Gefahr.« 13.32 Uhr, »Freier Sender Vac«: »Achtung, Radio Freies Europa, Achtung! Wir bitten um unmittelbare Information. Kommt Hilfe aus dem Westen?« 15.20 Uhr, »Freier Sender Csokonai«: »Wir bitten Radio Freies Europa, sofort die folgende Botschaft an den UN-Generalsekretär zu übertragen.« 5. November, 17.30 Uhr, »Radio Roka«, 8. Distrikt in Budapest: ». . . Die Situation verschlechtert sich mehr in jeder Stunde. Nur militärische Hilfe kann uns retten . . .« 13.48 Uhr: ». . . Hilfe, Hilfe, Hilfe, Radio Rákóczi, Ungarn . . .« Der gleiche Sender richtete am Vormittag (11.00 Uhr) einen Appell an die sowjetischen Soldaten in russischer Sprache: »Russische Soldaten, die ungarische Nation erhebt sich gegen die Eroberer, gegen Tyrannei. Hier ist kein Faschist unter uns. Die ganze Nation kämpft für die Freiheit. Ihr wißt nicht, daß ihr gegen Arbeiter kämpft . . .« 7. November, 9.35 Uhr, »Sender Rákóczi«: »Im Namen aller aufrichtigen Ungarn appellieren wir an alle aufrichtigen Menschen in aller Welt . . . Müssen wir nochmals appellieren? Liebt ihr die Freiheit . . . Wir sind verwundet . . . Das letzte Stück Brot ist gegessen . . . Die UN ist fähig, weiteres Blutvergießen zu stoppen . . . Dies ist unsere Botschaft an Präsident Eisenhower . . . Wir haben keine Antwort auf unseren Appell erhalten . . .« 10.12 Uhr: »In Ägypten wird die UN-Resolution ausgeführt . . . Wir bitten um ähnliche Maßnahmen für Ungarn . . . Freies Europa, München . . . Achtung! Wir bitten, in Russisch den folgenden Appell an die sowjetischen Soldaten in Ungarn zu wiederholen . . .« 14.35 Uhr: »Der Kampf geht mit unverminderter Heftigkeit weiter. Wir unterbrechen jetzt unsere Sendung für unbestimmte Zeit . . .« Der Sender wurde nie mehr gehört. 9. November, 15.29 Uhr, ein nicht identifizierbarer Freiheitssender: »Wir bitten dringend um aktive Intervention, bevor es zu spät ist. Bitte helft uns, unser Land zu retten.« 22.15 Uhr: »Sendet Nachrichten. Im allgemeinen und im einzelnen. Wir warten auf Nachrichten.

Sagt etwas«! »Radio Moskau« antwortete am gleichen Abend: »Ruhe regiert in den Straßen und auf den Plätzen von Budapest.« Zum dritten Mal in seiner Geschichte war Ungarn von den Russen erobert worden, zweimal in der Uniform der Roten Armee.

Quelle: Willi A. Boelcke, Die Macht des Radios, Ullstein Verlag, Frankfurt/M. – Berlin 1977, S. 553 ff.

Walter Ulbricht interviewt sich selbst

Ulbricht nutzte die Situation weidlich aus. Das Schiff, mit dem er nach Alexandrien fuhr, hieß »Völkerfreundschaft«, und eines Tages erhielt ich ein Kabel, in dem angefragt wurde, ob »Al Ahram« an einem Interview mit Ulbricht interessiert sei. Ich kabelte mein Einverständnis zurück und fügte hinzu, daß wir bei seiner Ankunft zur Verfügung stehen würden. Noch am selben Nachmittag erhielten wir per Kabel von der »Völkerfreundschaft« rund zwanzig lange Fragen, die Ulbricht sich selbst gestellt und selbst beantwortet hatte. Natürlich griff er Bonn an.

Die Sache war mir nicht ganz geheuer, weil wir die Fragen ja nicht selbst gestellt hatten. Ich setzte mich mit Präsident Nasser in Verbindung und sagte ihm, ich hätte ein Geschenk erhalten, um das ich nicht gebeten hatte – allerdings sei es ein durchaus annehmbares Geschenk. Der Präsident erwiderte: »Veröffentlichen Sie es ruhig.«

Quelle: Mohammed Heikal, Das Kairo-Dossier – Aus den Geheimpapieren des Gamal Abdel Nasser, Verlag Fritz Molden, Wien – München 1972, S. 285.

Geheimsender gegen die Sowjetmacht

Während der 54 Jahre seiner Existenz hat das sowjetische Regime, dank der totalen Zentralisierung der Presse, des Fernsehens und des Rundfunks, das Informations-Monopol zu wahren gewußt – andere Nachrichten-Quellen wurden durch die Zensur und striktes Totschweigen unterdrückt. Aber es hat sich erwiesen, daß diese Technik der Einheits-Information durchaus nicht unfehlbar ist. Noch unvollkommen, aber bereits wirksam, haben sich inzwischen Formen der geheimen Kommunikation herausgebildet, die sich den Bedingungen des herrschenden Systems anpassen und dadurch mehr und mehr an Boden gewinnen. Die Zeitschrift *»Samisdat«*, die unter dem Mantel literarischer Zielsetzung und politischer Abstinenz den Zensur-Behörden zu entgehen wußte, ist heute, obwohl niemand ernsthaft an eine »Liberalisierung« des Regimes denken kann, weiter denn je verbreitet. Die Möglichkeiten, die sich daraus ergeben, sind groß.

Und nun scheint auch das dichte Netz, das den Radioempfängern die Informationen filterte, bereits durchlöchert zu sein. Es gibt eine Reihe von Geheimsendern, die seit der Erfindung der Transistoren von Jahr zu Jahr ihre Leistungen erhöhen. Schon 1964 zeigte sich die zentrale Presse der UdSSR über die ansteckende Tätigkeit einiger Sender beunruhigt, die ohne Lizenz arbeiteten, besonders in Kasachstan, wo vornehmlich eine junge Bevölkerung beheimatet ist. Mit fortschreitender Entwicklung näherte sich diese »neue Mode« der Geheimsender den großen städtischen Zentren des europäischen Rußland. Die Städte Nowomoskowsk, Donskoy, Trusniansk und andere wurden von den Sendern »Ludmilla«, »Venus«, »Der Tau«, »Schmetterling«, »403«, »Kaukasus«, »Mars«, »Die Laterne« und »Rubin« versorgt, die auf der Wellenlänge von Radio Moskau arbeiteten und dessen Sendungen störten. Obwohl bald strengste Abwehrmaßnahmen einsetzten, ließ sich die Tätigkeit der Amateure nicht unterbinden. Die Zeitung *»Sowjetskaja Russia«* berichtete am 17. Januar 1964 über die Demontage dreier derartiger Sender und die Verurteilung der Besitzer zu Freiheitsstrafen von drei bis vier Jahren. In bezug auf die Aktivisten der Geheimsender pflegt die »Komsomolskaja Prawda« von »Wellen-Gangstern«, »Saboteuren«, »Kriminellen« und »Radio-Piraten« zu schreiben. Sie gibt zu, daß es sich bei den »Saboteuren« um junge Arbeiter zwischen 17 und 18 Jahren handelt. Die Reportage dieser Systemzeitung schließt mit einer Drohung: »Wenn Sie Ihren Empfänger anstellen und Sie hören die Stimme eines Wellenpiraten, dann müssen Sie wissen, daß er zu derselben Sorte gehört wie die Bande der bestraften Verbrecher.«

Es scheint aber, als hätten diese Warnungen wenig Erfolg gehabt, denn die *»Literaturnaja Gasjeta«* stieß einen neuen Alarmschrei aus – die »Piraten« operierten diesmal in der Nähe von Kiew! Allein in der Stadt Belaya Tserkow wurden 200 Geheimsender entdeckt – davon 198 »Lizenzlose« und zwei »Piraten«. Diese an sich lächerliche Unterscheidung weist darauf hin, daß die einen mehr unpolitische, die anderen jedoch gezielt anti-sowjetische Propaganda betrieben.

Am 24. Oktober 1969 publizierte die »Prawda Wostock« einen Artikel über die Entdeckung weiterer vier Rundfunk-Stationen und die Festnahme des »Betriebspersonals«. Die Mehrzahl der Beschuldigten war 17 bis 18 Jahre alt.

Ein Jahr später schrieb die *»Nedelia«: »Man weiß nicht mehr, wie man dieser wahren Epidemie Herr werden soll.«*

Diese Radio-Amateure operieren vornehmlich auf Kurzwellen mit Hilfe von improvisierten Vorrichtungen, die bei der Gefahr der Entdeckung in wenigen Augenblicken abgebaut werden können. Es gibt aber auch einige Mittelwellen-Sender; sie sind wesentlich komplizierter. Wenn man den sowjetischen Veröffentlichungen Glauben schenken kann, haben die heutigen Geheimsender eine Reichweite von 50 bis 80 Kilometer.

Die Tätigkeit der illegal arbeitenden Amateure setzt sich verstärkt fort. Sie sind dabei, eine heute allerdings noch bescheidene Bresche in das System zu schlagen, und zwar mit den Mitteln, die bisher der Agitprop allein vorbehalten waren. Es handelt sich bezeichnenderweise um eine innere sowjetische Angelegenheit, die nicht vom Westen gesteuert wird und einen neuen Geist dokumentiert, mit dem der Neostalinismus noch große Schwierigkeiten haben wird.

Quelle: Michel Slavinsky, Geheimsender gegen die Sowjetmacht, in: Nation Europa, Heft 5/1971, S. 50 f.

III. PROPAGANDAKRIEG

Der Propagandakrieg aus nationalsozialistischer Perspektive

Von Bannführer Karl-Heinz *Rüdiger*

Deutschland ist nicht mehr vom internationalen Nachrichtenverkehr abgeschlossen. Der Rundfunk hat den Äther erobert, und eine straffe politische Führung sorgt dafür, daß keine gegnerische Propagandalüge ein langes Leben hat. Jeder Versuch einer politischen Irreführung wird durch eine blitzschnelle Aufklärung abgewehrt, jede Fälschung durch die Darstellung des wahren Sachverhalts sofort Lügen gestraft. Darum spielt sich ein bedeutender Teil des Propagandakrieges auf den Ätherwellen ab. Wie sehr wir aus einer schweren Vergangenheit gelernt haben, beweisen unsere Abwehrerfolge gegen Englands Lügenministerium.

Neben die Abwehr der gegnerischen Propaganda ist eine aktive und in ihren Auswirkungen erfolgreiche Gegenpropaganda getreten. Sie hat nicht nur die Aufgabe, die inneren Kräfte des deutschen Volkes zusammenzufassen und durch Aufklärung als politisches Führungsmittel zu wirken, sondern auch die öffentliche Meinung des befreundeten und neutralen Auslandes zu beeinflussen und den Gegner durch klug ausgewählte Beweismittel auszuschalten.

Um Erfolg in der Abwehr zu haben, müssen die propagandistischen und politischen Parolen der Feindmächte mit unmittelbarer und schlagartiger Aufklärung bekämpft werden. Eine entschlossene politische Führung muß stets zum Gegenschlag bereit sein. Die britische Propaganda im Weltkrieg hatte zwei Propagandaparolen: Sie kämpfte »gegen den deutschen Kaiser« und »gegen den deutschen Militarismus als eine alle Völker abschreckende Barbarei«. Auf deutscher Seite stellte man infolge des mangelnden Verständnisses für die Wirksamkeit politischer Parolen nichts als einige patriotische Aufrufe dagegen und tröstete sich damit, daß Lügen kurze Beine hätten und am wirksamsten durch ein sachliches, betont objektives Dementi abgewehrt würden. Wenn es um das Sein oder Nichtsein eines Volkes geht, entscheidet aber nicht ein objektiv dargestellter Tatbestand, sondern die Schlagkraft politischer Parolen, die die Dinge in ihrer krassesten Form nennen und nur Recht oder Unrecht, Wahrheit oder Lüge kennen. Wenn nunmehr nach fünfundzwanzig Jahren England seinen Kampf mit den gleichen Propagandamethoden wie im Weltkrieg zu führen trachtet und glaubt, wieder die alten Lügen und Verleumdungen mit Erfolg anwenden zu können, so steht ihm heute von der ersten Stunde des Kampfes an ein anderes Deutschland gegenüber. Die Kriegsschuld Englands ist dank unserer Aufklärungsarbeit in Rundfunk und Presse der ganzen Welt bekannt. Unser Kampf gegen den Churchillismus und gegen die Anmaßungen des Britentums als des Feindes Europas geht alle Völker an. Sie haben aufgehorcht und folgen nicht mehr willig und blindlings den betörenden Worten Britanniens wie vor fünfundzwanzig Jahren. Die Macht des geschlossenen völkischen Blockes Großdeutschlands wirkt sich nicht nur politisch, sondern auch moralisch in der Welt aus. Der Sieg aber ist stets jenen Völkern beschieden gewesen, die in der Lage waren, große Gefahren und Kriegsnöte mit innerer Einheit und kämpferischem Selbstvertrauen zu überstehen.

Quelle: Gert Bennewitz, Wehrpolitisches Handbuch, Ludwig Voggenreiter Verlag, Potsdam 1940, S. 109 ff.

Programm des Deutschen Kurzwellensenders für Mittwoch, den 6. April 1938 (Zeit = MEZ)

Zone: Asien/Australien.

6.05	Uhr	Ansage (deutsch, englisch) Im Krug zum grünen Kranze (deutsches Volkslied)
6.10	„	Bunte Musik
7.00	„	Nachrichten (deutsch)
7.15	„	Bunte Musik (Fortsetzung)
7.50	„	Grüße an unsere Hörer
8.00	„	Nachrichten und Wirtschaftsdienst (englisch)
8.15	„	Deutschlandecho: Das fleißige Deutschland
8.30	„	So sieht's bei uns im Frühling aus. Osterspaziergang der Familie Fröhlich
8.45	„	Der fliegende Holländer. Oper von Richard Wagner (Übernahme vom Reichssender Stuttgart)
10.15	„	Wir hatten einen guten Empfang (Hörerbriefe an den Deutschen Kurzwellensender)
10.30	„	Nachrichten und Wirtschaftsdienst (deutsch)
10.45	„	Zeitungsschau (Hans Fritzsche) *Wird jeden Mittwoch für alle Zonen gesendet. Zu dieser Zeit werden an anderen Wochentagen deutsche oder englische Wortsendungen geboten.*
11.00	„	Volkstümliches Orchesterkonzert
12.00	„	Unterhaltungskonzert
13.00	„	Nachrichten (englisch)
13.15	„	Unterhaltungskonzert (Fortsetzung)
13.55	„	Grüße an unsere Hörer in Britisch-Indien
14.00	„	Nachrichten und Wirtschaftsdienst (deutsch) *Von 14.00 Uhr ab sind die Sendungen vorzugsweise für Ostasien bestimmt, während im Vorstehenden das Schwergewicht auf Australien lag.*
14.15	„	Wir hatten einen guten Empfang (Hörerbriefe an den Deutschen Kurzwellensender)
14.30	„	Meisterkonzert: Wilhelm Backhaus, Klavier
15.00	„	Nachrichten und Wirtschaftsdienst (englisch und niederländisch)
15.15	„	Deutschlandecho: Das fleißige Deutschland
15.30	„	Deutschlands Weg in die Zukunft. Fünf Jahre Drittes Reich
16.30	„	Unser völkisches Erbgut. Brücken lebendiger Vergangenheit und Zukunft (Vortrag)

16.45 „ Zeitungsschau (Hans Fritzsche)
17.00 „ Absage (deutsch, englisch)

Zone: Mittel- und Südamerika.

22.50 Uhr Ansage (deutsch, spanisch)
Im Krug zum grünen Kranze (deutsches Volkslied)
22.55 „ Grüße an unsere Hörer
23.00 „ So sieht's bei uns im Frühling aus. Osterspaziergang der Familie Fröhlich
23.15 Uhr Dichter des Dritten Reiches. Es sprechen: Hanns Johst, Baldur v. Schirach, Gerhard Schumann, Heinrich Anacker, E. W. Möller, H. J. Nierentz, Wolfram Brockmeier.
Zu dieser Zeit wird an anderen Tagen zumeist ein spanisches oder portugiesisches Programm gesendet.
23.45 „ Nachrichten und Wirtschaftsdienst (deutsch)
24.00 „ Äthercocktail
(Humorvolle bunte Sendung)
1.15 „ Nachrichten und Wirtschaftsdienst (spanisch)
1.30 „ Klavierstücke von Franz Schubert. Es spielt Theophil Dimitriescu
2.00 „ Wir hatten einen guten Empfang (Hörerbriefe an den Deutschen Kurzwellensender)
2.15 „ Deutschlandecho: Das fleißige Deutschland
2.30 „ Zeitungsschau (Hans Fritzsche)
2.45 „ Lieder von Richard Strauß und Hans Pfitzner
3.00 „ Nachrichten (deutsch)
3.15 „ Bunt ist die Welt der Operette (Operettenkonzert)
4.30 „ Nachrichten (spanisch)
4.45 „ Grüße an unsere Hörer
5.00 „ Absage (deutsch, spanisch)

Zone: Afrika.

16.40 Uhr Ansage (deutsch, englisch)
Im Krug zum grünen Kranze (deutsches Volkslied)
16.45 „ Musik zum Feierabend (Übernahme vom Reichssender Köln)
17.15 „ Die großen Pioniere der deutschen Tropenmedizin.
50 Jahre deutscher Forscherarbeit (Prof. Dr. Rose)
17.30 „ Lieder von Richard Strauß und Hans Pfitzner
17.45 „ Grüße an unsere Hörer
17.50 „ Cembalo-Konzert
18.00 „ Dichter des Dritten Reiches *(siehe oben)*

18.30	„	Wir hatten einen guten Empfang (Hörerbriefe an den Deutschen Kurzwellensender)
18.45	„	Nachrichten und Wirtschaftsdienst (deutsch)
19.00	„	Unter dem Kreuz des Südens. Sondersendung für Südafrika (Dichtung und Musik)
19.45	„	Dienst am Hörer. Es sprechen die Referenten der Abt. Sendezonen
20.00	„	Nachrichten und Wirtschaftsdienst (englisch)
20.15	„	Deutschlandecho: Das fleißige Deutschland
20.30	„	Zeitungsschau (Hans Fritzsche)
20.45	„	Äthercocktail (Humorvolle bunte Sendung)
22.00	„	Nachrichten (deutsch und englisch)
22.25	„	Absage (deutsch, englisch)

Quelle: Heinz Pohle, Der Rundfunk als Instrument der Politik, Verlag Hans-Bredow-Institut, Hamburg 1955, S. 434 f.

Briefe an den Deutschen Kurzwellensender, den Auslandsdienst des Dritten Reiches

Charakteristische Zitate aus Briefen auslandsdeutscher und ausländischer Hörer:

a) Über die Hörbarkeit des Deutschen Kurzwellensenders nach seiner Verstärkung im August 1936:

Lac, Neu Guinea, Niederländisch-Indien: »Der Deutsche Kurzwellensender überbietet jetzt alle anderen Sendungen der Welt an Lautstärke und Reinheit.«

Lake Arrowhead, Australien: »England may rule the wayes, but Germany rules the air.«

b) Über den Deutschen Kurzwellensender als Brücke zwischen dem Auslandsdeutschtum und der deutschen Heimat:

Tsumeb (Südwestafrika): »Mancher deutsche Volksgenosse, der schon der Heimat fast entfremdet war, wurde langsam und sicher, wenn er an irgendeinem Empfänger saß und den Worten und Klängen der alten Heimat lauschte, zurückgeführt zu seinem Deutschtum.«

Pouso Alegre/Sul De Minas, Brasilien: »Den Bogen, bei uns hier draußen so sehr ergreifend das Heimweh zu erwecken, daß einem die Tränen kommen, haben Sie gut heraus.«

c) Über die auslandspropagandistische Arbeit des Deutschen Kurzwellensenders:

Cali, Kolumbien: »Ganz Cali hört nur noch Deutschland, wie es mir schon unendlich viele Kolumbianer versichert haben, zumal da Sie ja auch viel spanisch ankündigen und sprechen. Ich kann Ihnen nur gratulieren, denn die Propaganda für Deutschland ist unbeschreiblich. Es wird kaum einen geben, der sich nicht die Olympischen Sondersendungen angehört hätte. Sogar die Zeitungen veröffentlichten das Programm des Deutschlandsenders.« (Gemeint ist der Deutsche Kurzwellensender – Verf.)

Paranagua, Parana, Brasilien: ». . . Da ist es der Kurzwellensender, der uns die Kampfmittel liefert, damit Schlag auf Schlag pariert werden kann. Durch schnelle Orientierung aller Reichsdeutschen und Deutschblütigen geht von Mund zu Mund die Wahrheit in Kreise, die es wissen müssen. . . . Sie haben nicht nur dankbare Hörer, sondern pflichttreue Mitarbeiter in der Leistung von Kleinarbeit und Weiterverbreitung der Wahrheit über unser geliebtes Vaterland und seinen Kampf um die Lebensrechte einer zivilisierten Nation.«

Quelle: Heinz Pohle, Der Rundfunk als Instrument der Politik, Verlag Hans-Bredow-Institut, Hamburg 1955, S. 437 ff.

Deutsche Geheimsender im Sommer 1942

Auslandsdirektor
Dr. Winkelnkemper

Berlin, 26. 6. 1942

Geheim! Geheime Reichssache

ÜBERSICHT ÜBER DIE AM 25. 6. 42 IN BETRIEB BEFINDLICHEN CONCORDIA-SENDER

Nach *England* gerichtete Concordia-Sender:
Verantwortlich: Dr. Erich *Hetzler.*

Dr. Hetzler vom Auslandsdirektor mit der Leitung der Concordia-Sender beauftragt.

Genaueste England-Erfahrung während 13jährigem Aufenthalt in England, davon 4 Jahre als England-Referent des Reichsaußenministers v. Ribbentrop.

Mit Dr. Raskin die Concordia aufgebaut.

Kluger, wendiger Propagandist wie Erfolge beweisen. Politisch propagandistische Linie durchaus in unserem Sinne.

1. *Concordia »N«:* »New British Broadcasting Station«
   Tendenz: Nationale, den Empire-Gedanken betonende, gegen Churchill's Abenteuerpolitik gerichtete Zersetzungspropaganda mit pazifistischem Unterton.
   Läuft seit dem 25. 2. 1940
   Tägliche Sendezeit etwa 1½ Stunden
   3 Kurzwellen: 25,08 m; 30,77 m; 41,07 m.

2. *Concordia »NW«:* »Caledonia«
   Tendenz: Schottisch-nationalistischer Sender mit auf Schottland zugeschnittener Tendenz, ähnlich der von Concordia »N«.
   Läuft seit dem 27. 6. 1940
   Tägliche Sendezeit ca. 30 Minuten
   1 Kurzwelle: 42,9 m.

3. *Concordia »S«:* »Workers' Challenge«
   Tendenz: Sozialrevolutionäre Arbeiterpropaganda. Antikapitalistische Zersetzungspropaganda, die sich an die radikalen Schichten der britischen Arbeiterschaft wendet und versucht, Unruhe und Unfrieden zu stiften.
   Läuft seit dem 7. 7. 1940
   Tägliche Sendezeit ca. 15 Minuten
   1 Kurzwelle: 213 m.

Nach den arabischen Ländern gerichteter Concordia-Sender:
Verantwortlich: Dr. Gerhard *Rott.*

Referent für die Orientpresse in der Auslandspresseabteilung des RVPM.

Concordia »A«: »Stimme des freien Arabiens«
Tendenz: Anti-britische, hauptsächlich auf Ägypten abgestellte, den pan-arabischen Gedanken vertretende Freiheitspropaganda.
Läuft seit dem 9. 5. 1941
Tägliche Sendezeit ½ Stunde
1 Kurzwelle: 30 m.

Nach Indien gerichteter Concordia-Sender:
Verantwortlich: Staatssekretär Keppler. Für die Durchführung verantwortlich: Herr Meissner (Concordia)

Concordia »H«: Freies Indien«
Tendenz: Sender der Befreiungsbewegung Subhas Chandra Boses. Gegen den anglo-amerikanischen Imrialismus gerichtete Propaganda für die Befreiung Indiens.
Läuft seit dem 7. 1. 1942
Tägliche Sendezeit 4 Stunden
2 Kurzwellen: 20,34 m; 26,16 m.

Nach der Sowjetunion gerichtete Concordia-Sender:
Verantwortlich: Ministerialrat Dr. *Taubert* (RMVP). Fräulein Jankowski (Concordia)
Fräulein Jankowski ist Rußland-Deutsche, war bis 1918 in Rußland, Genaue Kennerin der russischen Propaganda.

1. *Concordia »V«:* »Alte Garde Lenins«
Verantwortlich: Karl *Albrecht*
Albrecht (Verfasser des »Verratenen Sozialismus«)
Tendenz: gegen Stalin gerichtete leninistische Zersetzungspropaganda
Läuft seit dem 29. 6. 1941
Tägliche Sendezeit 1 Stunde
2 Kurzwellen: 43,8 m (nur 1 Sendung) und 31,82 m.

2. *Concordia* »Y«*:* »Für Rußland«
Verantwortlich: Alex *Birk.*
Birk bis 1938 in Estland, Rußlandkenner, Mutter ist Russin.
Tendenz: gegen den Bolschewismus gerichtete nationale, großrussische Zersetzungspropaganda.
Läuft seit dem 30. 6. 1941
Tägliche Sendezeit 40 Minuten
1 Kurzwelle: 26,39 m.
Im übrigen verweise ich auf die Tendenzberichte, die jede Woche an das RMVP geliefert werden.

Verteiler:
1. Reichspropagandaministerium
2. Dr. Hetzler, Concordia
3. Ausl. Dir./z. d. A.

Unterschrift
(Dr. Winkelnkemper)

Quelle: Reimund Schnabel, Mißbrauchte Mikrofone – Deutsche Rundfunkpropaganda im Zweiten Weltkrieg, Europa Verlag, Wien 1967, S. 93 ff.

Tägliche Sendezeit staatlicher deutschsprachiger Auslandsdienste 1973)*

Land	Minuten
UdSSR	415
Großbritannien	330
Polen	270
Albanien	240
Tschechoslowakei	195
Rumänien	150
Ungarn	125
Volksrepublik China	120
Schweden	120
Südafrika	100
Portugal	90
Frankreich	85
Ägypten	75
Italien	65
Argentinien	60
Brasilien	60
Japan	60
Jugoslawien	60
Kanada	60
Bulgarien	55
Irak	50
Iran	30
Syrien	30
Türkei	30
Afghanistan	30
	2905

* ohne Berücksichtigung deutschsprachiger Länder, sowie kommerzieller und konfessioneller Auslandsdienste

Ideologische Orientierung deutschsprachiger Auslandsdienste

Standort im internationalen System	Staaten	Sendezeit (Min./Tag)	Prozentualer Anteil am gesamten deutschsprachigen Programm-aufkommen
Warschauer Pakt	6	1 210	41,65 %
Übrige kommunistische Länder	3	420	14,46 %
NATO	6	660	22,72 %
	15	2 290	78,83 %

Regionale Verteilung deutschsprachiger Auslandsdienste

Kontinent	Staaten	Sendezeit (Min./Tag)	Prozentualer Anteil am gesamten deutschsprachigen Programm-aufkommen
Europa	13	2 200	75,73 %
Asien	7	350	12,05 %
Afrika	2	175	6,02 %
Lateinamerika	2	120	4,13 %
Nordamerika	1	60	2,07 %
	25	2 905	100,00 %

Quelle: Henning von Löwis of Menar, Die Rolle des Rundfunks im Ost-West-Konflikt, in: Hans-Peter Schwarz (Hrsg.), Handbuch der deutschen Außenpolitik, Piper Verlag, München 1975, S. 548 f.

DDR-Propagandist Eisler über den »Deutschlandfunk«

»Einige bei uns hören immer mal den Deutschlandfunk. Wenn man ihnen sagt, daß sich die Sendungen des Deutschlandfunks genauso wie die des Rias und des SFB gegen unsere Republik richten, dann ›argumentieren‹ sie einesteils, daß sie doch nur die Musik hören, anderenteils, daß wir doch selbst für einen Zeitungsaustausch zwischen beiden deutschen Staaten und für ein offenes deutsches Gespräch sind, und da könnten sie doch auch den Deutschlandfunk hören. Was meinen Sie dazu, Herr Professor?« Das schrieb Joachim Lengler aus Dresden.

»Diese ›Begründungen‹ für das Hören des Deutschlandfunks, lieber Freund, sind nur billige Ausreden.

Ein offenes deutsches Gespräch hat doch nichts mit dem Hören des Deutschlandfunks zu tun. Offene deutsche Gespräche sind so organisiert, daß man auf die feindlichen Argumente antworten kann und sie sich nicht nur anhört und dabei den Mund hält. Beim Deutschlandfunk hört man sich zwar die feindlichen Argumente an, aber der einzelne Hörer kann doch nicht mit dem Deutschlandfunk polemisieren, ihn widerlegen. Dazu hat er keine Möglichkeit, d. h., er läßt das Gift der Deutschlandfunk-Propaganda gegen die DDR, gegen die ganze sozialistische Welt, gegen die gesamte fortschrittliche Arbeiterbewegung der Welt ungehemmt in sein Ohr träufeln und sein Gehirn vergiften.

Ich will nicht behaupten, daß der eine oder andere nicht imstande ist, die feindliche Propaganda des Deutschlandfunks selbst zu widerlegen. Vielleicht tun es manche sogar. Aber jedenfalls hat das Hören des Deutschlandfunks nichts zu tun mit einem offenen deutschen Gespräch. Ebensowenig hat es etwas mit dem Austausch von Zeitungen zu tun, die noch gar nicht ausgetauscht sind, denn die Bonner Regierung fürchtet ja den Zeitungsaustausch und will keine Garantien geben, die einen solchen Zeitungsaustausch möglich machen. Und käme es auch zu einem solchen Austausch, so hieße das durchaus nicht, daß man der feindlichen Propaganda nicht antwortet. Aber wer den Deutschlandfunk hört, kann ihm nicht antworten, weil er ja kein Sender ist.

Das Argument des ›Nur-Musik-Hörens‹ ist ein altes Argument. Man sollte doch nicht so einfältig sein zu glauben, daß der Deutschlandfunk und die anderen westdeutschen Sender so viel Geld für Musik ausgeben, nur um uns zu erfreuen. Die musikalischen Sendungen sind nichts anderes als Anlockmittel, die übelsten, dreckigen, verleumderischen Sendungen der feindlichen Sender zu hören.

In dem Kampf um die Vernichtung der Deutschen Demokratischen

Republik, den die reaktionäre militaristische Bundesrepublik führt, sind ihre Sender eine ihrer Waffen – und warum man sich freiwillig dieser Waffe aussetzen soll, kann ich nicht begreifen.

Wir machen es natürlich unmöglich, daß diese feindlichen Kampfsender der westdeutschen militaristischen Großkapitalisten gegen uns öffentlich gehört werden können. Das verbieten wir, und mit Recht. Jedem einzelnen Jugendlichen persönlich können wir es nicht verbieten. Wenn sie nicht begreifen, daß es besser ist, nicht sein Ohr der feindlichen Propaganda zu leihen, so ist es schade. Doch können wir natürlich jedem nur den ernstgemeinten freundschaftlichen Rat geben, diese reaktionären, militaristischen Sender ungehört zu lassen, weil das für die Entwicklung jedes Jugendlichen, auch für dessen geistige Entwicklung besser ist.

Wer die Sender der Deutschen Demokratischen Republik, die Sender der Sowjetunion und ähnlicher Sender hört, hat genügend Informationen, Unterhaltung, auch Musik nach Herzenswunsch, und schlägt der westdeutschen Reaktion ein Schnippchen, indem er die mit teurem Geld betriebenen, reaktionären Sendungen einfach nicht hört.

Schließlich sind wir doch keine Esel, die der Reaktion zuliebe aufs Eis gehen.

Euer Antwort-Eisler

Nachbemerkung:

Der Deutschlandfunk sowie die anderen westdeutschen und Westberliner Sender unterstützen den grausamen Krieg der USA-Imperialisten in Südvietnam. Sie unterstützen auch gegenwärtig den brutalen Überfall der USA-Imperialisten auf die Demokratische Republik Vietnam. Diese westdeutschen und Westberliner Radio-Zuhälter der grausamen USA-Imperialisten sind auch mit ganzem Herzen dafür, daß die Bomben der USA-Imperialisten möglichst viel Volk und Wohnstätten in Nordvietnam vernichten. Hinge die Existenz dieser Sender von uns ab, so würden sie nicht mehr existieren, und das wäre gut für die Ehre der ganzen deutschen Nation, denn diese Sender sind eine Schande. Eine Schande auch dann, wenn sie, wie zum Hohn, ab und zu gute Musik bringen. Die Propaganda für den imperialistischen Mord und Überfall wird nicht schmackhafter dadurch gemacht.«

Junge Welt, 8./9. August 1964

Äther-Täter

(Glosse aus der Deutschlandfunk-Sendereihe »Deutsch für Deutsche«)

Finstere Gesellen gehen um im Lande. Sie dringen in Häuser ein, ohne sichtbare Spuren zu hinterlassen. Auf besonders hinterhältige Weise attackieren sie ihre Opfer – nicht mit Messer oder Pistole, ihre Waffen sind Worte, Worte die wie Gift wirken und biedere Bürger betäuben. Und was das schlimmste an der Sache ist, die Äther-Täter entstammen keinem Gruselkabinett, sie sind nicht das Produkt von Alfred Hitchcock oder Francis Durbridge, sondern es gibt sie wirklich. Sie treiben ihr Unwesen rund um die Uhr, vorzugsweise auf Wellen – auf Ätherwellen; sie führen Krieg ohne Kriegserklärung – Ätherkrieg.

Um ihnen auf die Spur zu kommen und sie zu überführen bedarf es keines Ausflugs in die Unterwelt, man findet sie – ohne Maske und falschen Bart – in jedem Funkhaus zwischen Alpenland und Nordseestrand. Denn ihre Tatorte sind die Rundfunk- und Fernsehanstalten der Bundesrepublik Deutschland, die Tatwerkzeuge Mikrofone und Kameras.

Vorsicht also, liebe Hörer, während sie sich ahnungslos von Musik und Information berieseln lassen, ist hier auf dieser Welle zu früher Morgenstunde ein Äther-Täter am Werk, der böse Absichten verfolgt.

Das jedenfalls möchte die SED den Bürgern der DDR weismachen, denen immer wieder die Schandtaten westlicher Äther-Täter vor Auge und Ohr geführt werden.

Der Sender »Stimme der DDR« strahlte gar eine ganze Sendereihe über Äther-Täter unter dem Motto »Krieg gegen Köpfe« aus. Fazit: Äther-Täter sind wir alle, die wir hierzulande irgendwie und irgendwo in den elektronischen Medien mitmischen, ob nun als Morgenmoderator oder als Nachtkommentator, ob als Plattenplauderer oder als Wetterprophet. Äther-Täter, das sind Journalisten, die sagen was sie denken und sich keinen Maulkorb verordnen lassen – nicht von einer Partei, nicht vom Staat, von niemandem.

Und darum sind sie auch so gefährlich für jene, die das eigene Volk hinter einem Rauchvorhang von Politphrasen und Propaganda von den Realitäten abzuschirmen bemüht sind, und deshalb zu immer neuen Schlägen gegen vermeintliche Äther-Täter ausholen. Der SED-Staat kann sich rühmen, die zwischen Elbe und Oder tätigen Journalisten aus dem Westen noch mehr als bisher an die Kette gelegt zu haben. Am liebsten würde man eine Mauer im Äther errichten, da das jedoch nicht möglich ist, bleibt nichts anderes übrig, als den Korrespondenten ständig Steine in den Weg zu legen.

Die Väter der Äther-Täter, die Propagandisten der SED, die das Wort kreierten, weil sie die Wahrheit fürchten, sie haben erneut auf drastische Weise dokumentiert, wie sehr die Machthaber drüben mit der Pressefreiheit auf Kriegsfuß stehen. Darum braucht man auch im 30. Jahr der Republik – und vermutlich auch später – Äther-Täter.

Quelle: Deutschlandfunk, 19. April 1979, 06.20 Uhr.

Auszüge aus russischen Hörerbriefen zu den Gulag-Lesungen der Deutschen Welle (1974)

Solschenizyn begann ganz toll. Er war *für* die Sowjetmacht, brachte es zu einer gewissen Stellung in der Gesellschaft. Und weiter erging es ihm wie dem Raben in Krylows Fabel, der den Hals nicht voll genug kriegen konnte und dafür in Atemnot geriet. Sieh da, da wollte der Mensch »demokratische Freiheiten« haben. Und dies ist, nennt man es beim Namen, politische Prostitution. Das ist eines erwachsenen Menschen unwürdig. Ich denke mir so: Ein guter, normaler Mensch beschmutzt nicht das eigene Nest. Das geht alle an, die jetzt mit einer gewissen Hoffnung auf das »Internationale Komitee zum Schutz der Menschenrechte in der UdSSR« blicken. Verzeihen Sie mir, daß ich das Unterpfand ihrer Hoffnungen klein schreibe . . .

S. D. Natlamadneljan, Rostow

Unsere Stadt hat 100 000 Einwohner. In 20 Jahren hat es nicht eine einzige Verhaftung aus politischen Gründen gegeben. Wir kritisieren frei unsere Mißstände in der Presse und auf Versammlungen. Ihr seid nicht objektiv.

M. N. Twerdochlebow, Schtschekino b. Tula

Ich bin 24 Jahre alt und habe einige Auszüge aus dem letzten »Werk« Alexander Solschenizyns in Euren Sendungen gehört. Nach Euren Sendungen muß ich erst mein Radiogerät mit Spiritus abwaschen. Euch paßt also unser Josef Wissarionowitsch nicht. Ihr schimpft ganz zu Unrecht auf ihn. Ich persönlich achte Josef Stalin sehr, liebe ihn sogar. Sein Bild hängt über meinem Bett. Ich glaube, zu Stalins Zeiten würden solche Hurensöhne wie Tschalidse, Medwedjew und ganz besonders Solschenizyn längst unter der Erde liegen, wo sie auch hingehören.

S. P. Rednik, Jenakiewo, Bez. Stalino (Ukraine)

Schläge eines Ströhm, Kirsch und Nuß. Diese ungeschlagenen Nachfolger eines Hitler und Goebbels fahren aus der Haut und verströmen so viel wie möglich antisowjetisches Gift auf unser Vaterland, verleumden unsere Erfolge und Taten. Bedauerlich, daß es unter dem fleißigen deutschen Volk noch immer solche Kreaturen wie diese Mißgeburten gibt.

S. Koslow, Moskau

In letzter Zeit hat Euer Radio mit Sendungen über Euren »Märtyrer« und »führenden« Schriftsteller Solschenizyn begonnen. Ich und das multinationale Sowjetvolk sind sehr bestürzt darüber, daß unter uns eine solche Mißgeburt der Menschheit gelebt und kostenlos studiert hat wie Solschenizyn.

M. I. Korischko, Krasnodar

Der schriftstellernde Wlassow-Mann Solschenizyn hält – wie auch Ihr – Stalin und Hitler gleichermaßen für Mörder. Wir schämen uns unseres Stalin durchaus nicht und sind stolz auf die Werke und Taten Lenins und Stalins. Wenn Ihr Euch so für Euren Hitler schämt, dann laßt es doch nicht bei leeren Worten bewenden. Dann verlest uns doch über den Rundfunk die Werke Kogons über Eure Todesfabriken und Gasöfen. Besser noch, bestellt Heinrich Böll die »Geschichte der deutschen Lager« und verlest uns abends Auszüge aus Eurem teuflischen Archipel Gulag (Himmlersche Hauptverwaltung für Lager). Wir hören dann beide Gulags und können vergleichen!

Ein Bürger der Sowjetunion, Moskau

Ich bin Russe und höre unter Tränen die bittere Wahrheit. Ich schäme mich für unsere Regierung und all das, was sie mit den Menschen tut, die unter ihrem schweren Joch nicht leben wollen. Ich bitte um Ihr Verständnis, daß ich meinen Namen nicht angebe.

Anonym

Quelle: Deutsche Welle (Hrsg.), Der Fall Solschenizyn – Eine Übersicht über die Sendungen des Russischen Dienstes, Köln o. J., S. 126 f.

G. LITERARISCHE ZEUGNISSE

Briefe über das Panorama – Ein Massenmedium des 18. und 19. Jahrhunderts

Siebenundzwanzigster Brief. An Ebendieselbe. Ästhetische Täuschung. Fortsetzung. Das Panorama.

– Ich mußte das letztemal mitten in meinem Thema abbrechen, meine Julie! Und auch das, was ich Dir jetzt zu schreiben habe, wird es von neuem unterbrechen; aber es wird mich auch vielleicht mitten in dasselbe zurückführen.

Ich habe nämlich heute gerade so viel Zeit, um Dir etwas von der Kunstneuigkeit des Tages zu schreiben. Das ist das berühmte Panorama, das nun auch von dem erfinderischen Großbritannien den Weg über das Meer gemacht hat, zuerst auf der Leipziger Messe, und dann in mehreren großen Städten von Deutschland erschienen ist. Ich habe noch nicht Zeit gehabt, es selbst zu sehen, und kann Dir daher nur eine Beschreibung davon aus dem Munde einiger Freunde geben.

Es ist ein Gemälde, das eine der großen Brücken von London, mit den daran stoßenden Plätzen, Straßen, Häusern vorstellt; mit Menschen, die darauf gehen, und andern, die aus den Fenstern sehen. Unter der Brücke fließt die Themse mit Fahrzeugen, die darauf auf und nieder fahren. Der Zweck dieser neuen Art von Mahlerey soll seyn, zu zeigen, wie weit die Kunst die Blendwerke der Täuschung treiben kann. Und in der That versichern Alle, die es gesehen haben, daß die Ähnlichkeit einer Nachbildung mit der Naturwahrheit nicht weiter gehen könne.

Um diesen Zweck zu erreichen, hat der Mahler nicht allein alle Hülfsmittel der Linien- und Luftperspective erschöpft; er hat auch alle körperliche Umgebungen entfernt, um die Täuschung nicht durch die Vergleichung mit der Naturwahrheit zu zerstören. Denn das Gemählde umgiebt alle Wände des runden leeren Raumes, und wird nur von oben her sehr schwach beleuchtet, von unten aber so bedeckt, daß man den Boden des Zimmers nicht sehen kann. So bringt es, wie meine Freunde versichern, die täuschendste Wirkung hervor, die aber, setzen sie hinzu, bald in hohem Grade peinlich, widerlich und endlich unerträglich wird. Sie versichern Beyde, – und Einer von ihnen ist nicht allein ein Kenner, sondern selbst ein geschickter Künstler, – daß sie bald eine gewisse Bangigkeit empfunden, die endlich in Schwindel und Übelkeit übergegangen sey. Sie sind aber auch Beyde etwas nervenschwach.

Achtundzwanzigster Brief. An Ebendieselbe. – Aesthetische Täuschung durch den Schein. Fortsetzung.

– Es ist Schade, daß ich noch nicht Gelegenheit gehabt habe, Damen über die Wirkung des Panorama zu befragen, – daß Du sie noch nicht an Dir hast versuchen können. Ihre zarte Organisazion würde uns noch sichrere Aufschlüsse darüber geben. Doch ich schließe von dem Kleinern auf das Größere. Wenn es schon auf die stärkern männlichen Nerven so unangenehm gewirkt hat, was wird es nicht auf die zärtern weiblichen thun.

Meine Theorie der Täuschung macht mir diese Wirkung vollkommen wahrscheinlich. Nach ihr muß das Panorama gerade desto unangenehmer auf uns wirken, je vollständiger seine Wirkung ist. Die vollständigste ist, wenn wir sogar den Schein des Kunstwerks für die völlige Naturwahrheit halten müssen. Gerade in dieser Vollständigkeit der Illusion liegen mehrere Gründe ihrer Widerlichkeit.

Wir finden uns wirklich auf die Londonbridge, in die Straßen dieser Hauptstadt, zwischen ihre Häuser versetzt. Aber da der Mahler nicht für das Ohr mahlen kann, so hören wir keinen Laut. Ist es Wunder, daß diese öde Todesstille den Anschauer mit Bangigkeit erfüllt? Erster Grund!

Der Mahler kann ferner nur einen Augenblick mahlen. Die Gegenstände auf seinem Gemählde sind also insgesamt bewegungslos, und zwar fehlt dem Lebendigen nicht nur die willkührliche Bewegung; der ganzen Scene fehlt auch selbst die stete Naturbewegung, die unaufhörliche Veränderung des Ortes, der Stellung, der Gestalt, die auch in die ödeste Gegend noch Leben bringt. Obgleich mein Auge von einem Gegenstande fortgleitet, und dieses einem jedem eine Art von Bewegung zu geben scheint: so verändern sie doch ihren Stand und ihre Entfernung gegen einander nicht, die Fahrzeuge bleiben immer an der nämlichen Stelle, sie wechseln ihr Verhältniß gegen die Umgebungen nicht; die Gehenden kommen nicht weiter, sie verschwinden nicht, es treten keine neuen nach ihnen hervor; die aus dem Fenster sehen, sehen ewig aus dem Fenster, und immer nach einerley Seite, in einerley Stellung; die Lichter und Schatten, die in der Natur so fließend sind, und mit dem Fortrücken der Sonne, durch jedes Wölkchen, durch jedes Lüftchen verändert werden, stehen unbeweglich fest. So ist das vollkommenste Panorama in seinen kleinsten Theilen bewegungslos! Es ist der todte Leichnam der Natur, nicht der rohe Naturstoff durch die Kunst belebt und verschönert. Dadurch unterscheidet sich das Panorama noch von der Camera obscura. In dieser erscheinen die Gegenstände verkleinert, und unterscheiden sich dadurch von der Natur, die beweglichen aber bewegen sich, und dadurch unterscheiden sie sich von der Kunst. Zweyter Grund der Widerlichkeit des Panorama!

Die Genauigkeit der Perspective, die Richtigkeit der Zeichnung, die Wahrheit des Helldunkels und der Haltung versetzen mich durch ihren vereinten Zauber in die wirkliche Natur, aber die öde Todesstille und die erstorbene Bewegungslosigkeit stoßen mich daraus zurück. Ich schwanke zwischen Wirklichkeit und Nichtwirklichkeit, zwischen Natur und Unnatur, zwischen Wahrheit und Schein. Meine Gedanken, meine Lebensgeister erhalten eine schwingende, hin und her gestoßene, schaukelnde Bewegung, die eben so wirkt, wie das Herumdrehen im Kreise und das Schwanken des Schiffs. Und so erkläre ich mir den Schwindel und die Übelkeit, die den unverwandten Anschauer des Panorama überfällt. Dritter Grund seiner unangenehmen Wirkung!

Zu diesen drey Gründen kömmt endlich ein vierter, der den andern die ganze Fülle ihres Gewichtes giebt: die Unmöglichkeit, sich der Täuschung zu entziehen. Ich fühle mich mit eisernen Banden an sie gefesselt. Der Widerspruch zwischen dem Scheine und der Wahrheit ergreift mich; ich will mich durch Berichtigung des trügerischen Wahnes losreißen; allein ich fühle mich in die Netze einer widerspruchsvollen Traumwelt verstrickt, und nicht die sichere Belehrung des Gefühls in der Entfernung des Standortes, nicht das volle Tageslicht, nicht die Vergleichung mit umgebenden Körpern kann mich aus dem ängstlichen Traume wecken, den ich wider meinen Willen fortträumen muß. Durch diese Mittel endigt der Getäuschte seine Illusion, sobald sie ihm unangenehm wird; aber diese Mittel sind dem Anschauer des Panorama versagt.

J. A. EBERHARD, Handbuch der *Ästhetik*, Halle 1807.

Abgedruckt in: Heinz BUDDEMEIER: Panorama, Diorama, Photographie. Entstehung und Wirkung neuer Medien im 19. Jahrhundert. München: Fink 1970, S. 172–175.

Bertolt Brecht: Herr Keuner und die Zeitungen

Herr Keuner begegnete Herrn Wirr, dem Kämpfer gegen die Zeitungen. »Ich bin ein großer Gegner der Zeitungen«, sagte Herr Wirr, »ich will keine Zeitungen.« Herr Keuner sagte: »Ich bin ein größerer Gegner der Zeitungen: ich will andere Zeitungen.«

»Schreiben Sie mir auf einen Zettel«, sagte Herr Keuner zu Herrn Wirr, »was Sie verlangen, damit Zeitungen erscheinen können. Denn Zeitungen werden erscheinen. Verlangen Sie aber ein Minimum. Wenn Sie zum Beispiel Bestechliche zuließen, sie zu verfertigen, so wäre es mir lieber, als daß Sie Unbestechliche verlangten, denn ich würde sie dann einfach bestechen, damit sie die Zeitungen verbesserten. Aber selbst wenn Sie Unbestechliche verlangten, so wollen wir doch anfangen, solche zu suchen, und wenn wir keine finden, so wollen wir doch anfangen, welche zu erzeugen. Schreiben Sie auf einen Zettel, wie die Zeitungen sein sollen, und wenn wir eine Ameise finden, die den Zettel billigt, so wollen wir gleich anfangen. Diese Ameise wird uns mehr helfen, die Zeitungen zu verbessern, als ein allgemeines Geschrei über die Unverbesserlichkeit der Zeitungen. Eher nämlich wird ein Gebirge durch eine einzige Ameise beseitigt als durch das Gerücht, es sei nicht zu beseitigen.«

Wenn die Zeitungen ein Mittel zur Unordnung sind, so sind sie auch ein Mittel zur Ordnung. Gerade Leute wie Herr Wirr bewiesen durch ihre Unzufriedenheit den Wert der Zeitungen. Herr Wirr meint, der heutige Unwert der Zeitungen beschäftige ihn, aber in Wirklichkeit ist es der morgige Wert.

Herr Wirr hielt den Menschen für hoch und die Zeitungen für unverbesserbar, Herr Keuner hingegen hielt den Menschen für niedrig und die Zeitungen für verbesserbar. »Alles kann besser werden«, sagte Herr Keuner, »außer dem Menschen.«

Quelle: Bertolt Brecht: Werke; Prosa II, Geschichten 2; Frankfurt: Suhrkamp 1965, S. 135 f.

Der Televisor – Medienvisionen in George Orwells »1984«

Drinnen in der Wohnung verlas eine klangvolle Stimme eine Zahlenstatistik über die Roheisen-Produktion. Die Stimme kam aus einer länglichen Metallplatte, die einem stumpfen Spiegel ähnelte und rechter Hand in die Wand eingelassen war. Winston drehte an einem Knopf, und die Stimme wurde daraufhin etwas leiser, wenn auch der Wortlaut noch zu verstehen blieb. Der Apparat, ein sogenannter Televisor oder Hörsehschirm, konnte gedämpft werden, doch gab es keine Möglichkeit, ihn völlig abzustellen. Smith trat ans Fenster, eine abgezehrte, gebrechliche Gestalt, deren Magerkeit durch den blauen Trainingsanzug der Parteiuniform noch betont wurde. Sein Haar war sehr hell, sein Gesicht unnatürlich gerötet, seine Haut rauh von der groben Seife, den stumpfen Rasierklingen und der Kälte des gerade überstandenen Winters.

Hinter Winstons Rücken schwatzte die leise Stimme aus dem Televisor noch immer von Roheisen und von der weit über das gesteckte Ziel hinausgehenden Erfüllung des neunten Dreijahresplans. Der Televisor war gleichzeitig Empfangs- und Sendegerät. Jedes von Winston verursachte Geräusch, das über ein ganz leises Flüstern hinausging, wurde von ihm registriert. Außerdem konnte Winston, solange er in dem von der Metallplatte beherrschten Sichtfeld blieb, nicht nur gehört, sondern auch gesehen werden. Es bestand natürlich keine Möglichkeit, festzustellen, ob man in einem gegebenen Augenblick gerade überwacht wurde. Wie oft und nach welchem System die Gedankenpolizei sich in einen Privatapparat einschaltete, blieb der Mußmaßung überlassen. Es war sogar möglich, daß jeder einzelne ständig überwacht wurde. Auf alle Fälle aber konnte sie sich, wenn sie es wollte, jederzeit in einen Apparat einschalten. Man mußte in der Annahme leben – und man stellte sich tatsächlich instinktiv darauf ein –, daß jedes Geräusch, das man machte, überhört und, außer in der Dunkelheit, jede Bewegung beobachtet wurde.

Winston richtete es so ein, daß er dem Televisor den Rücken zuwandte. Das war sicherer, wenn auch, wie er wohl wußte, sogar ein Rücken verräterisch sein kann. Einen Kilometer entfernt ragte das Wahrheitsministerium, seine Arbeitsstätte, wuchtig und weiß über der düsteren Landschaft empor...

* * *

Im nächsten Augenblick brach ein scheußlicher, knirschender Kreischlaut, als ob eine riesige Maschine völlig ungeölt liefe, aus dem großen Televisor am Ende des Raumes hervor. Es war ein Lärm, bei dem einen eine Gänsehaut überlief und sich die Nackenhaare sträubten. Die *Haß-Sendung* hatte begonnen.

Wie gewöhnlich war das Gesicht Emmanuel Goldsteins, des Volksfeinds, auf dem Sehschirm erschienen. Da und dort im Zuschauerraum wurde gezischt. Die kleine aschblonde Frau stieß ein aus Furcht und Abscheu gemischtes Quieken hervor. Goldstein war der Renegat, der große Abtrünnige, der früher einmal, vor langer Zeit (wie lange Zeit es eigentlich war, daran erinnerte sich niemand mehr genau) einer der führenden Männer der Partei gewesen war und fast auf einer Stufe mit dem Großen Bruder selbst gestanden hatte, um dann mit konterrevolutionären Machenschaften zu beginnen, zum Tode verurteilt zu werden und auf geheimnisvolle Weise zu verschwinden. Die Programme der *Zwei-Minuten-Haß-Sendung* wechselten von Tag zu Tag, aber es gab keines, in dem nicht Goldstein die Hauptrolle gespielt hätte...

Ehe die Haßovation dreißig Sekunden gedauert hatte, brachen von den Lippen der Hälfte der im Raum versammelten Menschen unbeherrschte Wutschreie. Das selbstzufriedene Schafsgesicht auf dem Sehschirm und die erschreckende Wucht der dahinter vorbeiziehenden eurasischen Armee waren einfach zuviel; außerdem weckte der Anblick oder auch nur der Gedanke an Goldstein schon automatisch Angst und Zorn. Er war ein dauerhafteres Haßobjekt als Eurasien oder Ostasien, denn wenn Ozeanien mit einer dieser Mächte im Krieg lag, so befand es sich gewöhnlich mit der andern im Friedenszustand ...

In der zweiten Minute steigerte sich die Haßovation zur Raserei. Die Menschen sprangen von ihren Sitzen auf und schrien mit vollem Stimmaufwand, um die zum Wahnsinn treibende Blökstimme, die aus dem Televisor kam, zu übertönen. Die kleine aschblonde Frau war im Gesicht rot angelaufen, und ihr Mund öffnete und schloß sich wie bei einem an Land geworfenen Fisch. Sogar O'Briens großes Gesicht war gerötet. Er saß sehr gerade aufgerichtet auf seinem Stuhl, seine mächtige Brust hob und senkte sich, als stemme er sich dem Anprall einer Woge entgegen. Das dunkelhaarige Mädchen hinter Winston hatte angefangen »Schwein! Schwein! Schwein!« hinauszuschreien und ergriff plötzlich ein schweres Wörterbuch der Neusprache und schleuderte es gegen den Sehschirm. Es traf Goldsteins Nase und prallte von ihm ab; die Stimme redete unerbittlich weiter. In einem lichten Augenblick ertappte sich Winston, wie er mit den anderen schrie und trampelte. Das Schreckliche an der *Zwei-Minuten-Haß-Sendung* war nicht, daß man gezwungen wurde, mitzumachen, sondern im Gegenteil, daß es unmöglich war, sich ihrer Wirkung zu entziehen. Eine schreckliche Ekstase der Angst und der Rachsucht, das Verlangen zu töten, zu foltern, Gesichter mit einem Vorschlaghammer zu zeurtrümmern, schien die ganze Versammlung wie ein elektrischer Strom zu durchfluten, so daß man gegen seinen Willen in einen grimassenschneidenden, schreienden Verrückten verwandelt wurde. Und doch war der Zorn, den man empfand, eine abstrakte, ziellose Regung, die wie der Schein einer Blendlaterne von einem Gegenstand auf den anderen gerichtet werden konnte ...

Die Haßwelle erreichte ihren Höhepunkt. Goldsteins Stimme war tatsächlich zu einem Blöken geworden, und einen Augenblick lang verwandelte sich sein Gesicht in das eines Schafes. Dann blendete das Schafsgesicht in die Gestalt eines eurasischen Soldaten über, der riesig und furchtbar, mit ratternder Maschinenpistole auf den Besucher zuzuschreiten und aus der Fläche des Sehschirms herauszuspringen schien, so daß manche der Zuschauer in der ersten Reihe auf ihren Sitzen zurückprallten. Aber im gleichen Augenblick, während jedem Munde ein tiefer Seufzer der Erleichterung entfuhr, zerschmolz die feindliche Gestalt in das Gesicht des Großen Bruders mit seinen dunklen Haaren und seinem Schnurrbart, das Macht und geheimnisvolle

Ruhe ausstrahlte und mit seiner riesigen Größe fast den ganzen Sehschirm ausfüllte. Niemand verstand, was der Große Bruder sagte. Es waren nur ein paar Worte der Ermutigung, Worte, wie sie im Kampflärm einer Schlacht ausgestoßen werden, nicht im einzelnen unterscheidbar, die aber einfach dadurch, daß sie ausgesprochen werden, die Zuversicht wiederherstellten. Dann zerrann das Gesicht des Großen Bruders wieder, und statt seiner erschienen in klaren großen Buchstaben die drei Parteiwahlsprüche:

KRIEG BEDEUTET FRIEDEN
FREIHEIT IST SKLAVEREI
UNWISSENHEIT IST STÄRKE

Quelle: George Orwell: 1984 – Ein utopischer Roman, 13. Aufl. Konstanz-Stuttgart: Diana 1964, S. 5–18 (Auszüge)

»KONKRET«-Herausgeber Klaus Rainer Röhl über eine DDR-Reise der »ZEIT«-Journalisten Gräfin Dönhoff und Theo Sommer

Das Eis des Kalten Krieges war gebrochen, die Gräfin Dönhoff und ihr Stellvertreter Theo Sommer hatten eine Einladung in die DDR angenommen. Da man nicht im Ernst mit der Annahme der Einladung gerechnet hatte, wurde in aller Eile mit der sorgfältigen »Vorbereitung« der Reise begonnen, mit der Auswahl der potemkinschen oder auch wirklich vorzeigbaren Dörfer. Kurt Ottersberg, durch lange FDJ-Reisetätigkeit westerfahren, erhielt den Sonderauftrag der Partei, die Dönhoff zu begleiten. Es war eine echte Premiere, ich war die Generalprobe.

Die ganze Reise, von der sich die Gräfin und ihre Begleitung später sehr angetan zeigten und viel Gutes zu berichten wußten, wurde von mir durchgetestet. Ich konnte viele wertvolle Ratschläge beisteuern. Bezeichnete ich einen bestimmten Teil dieser Reise als eindrucksvoll, wurde er mit besonderer Sorgfalt für die Gräfin vorbereitet. Andere Reisebegegnungen erwiesen sich nach meiner Vorausfahrt als ungeeignet für eine echte Westdelegation, sie wurden aus dem Reiseprogramm für die Zeit gestrichen. Ich machte auch noch einige schöne Vorschläge für »spontane Abweichungen« vom Reiseprogramm, wie z. B. plötzliche Autopannen und »überraschende Besuche« in einer unbekannten kleinen Kreisstadt, bei der man irgendeine »beliebige« Familie in ihrer Wohnung aufsuchen würde, überraschend ein Lager der Volksarmee besuchen würde, die überraschend nichts dagegen haben würde und so weiter.

Der Dönhoff fiel es niemals auf, und sie war wahrscheinlich auch zu arrogant, damals schon KONKRET zu lesen (später las sie's, als Ulrike die große Mode war). So fiel es ihr nicht auf, daß sie den gleichen kollektivierten Kälberstall, den gleichen Kindergarten, die gleiche LPG-Vorsitzende mit Herz und Bildung und Sitz im Zentralkomitee, die gleiche Hafenbrigade, die gleiche neu aus dem Boden gestampfte Stadt besichtigen durfte, die ich, während sie reiste, schon beschrieb. Wir machten viele Witze über diese Geschichte, waren aber dennoch ernsthaft tätig für den Fortschritt – die Dönhoffreise war ein großer Durchbruch. Auch für Ottersberg, er wurde von höchster Stelle gelobt und belohnt – er wurde Leiter der Auslandsabteilung des DDR-Fernsehens, ein dort wegen der noch fehlenden Anerkennung äußerst wichtiger und dementsprechend hoch bewerteter Posten.

Quelle: Klaus Rainer Röhl, Fünf Finger sind keine Faust, Verlag Kiepenheuer & Witsch, Köln 1974, S. 185 ff.

Alexander Solschenizyn

In Rjasan saß ich in der Falle, in Rjasan war es nicht schwer, mir die Luft endgültig abzudrehen, ich mußte die Nachricht unbedingt nach Moskau weitergeben – das war die einzige Rettung. Wir hatten in Rjasan nur einen Telephonautomaten für Ferngespräche, und wenn der nicht kaputt war ... nein ... und auch keine Schlange davor ... Ich wählte. Niemand. Ich wählte die zweite Nummer. Niemand nahm ab. Wo konnte ich noch anrufen? Im *Nowyj mir!* – noch war es nicht fünf, noch waren sie da. Also rief ich dort an. (So kam es später zu der Sklaven-Version: Das war's, deshalb hat man im *Nowyj mir* radikal aufgeräumt!)

Dann kehrte ich beruhigt nach Hause zurück und setzte mich an die Niederschrift meines *Berichtes.* Am nächsten Morgen wachte ich um sechs auf, schaltete, ohne mir etwas Besonderes zu denken, wie immer die »Stimme Amerikas« ein – es traf mich wie ein Schlag:

»Nach privaten Informationen aus Moskau wurde Alexandr Solschenizyn gestern in seiner Heimatstadt Rjasan aus der Schriftstellerorganisation ausgeschlossen.«

Ich machte einen Luftsprung! Ja – das Zeitalter der Information! Aber daß es so schnell gehen würde – nein, damit hatte ich nicht gerechnet!!

Viermal kam es in den Kurznachrichten und viermal mit Kommentar. Gut! Ich ging hinaus in die Grünanlage, um meine Morgengymnastik zu machen, solange noch niemand auf der Straße war, und da sehe ich einen Lastwagen mit überdachter Ladefläche, der mir schon einmal aufgefallen ist, tief eingeschneit, und in der dunklen Führerkabine sitzen zwei Männer. Ich ging dicht an dem Wagen vorbei und sah ihn mir genau an: sie hatten ja kein Radio und wußten nicht, daß es für sie schon zu spät war.

Aber ich war doch unruhig: *Sperren* sie mich ein? Kaum hat man sich von Moskau entfernt, und schon gleicht das Land einem tiefen Brunnen, und es ist ein leichtes, die einzige Öffnung dichtzumachen.

Quelle: Alexander Solschenizyn, Die Eiche und das Kalb, Hermann Luchterhand Verlag, Darmstadt-Neuwied 1975, S. 319 f.

Kurt Tucholsky und die Qualität der Medien (1931)

An das Publikum

O hochverehrtes Publikum
sag mal: bist du wirklich so dumm,
wie uns das an allen Tagen
alle Unternehmer sagen?
Jeder Direktor mit dickem Popo
spricht: »das Publikum will es so!«
Jeder Filmfritze sagt: »Was soll ich machen?
Das Publikum wünscht diese zuckrigen Sachen!«
Jeder Verleger zuckt die Achseln und spricht:
»Gute Bücher gehn eben nicht!«
Sag mal, verehrtes Publikum:
bist du wirklich so dumm?

So dumm, daß in Zeitungen, früh und spät,
immer weniger zu lesen steht?
Aus lauter Furcht, du könntest verletzt sein;
aus lauter Angst, es soll niemand verhetzt sein;
aus lauter Besorgnis, Müller und Cohn
könnten mit Abbestellung drohn?
Aus Bangigkeit, es käme am Ende
einer der zahllosen Reichsverbände

und protestierte und denunzierte
und demonstrierte und prozessierte...
Sag mal, verehrtes Publikum:
bist du wirklich so dumm?

Ja, dann... Es lastet auf dieser Zeit
der Fluch der Mittelmäßigkeit.
Hast du so einen schwachen Magen?
Kannst du keine Wahrheit vertragen?
Bist also nur ein Grießbrei-Fresser –?
Ja, dann...
Ja, dann verdienst dus nicht besser.

Hermann Claudius

Rundfunk, du Wunder im Atemraum.
Rundfunk, du Wachgestalt aus Traum.
Rundfunk, Friedensbruderhand,
die sich reckt von Land zu Land,
lüftewärts und in die Tiefen,
wohin niemals Worte riefen.
Wunder du im Weltenplan
über Berg und Ozean.
Sagenhafter Riesenmund
über alles Erdenrund.
Volkserwecker, Volksverbinder,
Weltenunheilüberwinder,
Mittler du in edlen Dingen
zwischen Hohen und Geringen.
Freund du der verlornen Hütten,
Wahrer der bewährten Sitten,
Rundfunk, junger Riese du
zwischen Unruh hin und Ruh – – –
Heia! hohen Zielen zu
heb'dich, Recke,
heia!!

Quelle: Heinz-Günter Deiters, Fenster zur Welt, Hoffmann und Campe Verlag, Hamburg 1973, S. 12 f.

»Der Führer spricht im Funk«

Gedicht von Wolfram Brockmeier in: *Ewiges Deutschland,* Leipzig 1934, S. 62

Sie saßen zu viert in der Kammer,
Ein jeder trug schwer seine Not.
Sie sprachen von Deutschlands Jammer
Und vom Kampfe um Arbeit und Brot.

Sie dachten der Jahre im Felde,
Des Blutes, das danklos floß,
Sie sahen die Gier nach dem Gelde
Und blutfremden Volkes Troß.

Da erstand eine Stimme im Raume,
Die war dunkel und groß und stark,
Und sie schraken empor aus dem Traume
Und spürten sich beben im Mark.

Sie saßen und lauschten beklommen,
Als längst schon die Stimme entschwebt.
Weckruf war hergekommen,
Und sie standen, vom Glücke benommen,
Und wußten, daß Deutschland lebt.

Quelle: Joseph Wulf, Presse und Funk im Dritten Reich, Rowohlt Taschenbuch Verlag, Reinbek bei Hamburg 1966; S. 336 f.

Erkennungsmelodie der »Berliner Welle« (DDR) 1961

Wenn die Kastanien und der Flieder wieder blühn,
Wird eine freie Stadt aus Westberlin.
Dann wird die Frontstadt Freie Stadt,
die keinen Krieg zu fürchten hat.
Wenn die Kastanien und der Flieder wieder blühn,
werden die Amis übers große Wasser ziehn . . .